U0112529

后浪

中华

草木虫鱼

文化

童勉之●著

童丹●绘

海峡出版发行集团 | 海峡书局

图书在版编目（CIP）数据

中华草木虫鱼文化 / 童勉之著；童丹绘 . –– 福州：
海峡书局 , 2022.12
ISBN 978-7-5567-0970-0

Ⅰ . ①中… Ⅱ . ①童… ②童… Ⅲ . ①中华文化—研
究 Ⅳ . ① K203

中国版本图书馆 CIP 数据核字 (2022) 第 076182 号

中华草木虫鱼文化
ZHONGHUA CAOMUCHONGYU WENHUA

著　　者	童勉之	绘　图	童　丹	
出 版 人	林　彬	选题策划	后浪出版公司	
出版统筹	吴兴元	编辑统筹	梅天明　宋希於	
责任编辑	廖飞琴　杨思敏	特约编辑	田　萍　侠　客	
装帧制造	墨白空间·黄怡祯			
营销推广	ONEBOOK			

出版发行	海峡书局	社　　址	福州市白马中路 15 号	
邮　　编	350001		海峡出版发行集团 2 楼	

印　　刷	天津联城印刷有限公司	开　　本	889 mm×1194 mm　1/32	
印　　张	14.75	字　　数	338 千字	
版　　次	2022 年 12 月第 1 版	印　　次	2022 年 12 月第 1 次印刷	
书　　号	ISBN 978-7-5567-0970-0	定　　价	78.00 元	

后浪出版咨询(北京)有限责任公司　版权所有，侵权必究
投诉信箱：copyright@hinabook.com　fawu@hinabook.com
未经许可，不得以任何方式复制或者抄袭本书部分或全部内容
本书若有印、装质量问题，请与本公司联系调换，电话 010-64072833

序

　　名物，指名号和物色。《周礼·天官》在说明"庖人"的职责时指出："掌共六畜、六兽、六禽，辨其名物。"唐人贾公彦疏曰："此禽兽等皆有名号物色，故云辨其名物。"有关"辨其名物"的工作，称之为"名物训诂"，这本是一门对经书涉及的草、木、虫、鱼等名物语汇作字音、词义诠释的专门学问，属"小学"范围，所谓"训诂声音明而小学明，小学明而经学明"（王念孙《段玉裁〈说文解字注〉序》）。

　　名物训诂之学应运而生，是因为时间距离导致的概念理解差异需要疏导。诚如清人陈澧所说：

　　　　盖时有古今，犹地有东西，有南北，相隔远则言语不通矣。地远则有翻译，时远则有训诂。有翻译则能使别国如乡邻，有训诂则能使古今如旦暮。（《东塾读书记》卷十一）

名物训诂沟通古今，使我们得以读通古书、知晓古事，从而神交古人，是一门不可或缺的有益学问。

　　然而，自两汉以迄明清的两千年间，名物训诂一直作为经学的附庸存在，古之名物书，如《尔雅》以及续其绪的各种雅书，多侧重于对六经提及的名物做考证，是为读经服务的，当然其实际功能，又不限于读经，而成为词典的先驱。但《尔雅》等雅书既以经举附庸现身，其诠释名物，限于经学视角，局限性较大。近人所著名物书，能从文化上加以考察，是雅书的新拓展，但搜集名物数量有限，且多为趣味性的，尚难以满足今人的需要。值得庆幸的是，我们案头的这部童勉之先生所著《中华草木虫鱼文化》一书，从草、木、虫、鱼四方面，收录名物一百四十余条，从文化学和文化史学着眼，对每一名物的起源、演变和文化意蕴娓娓道来，可谓考镜源流、辨章学术，读来颇能增益神智。而这一系列名物的考订、辨析，又构成一座三棱镜，映现出我们这个历史悠久的民族物质文化、制度文化、行为文化、观念文化的迁衍变幻，从而展示中华文化丰姿绰约的侧影。

我于名物训诂缺乏专门知识，近十余年研习中华文化史，时常遭遇此类问题，每每苦于缺乏系统可靠的专书，而勉之先生大著正是填补空缺之作，我虽只拜读文稿一部分，便有久旱逢甘霖之慨。故勉之先生嘱为之序，我乐于命笔，以谢盛意。

冯天瑜

一九九四年二月二十七日于武昌

目　录

篇之三　虫

篇之四　鱼

篇之一　草

芝

芝，即灵芝，古代被认为是祥瑞之草。如某地发现芝，则要献给官府，官府献给朝廷。上下庆贺，沸沸扬扬，载入史册，就这样形成了绵延两千多年的、我国特有的"芝"文化。

芝有很多美名，如"茵芝"（《尔雅》）、"三秀"（王逸《楚辞》注）、"芝栭"（《礼记》）、"寿潜"、"希夷"（《琅嬛记》）等。汉王充《论衡》列举芝有"青云芝""龙仙芝"等十五种。晋葛洪《抱朴子》将芝分为石芝、木芝、草芝、肉芝、菌芝五大类，每大类又分很多小类。以小类计，有数百种之多。《本草》说，芝只产于各名山，"青芝生泰山，赤芝生霍山，黄芝生嵩山，白芝生华山，黑芝生常山，紫芝生高夏山谷"。现代生物学知识告诉我们，芝，属于担子菌亚门，层菌纲，多孔菌目，多孔菌科，我国南北均产，并不是什么奇异之物。可是古人给它赋予了一层又一层神秘色彩。

采芝，不是什么时间都可以采，也不是什么人都可以采到的。

《抱朴子》说，必须于三月、九月入山，入山要"带灵宝符，牵白犬，抱白鸡，以白盐一斗，及开山符檄，着大石上。执吴唐草一把以入山，山神喜，必得芝也"。入山的步法也有讲究，必须是"禹步"，即像夏禹似的跛行。采芝的人必须是心诚而久斋者。行秽德薄的人，纵然一丝不苟地按上面的要求入山，也只能空手而归。

人们普遍相信服食芝可以长寿。古人将药分为三等："上药养命，中药养性，下药治病。"而芝则属于"养命"的上药。《抱朴子》说：服七明九光芝一斤，"则得千岁，令人身有光，所居暗地如月，可以夜视也"；服牛角芝、龙仙芝都可"得千岁"；服龙衔芝"或得千岁、二千岁"；服菌芝"中者数千岁、下者千岁"；服木芝则"三千岁"；服石蜜芝一斗，则"寿万岁"。《群芳谱·卉谱一》引《涌幢小品》："昔东王父服蓬莱玉芝，寿九万岁。"尧让天下给许由，许由坚决不接受，据说是由于许由服了箕山上的石硫黄芝，长生不老，所以不以富贵为念。有的芝服用后还可以成仙，《群芳谱·卉谱一》引《内观日疏》云：谢幼贞喜欢吃菌，忽然庭中生一菌，形状如飞鸟，邻家女子来求取火种，从芝上跨过，立即像鸟似的飞升而去。《抱朴子》说：德高之人服用菌芝也可以成仙。

芝的出现，预示着某家或某地的学子将获取功名。《同安县志》载：明世宗嘉靖三十二年（1553），县西有姓郭的人家宅中生一芝，形状奇特，人们争着去看，"时郭梦得尚未游庠，不三四年，举于乡，遂登壬戌进士第"。《南康府志》载：明孝宗弘治元年（1488），庐山白鹿洞生芝七十余本，这一年十三郡学士在此洞学习的有四十人登第。

生芝还是升官的吉兆。《南康府志》载："成化十四年，建文昌庙，正殿西北角产五色芝。是岁，生员黄祺，举于乡，登进士，官至云南布政使。"芝的茎数、叶数也可以做某些预示。《邵氏闻见后录》载："仁皇帝诞降，章懿后榻下生灵芝，一本四十二叶，以应享国四十二年之瑞云。"

古人认为政治清明，必有祥瑞，芝的生长与繁茂就是祥瑞之一。《瑞应图·敬老》云："王者敬事耆老，不失旧故，则芝草生。"《孝经·援神契》："德至草木，则芝草生；善养老，则芝草茂。"《宋书·符瑞志》："芝草，王者慈仁则生。"芝的生长与繁茂既然是政治清明的标志，喜欢沽名钓誉的地方官吏和帝王，当然就热心于在"芝"上大做文章。他们或设宴庆贺，或写诗赋，或上表章歌功颂德。这种闹剧，自汉至清，绵延不断。就连唐代具有革新思想的政治家柳宗元也干过这种事，他的《礼部贺嘉禾及芝草表》说："出剑南所进《嘉禾图》及陕州所进紫芝草示百寮者，珍图焕开，瑞彩交映，遝迩偕至，福应攸同。臣某等诚庆诚贺，顿首顿首。"又说，由于皇上的德泽极厚，所以"灵草抽英，献于王庭"。

献芝者可以得奖赏，因此，在封建社会，献芝者络绎不绝。宋真宗极信祥瑞，所以他在位时，各地献芝的人数急剧增长。大中祥符元年（1008）九月，赵安仁献五色金玉丹紫芝八千七百一十一本，王钦若于八月献芝草八千一百三十九本，十月又献泰山芝三万八千零五十本。仅两人所献就达四万多本。当时天下臣民像发疯似的都涌向深山采芝。其"盛况"，王安石《芝阁记》做过生动的描述："祥符时封泰山，以文天下之平，四方以芝来告者万数。其大吏则天子赐书以宠嘉之，小吏若民，辄锡金帛。方是时，希世有力之大臣，穷搜而远采；山农野老，攀缘狙杙。以上至不测之高，下至涧溪壑谷，分崩裂绝，幽穷隐伏，人迹之所不通，往往求焉。而芝出于九州四海之间，盖几于尽矣。"宋徽宗也信祥瑞，政和五年（1115），蕲州献芝达一万多本，汝州达六万多本，群臣写贺表都赶不及。某地郡守李文仲组织民众采芝三十万本，以万本为一纲，分三十纲运往京城。密州县令还亲率百姓入山采芝。但徽宗万万没有想到，他在位时出现了几十万祥瑞之物，自己不仅做不成尧舜，竟然还当了金人的俘虏。

芝如此得帝王的珍爱，于是献假芝应运而生。徽宗政和初，在河南做官的李谦献一奇芝，此芝生在万岁蟾蜍的背上。徽宗信道，按道家的说法，出现这样的芝必然国泰民安。李谦上表说，由于徽宗的德泽无量才生此祥物。皇帝自然喜不自胜，特用金盆养蟾，可数日之后，芝从蟾背上掉下，原来芝是用漆和絮粘在蟾背上的，经几日的浸泡，脱落了。李谦不仅没捞到封赏，还落得个贬官的惩罚。

据说有的芝，带在身上可刀枪不入。《抱朴子》说：松脂入地，经千年化为茯苓，经万年，其上生像莲花似的小木，称为木威喜芝。此芝夜里发光，烈火烧不着，带着它，刀剑不能伤。将此芝带在鸡身上，再拿十二只鸡与此鸡同笼，然后在十二步之外用十二支箭向鸡群射去，别的鸡受了伤，带芝的鸡安然无恙。还有一种肉芝，带在左手上，如果敌人乱箭射来，支支箭都返回射向发箭者。

在我国历史上，有关芝的神奇效应的记载越来越多、越来越玄，于是在"芝"上加一"灵"字。值得研究的是对芝的灵异观念是何时形成的，是如何形成。能使人"多识于鸟兽草木之名"的《诗经》没有"芝"，宋黄庭坚《筠州新昌县瑞芝亭记》说："先秦之世，未有称述芝草者。"可见芝的神异观念在先秦尚未形成。关于芝的神异观念的可靠的最早记载当是《汉书·武帝纪》：

（元封二年）六月，诏曰："甘泉宫内中产芝，九茎连叶。上帝博临，不异下房，赐朕弘休。其赦天下，赐云阳都百户牛酒。"作《芝房之歌》。

诏书的意思是，甘泉宫中产叶叶相连的九茎芝，这是上天赐予我的大美（弘休）。要大赦天下，赏赐祭天之处的官员。汉武帝笃信神仙，到处求不死之方。他的这道诏书和所作的《芝房之歌》对自他以后的汉代帝王影响甚大。汉宣帝也仿效武帝下过类似的诏书。上有好者，下必甚焉，从地方到朝廷，采芝、献芝、颂芝之风，每个朝代都盛行。

欺骗就怕事实的检验，服芝者并不见得都长寿。苏轼得肉芝与其弟苏辙"烹而食之"，两人还作诗纪念，而苏辙只活了七十三岁，苏轼只活了六十五岁。明万历年间地方官张大忠家生了高数尺的九茎紫芝，张大忠大摆筵席，赏赐来贺者，张不仅未长寿，过了年把就离开了人世。不少有识之士起来反对关于芝的迷信。宋代鞠咏，当仁宗召集君臣观赏监察御史殿中的芝时，说道：

陛下新即位，河决未塞，霖雨害稼，宜思所以应灾变。臣愿陛下以援进忠良、退斥邪佞为国宝，以训劝兵农、丰积仓廪为天瑞。草木之怪，何足尚哉！（《宋史·鞠咏传》）

宋高宗在抗金方面不算有为之君，可对破除迷信的态度倒很坚决。有一年宫邸生芝，群臣想借此机会逢迎一番，高宗亲自用手将芝打碎。建炎二年（1128），密州献五片叶子形如人指掌的赤色芝，宰臣黄潜善上奏高宗，说赤色正符合大宋的"火德"，指掌象征股肱，此芝是皇上要得股肱大臣的征兆。献上的芝，高宗连看都不看，退了回去。绍兴二十六年（1156），他下令郡国不许献芝。

芝虽无灵异，但它确有益精气、强筋骨的作用，对治疗心悸失眠、健忘、神疲有显著作用。山林隐士，常采服食，神清体健。长寿、成仙之说，可能是从这里产生的联想。汉初，商山也有"四皓"，刘邦派人聘请，"四皓"拒不出山，并作《紫芝歌》以见志，其中有：

　　晔晔紫芝，可以疗饥。唐虞世远，吾将何归？

可见"四皓"食芝，就像伯夷、叔齐在首阳山食薇一样，"疗饥"而已。但"四皓"长寿了，人们就附会为那是芝的灵异。

兰

兰，古代誉为"国香"，是君子的象征。

在我们祖先的心目中，兰一直是美好的形象，最早的记载是《诗经》。《陈风·泽陂》："彼泽之陂，有蒲与蕑。"《郑风·溱洧》："溱与洧，方涣涣兮。士与女，方秉蕑兮。"《毛传》："蕑，兰也。"前一首的兰比喻人的美，后一首的兰，是指男女幽会手持兰，表现爱情的芬芳。可见在春秋时期，兰就同纯洁、美好联系在一起。

战国前后，兰常用以喻君子。《文子》（相传为老子的弟子辛研作）云："兰芷不为莫服而不芳，……君子行道不为莫知而止。"

这里的"兰"就是比喻君子。《孔子家语》说：

> 芝兰生于深林，不以无人而不芳。君子修道立德，不为
> 穷困而改节。

与《文子》的话基本一样，可见以兰喻君子是上古时期很流行的
说法。

由喻君子，发展为象征君子，可能与佩兰的习俗有关。《埤
雅·释草·兰》：

> 传曰："德芬芳者佩兰。"古之佩者，各象其德。

意思是说，只有道德高尚的人才有资格佩带兰，德不足的人则没
有资格，佩兰既成为君子的标志，当然也就成为君子的象征了。
所以毛伯成常这样表白自己的志趣："宁为兰摧玉折，不作萧敷艾
荣"。(《世说新语》)

有德的人之所以佩兰，除了因为兰的芳香特异外，与屈原也
有密切关系，在屈原的作品中以兰喻君子几乎随处可见。如《离
骚》中的"时暧暧其将罢兮，结幽兰而延伫""余既滋兰之九畹
兮，又树蕙之百亩"等。屈原自己也佩兰，《离骚》云："扈江离
与辟芷兮，纫秋兰以为佩。"对于否定佩兰的小人予以鞭挞："户
服艾以盈要兮，谓幽兰其不可佩。"屈原的才德后人无限景仰，他
既纫秋兰为佩，后之君子当然要追随仿效了。

自孔子说过"岁寒，然后知松柏之后凋"，松常用以喻君子，
后来又加上竹、梅，成为"岁寒三友"。自兰崛起后，大有驾凌
"三友"之势，宋王贵学《王氏兰谱序》云：

> 世称"三友"，挺挺花卉中，竹有节而啬花，梅有花而

啬叶，松有叶而啬香，唯兰独并有之。兰，君子也。餐霞饮露，孤竹之清标；劲柯端茎，汾阳之清节；清香淑质，灵均之洁操。韵而幽，妍而淡，曾不与西施、何郎等伍，以天地和气委之也。

《珍珠船》也说"三友"不如兰，其理由与《王氏兰谱序》相同。宋黄庭坚说"兰甚似乎君子"，则是将兰与才士、美女相比。他说："士之才德盖一国，则曰国士；女之色盖一国，则曰国色；兰之香盖一国，则曰国香。"（《书幽芳亭》）

不过，以兰象征在位的君子较少，多半是用以象征生不逢时的隐逸君子。宋李纲的《幽兰赋》在描写兰在杳杳冥冥的深林中"于焉独馨"之后说：

譬犹高洁之士、隐遁之人，蹈山林而长往，友麋鹿而同群。付功名于脱屣，等富贵于浮云。室虽迩而人则远，可得闻而不可见，有泉石之枕漱，无猿鹤之惊怨。晦其迹而弥芳，怀其道而愈显。子真谷口，德公鹿门。二子食薇于首阳，四皓采芝于商山。名与实兮兼茂，心与迹兮俱闲，播清芬于今古，亦何以异于幽兰。

作者认为兰的品格就是鄙视功名、遁迹山林的伯夷叔齐、商山四皓的品格。不过最早以兰喻不逢时的君子的据说是孔子。孔子周游列国都碰了壁，有一天乘车在幽谷中见到兰，十分感伤。《琴操》记述孔子当时的心情：

夫兰当为王者香，今乃独茂，与众草为伍，……乃止车，援琴鼓之……自伤不逢时，托辞于香兰。

于是孔子写了一篇《猗兰操》。这《猗兰操》自是伪托，但由于孔子是生不逢时的圣人，《猗兰操》便开了以兰喻隐逸君子的先河。

大约因为是君子的象征，所以读书人喜欢养兰、赏兰、吟咏兰。宋罗畸任滁州刺史时，官署堂前种了很多兰，并为之写了一篇文章：

> 予之于兰，如贤朋友，朝袭其馨，暮撷其英，携书就观，饮酒对酌。

简直与陶渊明爱菊、林和靖爱梅一样。古代著名诗人几乎没有谁不歌咏兰的，而且全是赞赏钦慕的感情。如宋刘克庄《兰》诗：

> 深林不语抱幽贞，赖有微风递远馨。开处何妨依藓砌，折来未肯恋金瓶。孤高可抱供诗卷，素淡堪移入卧屏。莫笑门无佳子弟，数枝濯濯映阶庭。

将兰视为才能出众的儿女。有的画家专门画兰，宋郑所南专工画兰，县官请他画一幅兰，他不画，县官以增加他的田地赋税相要挟，郑所南怒气冲冲地说："头可斫，兰不可画。"于是画一幅长丈余的大兰挂在堂前，并题字云："纯是君子，绝无小人。深山之中，以天为春。"之所以不给县官画兰，是因为兰既是君子，当然不能与小人为伍。

古人还以当门生长之兰比喻有才能的人不善于用己之才，不善于处世。唐张九龄诗：

> 遇赏宁充佩，为生莫碍门。（《园中时蔬尽皆锄理，唯秋兰数本，委而不顾，彼虽一物，有足悲者，遂赋二章》）

意思是，遇到爱兰的人，被佩在身上则可，切不能生在别人的门前。生在门前就要被锄去，就像有才能的人处在碍于主人的位置上，也会遭祸一样。宋陆游《兰》诗：

> 生世本幽谷，岂愿为世娱。无心托阶庭，当门任君锄。

与张九龄的诗意基本相同。

以兰生当门喻才士不善用己之才，据说始于曹操。曹操杀了才能出众的杨修之后说："芳兰当门，不得不锄。"又说始于刘备。《三国志·蜀志·周群传》载：张裕机敏，在刘备与刘璋开玩笑时，帮助刘璋奚落了刘备，后来刘备借故要杀张裕，诸葛亮上表营救，刘备回答说："芳兰生门，不得不锄。"将张裕弃市。

在兰成为君子的象征之前，人们用以杀虫和除不祥之物。前面所引的《诗经·郑风·溱洧》中"士与女，方秉蕳兮"，陆玑疏云："郑俗，三月，男女秉蕳于水际，以自被除。"说明在春秋时期就流行这种风习。这种风习的形成可能与兰有异香、有杀虫之功效相关。上古时期以兰沐浴，天子还将兰作为赏赐之物赐给诸侯。将兰藏在衣服中、书中可以避白鱼。

由于兰是国香，又作为天子的赐物，所以宫殿名、地名常用"兰"。如楚襄王有"兰台宫"，汉武帝有"猗兰殿"，晋代有"兰亭"，王羲之还写了有名的《兰亭序》，高雅的居室称为"兰室"。其他美好的事物常冠以"兰"字，知心朋友的交情称"兰交"，心意相合的言论称"兰言"，因为《易·系辞上》有"二人同心，其利断金；同心之言，其臭如兰"。称誉别人的优秀子弟为"兰玉"，即所谓"芝兰玉树"。

兰的种植、浇灌、施肥、除虫，古人都做了深入的研究，《遵生八笺》中有《种兰奥诀》一文，叙述甚详。还有一种兰的传说，《淮南子》说：男子种兰，花虽美，但不香，要女子种，花才芬芳。所以兰又名"女兰""侍女"。

现在，我国兰的品种达一千之多。古代写兰的诗文大多只写其香、其品格，不写或略写其形态，因而古人心目中的兰到底是哪一种兰，古代研究名物的学者也曾有过聚讼。宋人罗愿说：著《毛诗草木鸟兽虫鱼疏》的陆玑说的兰、刘克庄所说的兰都是草兰，即都梁香，并非古之兰，并认为一般的人都犯了同样的错误。古之兰"叶如莎，首春则苗其芽，长五六寸，其杪作一花，花甚芳香"。如果一干五六花而不甚香的是蕙（《尔雅翼·释草·兰》）。清人吴其浚的《植物名实图考·芳草·兰草》与罗愿的看法相反：

> 余尝取唐以前之述兰者而纪之，嵇侍中诗"丽蕊浓繁"，陈子昂诗"朱蕤冒紫茎"，兰之花繁蕊密如此，今之兰有之乎？谢康乐诗"清露洒兰藻"，许浑诗"露晓红兰重"，今兰叶如薤，涓滴难留，若谓花跗之露，则何洒何重？苏颋诗"御杯兰荐叶"，今之兰叶岂堪荐酒？

吴其浚所说的"今之兰"就是罗愿说的"叶如莎"之兰，吴认为古代诗人笔下之兰即兰草。吴其浚汇集古人写兰的诗句综合考察，其研究方法比他人先进，其结论也有说服力。不过古代兰的品种虽不如现在多，但也不少，如泽兰、马兰等等。自春秋至唐，一千余年中，文人写兰，不见得都写一种兰，因而罗愿与吴其浚的意见倒是可以互相补充的。

藻

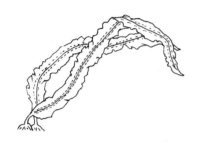

藻，在古代是柔顺、洁净、厌火的象征，同时也是高洁、文采的象征。

关于藻的特征、种类，《齐民要术》引《毛诗义疏》说："藻，水草也。生水底，有二种：其一种叶如鸡苏，茎大如箸，可长四五尺；一种茎大如钗股，叶如蓬，谓之聚藻。"藻的得名，宋陆佃《埤雅》说："其字从澡，言自洁如澡也。"形如鸡苏的藻，又名马藻。叶如蓬的又名牛藻，因为其叶细如牛毛；又名聚藻，因为其细叶相聚集；又名菁，又名蕰藻。清郝懿行认为"菁""蕰"声近，"菁"即"蕰"，而"蕰"有聚集义，得名与"聚藻"相同。

藻，周代妇女用为祭品。周代宗室女子都要在祖庙或公宫接受妇德、妇言、妇容、妇功的教育，"毕业"时，女子要祭祖，祭品中必须有藻，因为藻柔顺而洁净，而柔顺洁净是妇人的美德。以藻作祭品，表示经过学习，已具有藻的品格了。东汉刘桢《赠从弟》诗："泛泛东流水，磷磷水中石。苹藻生其涯，华叶纷扰溺。采之荐宗庙，可以羞嘉客。"宋王炎《石菖蒲赋》："有荇有藻，产涟漪兮，可荐可羞，播声诗兮。"可见在东汉末期甚至在宋代还保持以藻祭宗庙的习俗。

藻是古代章服上所绣的图案之一。章服是上自皇帝下至五品官所穿的表示品级的官服。天子服饰为十二章，衣服上有日、月、星辰、群山、龙、华虫、宗彝、藻、火、粉米、黼、黻十二种图案。一品官员服饰为九章，二品为七章，三品为五章。他们的官服上都绣有藻（三品以下官服无藻）。十二种图案，各有其象征意义。藻的象征意义是洁净，意思是为官要像洁净的藻那样廉洁。章服的记载最早见于《尚书·益稷》，不过那时是吉祥的服饰，不是官服，可见在周代藻不仅是柔顺、洁净的象征，还同时是吉祥的象征。东汉永平三年（60），明帝规定章服制度，祭祀和上朝必穿章服（见《后汉书·舆服下》）。这种制度一直延续到清代，可见藻作为为官清廉的象征这一传统延续了近两千年。

藻还是韬光养晦、谦虚高洁品格的象征。唐郭元超称颂藻的品德说："柔而能全，弱而能直。其为隐也，不居高而处卑。其为谦也，常韬光而晦色。"（《水藻赋》）明李东阳《藻轩解》以藻喻自己的品格："夫藻者，气孕天秀，根含地灵，内秉柔质，外敷素英。不雕而华，匪莳其馨……繄藻之德，于吾则均。朝尔吾居，夕尔吾群，匪藻吾轩，亦藻吾身。"意思是说，藻秉天地之灵秀，内柔顺而外朴质，不仅我的轩名为藻轩，而且我自己也要做藻那样的人。

藻还是制伏火灾的象征。在屋梁或棁上绘藻、雕藻的习俗从先秦至清都很盛行，式样也越来越精巧。最初只用于天子的庙饰（见《礼记·明堂位》），后来上自皇宫下至民间的屋宇莫不饰藻。《埤雅·释草·藻》引孔子的话说："管仲镂簋而朱纮，山节而藻棁。"后一句意思是说，管仲住的房子，有雕刻着山形的斗拱和画着藻的梁上短柱。可见以藻饰梁棁，在春秋时就出现了。《论语·公冶长》："子曰：臧文仲居蔡，山节藻棁。"蔡是大龟，臧文仲给大龟盖的房子也斗拱如山，以藻饰棁。连龟住的房子也有藻饰，说明春秋时期，以藻饰梁棁已相当普遍。宋沈括《梦溪笔谈·器用》："屋上覆橑，古人谓之绮井，亦曰藻井，又谓之覆海。""覆橑"是天花板，称为藻井是因为上面绘有藻等水草，说明藻饰的范围已扩大到梁棁之外了。为什么房屋上的藻饰能延续两千多年呢？因房屋怕火灾。靠什么来制伏火灾呢？当然是水。藻"出乎水下而不能出水上"（《埤雅·释草·藻》），是水的象征。《尔雅翼·释草·藻》说：藻"画于梲以为饰，亦以厌火"。这种习俗反映了古人对"天火"的恐惧和借水的神力征服"天火"的愿望。随着人们对自然认识的深入，战胜火灾力量的增强，藻饰逐渐变为纯装饰性的东西了。

藻的形象很美。《埤雅·释草·藻》说："藻，水草之有文者。"此处的"文"通"纹"，有彩色纹理的玉称藻玉，而后藻又常用以比喻文采。华美的仪仗称为"藻仗"，多彩的羽毛称为"藻翰"。文章的美以藻为喻更多。《北齐书·祖珽传》："珽神情机警，词藻遒逸。""词藻"指文辞藻饰，富丽华美。《晋书·袁宏传》："会宏在舫中讽咏，声既清会，辞又藻拔。""藻拔"，辞藻出众。晋陆机《文赋》："或藻思绮合，清丽千眠。""藻思"，华美的文思。唐王勃《采莲赋》："何平叔之符彩，潘安仁之藻翰。""藻翰"由华美的羽毛比喻为华美的文辞。由于藻与文章的密切关系，所以瑞藻的出现又是登科的征兆。《蔚州志》载：在当地暖泉城西三十里处，水澄清如镜，冬天不结冰。有一年，水中生美丽的藻，这一年，蔚州士子参加科举考试的都获取了功名。

藻虽是受古人普遍赞美的草，但也有极少数的人说它是恶草，如《博物志》说：如果年成不好就有恶草先生，而恶草就是藻。这当然是强加在藻身上的恶名。

藻的实用价值也很大，它曾救活过无数的饥民，藻经过处理不仅可以充饥，而且味道相当好。古书这方面的记载甚多，如明代毛晋《毛诗草木鸟兽虫鱼疏广要》"于以采藻"条说："此二藻（按，指'叶如鸡苏'之藻和'叶如蓬蒿'之藻）皆可食，煮熟，挼去腥气，米面糁蒸为茹，嘉美。扬州饥荒，可以当谷食也。饥时，蒸而食之。"

藻能治多种疾病，唐孙思邈说："凡天下极冷，无过藻菜。但有患热毒肿并丹毒者，取渠中藻菜切捣傅之，厚三分，干即易，其效无比。"《本草纲目》引孟诜语云："海藻起男子阴，消男子㿗疾，宜常食之。"不过他又说，北方人吃多了易生病。

莼

莼，在上古是祭品，中古以后，成为"乡情"的象征。

莼，现在称莼菜，睡莲科，水生宿根草本。椭圆形叶片，深绿色，浮于水面。夏天开小花，宜于清水池生长，我国江南地区多野生。

在周代，莼是重要祭品。《周礼·天官·醢人》："醢人掌四豆之实。朝事之豆，其实韭菹……茆菹、麋臡。"意思是，醢人在祭祀时掌管荐献豆中所盛的食物，要荐献四次。朝事之豆所盛的食物是：酱韭菜……酱莼菜和麋肉酱。不过随着"礼崩乐坏"，战国纷争，莼也失去了跻身于祭坛的光荣。

莼之所以被列入祭品是由于它的味美。《诗经·鲁颂·泮水》："思乐泮水，薄采其茆。"陆玑说，"茆"就是莼。宋陆佃解释诗意说：

> 《泮宫》曰"……薄采其芹"，二章曰"薄采其藻"，三章曰"薄采其茆"。"芹"取有香，"藻"取有文，"茆"取有味。盖士之于学也……及其久也，知道之味，又嗜而学焉，

则采茆之譬也。

鲁僖公在泮水旁修宫是为了教化。士子在这里学习的时间越长，则对其中的味道领会得越深，于是越学越想学。这种境界，诗人用食莼菜为喻来表达（"茆"取有味），可见远在周朝，我们的祖先就知道莼是美味了。

汉以后，莼的烹饪方法越来越精细，越来越繁多。莼和鱼一起煮为羹就是其中的一种，这种方法对配料、火候的要求甚严。随着"莼羹"制作方法的进步，文人歌咏莼羹的诗篇也越来越多。如宋张孝祥《郑义宁送莼菜》诗："我梦扁舟震泽风，莼羹到箸晚盘空。那知岭海炎蒸地，也有青丝满碧笼。"在岭南吃到了在梦寐中也想吃的莼羹，何等快意！明李流芳的《莼羹歌》描写莼羹的美味更为细致生动：

> 柔花嫩叶出水新，小摘轻淹杂生气。微施姜桂犹清真，未下盐豉已高贵。吾家平头解烹煮，间出新意殊可喜。一朝能作千里羹，顿使吾徒摇食指。琉璃碗成碧玉光，五味纷错生馨香。出盘四座已叹息，举箸不敢争先尝。浅斟细嚼意未足，指点杯盘恋余馥。但知脆滑利齿牙，不觉清虚累口腹。血肉腥臊草木苦，此味超然离品目。京师黄芽软似酥，家园燕笋白于玉。差堪与汝为执友，菁根杞苗皆臣仆。

意思是说，嫩莼加上姜桂调料本来就够诱人的，经善出新意的厨师烹煮，馨香扑鼻，四座赞叹不已，等吃完了，杯盘的余香还叫人恋恋难舍。它的美味与黄芽、燕笋不相上下。

江南虽处处产莼，但不是处处的莼一样味美。据说西湖的莼最好，所谓"西湖莼菜胜东吴，三月春波绿满湖"（明沈明臣

《西湖采莼曲》）。据说西湖莼如不做恰当处理则显不出佳味，但其处理方法古人颇有争论。明袁宏道认为经湘湖浸的莼最美。他说："莼采自西湖，浸湘湖一宿然后佳，若浸他湖便无味，浸处亦无多地，方圆仅得数十丈许。"这里浸过的莼，"其味香粹滑柔，略如鱼髓蟹脂，而清轻远胜。半日而味变，一日而味尽，比之荔枝，尤觉娇脆矣。其品可以宠莲嬖藕，无得当者，惟花中之兰、果中之杨梅，可异类作配耳"。（《湘湖》）明李流芳不同意袁宏道的说法："袁石公盛称湘湖莼羹，不知湘湖无莼，皆从西湖采去。……不知莼初摘时必浸之，经宿乃愈肥，凡泉水、湖水皆可，不必湘湖也。"（《西湖卧游册跋语》）

莼作为"乡情"的象征始于晋代的张翰。《晋书·文苑传》载：

> 翰有清才，善属文，……齐王同辟为大司马东曹掾，……翰因见秋风起，乃思吴中菰菜、莼羹、鲈鱼脍，曰："人生贵得适志，何能羁官数千里以要名爵乎？"遂命驾而归。

张翰的事迹成为后世文人百用不厌的典故，如明陆声树《莼菜》诗："陆瑁湖边水漫流，洛阳城外问渔舟。鲈鱼正美莼丝熟，不到秋风已倦游。"后两句意思是，想到张翰的因秋风而思莼羹、因莼羹而思乡的故事，自己不等秋风起就想回家了。宋辛弃疾词《沁园春·带湖新居将成》："意倦须还，身闲贵早，岂为莼羹鲈脍哉。""莼羹鲈脍"，意即辞官归乡。由张翰典故的进一步引申，又将客居在外、怀乡思归的人称为"莼客"，如宋董嗣杲《舟归富池纪怀》诗："到岸茶商期又失，怀家莼客眼添昏。"

有一则关于莼的对话，文坛上影响不在张翰事迹之下。《晋书·陆机传》载：

> （机）与弟云俱入洛，……又尝诣侍中王济。济指羊

酪谓机曰："卿吴中何以敌此？"答云："千里莼羹，未下盐豉。"时人称为名对。

宋徐似道《莼羹》诗云：

> 千里莼丝未下盐，北游谁复话江南。可怜一箸秋风味，错被旁人舌本参。

宋杨万里《松江莼菜》诗后四句云：

> 一杯淡煮宜醒酒，千里何须更下盐。可是士衡杀风景，却将膻腻比清纤。

两诗都是用王济与陆机对话的典，可见确为"名对"。杨诗的"膻腻"指羊酪，"清纤"指"莼羹"。但是对于这"名对"的理解，古人分歧很大。唐赵璘《因话录》说：

> "千里莼羹，未下盐豉"，世多以淡煮莼羹，未用盐与豉相调和，非也。盖"末"字误书为"未"，"末下"乃地名，此二处（指"千里"和"末下"）产此二物耳，其地今属江干。

《世说新语·言语》所载陆机的话为："有千里莼羹，但未下盐豉耳。"有人据此反对"千里""末下"为地名。《靖康缃素杂记》说：

> 或以谓"千里""末下"皆地名，是未尝读《世说》而妄为之说也。或以谓千里者，言其地之广，是盖不思之甚也。如以千里为地之广，则当云莼菜，不当云羹也。或以谓莼羹不必盐豉，乃得其真味，故云未下盐豉，是又不然。盖洛中去吴有千里之远，吴中莼羹自可敌羊酪，但以其地远未可猝致耳，故云但未下盐豉耳。意谓莼羹得盐豉尤美也。此言近

之矣。今询吴人，信然。

宋王楙《野客丛书》的态度很谨慎，该书说：

> 《世说》载此语，则曰："千里莼羹，但未下盐豉耳。"观此语，似非地名。东坡诗曰："每怜莼菜下盐豉。"又曰："未肯将盐下莼菜。"坡意正协《世说》。然杜子美诗曰："我思岷下芋，君思千里莼。"张钜山诗曰："一出修门道，重尝末下莼。"观二公所云，是又以千里、末下为地名矣。前辈诸公之见不同如此。仆尝见湖人陈和之，言千里地名，在建康境上，其地所产莼菜甚佳。计末下亦必地名。

《晋书》成于唐代，所载王济与陆机的对话取自《世说》，虽稍做减削，但原义未变。"千里"当为地名，"未下"不误，非地名。仇兆鳌注杜甫《赠别贺兰铦》（即王楙所引杜诗）云："《一统志》：千里湖，在溧阳县东南一十五里，至今产美莼，俗呼千里莼。"莼加盐豉味更美，宋刘辰翁解释陆机的答语说："言外谓下盐豉后，尚未止此。"意思是，没有加盐豉的莼就足以抵得上羊酪，何况加了盐豉？既夸了故乡的莼菜，又幽默风趣，所以称为"名对"。如果"末下"为地名，则答语平淡无奇，就称不上"名对"了，上面引的诗也大多讲不通。按照"千里"为地名、"未下"不误的理解，则除张钜山诗外，杜甫、苏轼、徐似道、杨万里等人的诗都可讲通。至于张钜山之诗，当是他读了将"未"错写成"末"的本字而造成的对《晋书》的误解。

莼还与安贫乐道、孝义清高等高尚品质联系在一起。《南史·沈颙传》载：沈颙平时就不事家产，又逢战乱，一家人常常挨饿，有人馈赠粮食鱼肉，他闭门不受，天天吃莼菜、荇菜根度日。同书《陶子锵传》载，子锵的母亲嗜莼，母亲死后，每次祭祀必须供莼。有一年因战乱，到处买不到莼，子锵痛哭以至昏厥，自此，自己长期不食莼。沈、陶两人因此在当时以清高、孝义知名。明马介《怀莼赋》中有一段话可以概括文人学士对莼的感情：

> 莼乎，莼乎，为彭泽柳，吾慕其真；为东陵瓜，吾美其清；为蓝田松，奚取而吟！为武陵花，岂从辟人！为孟宗笋，安得捧以解羹！为陆绩橘，安得怀以荐新！

"彭泽柳"，指五柳先生门前之柳（见陶潜《五柳先生传》）；"东陵瓜"，指秦东陵侯于秦亡后为民所种的甜瓜；"蓝田松"，指蓝田山之松；"武陵花"，指武陵源的桃花（见陶潜《桃花源记》）；"孟宗笋"，指孝子孟宗的母亲冬天病笃，想吃笋煮羹，孟宗抱竹哭泣，于是有竹生笋的故事；"陆绩橘"，指三国陆绩六岁见袁术时私取三枚橘打算孝顺母亲的故事。

关于莼的得名，明李时珍说："莼，从纯，纯乃丝名，其茎似之故也。"莼又名锦带、水葵、马蹄草、缺盆草、露葵。"露葵"之名是因为蔡朗的父亲名纯，所以蔡朗改"莼"为"露葵"，"露"与"绿"音近，所以北方人又称莼为"绿葵"（见《颜氏家训》）。

萍

萍，上古是节酒的象征，中古是漂泊的象征。

萍，即浮萍，叶倒卵形或椭圆形，浮于水面，下面有根，我国各地池塘、湖泊内常见。

《周礼·秋官·萍氏》："萍氏，掌国之水禁，几酒，谨酒，禁

川游者。"意思是，担任萍氏官职的负责掌管国家的水禁，视察民众酤酒是否适量适时，节制民间的用酒，禁止在河里游泳。为什么这种官职要以"萍"命名呢?《尔雅翼·释草·萍》说:"夫萍水物耳，而名官以谨酒，先儒以其不沉溺于酒，如萍之浮，然水萍之性胜酒。""胜酒"之说本于《本草》，意为制服酒。

萍在水上随风漂浮，因而是漂泊的象征。如:"萍浮南北，复归邦乡。"(《后汉书·郑玄传·戒子益恩书》)"苔竹素所好，萍蓬无定居。"(唐杜甫《将别巫峡赠南卿兄瀼西果园四十亩》)"故里行人战后疏，青崖萍寄白云居。"(唐张乔《寄弟》)"瓜戍及期，幸仁贤之为代;萍踪无定，怅候问之未遑。"(宋陆游《答交代杨通判启》)以上诸诗中的"萍浮""萍蓬""萍寄""萍踪"，都是以萍喻飘泊。

萍虽随风漂浮，但池塘内的萍漂来漂去仍在池塘内，算是相对安定，所以萍也有时喻安定。如三国魏何晏诗:

> 转蓬去其根，流飘从风移。芒芒四海涂，悠悠焉可弥。
> 愿为浮萍草，托身寄清池。且以乐今日，其后非所知。

萍寄身于清池，至少可以"乐今日"，比起转蓬四海流漂就幸运多了。《南濠诗话》中载魏仲先《咏盆池萍》云:

> 莫嫌生处波澜小，免得漂然逐众流。

也是以萍喻安定。

　　萍的根不能着地，要依附于水，所以萍由喻漂泊发展为喻依附。《魏书·冯元兴传》载：元义赏识元兴的才能，让他做尚书殿中郎，后来元义被赐死，元兴也因之罢官。元兴写了首诗，以萍喻依附他人而祸福难卜。诗云："有草生碧池，无根绿水上。脆弱恶风波，危微苦惊浪。"

　　古人还认为萍是由杨花变来的，宋陆佃说："世说杨华入水，化为浮萍。"（《埤雅·释草·苹》）明杨云鹤《浮萍赋》云："嗟杨花之漠漠，纷辞树而绵绵，乍飘飘于幕底，忽荡漾于池边。雨过易质，浸久移妍。根无寸蒂，叶吐双骈。"把变化的过程也写出来了。连具有科学头脑的李时珍也不否定此说。《本草纲目》云：萍"或云杨花所化"。

　　仔细探究起来，萍漂泊不定的象征也与杨花有关，因为杨花也是随风漂泊的。宋刘师邵《萍》诗：

　　　　乍因轻浪叠晴沙，又趁回风拥钓槎。莫怪狂踪易飘泊，前身不合是杨花。

表达的感情为：漂泊真是怪辛苦的，但"前身"决定了"今身"的命运，能怨谁呢？

　　萍虽有根但不植于土而植于水，所以古人认为它无根，因而萍常用以喻浮名。唐陆龟蒙《和袭美木兰后池三咏·浮萍》：

　　　　晚来风约半池明，重叠侵沙绿屬成。不用临池更相笑，最无根蒂是浮名。

　　萍是古人喜欢吟咏的题材，留下来的诗文甚多，连日本诗人也受到熏染。明代一位日本贡使咏萍诗云：

> 锦鳞密砌不容针，只为根儿做不深。曾与白云争水面，
> 岂容明月下波心。几番浪打应难灭，数阵风吹不复沉。多少
> 鱼龙藏在底，渔翁无处下钩寻。

意境虽不甚高，但作为咏物诗倒是恰切地表现了萍"锦鳞密砌"的特征。

据说萍还能结斗大的实，不过极为罕见，只有"霸者"才有可能见到。《孔子家语》云："楚昭王渡江，江中有物，大如斗，圆而赤，直触王舟。舟人取之，王大怪之，遍问群臣，莫之能识。王使使聘于鲁，问于孔子。子曰：'此所谓萍实者也。可剖而食之，吉祥也，唯霸者为能获焉。'使者返，王遂食之，大美。久之，使来以告鲁大夫，大夫因子游问曰：'夫子何以知其然乎？'曰：'吾昔之郑，过乎陈之野，闻童谣曰：楚王渡江得萍实，大如斗，赤如日，剖而食之，甜如蜜。'此是楚王之应也，吾是以知之。"

萍可用以美容。《本草》说，用萍沐浴，可促进头发、胡须的生长。萍是发汗的良药。李时珍在《本草纲目》中记述了一个神奇的古方：

> 世传宋时东京开河，掘得石碑，梵书大篆一诗，无能晓者。真人林灵素逐字辨译，乃是治中风方，名"去风丹"也。诗云："天生灵草无根干，不在山间不在岸。始因飞絮逐东风，泛梗青青飘水面。神仙一味去沉疴，采时须在七月半。选甚瘫风与大风，些小微风都不算。豆淋酒化服三丸，铁镤头上也出汗。"

李时珍解释此方说：取紫色的浮萍晒干，研为细末，炼蜜和丸，丸如弹子大。每服一粒用豆淋酒化下，可以治疗左瘫右痪，可以

治疗三十六种风，可以治疗偏正头风、口眼㖞斜、大风、癫风、一切无名风。还可治疗跌打损伤，孕妇腹中胎儿有伤，服一百粒，胎儿完全恢复正常。此方，后人改名为"紫萍一粒丹"。《后汉书·华佗传》也记述了一个奇方："（佗）精于方药，……尝行道，见有病咽塞者，因语之曰：'向来道隅有卖饼人，萍齑甚酸，可取三升饮之，病自当去。'即如佗言，立吐一蛇。"这当然不能视为事实，但它反映了人们不仅将华佗视为神医，还把萍视为神药。

　　萍的得名，据《埤雅·释草·苹》说："无根而浮，常与水平，故曰苹也。""苹"即"萍"。萍繁殖迅速，宋陆佃说，旧说萍一夜生七子，又说在止水中一夕生九子。不过古人有时将"萍"与"苹"相混。明李时珍说："《本草》所用'水萍'，乃小浮萍，非大苹也。陶、苏俱以大苹注之，误矣。萍之与苹，音虽相近，字却不同，形亦迥别，今厘正之，互见苹下。""萍"指什么实物，古人也有争论，如《诗经·小雅·鹿鸣》"呦呦鹿鸣，食野之苹"中的"苹"，《毛传》说："苹，大萍也。"晋郭璞注《尔雅·释草》"苹，萍"说："水中浮萍，江东谓之薸。"可见《毛传》指的是浮萍。汉郑玄不同意《毛传》，认为"苹"是指藾萧。《诗义》说：藾萧"叶青白色，茎似箸而轻脆"。关于萍与苹的区别，《韩诗》说："沉者曰苹，浮者曰萍。"其实苹也浮在水上，但根生于水底，所以说"沉"。

莲

　　莲，是佛教的象征，极乐净土的象征，在中国固有的传统文化中是君子的象征，在民间是士子获取功名的吉兆，在医家是破血、驻颜的良药。

《尔雅》对名物的解释往往简略，释莲却很详细：

　　荷，芙渠。其茎茄，其叶蕸，其本蔤，其华菡萏，其实莲，其根藕，其中的，的中薏。

意思是：莲的总名称"荷"，别名芙蕖，它的茎名"茄"（唐颜师古认为"茄"就是"荷"），它的叶子叫"蕸"（许多本子无"其叶蕸"三字），它的茎入泥的部分叫"蔤"（即"蔤"，郭璞注"茎下白蔤，在泥中者"），它的花叫"菡萏"，它的果实叫"莲"，它的根叫"藕"，它结的实叫"的"（莲子），的中的绿芽叫"薏"。

　　在佛教徒心目中，莲是佛的象征，我国佛教寺庙中，三世佛（释迦牟尼、迦叶、弥勒）和菩萨大都坐于莲花座之上。佛座称"莲台""莲座"，供佛的神龛称为"莲龛"，佛国称为"莲界"。《法华经》全称为《妙法莲华经》，简称为《莲经》，唐、宋以后最有影响力的净土宗称为"莲宗"。人们献花供佛也常用莲花，就连现在的佛教书刊的封面插图也大多画莲图案。

　　为什么莲与佛联系这么紧密？据佛经记载：释迦牟尼本为天上的菩萨，他降生于迦毗罗卫（今尼泊尔境内）国王净饭王家之前，宫中出现八种祥瑞，其一是池沼内突然盛开大如车盖的莲花。当王后摩耶夫人凝神静思时，菩萨化作一头六牙白象入胎。后来释迦牟尼向信徒讲佛法时，其坐的姿势是两腿交叉，左脚放在右腿上，右脚放在左腿上，两脚心向上，这种坐势叫"莲花坐势"。由于释迦牟尼是佛教的创始人，因而莲就与佛结了缘。莲与佛教结缘还有另外两个原因。一是，莲象征修行者的超尘脱俗。佛教认为现实世界充满污浊、罪恶，佛教则是教人通过修行，脱离污浊与罪恶，净化心灵，到达清净无碍的境界，就像出淤泥而不染的莲花。一是莲可以喻佛教妙理。明李时珍说：

> 自藕蔤而节节生茎，生叶，生花，生藕。由菡萏而生蕊，生莲，生菂（《尔雅》作"的"），生薏。其莲菂则始而黄，黄而青，青而绿，绿而黑，中含白肉，内隐青心。石莲坚刚，可历永久。薏藏生意，藕复萌芽，展转生生（即生生世世，指佛教轮回），造化不息。故释氏用为引譬，妙理具存。

莲，在中国固有的传统文化中是君子的象征，对宋明理学影响甚大的周敦颐写了一篇《爱莲说》：

> 予独爱莲之出淤泥而不染，濯清涟而不妖，中通外直，不蔓不枝，香远益清，亭亭净植，可远观而不可亵玩焉。

他的结论是"莲，花之君子者也"。这篇《爱莲说》对后世影响甚大，明王象晋在《群芳谱》中也说：莲，"花中之君子也"。"君子花"成为莲的别名。明叶受给莲写了篇传记名为《君子传》，文章开头就说："君子，讳莲，或又谓讳菡萏，字芙蓉。"就连与莲有关的事物也与君子挂了钩。据《凤翔县志》载：东湖南面有个亭子名"君子亭"，因为亭子旁是一片莲花。不过，最初将莲与君子联系在一起的不是周敦颐而是屈原。《离骚》云："集芙蓉以为裳。"屈赋以芳草美人喻君子，芙蓉就是芳草之一。

莲，一茎一花，如果一茎两花或数花的就是瑞莲。瑞莲出现就是这个地方的士子将取得功名的征兆。各地县志关于这方面的记载甚多。如《吴县志》载：正统三年（1438）六月，县学泮池内瑞莲一茎三花。第二年，这个县出了三个状元。《延平府志》

载：成化十年（1474），顺昌举人廖中准备参加会试，启程前，家池中莲开并蒂，共结二十四个子。第二年，廖中考取了进士，以后做官二十四年。《商州志》载：万历十八年（1590），州官在衙门内池中种莲，祝祷说，秋天开考时，州内几人考中就开几朵花。夏天，池中开了四朵花，还有一朵花斜穿到栏杆之外。秋天发榜，果然州内考中了四人。过了不久，山西来报，在那里的商州士子也考中了一人。这些当然是附会，但它反映了一种文化观念，这种观念的产生，可能与获取功名称为"蟾宫折桂"有关。蟾宫折桂是月宫中的事，民间传说藕"应月而生"，即一月生一节，如遇闰月，则多生一节。经古人这么辗转联想，莲就与获取功名构成因果联系了。

莲的花、叶、蒂、薏、藕都有药用价值。藕被誉为"灵根"，有"破血"之功。这种药用价值的发现是很偶然的，南朝宋时，太官作血𦠿（即血羹）供膳，厨工削藕，误将藕皮削入血中，血就涣散不凝了。医家受此启发，用以破血，疗效甚好。

藕节可治冷痢。《养疴漫笔》云，宋高宗患痢，太医们开的方都无效。高宗见街上一小药店，召来店主，问他可否治自己的病。店主看了脉，又询知高宗是吃湖蟹起病，就说："皇上患的是冷痢，我可以治愈。"于是用新采的藕节捣烂，用热酒调好服下，病很快好了。高宗赐他一个捣药用的金杵臼。

莲花有"镇心益色，驻颜轻身"的作用。《大清草木方》载：农历七月七日采莲花，八月八日采根，九月九日采实。花、根、实按七比八比九的比例合在一起，阴干捣碎，然后用筛子筛，每次取一汤匙，用温酒服下，有驻颜之功。

江南有采莲的习俗，民间的采莲曲不计其数，最早的是汉乐府《江南曲》：

> 江南可采莲，莲叶何田田。鱼戏莲叶间。鱼戏莲叶东，
> 鱼戏莲叶西。鱼戏莲叶南，鱼戏莲叶北。

到现在民间还流行《采莲船》的歌曲。文人作的《采莲赋》《采莲曲》也不计其数，从南北朝至清，文人这方面的兴致始终没有衰减，大诗人李白、白居易、欧阳修、苏轼等人也留下了不少作品，文人的这些作品以不同侧面反映江南民间采莲习俗，文笔大都清新活泼，如明谢榛《采莲曲》：

> 湖上西风吹绮罗，靓妆越女照清波。折将莲叶伴遮面，
> 棹过前滩笑语多。

有不少作品反映民间青年男女的爱情生活。如：

> 湖南采莲花，湖北采莲叶。回头见郎来，低头理双楫。
> （明钱百川《江南曲》）
> 风吹荷叶十里香，采莲女儿矜艳妆。棹声惊起双鸳鸯。
> 双鸳鸯，何处宿？白苹湾，红蓼谷。（明范汝梓《采莲曲》）

菱

菱，上古时是贵族宗庙的祭品，荒年是平民度荒的食物。采菱时唱的《采菱曲》是民间青年男女表达爱情的方式。

菱，一名"芰"，俗称菱角，一年生水生草本，我国中部、南部均产。

周王朝祭祀宗庙，菱是不可少的祭品。《周礼·天官·笾人》："加笾之实，菱芡栗脯。"意思是，宗庙祭祀在"九献"之后，又

进加笾，加笾所盛的食物是：菱、芡、栗、干肉。

菱既列入天子的祭品，地位当然变得显赫了，天子以下的官员死后都不配享用。

《国语·楚语》载，楚令尹屈到生前特别嗜菱，他临终时对主持礼乐的家臣说：我死后，要用菱祭祀我。屈到死，主持礼乐的家臣将菱进献于屈到的灵前，可是屈到的儿子屈建把菱撤去了。主持礼乐的家臣争辩说：这是令尹遗嘱，怎么能撤去？屈建说：祭典对各级官员享用的祭品有明确的规定。如果令尹用菱，那就是僭用天子之礼，是"干国之典"。此事还引起后人的争议。唐柳宗元作《非国语》，认为屈建应该遵循父亲的遗嘱以菱祭祀，他说："以礼之末，忍绝其父将死之言，吾未敢贤乎尔也。"宋苏轼作《屈到嗜芰论》反对柳宗元的观点，他认为屈建做得对。屈建"有大不忍于此"，即有僭天子之礼的难处才不遵父亲的遗嘱。从屈建与家臣的争论，到柳宗元、苏轼的论辩，说明菱在祭品中的地位何等神圣。

菱在战国是士的服色的象征。屈原《离骚》：

> 制芰荷以为衣兮，集芙蓉以为裳。

"芰"，这里指菱的叶。古代士服上衣为玄色。屈原担心进而遇祸，所以退而修"初服"，"初服"就是士服，菱的叶子为绿色，与玄色相近，所以"制芰荷以为衣"。

菱在老百姓的眼里没有那么神圣，只把它当作充饥之物，史书载："淮汉之南，凶年以芰为蔬。"明李时珍也说："江淮及山东人暴其实以为米，代粮。"还说：菱的茎晒干和米做饭，可以做度荒之用。宋谢翱说菱可以"救饥"，其方法是：采到鲜的大菱角，去壳生吃，老菱角及小菱角煮熟了吃，或者晒干后在锅里焙，捣碎，当粮食。（《楚辞芳草谱》）

宋罗愿《尔雅翼·释草·蔆（菱）》说：

> 古者洲泽之利，与民共之。吴楚之风俗，当菱熟时，士女相与采之，故有采菱之歌以相和，为繁华流荡之极。

历代民间流传和文人创作的《采菱曲》多得很，同《采莲曲》一样长盛不衰。这些采菱曲大多反映民间采菱习俗和男女的爱情。如：

> 涔阳女儿花满头，毵毵同泛木兰舟。秋风日暮南湖里，争唱菱歌不肯休。（唐戎昱《采莲曲》）
>
> 采菱女儿新样妆，瓜皮船小水中央。郎心只如菱刺短，妾情还比藕丝长。（元杨庆源《西湖竹枝词》）
>
> 采菱复采菱，采采日已暮。贪看马上郎，迷却花间渡。
> （明郭子直《采菱曲》）

也有与这"繁华流荡"的格调相反的，如：

> 采菱科，采菱科，小舟日日临清波。菱科采得余几何？竟无人唱采菱歌。风流无复越溪女，但采菱科救饥馁。（明王鸿渐《题菱科图》）

采菱只是为了充饥活命，无心风流，无心唱歌，反映了采菱人的疾苦。

有了采菱的活动就有采菱曲。采菱曲的出现最晚也不晚于战国。《楚辞·招魂》："涉江采菱发阳阿。""阳阿"就是采菱曲。

《淮南子》说："欲学歌讴者，必先徵羽乐风；欲美和者，必先始于阳阿采菱。"后一句意思是，想学好合唱中的应和，一定要从学唱"阳阿采菱"开始。汉许慎说："'阳阿采菱，乐曲之和。'一曰阳阿，古之名俳，善和者。"(《尔雅翼·释草·蔆》)采菱是集体劳动，唱歌也成为一种集体活动，一人领唱，众人应和，这就是"阳阿采菱"。"阳阿采菱"竟成为"学和"者的必修课程，可见采菱曲在战国、在汉初十分普及。

古代称铜镜为菱花镜、菱镜。南朝庾信《镜赋》"照壁而菱花自生"。唐李白诗：

> 狂风吹却妾心断，玉箸并堕菱花前。(《代美人愁镜》)

唐齐己诗：

> 何须照菱镜，即此鉴嫦娥。(《盆池》)

菱叶浮于水面，组成的图案如六角形的花，叶面光滑如镜。古代铜镜多为六角形。大概两者有这些相似点，所以称铜镜为菱花镜、菱镜。后来镜子改为圆形，背面也刻六角菱花。可见菱与镜关系的紧密。

关于菱的药用价值，李时珍说："鲜者解伤寒积热，止消渴，解酒毒、射罔毒。"李时珍引《别录》等书云：菱可以"安中补五脏，不饥轻身"，"补中延年"。也有将药用价值神化的，如《拾遗记》(旧题晋王嘉撰)载：

> 昭帝元始元年，穿淋池有倒生菱，茎如乱丝，一花千叶，根浮水上，实沉泥中，名"紫菱"，食之不老。

《拾遗记》多载荒诞之事，此处的记载自不可视为事实，但志怪一类的书多有类似的说法，如《汉武洞冥记》（旧题东汉郭宪撰）说，有一个人采了翠水中的菱吃了，骨头变轻了，全身都长了羽毛。这些记载，可能采自民间传说。这些传说的产生，可能受了医家说食菱有"轻身""延年"之功的影响。

菱，又写作"蓤"，又名芰。李时珍解释得名之由说："其叶支散，故字从支。其角棱峭，故谓之菱。而俗呼为蓤角也。"菱有两角、三角、四角的。唐段成式《酉阳杂俎》说：

今人但言菱芰，诸解草木书亦不分别，唯王安贫《武陵记》言：四角、三角曰芰，两角曰菱。

王安贫的话在《后山诗话》中可得到印证：某太守与客行于林下，太守取民谚出了个上联"柏花十字裂"，客人都对不上。晚上吃菱角，一客也取民谚属对："菱角两头尖。"可见两角者称菱。不过菱与芰也只是"析言则别，浑言则同"。现在一概称"菱"了。

蒲

蒲，又名菖蒲，在周代是安适、安定的象征。战国以后，作药用的蒲，有两个文化分支平行发展：一是仙药，服食可以长寿、成仙；一是医家治病之药，可治多种疾病。这一时期，蒲又是君子的象征，避邪之物。

《周礼·大宗伯》："子执谷璧，男执蒲璧。"汉郑玄注："蒲为席，所以安人。"清孙贻让疏："蒲席，人藉以安，男所执璧象之，亦欲其能安民也。"意思是，男子手里拿着表面琢有蒲形的璧，用以表示安民。地下发掘出的蒲璧证明《周礼》的记载可信。宋沈括

《梦溪笔谈·器用》："今世人发古冢得
蒲璧，乃刻文蓬蓬如蒲花敷时。"

为什么用蒲表示"安民"呢？因
为蒲叶长而柔韧，做坐具或卧具，柔
软、舒适。《汉书·东方朔传》："（孝
文皇帝）莞蒲为席。"意思是汉文帝
很俭朴，坐席是用莞和蒲编织的。周
代是否有以蒲制坐具、卧具的记载，
笔者见闻有限，没有看到，但从《诗
经·小雅·鱼藻》，我们得到一些信息。诗最后一节云："鱼在在
藻，依于其蒲。王在在镐，有那其居。"宋陆佃解释说："盖鱼游
者也，据于藻，依于蒲；乐于藻，安于蒲。故王者俯身以顺万物，
而鱼之所乐，王亦乐焉；鱼之所安，王亦安焉。"意思是，游鱼依
在蒲上就安乐，就像百姓依周武王就安乐，周武王有百姓就安乐
一样。诗以蒲喻安乐。如果当时没有蒲制的舒适坐具或卧具，怎
么会产生以蒲喻安乐的比喻？同样，《周礼·大宗伯》以蒲作为
"安民"的象征，说明生活中出现了令人坐卧舒适的蒲制的坐具或
卧具。这种以蒲叶编坐具、卧具的传统一直延续到近代。后来还
有用蒲花的。农历九月将采来的蒲花略蒸一蒸，晒干，装入粗布
囊中，用棍棒敲击，使之平匀，蒲花厚五、六寸就将囊口缝好，
外面再套上褥面，坐卧其上，柔软而温暖。

由于蒲柔韧，所以婚礼常用以象征夫妇感情的牢固。唐段成
式《酉阳杂俎》："婚礼纳采，有九子蒲。"其象征意义是："为心
可屈可伸也。"这种习俗可能唐代以前就有。《孔雀东南飞》焦仲
卿与刘兰芝分别时的誓言是：

> 君当作磐石，妾当作蒲苇。蒲苇纫如丝，磐石无转移。

说明在汉代就可能有这种习俗了。

古代君王征聘贤士用蒲裹车轮，使车不震动，称为"蒲轮"，因而"蒲轮"表示君王礼贤下士。如《汉书·武帝纪》："遣使者安车蒲轮，束帛加璧，征鲁申公。"注："以蒲裹轮，取其安也。"这一文化现象也是由蒲柔韧引申出来的。

古代有的官吏用蒲鞭处罚当受刑的人，只是"示辱"罢了，受刑者并不疼痛，因而"蒲鞭"常用以比喻为官的仁厚。《后汉书·刘宽传》：

> 迁南阳太守，典历三郡，温仁多恕。……吏人有过，但用蒲鞭罚之，示辱而已，终不加苦。

唐李白《赠清漳明府侄聿》：

> 蒲鞭挂檐枝，示耻无扑抶。

"蒲鞭"这一文化现象也是从蒲柔韧扩展而来的。

古籍中关于服食蒲可以延年的记载甚多。汉应劭《风俗通义》云："菖蒲放花，人得食之，长年。"清汪灏《广群芳谱》引《本草》云：石菖蒲"久服可以乌发须，轻身延年"。晋葛洪《神仙传》还记载了一个服菖蒲而长生的实例：阳城人王兴居嵩山，他是个没有文化的普通百姓，也无意学道。汉武帝登嵩山时，让董仲舒、东方朔斋戒祭神以求长生。夜晚，有身高二丈、大耳上出头顶下垂至肩的仙人来见武帝说："我是神，来此采一寸九节的菖蒲，食之可以长生。"说罢，不见了。武帝说："这是指点我服食菖蒲。"于是武帝、侍臣和王兴都服食菖蒲。武帝服食了两年，觉得胸闷，便停止服食，侍从官员也没有再坚持。只有王兴坚持不辍，果然获得长生，邻里几代人都见到过他。唐李白还为此写了《嵩山采菖蒲者》诗为武帝惋惜：

> 神仙多古貌，双耳下垂肩。嵩岳逢汉武，疑是九疑仙。
> 我来采菖蒲，服食可延年。言终忽不见，灭影入云烟。喻帝
> 竟莫悟，终归茂陵田。

相信服食菖蒲可以延年，不限于道家，多数人置信不疑。在古人的诗文集中，大多可找到这方面的篇章。如："石上生菖蒲，一寸十二节。仙人劝我食，令我好颜色。"（宋苏辙《梦中反古菖蒲》引古诗）唐韩愈《进学解》云：

> 是所谓诘匠氏之不以杙为楹，而訾医师以昌阳引年，欲
> 进其豨苓也。

意思是：无知者指责木工不用小木桩做柱子，指责医生用菖蒲延年不对而主张用不能延年的豨苓。"昌阳"即菖蒲，说明以儒家道统自居的韩愈也坚信菖蒲延年之说。爱国诗人陆游也坚信不疑：

> 古涧生菖蒲，根瘦节蹙密。仙人教我服，刀匕蠲百疾。
> 阳狂华阴市，颜朱发如漆。岁久功当成，寿与天地毕。

不过，也不是服食任何菖蒲都能收到延年的效果。据《抱朴子》说，服食"一寸九节已上，紫花者尤善"。

服食菖蒲不仅可延年，还可以成仙。先秦时代的方士安期生据说就是由于服食了一寸九节的菖蒲才升天成仙。汉商丘子胥，喜欢牧猪吹竽，年七十还不娶妻。长年吃菖蒲根，饮其汁，不饿，也不衰老。三百年后他的容颜同三百年前一样。还有个叫韩众的

人，服食菖蒲十三年，身上长满了毛，冬天不穿衣也不冷，脑子变得特别聪明，一天读万余字的书，可以一字不误地记诵。

菖蒲为什么具有延年、成仙的功效，古人很少论述。有的书说：尧时，天降"精"（指灵气）于庭，成为韭，韭感百阴之气成为菖蒲。如此说来，菖蒲延年、成仙的效应来自上天。

菖蒲已够神奇了，更神奇的是它的花。《梁书·太祖张皇后传》载：皇后在室内忽然看到庭前菖蒲开了花，那花光彩照人，不像是世间所见的花。皇后很惊讶，问侍从说：你们看到没有？大家说没见到。皇后说：我听说见到菖蒲花的人将大富大贵。便立即将菖蒲花摘下吞食了，当月就生下了高祖皇帝。生的那天晚上，庭中像是有许多达官贵人。不过，也有相反的说法：见到菖蒲花将有大难。《南齐书·五行志》载：黄文济家种了数株菖蒲，忽然菖蒲开了花，光彩照壁，但只有黄的儿子能看到，其他的人都看不到。不久，黄文济被杀。还有人说，看到菖蒲花只要不说出则没有灾祸。《花史》载：有一老妇在山涧看见菖蒲开的花大如车轮，旁边有神守护，神告诫老妇不要泄露，当老妇保守机密时，她发财了，后来老妇对子孙泄了密，不久即病死。

菖蒲又名荪，《楚辞》中常见，如："数惟荪之多怒兮""荪详聋而不闻""夫人自有兮美子，荪何以兮愁苦？"荪，都是用以比喻国君。这一文化现象与前面叙述的文化现象无关。在中药中，荪是君药，故用以喻君。

文人学士常养几盆菖蒲置于厅前窗下，因为菖蒲有"君子之德""隐士之风"，可用以寄托自己的情怀。明王象晋《群芳谱》"菖蒲"条说：靠阳春、地脉而生长的奇花异草算不得是"卓然自立之君子"，"乃若石菖蒲之为物，不假日色，不资寸土，不计春秋，愈久则愈密，愈瘠则愈细。可以适情，可以养性。书斋左右一有此君，便觉清趣潇洒，乌可以常品目之哉？"在王象晋看来，百草之中，只有菖蒲才算是"卓然自立之君子"，因为君子不趋炎附势，富贵不能淫，贫贱不能移，安贫乐道。蒲正具有这种品格。宋许棐《石菖蒲》诗则从另一方面表现蒲的精神："前身恐是巢由辈，怕着人间半点尘。"说菖蒲前身是许由、巢父，不染人间半点尘埃，显然是赞美菖蒲具有隐士之风。宋谢枋得《菖蒲歌》则更具体地写出菖蒲的"嫩""瘦""劲""清"的形神特征：

> 嫩如秦时童女登蓬瀛，手携绿玉杖徐行。瘦如天台山上圣贤僧，休粮绝粒孤鹤形。劲如五百义士从田横，英气凛凛磨青冥。清如三千弟子立孔庭，回琴点瑟天机鸣。
>
> 堂前不入红粉意，席上常听诗书声。……人间千花万草尽荣艳，未必敢与此草争高名。

在谢枋得看来，菖蒲既有"异根不带尘埃气，孤操爱结泉石盟"的隐士之风，又有"三千弟子""五百义士"的君子之德。菖蒲的这种文化现象是从菖蒲的外形与生活习性引申出来的，与延年、成仙的传说并无多大关系。

蒲还是避邪的象征。古代习俗，农历五月五日，将菖蒲叶悬在门上，这蒲叶称为"蒲剑"，据说妖怪邪魔见此蒲剑都要躲避。因而五月五日也称为"蒲节"，五月称为"蒲月"。唐李咸用《和殷衙推春霖即事》诗：

> 柳眉低带泣，蒲剑锐初抽。

宋王曾诗：

> 明朝知是天中节，旋刻菖蒲要辟邪。

蒲是重要的中药材。蒲可预防腹痛，明太祖朱元璋写的碑文载有此方。朱元璋本人经常服食，没有患过腹痛。明李时珍说：今贵州、四川一带的少数民族出门，常常携带菖蒲，以预防和治疗突然发生的腹痛，而且以这一带山谷中产的蒲疗效最好。将农历七月七日采的菖蒲研成末，取一汤匙用酒吞下，则饮酒不会醉。菖蒲有益智的功效，据说有人长时间服食，视力和听力增强，智力也提高了。菖蒲又有清血活血的功效。有一个妇人忽然舌头肿胀，以致将口都塞满了，连出声都困难，一老头教给她一个方子，用蒲花上的黄粉搽舌，第二天早晨，肿全消了。宋度宗夜里赏花，忽然舌肿了，充塞满口，蔡御医用蒲花的黄粉和干姜末各一半，干粉搅拌，搽在舌上，很快消了肿。菖蒲还可以健身美容。采紧小似鱼鳞的菖蒲一斤，用水和米泔各浸一宿，刮去皮，晒干，捣碎，用糯米粥和匀，加蜜，和成丸，装在葛布袋中吊在通风处晾干。每天早上用酒服三十丸，睡前再服三十丸。据说效果显著："服至一月，消食；二月，痰除；服至五年，骨髓充，颜色泽，白发黑，落齿更生"。（以上均见《本草纲目》）

黍

在上古，黍是主要的粮食作物和酿酒原料，是上等祭品，也是文人常用以寄托亡国哀思之物。

我国种黍始于何时，已难稽考，但可以肯定，在周朝黍已成为广泛种植的主要农作物。单是在《诗经》中"黍"字就出现了二十余次。如《周颂·丰年》："丰年多黍多稌。"《唐风·鸨羽》："王事靡盬，不能蓺稷黍。"这些黍都不是野生的，而是农物，"多

黍"还是丰年的标志。自周以后，黍一直是主要农作物，晋束皙《补亡诗·华黍》诗："无高不播，无下不植。芒芒其稼，参参其穑。"宋王安石诗："连山没云皆种黍"。至今，在我国北方，黍仍是主要农作物。

黍既是古人的主要粮食，也是祭神祭祖先的上等祭品。《礼记·曲礼下》："凡祭宗庙之礼……黍曰芗合。"（黍熟则黏聚不散，其气又香，故曰芗合）上自天子，下至庶人，祭祀祖先都要用黍。不同的是，天子在仲夏以最先成熟的黍祭祖庙，让祖先尝新；庶人则在孟秋黍大面积成熟时才用以祭祖。黍也不只是用于祭宗庙，用黍与郁金香一起酿的酒，名为鬯，味美而且芳香，差不多什么祭祀都少不了它。《尔雅翼·释草·秬》云：

> 鬯无所不用，故春祠、夏礿、秋尝、冬烝、追享、朝享，至于社壝、禜门庙，及山川四方，皆有祼事。

意思是说：什么祭祀都要用鬯，四季的祭祀、追享、朝享的祭祀，禳除灾害的祭祀，祭山川和祭东西南北之神等，都要用鬯。

由于古人重祭祀，祭品种类也很多，但黍被列为五谷之长。《孔子家语》载：

> 孔子侍坐于鲁哀公，设桃具黍。哀公曰："请用。"仲尼先饭黍而后啖桃。左右皆掩口失笑。公曰："黍者，非饭之也，以黍雪桃也。"孔子对曰："丘知之矣。夫黍者，五谷之长也。

郊社宗庙以为上盛（上盛，意为上等祭品）。果属有六，而桃为下，祭祀不用，不登郊庙。丘闻之也，君子以贱雪贵，不闻以贵雪贱。今以五谷之长，雪果蓏之下，是侵上忽下也。"

哀公在礼崩乐坏的春秋时代，不懂得黍为"五谷之长"的尊贵地位，竟"以黍雪桃"（用黍黏去桃毛），显然是重桃轻黍。孔子要捍卫周礼，反对"侵上忽下"，他的一番议论正说明了在周代，黍在祭品中的崇高地位。

周代尊黍的思想为后代尊儒尊孔的人所继承。《隋书·隐逸传》载，李士谦于每年春社日、秋社日都要邀集本宗族的人举酒高会，可在畅饮之前，士谦"先为设黍"，并高声对与会者说："孔子称黍为五谷之长，荀卿亦云食先黍稷。古人所尚，容可违乎？"听了士谦的这番话，"少长肃然，不敢弛惰"。

黍为什么被列为祭品中的珍品？为什么被列为五谷之长？《农政全书》说："凡祭祀以之为上盛，贵其色味之美也。"黍蒸熟或煮熟后很香。《尚书·君陈》云："至治馨香，感于神明。黍稷非馨，明德惟馨。"虽然是以"黍馨"陪衬"德馨"，但从另一侧面看，恰好说明以黍祭神明，正是取其"馨"。至于"色"美，则是指黑色的黍（即秬）和以黍酿造又用郁金草煮过的黄色黍酒。古人藏冰时，要祭司寒之神，寒从北方来，北方属黑，所以要用黑黍祭祀。至于黄色的黍酒，在周代用于祭祀的范围更广一些。

天子斋戒也要用黍酿造的鬯，不过不是饮鬯，而是用鬯来洗澡。洗后就意味着除去了身上的不洁，这才可以祭祀或参加重大的典礼。遇大丧也用鬯浇在尸体上，好让死者的灵魂洗尽尘世的污浊，带着圣洁的芳香升入天界。

我国以谷物酿酒至少有七千年的历史了。以黍酿酒始于何时虽难确考，但后代沿用以黍酿酒的记载随处可见。唐杜甫《羌村三首》："赖知禾黍收，已觉糟床注。"宋陆游《剑南诗稿》二十三《杂题》之四："黍醅新压野鸡肥，茆店酣歌送落晖。"都是说黍酿酒芳香诱人。

把黍与亡国之哀联系在一起，始于箕子的《麦秀》和《诗经》的《黍离》。《史记·宋微子世家》载：

> 箕子朝周，过故殷墟，感宫室毁坏，生禾黍，箕子伤之。欲哭则不可，欲泣为其近妇人，乃作《麦秀》之诗以歌咏之，其诗曰："麦秀渐渐兮，禾黍油油，彼狡童兮，不与我好兮。"所谓"狡童"者，纣也，殷民闻之，皆为流涕。

箕子是商纣王的叔父，因谏纣不听，披发佯狂，为纣所囚。商亡，见到玉宫遗址长满黍子，触发了亡国之思。《诗经·王风·黍离》与《麦秀》近似，全诗为：

> 彼黍离离，彼稷之苗。行迈靡靡，中心摇摇。知我者，谓我心忧，不知我者，谓我何求。悠悠苍天，此何人哉！
>
> 彼黍离离，彼稷之穗。行迈靡靡，中心如醉。知我者，谓我心忧，不知我者，谓我何求。悠悠苍天，此何人哉！
>
> 彼黍离离，彼稷之实。行迈靡靡，中心如噎。知我者，谓我心忧，不知我者，谓我何求。悠悠苍天，此何人哉！

西周建立三百余年后，犬戎攻入镐都，杀了天子幽王，西周灭亡。周朝的一位大夫行役来到故都，看到宫室废墟上长满黍子，心中充满了亡国之痛，于是作《黍离》以寄哀思。

自《麦秀》《黍离》之后，黍就与亡国之哀结了缘，如晋朝陆士衡《辨亡论》："夫然，故能保其社稷而固其土宇，《麦秀》无悲

殷之思，《黍离》无愍周之感矣。""黍离"意即亡国。宋张元幹词
《贺新郎·送胡邦衡待制赴新州》："梦绕神州路。怅秋风，连营画
角，故宫离黍。""故宫离黍"，意为梦中见到北宋汴京故宫长满黍
子，一片亡国的凄凉景象。

粟

粟，历来关系到政治是否
安定，关系到战争的胜负，所
以历代的政治家、军事家，无
不注意在"粟"上施展自己的
才能。

粟，古代泛指谷类，又指
粟谷，即今北方通称的"谷子"，
去皮后叫小米。

甲骨文有"粟"，可见在殷商时期我国就种粟了。《史记·伯
夷传》：

武王已平殷乱，天下宗周，而伯夷、叔齐耻之，义不食
周粟，隐于首阳山，采薇而食之。

"不食周粟"，就是不要周朝的俸禄，周朝的俸禄用粟。《周礼·地
官·载师》："凡田不耕者，出屋粟。"意思是，有田不种，任其荒
芜，罚以三家应交纳的粟税。俸禄用粟，罚也用粟，可见粟在周
初是人们的主食，粟的多寡就意味着财富的多寡。

人民群众从饥寒的切身体验中知道粟比什么都重要，汉末洛

中童谣云：

> 虽有千黄金，无如我斗粟。斗粟自可饱，千金何所直？

同人民群众联系较多的文人也懂得粟的价值和农民种粟的辛苦，如唐李绅《悯农》诗云：

> 春种一粒粟，秋收万颗子。四海无闲田，农夫犹饿死。

据说当时的吕温，听人念李绅的这首诗，就赞叹说，此人将来必为卿相。

政治家们知道，粟是否充足，关系到国家是否安定，因为"民以食为天"，粟不足，人民会造反。汉晁错《论贵粟疏》说："神农之教曰：'有石城十仞、汤池百步、带甲百万，而亡粟，弗能守也。'以是观之，粟者，王者大用，政之本务。"贾谊《论积贮疏》也说："苟粟多而财有余，何为而不成？以攻则取，以守则固，以战则胜。怀敌附远，何招而不至！"汉代的这两位政治家都看到，粟是国家政治、军事、经济的基础。

有些政治家在政治斗争中，善于在粟上做文章，取得了斗争的胜利。夏桀暴虐，人民饥寒，商汤为了灭夏，平时注意积粟，等夏桀统治下的百姓饿得难以生存时，商汤将粟散发给他们，于是"天下归汤若流水"，商汤终于灭夏。春秋时邹穆公养了很多鸭子，穆公只准喂糠，不许喂粟。糠喂完了，穆公向百姓以粟换糠，换的比例是两石粟换一石糠。穆公手下的人说：这太不合算，莫如用粟喂鸭。穆公说：人吃的粟不能给鸭吃。粟从我们的仓中移到百姓仓中，还是在我们邹国嘛！从此，邹国的百姓非常拥戴穆公，国家安定富足。

有些军事家在战争中也善于在粟上做文章。越王勾践最终能灭吴，文种在粟上的奇谋起了极为重要的作用。有一年，越国遭灾，百姓缺粮，文种建议向吴国借粮，以表示越国没有仇恨吴国之意。第二年越国丰收，文种又向勾践建议选上等的粟还给吴国。还吴之前，将粟全放入甑中蒸。蒸过的粟粒儿特别大，吴王很高兴，以为是良种，下令叫吴国农民播种，结果一颗也没发芽，吴国闹饥荒，越国趁机灭吴。

古人认为，天生粟以养人，许多关于粟的神话都由此而来。仓颉创造文字，这是石破天惊的大事，所以当他作书时天上落下许多粟，就像下雨似的。晋朝的刘殷，七岁时，父亲死了，悲恸欲绝，服丧期间比那些知书识礼的成人孝子还要尽礼尽哀。有一天夜里，刘殷刚刚合眼就做了个梦，有人走到刘殷面前对他说："在西边的篱笆下有粟。"醒来，刘殷觉得奇怪，到西篱下一挖，果然有粟，一共十五钟。盛器上面刻着："七年粟百石，以赐孝子刘殷。"刘殷从此就吃天赐之粟，吃了七年才吃完。

古人还认为，粟既然是"天生以食人"的，因此，某地如果有什么吉祥的事将要发生，则这里的粟往往一茎多穗，称为祥瑞之征。这祥瑞之征史书是一定要当作大事载入的。单是宋史，据不完全统计这样的记载近二十条。如《五行志》载："（咸平二年七月）彭城县民张福先田粟一茎分四穗。八月，郏县赵范粟一茎九穗。元武县民李知进田粟一茎上分五苗，成二十一穗。"生长一粟多穗的州县，还往往要将穗形刻之于石，文人往往要写诗文纪念，称颂地方官和天子之德。如周遇圣的《咏瑞粟》云：

异哉粟四穗，一干生南阡。岂无连理木，亦有双花莲。……窃闻野老说，守令仁且贤。官清简案牍，刑省空犴圄。农耕士力学，工肆商充廛。午鸡桑树鸣，夜犬花村眠。

君不见渔阳歌秀麦，善政青史编。又不见中牟书嘉禾，德化古
今传。猗欤际圣代，奇祥呈八埏。愿言叫阊阖，入奏冕旒前。

将一粟四穗归功于"守令仁而贤"，这种祥瑞和德政，还应该"入
奏冕旒前"，受皇帝的表彰。现在我们知道，粟一茎多穗的情况是
有的，但与人间的治乱无关，与地方官的好坏无关。明崇祯年间
政治黑暗、社会动荡，可是据史书记载，有不少地方粟一茎多穗。
历史上那些"祥瑞"的称颂者除了受某些传统观念影响外，也还
有他们的政治目的。

韭

　　韭，是古人春天祭祀的重要
祭品，也做食用和药用。

　　韭，属百合科，多年生宿根草
本。《说文》云："一种而久者，故
谓之韭。""韭""久"叠韵为训。
许慎的意思是说，种下去之后，不
用管它，就长久生长。韭又名丰本
（见《礼记·曲礼下》），因为它根丰叶茂；又名起阳草，因为它有
壮阳作用；又名草钟乳，《本草拾遗》解释说"言其温补也"；又
名懒人菜，《尔雅翼》解释说"以其不须岁种也"。韭的茎名"韭
白"，根名"韭黄"，花名"韭青"。

　　我国最晚在周朝就懂得种韭。《大戴礼记·夏小正》："囿有
韭。"到汉代还以温室种韭。《汉书·召信臣传》载：官府的菜园，

冬天上面用芦席一类的东西覆盖，里面昼夜生火，于是冬天也有新鲜韭菜。

官府种韭是为了什么呢？如果主要做食用，则取之于民是很方便的，用不着种，更用不着花那么大的成本用温室种。原来，他们种韭，主要用于祭祀，为保证祭品圣洁，设专地派专人种植。在周朝，春天祭祀必须用韭。《诗经·豳风·七月》："四之日其蚤，献羔祭韭。"意思是选定二月的一个清晨，向祖先的寝庙献上羔羊和韭菜。《礼记·王制》："庶人春荐韭。"《礼记·内则》也有类似的记载，可见在周代，春天的祭祀普遍用韭。以韭作祭品时还要配以鸟卵，因为韭性温，属阳类，卵属阴类，阴阳调和，则鬼神乐于享用。为什么要以韭为祭品？宋罗愿做了这样的推测：

> 谓庶人四时之荐，夏及秋冬，乃荐麦黍与稻，而春独荐菜茹之物。又三时用鱼豚雁为配，而韭独以卵，岂春物未成，可荐者少故耶？（《尔雅翼·释草·韭》）

春天，可荐者少，固然是一个原因，但主要是由于二月的新鲜蔬菜中味最美、最鲜嫩又最香的是韭。为了让祖先"尝新"，当然它就最有资格充当祭品了。

韭做食用的最早记载，大概要算《庄子·徐无鬼》：

> 徐无鬼见武侯，武侯曰："先生居山林，食芧栗，厌葱韭，以宾寡人，久矣夫！"

武侯说的意思是，先生住在山林中，吃橡栗、吃葱韭，离开我，很久了。不过庄子时期的人食韭绝不会是最早的，至少周代人就食韭，因为韭做食用不会晚于作祭品之用，食野韭比食家韭更早。《西乡县志》载：

> 朱砂山，西南八十里，上有飞泉，山中有野葱野韭，居
> 民采食，与家菜无异，但长大耳。

其他县志也有类似记载。由此可以推知，穴居野处时期也一定以野韭充饥。

古代嗜韭的人不少。《清异录》（旧说宋陶谷撰）载，杜颐每餐少不了韭菜。有一天，仆人买回韭菜，有人暗中丢弃了。杜颐大怒，骂道："奴狗，奴狗，安得去此一束金也！"《南齐书·周颙传》载，周颙的餐桌上没有鱼肉，只有蔬菜，文惠太子问他：什么菜最好吃？周颙答道："春初早韭，秋末晚菘。"韭味道最美的部分是韭黄，即韭未出土的部分。陆游诗"鸡跖宜菰白，豚肩杂韭黄"（《与村邻聚饮》）就是赞美韭黄的味美。

不过有些人食韭并非嗜好，而是表示自己节俭，清贫而寡欲。《南齐书·庾杲之传》载：杲之虽然做了尚书驾部郎，仍清贫自守，餐桌上摆的经常是腌韭菜（韭菹、蒲韭、生韭）。有人开玩笑说，谁说庾杲之清贫？餐桌上总要摆上二十七种菜。意思是三乘九等于二十七，"九"与"韭"谐音。庾杲之的事迹对后世影响很大，后人写咏韭的诗常用此典。如宋方岳《种韭》诗云：

> 不秧已觉齿生津，坐想堆盘雨夜春。政恐厨人无变馔，
> 庾郎贫不似吾贫。

末句意思是，我清贫嗜韭不在庾杲之之下。

杜甫也是一位喜欢食韭的诗人。从他的著名诗篇《赠卫八处士》中的"夜雨剪春韭，新炊间黄粱"句，可以看出他还很善于食韭。据宋林洪的《山家清供》说，"夜雨剪春韭"一句长期被误解为到畦中剪取韭菜。林洪说"剪"字极有理，指的是一种烹韭

的方法，即用手拿着韭的末端，将韭的另一端放进盐汤内煮少时，然后将末端剪掉，投入冷水中，则其味清脆可口。

道家禁止食韭，因为韭有辛味。王世懋信道，他说："韭最获利，且宜吾地，冬尽春初，韭黄真佳味，吾奉道不食耳。"（《瓜蔬疏》）从语气看，他对韭黄似乎颇有垂涎之意，只是不敢违禁罢了。

种韭、食韭有很多讲究。比如，选种方法特殊：买来的韭菜籽放在铜锅中，加水，火煮片刻，生微芽的就是好种。种韭也要技术：

> 韭二月下旬撒子，九月分栽，十月将稻草灰盖三寸许，又以薄土盖之，则灰不被风吹。立春后芽生灰内，则可取食。天若晴暖，二月中芽长成菜。（明徐光启《农政全书》）

割取韭的时间也有要求。《齐民要术·种葵》："谚曰：触露不掐葵，日中不剪韭。"关于吃法，《群芳谱·蔬谱·韭》云："春食香，夏食臭，多食昏神暗目。不可与蜜及牛肉同食，热病后十日食之即发，冬日多食，动宿饮吐水，酒后尤忌，宿韭忌食，五月食韭损人。"

韭性温，味辛甘，是重要中药材，《本草纲目》说韭能治多种疾病，如哮喘、糖尿病、小儿腹胀、鼻衄、男子梦遗、女子带下、食物中毒等症均可用韭。韭还可治疯狗咬伤，方法是："急于无风处以冷水洗净，即服韭汁一碗，隔七日又一碗，四十九日共服七碗。须百日忌食酸、咸，一年忌食鱼腥，终身忌食狗肉，方得保全，否则十有九死。徐本斋云：'此法出《肘后方》，有风犬一日咬三人，止一人用此得活，亲见有效。'"韭菜籽的药用价值，已为古今临床实践所证实：有温肾阳、强腰膝的功效。关于韭的养生作用古人看法不一，苏颂说："菜中此物（指韭）最温而益人，宜常食之。"孙思邈也说："韭味酸，肝病宜食之，大益人心。"陶

弘景则说："此菜（指韭）殊辛臭，虽煮食之，便出犹熏灼……最是养生所忌。"（均见《本草纲目》）

古代有不少关于韭的传说。《水经注》说：平乐山附近有一高峻的山，上合下空，中有石林，那里生有很多由神主管的野韭，如果谁去乞求野韭，神允许赐多少韭，则风吹偃多少韭。如果神不赐，则韭不偃，谁采了就有灾祸。韭还可以由葱变来。《易纬稽览图》载：如果国家政治清明，则阴物变为阳物。汉郑玄注释说：葱变为韭就是阴物变阳物。隋朝时，王劭上书说：左卫园中的葱全变为韭，皇帝非常高兴，重赏王劭。也有人说葱化为韭是战争之兆，据《后秦录》载：姚兴种的葱全变为韭，后来战事仍频。

胡 麻

胡麻自古就用于美容和滋补，相传还是返老还童的仙药。

胡麻即芝麻，它的故乡是大宛，汉张骞出使西域带回种子种植，才在中原安家。因来自异国，故称胡麻，以别中原土生土长的大麻。东晋石勒是胡人，讳"胡"字，改"胡麻"为"芝麻"。又名油麻、脂麻，因为其籽可榨油。又名巨胜（黑胡麻），因为其角巨如方胜（以两个菱形压角相叠组成的图案或花样为方胜）。又名方茎，因为其茎方形。又名狗虱，因其籽细如狗虱。

古人早就注意对胡麻药用价值的研究。《神农本草经》说：

> 补五内，益气力，长肌肉，填髓脑。久服，轻身不老。

随着对胡麻认识的深入，人们发现，不同的胡麻药用价值也不相同。明李时珍说：胡麻分黑、白、赤三色。黑色的药用价值最好，白色的最差，但含油最多。黑胡麻做药用，得先加工，加工的方法有两种。南北朝齐梁时人陶弘景说：要"九蒸九曝"，如果没蒸熟，则"令人发落"。另一种加工方法是，用水淘去浮着的胡麻，晒干，再用酒拌和着蒸十四个小时，再晒干，在臼中舂去粗皮，用小豆对半同炒，炒热后，去掉豆子。据说坚持按要求天天服胡麻可以除百病。

白胡麻油可"治虚劳，滑肠胃，行风气，通血脉，去头上浮风，润肌肉。食后生啖一合，终身勿辍"，又可"与乳母服之，孩子永不生病。客热，可作饮汁服之。生嚼，傅小儿头上诸疮，良"，还可"以白蜜等分合服，名静神丸，治肺气，润五脏，其功甚多"。（见《本草纲目》，以下凡未注明出处的都是引自此书。）白胡麻油还可以填精髓，治男子肾虚之疾。不过李时珍认为："入药以乌麻油为上，白麻油次之。"用胡麻籽榨油时，胡麻籽不能蒸，也不能炒。经过蒸炒的只能供食用和点灯，不能入药（陶弘景语）。而灯盏中的残油则又有药用价值，特别是"治猘犬（疯狗）咬伤，以灌疮口，甚良"。治疗蚰蜒入耳，用胡麻油疗效最佳。唐刘禹锡说："用麻油作煎饼，枕卧，须臾，自出。李元淳尚书在河阳日，蚰蜒入耳，无计可为，脑闷有声，至以头击门柱。奏状危困。因发御药疗之，不验。忽有人献此方，乃愈。"胡麻油还用以美容，头发落了不再生，可用胡麻油搽。将麻油和桑叶一起煎，去渣，用来洗头，可以使头发又黑又长。

胡麻的花也可用于美容。唐孙思邈说胡麻的花有"生秃发"之功。李时珍说：胡麻花可"润大肠，人身上生肉丁者，擦之即愈"。相传，胡麻是仙药，食之可以长生。《天台志》载：刘晨、阮肇入天台采药，碰上两个仙女，并在仙女家里吃了胡麻饭（用胡麻和米一起做的仙家食品），出山回到家里，无一人相识，原来人间已经历了七代。苏轼《与程正辅书》谈治疗痔疾时说：

> 以九蒸胡麻（即黑脂麻）同去皮茯苓，入少白蜜为麨食之，日久气力不衰而百病自去，而痔渐退。此乃长生要诀，但易知而难行尔。

苏轼还写了一篇《服胡麻赋》，更明白地说胡麻是成仙之药：

> 于此有草，众所尝兮。状如狗虱，其茎方兮。夜炊昼曝，久乃臧兮。茯苓为君，此其相兮。我兴发书，若合符兮。（苏轼梦道士告诉他服茯苓要同时服胡麻，醒来正要按道士说的服法服用，这时有人送来苏辙赋茯苓的作品）乃瀹乃蒸，甘且腴兮。补填骨髓，流发肤兮。是身如云，我何居兮。长生不死，道之余兮。神药如蓬，生尔庐兮。世人不信，空自劬兮。搜抉异物，出怪迂兮。槁死空山，固其所兮。

苏轼慨叹世人不相信随处可见的胡麻是仙药，偏要到深山里去"搜抉异物"，结果一无所获而"槁死空山"。

苏轼的这种"仙药"的信念并非他自己的发现，而是来自《抱朴子》。《抱朴子》说：

> 用上党胡麻三斗，淘净甑蒸，令气遍。日干，以水淘去沫再蒸，如此九度。以汤脱去皮，簸净，炒香为末，白蜜或

> 枣膏丸弹子大。每温酒化下一丸，日三服，忌毒鱼、狗肉、
> 生菜。服至百日，能除一切痼疾；一年，身面光泽不饥；二
> 年，白发返黑；三年，齿落更生；四年，水火不能害；五年，
> 行及奔马；久服长生。

此说影响甚大，不仅苏轼坚信，明清还有不少人按《抱朴子》的
方法身体力行。

胡麻确有美容、补肝肾、润燥结的功效。肝肾得到滋补，可
以延年，"长生不死"之说虽属荒诞，但它是从这里引申出来的。

民间还流传着胡麻要夫妇同种才茂盛的说法，此传说最晚在
唐代就流行。唐诗有云：

> 蓬鬓荆钗世所稀，布裙犹是嫁时衣。胡麻好种无人种，
> 合是归时底不归？

所谓"无人种"就是不能与当归而未归的丈夫同种。民间有这样的
谚语："长老种芝麻，未见得。"无妻的人称"长老"，没有妻子同自
己一起种芝麻，当然收成不好，也就是"芝麻好种无人种"之意。

瓠

瓠，古人做食用。老瓠用以制酒器和乐器，还可用为渡江的工具。

瓠，即今之葫芦。先秦典籍中，有的称"匏"，如《诗经·邶
风·匏有苦叶》"匏有苦叶，济有深涉"；有的称"瓠"，如《诗经·卫
风·硕人》"齿如瓠犀"；有的称"壶"，如《诗经·豳风·七月》"八
月断壶"。"匏""瓠""壶"到底是否一物，古人意见不一。东汉许慎

《说文》云："瓠，匏也。"又云：
"瓢，瓠也。匏，大腹瓠也。"
晋崔豹《古今注》与《说文》
大同而小异，该书说："匏，瓠
也。壶庐，瓠之无柄者也。"
又说："瓢，亦瓠也，瓠其总，
瓢其别也。"宋陆佃的说法则
有些不同："长而瘦上曰瓠，

短颈大腹曰匏。"（《埤雅·释草·匏》）又说："似匏而圆曰壶。"
（同书《壶》）。明毛晋不同意陆佃的说法："惟陆农师云'长而瘦
上曰瓠，短颈大腹曰匏'，其两形之别出于农师创见。考诸书惟瓠
甘匏苦为可明耳。然《本草》有'苦瓠'，唐本注谓之'苦瓠'，
复非瓠中之苦者。瓠中之苦者疑是匏矣，陆疏似以甘瓠为匏，非
也。盖瓠为总名，甘者可食，《嘉鱼》称'甘瓠累之'是也。苦者
佩以渡水，此诗'匏有苦叶'是也。入药者名苦匏，夏末始实，
秋中方熟，取其为器，经霜乃堪。无柄者名壶庐，《七月》称'八
月断壶'是也。有柄者名悬瓠，潘岳云'河汾之宝'是也。"明李
时珍对长期的争论做了个总结：

> 古人"壶""瓠""匏"三名皆可通称，初无分别。故孙
> 愐《唐韵》云：瓠音壶，又音护。瓠鸬，瓢也。陶隐居《本
> 草》作瓠瓠，云是瓠类也。……后世以长如越瓜、首尾如一者
> 为瓠（音护），瓠之一头有腹、长柄者为悬瓠，无柄而圆大形扁
> 者为匏，匏之有短柄大腹者为壶，壶之细腰者为蒲芦。……其
> 形状虽各不同，而其苗、叶、皮子性味则一，故兹不复分条焉。

李时珍的意见是对的。"瓠""匏""壶"等都属葫芦的变种。葫芦

原产印度，传入中国后，各地普遍栽培。

瓠，上古时期就供人们食用。《论语·阳货》："吾岂匏瓜也哉，焉能系而不食！"可见在孔子时代瓠瓜就是人们喜爱的食品。"已烹甘瓠当晨餐，更撷寒蔬共荤席。"（元虞集《题渔村图》）瓠有时可以充当主食。匏瓜还可制酱，唐代，葫芦酱被视为佳味。瓠叶也可以吃，《诗经·小雅·瓠叶》："幡幡瓠叶，采之亨之。"唐孔颖达疏："幡幡然者，是瓠之叶也。……采取之……又烹煮之，酿以为饮酒之菹也。"意思是，将那翻卷的匏叶，采来烹煮，用来做下酒的腌菜。晋陆机说：嫩瓠叶经腌煮之后，味道极美。后代，瓠叶的烹调技术越来越先进，可以做出多种食品，《王祯农书·匏》说："匏之为用甚广，大者可煮作素羹，可和肉煮作荤羹，可蜜煎作果，可削条作干，小者可作盒盏……"这里说的"素羹""荤羹"都是用瓠叶做的。北魏贾思勰还将做瓠羹的具体方法做了详细叙述："作瓠叶羹法：用瓠叶五斤，羊肉三斤，葱二升，盐蚁五合，口调其味。"（《齐民要术》之八"羹臛法"）据说用此法制出的"瓠羹"是人人喜爱的佳肴。到了宋代，"瓠羹"还成为享有盛誉的名菜。宋袁褧说："旧京工伎，固多奇妙，即烹煮盘案亦复擅名。如……徐家瓠羹、郑家油饼、王家乳酪……皆声称于时。"（《枫窗小牍》下）

匏老了以后，果皮变为木质，可用来制作器皿，还出现了专门制匏器的艺人、工匠。据《嘉兴府志》载：嘉兴有不少这方面的艺人、工匠。有个姓周的匏器艺人，每年霜后买来大量的匏瓜，根据各个瓠瓜的形态、质地、颜色深浅制成各式各样的工艺品，深受欢迎。

以匏制酒器的历史最悠久。《诗经·大雅·公刘》："乃造其曹，执豕于牢，酌之用匏。"最后一句意思是，用瓠制的瓢来酌酒。《周礼·春官·鬯人》："凡祭祀社壝用大罍，禜门用瓢赍。"汉郑玄注："瓢，谓瓠蠡也（用瓠制成的酒器）。赍，盛也。……取甘瓠割去柢（近蒂的部分），以齐为尊。"所谓"禜门用瓢赍"就是禳风雨雪霜水旱疠疫的禜祭，地点在国门，器具用瓠制的酒器。后代陶制酒器虽日渐转巧，但仍常称酒樽为"匏樽"，如宋苏轼《前赤壁赋》："驾一叶之扁舟，举匏樽以相属。"他的《病中游祖塔院》诗："道人不惜阶前水，借与匏樽自在尝。"上古时期匏制的酒器还用于祭天，称为匏爵。为什么要用匏为爵?《埤雅·释草·壶》说："记（指古代典籍）曰：'器用陶匏，贵其质也。'"古人认为上天喜欢质朴，不喜欢奢华，匏爵当然就最合适了。后代帝王举行郊祀礼仍用匏爵，也是这个原因。（《新唐书·礼乐志》）

匏，可制乐器。《尚书·尧典》《周礼·春官·大师》都有"八音"之说，即指"金、石、丝、竹、匏、土、革、木"八种乐器。匏，指以匏制的笙和竽。可见在上古时期，汉民族就以匏为乐器了。不过到唐代乐器已不用匏，而代之以木，只有"荆梁之南，尚仍古制"（唐杜佑《通典》）。古代少数民族以瓠作乐器的相当多，《通典》说："南蛮笙则是匏，其声甚劣。"唐刘恂《岭表录异记》说："胡芦笙，交趾人多取无柄之瓠，割而为笙，上安十三簧，吹之音韵清响，雅合律吕。"明马欢《瀛涯胜览》说："古俚国以葫芦为乐器。"至于隋唐时我国西南地区的"匏琴"则比较先进，下部是用覆着的半个匏。整个匏琴的形状有些像琵琶，这是由扶南传入的，可能是模拟琵琶经过改进的乐器。

上古时期，瓠还是用以渡水的工具。《鹖冠子》（春秋楚人鹖冠子著，后人增益）说："中流失船，一壶千金。"晋崔豹《古今注》说："壶卢，瓠之无柄者也。……性善浮，要（腰）之可以涉水，南人谓之要舟。"意思是说，瓠的浮性好，将许多瓠系在腰间就可以渡水了。这种腰系瓠渡水，可能还在发明舟之前。

瓠可作药用。唐孙思邈说：瓠瓜主治"消渴恶疮，鼻口中肉烂痛"，瓠叶"为茹耐饥"。（《本草纲目》）瓠的蔓、须和花都有解毒之功，明李时珍说：将霜后的瓠花晒干研末敷在瘘疮上，疗效甚好。不过不是所有的瓠都可入药，只有小而苦的瓠才可入药，《神农本草》中的"瓠"就是指的这一种。

瓠的籽名"瓠犀"，又名"瓠栖"，洁白如玉，排列整齐，常用以比喻美人的牙齿。如《诗经·卫风·硕人》："齿如瓠犀，蝶首蛾眉。"又如唐权德舆《杂兴》诗："新妆对镜知无比，微笑时时出瓠犀。"瓠的藤常依附在树木或人制的架子上，孔子又说过"吾岂匏瓜也哉，焉能系而不食"的话，所以后代称依人为生为"匏系"。如唐李商隐诗："心但葵倾，迹犹匏系。"（《为大夫安平公华州进贺皇躬痊复物状》）

如果两根蔓或几根蔓同结一瓠，那就是吉祥的征兆，要献给官府和朝廷，史书也要加以记载。《魏书·灵征志》载："高祖太和三年十月，徐州献嘉瓠，一蒂两实。"《宋史·刘承珪传》载：刘承珪的家乡结了一个异蔓同实的瓠，据说这是由于刘承珪兄弟三人及其族三十口人聚居，四十年不分家，家庭成员同甘共苦，互相礼让，其"亲亲"之诚感动了上天。皇帝知道此事，下诏将乡名改为"义感"，将里名改为"和顺"。

芋

芋，古人丰年用以充膳，凶年则为救饥的理想食物。

芋，原产东南亚，何时传入我国已难确考。不过甲骨文无

"芋"，可见殷商时尚未传入。《诗经·小雅·斯干》虽有"鸟鼠攸去，君子攸芋"，但"芋"的意思与植物的"芋"无关。战国铜矛铭文有"芋"，因未见铭的全文，不敢肯定就一定是植物的"芋"。现在我们所见到的最早的可靠记载是《史记》。《项羽本纪》云："今岁饥民贫，士卒食芋菽。"芋作为士卒之食，说明此时芋已广为种植，也说明已传入多时了。

为什么称为"芋"？东汉许慎说："大叶实根骇人，故谓之芋也。"(《说文·草部》)徐锴注："芋，犹吁。吁，惊辞。"段玉裁注："芋之为物，叶大根实，二者皆堪骇人，故谓之芋。"芋，又名莒芋(《孝经纬·援神契》)、渠芋(《广雅》)、土芝(《本草》)、蹲鸱(《史记·货殖列传》)。芋的种类很多，北魏贾思勰《齐民要术》说有十四种。其中以淡善芋最好吃，百果芋产量最高，"魁大，子繁多，亩收百斛"。

丰年，以芋充膳，人们在实践中探索出许多烹芋的方法。苏轼说：惠州多芋，但当地人不善烹，不仅味道差，而且失去了防疫疗的功效。他说："芋当去皮，湿纸包煨之，火过熟乃热啖之，则松而腻，乃能益气充饥。"(《东坡杂记》)有人说，除裹湿纸外，还要涂以温酒和糟，用糠皮火煨，熟后，放在坳地内去皮，趁热吃有温补之功效。冷后吃则破血，加盐则"泄精"。苏轼父子对烹芋之法研究很精。

他们将山芋(一说是萝卜)做成"玉糁羹"，"色、香、味皆奇绝，天上酥酏(古印度酪制食品)则不可知，知人间决无此味也。"苏轼还写了首诗赞美：

> 香似龙涎仍酽白，味如牛乳更全清。莫将北海金斋（细
> 切的酱菜）鲙，轻比东坡玉糁羹。

野芋，各种书都说有剧毒，食之能致命。唐刘禹锡说：将野芋于十月后晒干收藏起来，冬月吃少量的，不发病，其他的时间则不能吃。不过，晋代的李雄攻克成都后，军民无粮，李雄率军民掘野芋充饥。（《晋书·李雄载记》）据此，则知野芋不像有些书说的那样可怕。

有些人特别嗜芋。宋林洪《山家清供》载："昔懒残师正煨此（指芋）牛粪火中，有召者，却之曰：'尚无情绪收寒涕，那得工夫伴俗人。'又居山人诗云：'深夜一炉火，浑家团圞坐。煨得芋头熟，天子不如我。'其嗜可知矣。"有的人食芋并非嗜好，而是安贫乐道，明费宏诗云："自是菜根滋味好，万钱谁复羡王公。"（《谢姜宽送芋子》）"菜根"，这里指"芋"。汉代的袁安在阴平做官，有一年闹灾荒，袁安不吃大米饭，只以芋充饥，他召集群吏说：百姓饥饿，我们怎好意思吃大米饭？于是，群吏也跟着他吃芋。（《汉书·汝南先贤传》）袁安当然也不是嗜芋，而是为了表示自己的爱民和清廉。据说神仙也喜欢食芋。某地有渡仙桥，多奇花异果。有一老人到此桥时，从袖中掏出几个芋津津有味地吃着，忽然老人不见了，只见在一大木叶上留有老人的一首诗，才知他是神仙。

芋喜高温，也喜湿润，蝗虫食各种庄稼，只是不食芋，因而如遇水、旱、虫灾之年，芋是理想的救荒食物。据说，某处寺庙，有僧四十余人，专力种芋，每年吃不完的芋就捣成泥做围墙。有一年遇大灾，田地颗粒不收，寺中僧人就靠吃芋墙度过了荒年。

明屠本畯《蹲鸱》诗云：

> 歉岁粒米无一收，下有蹲鸱馁不忧。大者如盏小如毯，
> 地炉文火煨悠悠。须臾清香户外幽，剖之忽然眉破愁。玉脂
> 如肪粉且柔，芋魁芋魁满载瓯。

关于芋的药用价值，古人早就做了深入研究。芋的根块"令人肥白，开胃通肠闭"。（见《本草纲目》，下同）不过不是什么人都可服用，"产妇食之，破血"，小孩也不能吃，吃了"滞胃气"。芋的茎叶可"除烦止泻、疗妊妇心烦迷闷、胎动不安"。芋的茎叶之汁治蜂螫甚灵。关于这一疗效的发现，还有一个有趣的故事。据宋沈括《梦溪笔谈》载：处士刘阳隐居于王屋山，有一天，见蛛网上粘住一蜂，蜘蛛准备吃蜂时，蜂趁机狠狠地螫了蜘蛛一下，蜘蛛立刻掉在地上，肚子很快肿胀得像是要裂开似的。它慢慢爬入草中，啮咬芋茎，将自己的伤口对着芋茎的破处上下磨着。一会儿，肿消了，重新上网将蜂吃掉了。受此启发，刘阳做了治疗蜂螫人的实验，果然很有效。

关于芋，还有两个笑话。《史记》《汉书》载："岷山之下，沃野下有蹲鸱，至死不饥。"注家说，芋魁的形状像蹲着的鸱鸟，所以叫"蹲鸱"。芋的这个别名，不读书或读书不细心的人当然不知道。唐朝张九龄的朋友萧显不学无术，张九龄故意嘲弄他，托人给他送了一筐芋，信中说送来蹲鸱。萧显回信道："损芋拜嘉，惟蹲鸱未至，然仆家多怪，亦不愿见此恶鸟也。"意思是说，感谢您送芋，只是未见蹲鸱，我家的人也不愿见那恶鸟。张九龄将此信给宾客们看，满座大笑。张九龄和宾客拘泥古注，他们的笑也未必真的有理。《尔雅翼·释草·芋》说："详其始意，本谓壤土肥美，粒米狼戾，鸱鸢下啄，因蹲伏不去耳。而前世相承谓蹲鸱

为芋，言蜀川出者，形圆而大，状若蹲鸱云。"《尔雅翼》的说法
不无道理。还有个笑话是，南北朝时江南有一权贵，将《蜀都赋》
注"蹲鸱，芋也"的"芋"误读为"羊"。有人给他送羊肉，他答
书云："损惠蹲鸱。"朝中官吏见此信都惊愕不解，后来知其原委，
都暗笑。此事见于北朝颜之推《颜氏家训·勉学》，颜之推以此为
反面教材勉励子孙认真读书。

萝卜

　　萝卜，又名芦菔、莱菔，
其食用价值和药用价值在蔬菜
中名列前茅。

　　明李时珍说，萝卜"根、叶
皆可生可熟，可菹可酱，可豉可
醋，可糖可腊，可饭，乃蔬中之
最有利益者"。意思是，萝卜的根和叶子怎么吃都可口，可以生吃，
也可以煮熟吃，可以用豆豉调味吃，也可以用醋调味吃，可以加
糖吃，也可以晒干吃，还可以当饭吃。它对人类的贡献，蔬菜中
罕有能与之相比的，元许有壬《芦菔》诗云："熟登甘似芋，生荐
脆如梨。"煮熟的萝卜根像芋那么甜，生萝卜根像梨那么脆。有人
吃萝卜成为嗜好。据宋林洪《山家清供》载：有两人交情甚笃，
二十余年，经常一起饮酒，每次喝酒一定要吃萝卜，而且以连皮
生吃为快。

　　萝卜的烹调方法有很多讲究，苏东坡就曾发明过一种制作方
法。有一天晚上他与其弟苏辙饮酒正酣，随意用槌将萝卜（亦说

为芋）捣烂放在锅里煮，不加任何佐料，只将白米研碎放入锅中。一尝，味道极好，苏轼兴奋地说："若非天竺酥酏，人间决无此味。"东坡称用这种方法制作的萝卜汤称为"玉糁根羹"，他人则称为"东坡羹"。后来东坡宦游各地，多年没有机会吃这"玉糁根羹"。有一年，一"南岳老"制此羹献给东坡，东坡津津有味地品尝着，如逢故旧，并写了一首诗：

> 我昔在田间，寒庖有珍烹。常支折脚鼎，自煮花蔓菁。中年失此味，想像如隔生。谁知南岳老，解作东坡羹。中有芦菔根，尚含晓露清。勿语贵公子，从渠嗜膻腥。（《狄韶州煮蔓菁芦菔羹》）

这种羹别有一番风味，"嗜膻腥"的贵公子们是领略不到的。东坡在诗文中没有具体说明烹调方法，但这种方法当时就传开了。《山家清供》的作者林洪说：此羹的做法是"用菜与萝菔，细切，以井水煮之，烂为度"。林洪还说：当时"江西多用此法"。《本草纲目》载有多种制作方法，如跟猪肉一起煮，有"益人"之功，同羊肉、银鱼煮食，有"治劳瘦咳嗽"之效。

在荒年，萝卜历来是救饥荒的理想食物，明徐光启《农政全书》及其他著作都有记载。它之所以是救饥荒的理想食物，因为它生长快、收获量大。《农政全书》说："萝卜三月下种，四月可食，五月下种，六月可食，七月下种，八月可食。"只要种植得法，萝卜根可以长得很大。据《本草纲目》载："江南、安州、洪州、信阳者甚大，重至五六斤，或近一秤。"萝卜不仅救过无数饥民，还救过宫女。《后汉书·刘盆子传》载：刘盆子入长安时，更始帝刘玄投了降。宫中近千名宫女自更始败后幽闭在殿内。粮食吃尽了，就靠掘庭中的萝卜根和捕池中的鱼维持生命。有远见的地方官为防荒年，平时也鼓励农民种萝卜。据《补笔谈》载：在鄂州任知县的张某，看到一崇阳农民到集市买菜，张对这个农民说："城里人是无地种菜，不得不买菜，农村多的是土地，为什么不种萝卜？"并用鞭子教训了一顿。从此后，每家都辟菜园，园中除种别的菜外，必种萝卜。于是县民将萝卜称为"张知县菜"。诸葛亮率军如屯驻某处，一定令士卒种萝卜，因为"取其才出甲可生啖，一也；叶舒可煮食，二也；久居则随以滋长，三也；弃去不惜，四也；回则易寻而采，五也；冬有根可剐食，六也。比诸蔬属，其利不亦博乎？……三蜀之人，今呼蔓菁为诸葛菜，江陵亦然"。（唐刘禹锡《嘉话录》）

在长期的实践中，人们发现萝卜的药用范围越来越广。《本草纲目》说萝卜有"消痰止咳，治肺痿吐血"的功效。但发现萝卜的这功效是很偶然的，元周密《癸辛杂识》载：中州有一个巡抚，咳嗽很厉害，久治不愈，生命垂危。向各府征求名医，某府有一七十余岁的医生，他自己也患咳嗽，府官为了交差，硬要这位老医生上路。老医生只有应命，行至一村，口渴得很，向一农民讨水喝，农民给他一碗水，喝下去后觉得咳嗽轻一些，再讨一碗，咳嗽更轻些了。老医生问："这是什么水？"农民说："我无茶，刚才只有煮萝卜干给您解渴。"老医生说："我最爱喝此水，请再给我些好在路上饮用。"在途中，老医生的病全好了。到了巡抚处，他在药中偷偷加进萝卜干，巡抚的病也好了。

萝卜"能治面毒"，这是来自婆罗门的僧人传授的。据《本草纲目》载：婆罗门僧见有人吃麦面，"惊云：'此大热，何以食之？'又见芦菔，乃云：'赖有此以解其性。'自此相传，食面必啖芦菔。"关于萝卜解面毒还有个有趣的传说。据《洞微志》载：齐州有个疯疯癫癫的人说，他在梦中看见一个穿红裤子的女子把他引入宫殿中，宫殿中的一个小姑娘叫他唱歌。于是这个疯疯癫癫的人每天唱道："五灵楼阁晓玲珑，天府由来是此中。惆怅闷怀言不尽，一丸萝卜火吾宫。"有一道士听了，说："这是犯大麦毒。红裤子少女是心神，小姑娘是脾神。《医经》上说，萝卜可以制伏面毒，所以说'火吾宫'，'火'就是'毁'。"于是道士用药和萝卜治疗这个疯疯癫癫的人。这人的病果然好了。

萝卜可治食豆腐中毒。有一卖豆腐人在制豆腐时，其妻误将萝卜汤加入锅中，结果成不了豆腐。后碰到有一人好吃豆腐，中了毒，卖豆腐人以萝卜汤给他治疗，果然病好了。萝卜菜还可治烟熏。有一人为贼所逼，逃入石窟中，贼用烟熏石窟，此人几乎被熏死，无意中摸到一株萝卜菜。塞入口中细嚼，将汁吞下，被烟熏之苦渐渐缓解。

萝卜有助消化的功效。《癸辛杂识》等书有如下有趣记载：江东某居民种芋三十亩，一年省米三十斛，种萝卜三十亩，一年多吃米三十斛，用以证明萝卜助消化功用之大。

萝卜治病还有许多秘方。《清异录》载：一个叫郑居易的人，几代人用萝卜秘方治痢疾。方法是将带茎的萝卜悬在屋檐下，有的悬了十几年。每到夏秋间有人患痢疾，就用悬了多年的萝卜煮水喝，喝了痢疾就好了。年头愈久的萝卜疗效愈好。还有些秘方藏在宫中。《东坡杂记》载：王荆公患偏头疼，是宫中秘方治好的——"用生萝菔汁一蚬壳，仰卧注鼻中。左痛注右，右痛注左。或两鼻皆注亦可。虽数十年患，皆一注而愈。荆公与仆言，已愈数人矣。"用萝卜解酒也是宫中秘方，方法是：用甘蔗萝卜切成方块，放在水中煮烂。酒后饮此水，可以醒酒。

不过多吃萝卜也有"动气"和令人发白的副作用，特别是地黄与萝卜同服，头发白得更快。前面说的嗜萝卜的一对朋友，未老而须发皤然。不过萝卜的这一副作用曾帮过宋代名相寇准的忙。当寇准二十多岁时，太宗看出他是大才，想重用他，但嫌他太年轻，怕大臣们不服。寇准明白皇帝的心事，就服地黄，吃萝卜，不多久，须发都白了，拜为宰相。

萝卜的异名甚多。据王祯《农书》说："萝卜"原是北方人所称。各地有各地的称呼。《方言》说："东鲁谓之拉蓬。"郭璞注云："今江东谓之温菘。"李时珍考证其演变过程说："上古谓之芦萉，中古转为莱菔，后世讹为萝卜。南人呼为萝瓝，'瓝'与'雹'同，见晋灼《汉书》注中。""萝菔""莱菔""萝卜"三名其实是一名，音转而字通。至于宋陆佃《埤雅·释草·菘》说："莱菔言来牟（麦子）之所服也。"拘于字形不顾语音相转，穿凿不可信。

蔓　菁

蔓菁，古人经常食用的蔬菜，自汉以来，它就是荒年的救饥食物。

蔓菁有许多别名，《群芳谱》列举的别名有：芜菁、葑、须、蕦芜、荛、芥、九英菘等。蔓菁的最早记载是《诗经》。《邶风·谷风》："采葑采菲，无以下体。"《鄘风·桑中》："爰采葑矣？沫之东矣。"《唐风·采苓》："采葑采葑，首阳之东。"这里的"葑"都指蔓菁。出现的频率这么高，说明在诗经时代，蔓菁与人类生活的密切。

明王圻辑《三才图会》说："芜菁四时俱有。春食苗，夏食心，亦谓之薹子，秋食茎，冬食根。"由于蔓菁有这些其他蔬菜所不及的优点，所以古人喜欢种植，作为供长年食用的蔬菜。宋韩倔诗:"厌闻趋竞喜闲居,自种芜菁亦自锄。"宋唐庚诗:"兔葵燕麦浑闲事,最有芜菁到处生。"这些诗正反映了蔓菁种植的普遍。人们喜欢种植,当然还因为它味道好,北魏贾思勰《齐民要术》云:蔓菁"干而蒸食,既甜且美"。宋杨万里诗:"早觉蔓菁扑鼻香。"四季可食,味又美,当然受欢迎。据说同羊肉一起煮,味道更美。(《本草纲目》引孟诜说语)有的人甚至把蔓菁当作主

食,据明王象晋《群芳谱》载:在五台山的深谷中,居民每人每年种三百六十棵蔓菁,每天吃一棵,以蔓菁代主粮,蔓菁结的籽可榨油。明徐光启《农政全书》说:蔓菁榨的油只要熬的时候加少量芝麻,其味与芝麻油无异,而种蔓菁比种芝麻容易,所收的蔓菁子也比芝麻多,因而蔓菁是古代主要的油料作物。

《三国志·蜀书·先主传》载:刘备早年曾在曹操处暂住,他深知曹操对自己不放心,就伪装成一个胸无大志的人,常常闭门种蔓菁。曹操多次派人窥看,刘察觉后,对关羽、张飞说,曹操对他有疑了,于是连夜逃走。此后,"蔓菁"常用来比喻无大志、无能力。如宋陆游《芜菁》诗:

往日芜菁不到吴,如今幽圃手亲钼。凭谁为向曹瞒道,彻底无能合种蔬。

陆游以刘备自比,以种蔓菁比喻自己"彻底无能",这当然是激愤之言。

蔓菁历来是灾年救饥的食物。《后汉书·桓帝本纪》载:永

兴二年，有的地方闹水灾和蝗灾，五谷无收，桓帝下诏，命令受灾地区广种蔓菁，以救灾民，收到良好的效果。救灾理想食物应具有生长快、产量高的特点，而这些特点蔓菁都具备。《齐民要术》说："七月可种芜菁，至十月可收也。"关于蔓菁的产量，《齐民要术》还算过一笔细账："一顷取叶三十载。正月二月，卖作虀菹（腌制腌菜），三载得一奴。收根依畊法，一顷收二百载，二十载得一婢。一顷收子二百石，输与压油家，三量成米，此为收粟米六百石，亦胜谷田十顷"。如果种植得法，收成更高。《三才图会》说："种蔓菁，宜用北人畦种菜法及吴下垄种油菜法：厚粪勤灌之，宜得三倍收。"

明李时珍论述蔓菁的药用价值说："蔓菁子可升可降，能汗能吐，能下能利小便，又能明目解毒，其功甚伟，而世罕知用之，何哉！"蔓菁的药用价值没得到应有的重视，李时珍深为惋惜。不过在李时珍前，对蔓菁的药用价值有不少人做过研究。如《别录》云：蔓菁"利五脏，轻身益气，可长食之"。陈藏器说：被蜘蛛咬伤，用蔓菁与油混合敷在伤口上，疗效甚好。这一发现是从蔓菁园里无蜘蛛受到的启发。（见《尔雅翼·释草·蔓菁》）

蔓菁子油用来点灯很明亮，但其烟对眼睛有损害。《北史·祖珽传》载：祖珽被捕，囚在地窖中，"桎梏不离其身，家人亲戚不得临视。夜中以芜菁子烛熏眼，因此失明"。

对蔓菁与萝卜是一物还是两物，古代训诂家讨论的时间很长。《尔雅·释草》："须，葑苁。"又说："须，蕻芜。"两须到底是一物还是二物？如是二物，"葑苁"和"蕻芜"，哪个是萝卜，哪个是蔓菁？《尔雅》没有明说，于是引起历代注家争论不休。五代·丘光庭《兼明书》对蔓菁与萝卜设专文考辨，说蔓菁与萝卜是一物，只是蔓菁指萝卜的苗。之所以北方人称为"蔓菁"而南方人称为"菘"（萝卜），是因为三国时，魏武帝的父亲名"嵩"，为避讳改称"蔓菁"，南方人则不避讳，仍称"菘"。明李时珍说：

> 二物根、叶、花、子都别，非一类也。蔓菁是芥属，根长而白，其味辛苦而短，茎粗叶大而厚阔，夏初起苔，开黄花，四出如芥，结角亦如芥，其子均圆似芥子而紫赤色。芦菔（萝卜）是菘属，根圆，亦有长者，有红白二色，其味辛甘而永，叶不甚大而糙，亦有花叶者，夏初起苔，开淡紫花，结角如虫状，腹大尾尖，子似胡卢巴，不均不圆，黄赤色。如此分之，自明白矣。

还有些人提出蔓菁与菘虽然原是一物，但由于江南、江北的水土不同，发生变异。南方的菘种于北方，第一年一半变为蔓菁，第二年全变了。将北方的蔓菁种于南方，两年全变为菘。说这种变异，就像橘子生于淮南就是橘，生于淮北就变为枳一样。这一说法有人反对，认为经过南北种植试验并无变化。

之所以出现以上这些争论，主要是由于蔓菁与萝卜外形相似，功用也相似，其次是古人只重书本考证而轻实物研究，张三以甲书证乙书，李四用丙书证丁书，各有各的理，谁也说服不了谁。李时珍以为混乱是《别录》引起的："《别录》以芜菁、芦菔同条，遂致诸说猜度。"其实《别录》之前，混乱就已经存在。现在生物学知识告诉我们，蔓菁与萝卜虽同属十字花科，却是两种不同的蔬菜。蔓菁是芥菜的变种之一，俗名大头菜。北方人称为"疙瘩菜"，南方人称为"土大头"。至于萝卜，我国各地普遍种植，分为春萝卜、夏萝卜、秋萝卜、冬萝卜、四季萝卜等类型。

萱

萱，古人认为可以使人忘忧，已婚妇女佩萱的花，则生男孩。

萱俗名黄花菜、金针菜，属于百合科，多年生宿根草本。叶丛生，狭长，肉质根肥大，长纺锤形。夏秋间开花，漏斗状，无香气。我国南北各地均有栽种，或野生于湿地。

《诗经·卫风·伯兮》："焉得谖草？言树之背。"意思是到哪里去找忘忧草？如果找到了，我栽在后房的北阶下。"谖"，即"萱"。（嵇康《养生论》引此诗作"萱"）《毛传》："谖草，令人忘忧。"萱草与"忘忧"的联系就是从这首诗和《毛传》开始的，这对后代影响深远。许慎《说文》云：萱，"令人忘忧之草"。嵇叔夜《养生论》说："合欢蠲忿，萱草忘忧，愚智所共知也。"都是承袭《毛传》的说法。晋崔豹《古今注》也说："欲忘人之忧，则赠以丹棘。丹棘，一名忘其忧草。"说明"忘忧"之说已深入民间，形成赠萱草的习俗。文人喜欢以忘忧为题材寄托自己的情怀。唐白居易《酬梦得比萱草见赠》：

> 杜康能散闷，萱草解忘忧。借问萱逢杜，何如白见刘？

以萱比白居易，以杜康比刘梦得，朋友间的玩笑写得颇有风趣。

萱草当然不可能使人忘忧。"忘忧"之说的谬误，是将文学作品当作科学论文来读。宋罗愿的见解很精辟：

　　《诗》曰:"焉得谖草? 言植之背。谖,忘也。卫之君子,行役为王前驱,过时不反,其妇人思之,则心痗首疾,思欲暂忘之而不可得,故愿得善忘之草而植之,庶几漠然而无所思,然世岂有此物也哉? 盖亦极言其情。说者因"萱"音之与"谖"同也,遂命"萱"以为忘忧之草,盖以"萱"合其音,以"忘"合其义耳。然忘草可也,而所谓"忘忧","忧"之一字,何从出哉? 此亦诸儒傅会之语也。(《尔雅翼·释草·萱》)

罗愿不仅正确解释了《卫风·伯兮》,还指出诸儒附会的思路是"以'萱'合其音,以'忘'合其义",因为"谖"有"忘"义,"谖""萱"同音。

　　文学家与训诂学家不同,他们不信"忘忧"之说。唐韦应物诗:"何人树萱草,对此郡斋幽。本是忘忧物,今夕重生忧。"(《对萱草》)宋王十朋诗:"有客看萱草,终身悔远游。向人空自绿,无复解忘忧。"(《萱草》)面对着萱,可并不能解忧,甚至"生忧"。作者以"萱"反衬"忧",说明"萱"并无解忧的功能。

　　佩萱草的花则生男孩,晋周处的《风土记》有明确的记载:"妇人有妊,佩之生男子,故谓之宜男草。"可见晋代民间就流传妇女佩萱的习俗。晋夏侯湛《宜男花赋》云:"充后妃之盛饰兮,登紫微之内庭。"后妃们也佩萱草花,可见这一习俗在宫廷也很盛行。这种习俗晋代以前就有,三国魏曹植的《宜男花颂》就说世人有女求生男就服宜男花。不同的是,一是佩带,一是服食。大概在三国时此风还不盛,到晋代就遍及朝野了。晋代人之所以深信,大约是佩萱草后生男孩的偶合事例较多,就以为是萱的灵验,于是形成盛行的习俗。晋嵇含《南方草木状》说:"交广人佩之,

极有验。然其土多男，不厌女子，故不常佩也。"所谓"极有验"，
实际上是对偶合概率产生的错觉。

晋以后，这种习俗逐渐衰微，只是文人有时吟咏，借题发挥，
如明黄省曾咏萱草："清萱到处碧翾翾，兴庆宫前色倍含。借问皇家
何种此，太平天子要宜男。"不过是借萱讽刺"太平天子"的荒淫。

萱、萱堂，古代还是母亲的代称。如明朱权《荆钗记》传奇
二"不幸椿庭陨丧，深赖萱堂训诲成人"句中以"萱堂"指母亲，
明汤显祖《牡丹亭·闹殇》"当今生花开一红，愿来生把萱椿再奉"
句中以"萱"指母亲。这一文化现象从何而来？原来也是从《诗
经·卫风·伯兮》派生出来的。清赵翼《陔余丛考》卷四十三：

> （萱草）俗谓母为萱堂，盖因《诗》"焉得谖草，言树之
> 背"。注云："背，北堂也。"戴埴《鼠璞》以为此因君子行
> 役而思念之词，与母何与？吕蓝衍亦谓："《诗》注谖（萱）
> 草可忘忧，背乃北堂也。"诗意并不言及母，不知何以遂相承
> 为母事也。按古人寝室之制，前堂后室，其由室而之内寝有
> 侧阶，即所谓北堂也。见《尚书·顾命》注疏及《尔雅·释
> 宫》。凡遇祭祀，主妇位于此。主妇则一家之主母也，北堂
> 者，母之所在也，后人因以北堂为母。而北堂既可树萱，遂
> 称曰萱堂耳。

萱有许多异名，如忘忧草、鹿葱、宜男等。明王象晋《群芳谱》
说：鹿葱与萱花是一种二类，"鹿葱色颇类萱，但无香尔，鹿喜食
之，故以命名，然叶与花茎皆各自一种。萱叶绿而尖长，鹿葱叶
团而翠绿；萱叶与花同茂，鹿葱叶枯死而后花；萱一茎实心，而
花五六朵节开，鹿葱一茎虚心，而花五六朵并开于顶；萱六瓣而
光，鹿葱七八瓣"。

蓍

蓍，古人用以预卜吉凶的神草。

《易·系辞》上说：

> 探赜索隐，钩深致远，以定天下之吉凶，成天下之亹亹者，莫大乎蓍龟。

意思是，探求幽隐，钩求深远的事理而获得远大的前途，并以之断定天下的吉凶，指示正确的目标，促成天下人勤勉努力之物，没有比占卜使用的蓍草、龟甲更伟大的了。《周易》对后代的神秘文化影响深远。蓍，长期充当人与神之间的桥梁。《白虎通·蓍龟》说：上自天子下至士，有重大的事，都要用蓍龟决疑。朝廷还专门设了卜筮的官，周朝称太卜、卜人、卜正，战国时楚国设卜尹，还有专门从事占卜的人，称卜工。

《史记·龟策列传》："王者决定诸疑，参以卜筮，断以蓍龟，不易之道也。"（司马迁语）"闻古五帝、三王发动举事，必先决蓍龟。"（褚少孙语）意思是说，国家办大事，要向蓍请教。如汉武帝击匈奴、大宛、百越，战前用蓍问过吉凶，据司马迁说都十分灵验。《诗经·卫风·氓》："尔卜尔筮，体无咎言。"说明青年男女订婚合适不合适也要由蓍来决定。《左传·闵公元年》："初，毕万筮仕于晋。"意思是，毕万在出来做官之前用蓍草占卜，然后才到晋国做官。说明做官与否要由蓍来批准。因此，后代称做官为"筮仕"，如宋王禹偁《除夜》诗："筮仕已十年，明朝三十九。"

百草之中，为什么唯独蓍被选中为问神的工具？《史记·龟策列传》说："闻蓍生满百茎者，其下必有神龟守之，其上常有青云覆之。传曰：'天下和平，王道得，而蓍茎长丈，其丛生满百茎。'"意思是说，在同一条根上长一百茎的蓍，蓍下有神龟守护，上面有青云覆盖，这种蓍在昏君当道时是不生的，一定要在天下太平、君王圣明之时才生长。《史记》还说："能得百茎蓍，并得其下龟以卜者，百言百当，足以决吉凶。"意思是说，蓍和蓍下的龟结合起来占卜，其灵验率为百发百中。可见蓍并非一般的草，而是一种灵物。《史记》以后的书，如《说文》《白虎通》《埤雅》《尔雅翼》等书的记载与《史记》大体相同，有的还有发展。如张华《博物志》说："蓍一千岁而三百茎，其本以老，故知吉凶，蓍末大于本为上吉。"意思是说，生了一千年的蓍，成了精，所以能知吉凶。只要蓍年头久，末大于本就灵验，不一定要蓍下的龟的帮助。

据《白虎通》载：周代制度，天子用的蓍长九尺，诸侯用的蓍长七尺，大夫用的蓍长五尺，士用的蓍长三尺。之所以都取奇数，因为蓍属阳。不过《史记·龟策列传》引古书说"王道得而蓍茎长丈"，与《白虎通》中"天子蓍长九尺"稍有出入。这种制度到汉代有变化。褚少孙说：

> 方今世取蓍者，不能中古法度，不能得满百茎长丈者，取八十茎已上，蓍长八尺，即难得也。人民好用卦者，取满六十茎已上，长满六尺者，即可用矣。（《史记·龟策列传》）

这里说的八尺、六尺都是偶数，与周制不同。用过的蓍如何处理，不同朝代制度也不相同，夏商两代，用过的蓍丢掉，因为他们认为"龟藏则不灵，蓍久则不神"。到了周朝，则不丢弃，由卜官负责当宝物收藏，不过也有人猜测，可能只保存一年。

沟通人与神的桥梁除蓍以外，还有龟。用龟称卜，用蓍称筮。如遇国家大事决疑，卜与筮都要用，一般是先筮而后卜。为什么先筮后卜，《左传·僖公四年》说："筮短龟长，不如从长。"但对这句话有不同的理解。有人解释说："蓍百年则百茎矣。盖龟历年深，故知来亦长；蓍历年近，故知来亦短。亦龟象筮数，物生而后有象，象而后有滋，滋而后有数，则龟在先，筮在后，短长之验也。"（《尔雅翼·释草·蓍》）后一段话的意思是，龟着象，筮衍数，物先有象而后有数，所以说"筮短龟长"。不过也有先卜而后筮的，如晋国在城濮之战前就先卜后筮。个人有大事也可卜筮并用，如前面说的《诗经·卫风·氓》"尔卜尔筮，体无咎言"就是如此。

在卜筮之风盛的时代，也有人不信卜筮，王充《论衡·卜筮》载：

> 周武王伐纣，卜筮之，逆，占曰："大凶。"太公推蓍蹈龟而曰："枯骨死草，何知而凶？"

后来的战争胜利，证明了卜筮不灵，太公的话是对的。明刘基《司马季主论卜》说：

> 夫蓍，枯草也；龟，枯骨也。物也。人，灵于物者也，何不自听而听于物乎？

刘基的观点与姜太公一致。

有些农妇用蓍做簪子。《韩诗外传》载：孔子出游，经少源时，听到一个妇人伤心的哭声。孔子派一个弟子去问那妇人，妇人回答说："刚才割草，把蓍簪弄丢了。"弟子说："丢了一个蓍簪有什么值得伤心的？"妇人回答说："非伤亡簪也，盖不忘故也。"后用"蓍簪"来比喻故旧。如《南史·虞玩之传》："今日之赐，恩华俱重，但蓍簪弊席，复不可遗，所以不敢当。"

蓍的得名，《尔雅翼·释草·蓍》说："蓍之为字从耆，耆者，六十岁也。王充《论衡》：'孔子曰：蓍之为言耆也。'老人历年多而更事久，似能前知。"为什么取"六十"而不取别的数？据《史记·龟策列传》：八十茎以上，长八尺的蓍很难得，"人民好用卦者，取满六十茎以上，长满六尺者，即可用矣。""然则自其可用者而言之，广为六十茎，纵为六十寸，故应'蓍'尔"。

葡　萄

葡萄，葡萄酒，在中古是只有贵族才可享用的美味。中古以后，仍然被视为珍奇之物。

《汉书·大宛国传》载：汉武帝派使者携大量财物到大宛求汗血马，大宛国王杀了汉使者抢去了财物。于是汉武帝派贰师将军李广利前后两次率军十余万伐大宛，连战四年，两国才订了和约。汉使从大宛带回了葡萄种子种于离宫别馆，从此内地有了葡萄。照此记载，葡萄是从西域引进来的，而且是经过流血的。但也有人持异议，因神农《本草》就有葡萄的记载。《蒙泉杂言》还说："魏文之诏，实称中

国名果，不言西来，是唐以前无此论。"（按，指自西域引进之论）
葡萄是否从西域引进，值得进一步研究，不过《蒙泉杂言》以魏
文帝诏书为据，得出"唐以前无此论"，则是站不住脚的。魏文帝
《与吴监书》（"魏文之诏"误）说："中国珍果甚多，且复为说葡
萄。"这里说的"中国珍果"是指引进后在中国生长的葡萄，不涉
及它的来源。他的《与群臣诏》说："南方有龙眼荔枝，宁比西国
葡萄、石蜜乎？"明明说葡萄是从"西国"而来的。明李时珍说：
"《汉书》言张骞使西域还，始得此种。而《神农本草经》已有葡
萄，则汉前陇西旧有，但未入关耳。"李时珍的解释较为可信。

　　葡萄，古人视为珍异之味，在西汉乃至魏晋时期，一般只有
贵族才可品尝到。魏曹丕称赞葡萄说：

　　　　当其朱夏涉秋，尚有余暑，醉酒宿醒，掩露而食，甘而
　　不饴，脆而不酢，冷而不寒，味长汁多，除烦解渴。……道
　　之固已流涎咽唾，况亲食之耶？（《与吴监书》）

一提到葡萄就馋得流口水，可见这位皇帝对葡萄是怎样的嗜好。
《洛阳伽蓝记》载："白马寺浮图前，葡萄枝叶繁衍，实伟于枣，
味殊美，冠于中京。帝至熟时，常诣取之。或复赐宫人，宫人得
之，转饷亲戚，以为奇味，得者不敢辄食，乃历数家。"可见葡萄
在当时是何等珍贵。

　　以葡萄酿的酒称为葡萄酒，非常名贵，唐人有"葡萄美酒夜
光杯，欲饮琵琶马上催"的名句。明王翰描写葡萄酒说："其甘寒
清冽，虽金桨之露，玉杵之霜，不能过也。"（《葡萄酒赋序》）北
齐李元忠曾向世宗贡葡萄酒，世宗很高兴，赐他绢百匹。据说，
葡萄酒的酿造方法是从西域引进的。《汉书·大宛国传》载：大宛
及其数国的人嗜葡萄酒，富户人家"藏酒至万余石，久者至数十

岁不败"。

西域的葡萄酿酒法何时引进，已难确考。有人说是唐代击败高昌时引进的，这个说法靠不住。魏文帝曹丕《与吴监书》盛赞葡萄和葡萄酒："又酿以为酒，甘于曲糵，善醉而易醒。"说明最晚在三国时已懂得酿葡萄酒了。据考古资料，我国黄河流域以谷物酿酒至少有八千年的历史，到西汉酿酒技术已相当先进，葡萄种植技术引进之后，即使没有引进葡萄酿酒技术，汉民族也会很快掌握葡萄酿酒技术的。李时珍认为酿葡萄酒有两种方法：一种是"大酿法"，这是曹丕说的葡萄酒；一种是"烧酒法"，是唐破高昌时传入的。李时珍的说法固然可以调和矛盾，只可惜他没有说明立论的依据。其实酿葡萄酒并无多少秘密，金元好问说：

> 贞祐中，邻里一民家避寇，自山中归，见竹器所贮蒲桃在空盎上者，枝蒂已干而汁流盎中，薰然有酒气。饮之，良酒也。盖久而腐败，自然成酒耳。不传之秘，一朝而发之。……予亦尝见还自西域者云："大食人绞蒲桃浆，封而埋之，未几成酒，愈久者愈佳，有藏至千斛者。"其说正与此合。

元好问的记载是可信的。古代有不少"猿酒"的记载，即猴子将采来的果子放在一处，时间长了，变成了酒。明周旦光《蓬枕夜话》载："黄山多猿猱，春夏采杂花果于石洼中，酝酿成酒，香气溢发，闻数百步。"由此看来，用葡萄酿酒并不神秘，不需要特地引进。如果当时确曾引进，那大概是酿造优质葡萄酒的方法。做葡萄干的方法在北魏贾思勰的《齐民要术》中就有记载，葡萄干的味道很美，"非直滋味倍胜，又得夏暑不败坏也"。

李时珍解释葡萄的得名说："葡萄，《汉书》作蒲桃，可以造酒，人醄饮之，则醄然而醉，故有是名。其圆者名草龙珠，长者名马乳葡萄，白者名水晶葡萄，黑者名紫葡萄。"

芦

芦灰，神话中的神人用以制伏洪水。芦薄膜的灰，古人用以占节候。芦茎叶柔韧，古人常用以象征柔弱。秋天之芦是文人雅士寄托"秋兴"和"江湖情趣"的爱物。

芦，又名苇，又名葭。明李时珍总结前人的考证说："苇之初生曰葭，未秀曰芦，长成曰苇。"芦、苇、葭在《诗经》中多次出现。如"蒹葭苍苍"（《秦风·蒹葭》），"谁谓河广，一苇杭之"（《卫风·河广》），"七月流火，八月萑苇"（《豳风·七月》）。可见在上古，芦也同我们祖先的生活有密切的联系。

以芦灰治水的记载最早见于《淮南子·览冥训》："于是女娲炼五色石以补苍天……积芦灰以止淫水。"《帝王世纪》也说："女娲氏末年，诸侯有共工氏与祝融战，不胜而怒，乃头触不周山，崩。天柱折，地维绝。女娲乃炼五色石以补天，断鳌足以立四极，聚芦灰以止滔水，以济冀州。"芦灰既可以制伏滔滔洪水，当然是一种神物。所以后来"芦灰"一词就同治水联系在一起了，如北周庾信《拟连珠》云："是以竹杖扶危，不能正武担之石；芦灰缩水，不能救宣房之河。"

以芦灰治洪水是传说，以芦苇治洪水倒确有其事。宋杨彻代某县县令。碰上黄河决口，附近各县令奉命率民工抢险，杨彻所率民工途经大泽时，见泽中多芦苇，杨彻命民工割芦苇做成筏，顺流而下。无数芦苇筏流至决口处，堵住决口，避免了一场大灾难。（见《宋史·杨彻传》）

芦苇中薄膜的灰称为葭灰、葭莩灰。古人将葭灰填于十二律管中，置于密室，用以占节候。《后汉书·律历志上》：

> 候气之法，为室三重，户闭，涂衅必周，密布缇缦。室中以木为案，每律各一，内庳（卑）外高，从其方位，加律其上，以葭莩灰抑其内端，案历而候之。气至者灰动。

"气至者灰动"的意思是，某一节候至，某律管中的葭灰即飞出而管通，表示该节候已到。如冬至节至，则相应之黄钟律管内的葭灰飞动。杜甫《小至》诗云：

> 刺绣五纹添弱线，吹葭六琯动飞灰。

后句的意思是，冬至日，阳气始动，管（古乐器）中的灰飞走了。

不过选什么地方产的葭灰、填入律管多少、如何填等等，其微妙之术久已失传了。《北齐书·信都芳传》载，信都芳精于数学，宰相仓曹祖珽对信都芳说："律管吹灰，术甚微妙，绝来既久，吾思所不至，卿试思之。"信都芳闭门研究了十几天，弄清了葭灰的奥秘。他对宰相说："得用河内的葭莩灰，别的地方的葭莩灰不行。"弄到河南葭莩以后，果然到了某节候，相应律管中的葭灰飞了，别的律管中的灰不动。不过自信都芳去世后，此术又绝传了。

芦秆柔而韧，可用以编席子或帘子，《礼记·月令》载，季夏之月"命泽人纳材苇"。汉郑玄注："蒲苇之属，此时柔刃（韧），可取作器物也。"因此芦常用以比喻柔韧或柔弱，如《荀子》云："柔从若蒲苇，非慑怯也。"以蒲苇的柔喻人的处世，这种柔与懦怯本质不同。《古诗为焦仲卿妻作》写刘兰芝在被迫与焦仲卿分离时说："君当作磐石，妾当作蒲苇。蒲苇纫如丝，磐石无转移。"以蒲苇折不断的柔韧喻坚韧的爱情。

有不少文人雅士爱芦，认为芦有江湖之趣。他们或建别墅于芦中，或移置芦于室内。《燕都游览志》载："韦中贵别业，四围多水，荻花芦叶，寒雁秋风，令人作江乡之想。"《清异录》载："余衔命渡淮，入广陵界，维舟野次，纵步至一村圃，有碧芦方数亩，中隐小室，榜曰'秋声馆'，时甚爱之，不知谁家之别墅，意主人亦雅士也。"秋天，江湖边芦苇一望无际，秋风吹来，瑟瑟作响，这最容易触动诗人敏感的神经。历代吟咏芦的诗很多，大多是寄托诗人的"秋兴"。如宋司马光《咏苇》诗：

> 索索夕风道，瀼瀼朝露裛。啤雀袅寒枝，宿萤依败叶。
> 眇然秋兴长，坐与江潮接。

宋邵雍《答人乞碧芦》诗：

> 草有可嘉者，莫将萧艾俦。扶疏全类竹，苍翠特宜秋。

文人喜爱芦，还因为它像竹，而竹是备受诗人们称颂的"岁寒三友"之一。唐李中《庭苇》诗"品格清于竹，诗家景最幽"及邵雍"扶疏全类竹"，都是将芦与竹相比。不过竹耐寒而芦畏霜。因而也有人说芦是假竹，借以嘲笑那些变节者和终南捷径者。《清异录》云："芦之为物，大类此君（即竹），但霜雪侵陵（凌）

改素为愧耳。故好事君子号芦为萧寒郡假节候。"

　　元诗人贯云石爱芦,自号"芦花道人"。这名号的来历有一段佳话:云石经过梁山泺,见一渔人正在用芦花絮被子。云石很喜欢这芦花被,对渔人说:"我用绸被换你的芦花被,好吗?"渔人见他以贵易贱,以为是开玩笑,于是,也半开玩说:"您如果真想要我这芦花被,就写一首诗给我。"云石当即写了下面这一首诗:

　　　　采得芦花不浣尘,翠蓑聊复藉为茵。西风刮梦秋无际,夜月生香雪满身。毛骨已随天地老,声名不让古今贫。青绫莫为鸳鸯妒,欸乃声中别有春。

当时,人们说云石是芦花道人,云石用以自号。此事在云石的诗集中也有记载。

　　用芦花絮被子、絮袄子,其御寒能力很差,只有穷苦人才用它。《孝子传》载:闵子骞侍奉父母最尽孝。他的后母给自己的两个儿子用棉花絮袄,给闵子骞用芦花絮袄。父亲见他总是显出瑟缩畏寒的样子,不像另两个小儿子活泼,就用鞭子抽他,袄面被鞭子抽破,露出芦花,父亲又伤心又恼怒,要休掉妻子。这时闵子骞跪在父亲跟前说:"母在一子寒,母去三子单。"父亲没有休妻,继母受到感动不再虐待闵子骞了。"着芦花"后来就成为儿女受继父母虐待的代用语了。

　　芦在我国战争史上曾起重大作用。战国时燕攻下齐七十余城,齐仅剩下莒、即墨二城。田单临危受命,他收集即墨城中所有的牛,牛角绑上刺刀,尾系以芦苇并浇上油,用火点着芦苇,牛负痛冲向燕军,大获全胜,收复七十余城。(见《史记》)后魏昭成帝于冬天征卫辰,一条河挡住不能前进。成帝命在河面铺芦苇,很快,河面结了薄冰。在薄冰上又铺芦苇,冰与苇凝在一起,很坚实，军队从河面通过，取得了胜利。（见《魏书》）三国魏将夏侯尚烧敌军的浮桥也是用无数顺流而下的着火的苇筏。

古人还用苇避鬼神。《荆楚岁时记》："元日悬苇索于门，百鬼畏之。"蔡邕《独断》上记述更为具体："卑枝东北有鬼门，万鬼所出入也，神荼与郁垒居其门，主阅领诸鬼，其恶害之鬼，执以苇索食虎。故十二月岁竟，常以先腊之夜逐除之也。乃画荼、垒，悬苇索于门户，以御凶也。"《后汉书·礼仪志》载：古代腊祭以芦苇为载，桃木为杖，祛除邪鬼。皇帝腊祭毕，还将"苇戟、桃杖以赐公、卿、将军、特侯、诸侯"。

大概由于芦有避鬼的神异，所以后代演化出美丽的芦神传说。《花史》载：书生周士亨、江有年同游，泊船在一小楼下。楼上有一白面、一红颜两女子倚窗而笑。两书生赋了一首诗，不过是一抒当时的胸臆，并不针对这两个女子。两女子听了大声说："船上有人吟诗，我们难道能无诗相答吗？"一个女子吟诗云：

> 湖天秋色物凋残，花吐黄芽叶未干。夜月一滩霜皎皎，西风两岸雪漫漫。为毡却羡渔翁乐，充絮谁怜孝子单？忘在孤舟丛里宿，晓来误作玉涛看。

另一女子吟诗云：

> 金风棱棱泽国秋，马兰花发满汀洲。富春山下连渔屋，采石江头映酒楼。夜月光蒙银露浴，夕阳阴暗锦鳞浮。王孙醉起应声怪，铺着黄丝毯不收。

二女吟毕，笑着用莲蓬藕梢掷向两书生的船中。两书生立即高兴地登岸，上楼寻此两女。可忽然女子不见了，楼也不见了，四面是茫茫无际的白芦花和红蓼花。原来那女子一是芦神，一是蓼神。芦神所吟的诗是对芦的赞颂,说:茫茫芦花,夜晚像皎皎的霜,白天像漫漫的雪,早晨像滚滚的"玉涛",所描绘的芦苇世界也颇具神奇色彩。

芍 药

芍药,在上古是朋友分别时用以赠别之物,也是"和五味"的调料。在中古是官运的征兆。

以芍药作为赠别之物最早见于《诗经·郑风·溱洧》:"伊其相谑,赠之以芍药。"为什么要赠芍药?《古今注》云:

牛亨问曰:"将离,相赠之以芍药者,何也?"答曰:"芍药一名可离,故将别以赠之,亦犹相招,赠以文无。文无,一名当归也。

"可离"的意思,宋罗愿解释说:"相谑之后,喻使去尔。"《古今注》的这一说法在其他古籍中可以找到佐证。《韩诗外传》:"芍药,离草也。"江淹《别赋》云:"下有芍药之诗。"就是引《溱洧》赠芍药描写别情。

枚乘《七发》有:"芍药之酱。"酱是古人家常用的调味之物,孔子说"不得其酱不食",便是佐证。《子虚赋》说:"芍药之和,具而后御之。"什么是"芍药之和"?宋罗愿说:"合之于兰桂五味,以助诸食,因呼五味之和为芍药。"

韩愈诗："两厢铺氍毹，五鼎调勺药。"注引《上林赋》注云："芍药根主和五脏，辟毒气，故合之于兰桂五味，以助诸食，因呼五味之和为勺药。"罗愿的话就是本自《上林赋》注。依此说，则调味是用芍药的根，不一定制成酱。

芍药可以调味，还可以解毒。《尔雅翼·释草·芍药》云："今人食马肝、马肠者，犹合芍药而煮之，古之遗法。马肝，食之至毒者，文成以是死。言食之毒，莫甚于马肝，则制食之毒者，宜莫良于芍药，故独得药之名。"《尔雅翼》此说本自注《国语》的韦昭。

《本草纲目》载有芍药的多种药用，但未见解马肝、马肠毒之说。张元素说芍药有六方面的药用价值："安脾经，一也；治腹痛，二也；收胃气，三也；止泻痢，四也；和血脉，五也；固腠理，六也。"（《本草纲目》）将芍药同官运相联系是宋代的事。据说北宋韩琦在淮南做官时，后花园中的一株芍药有四枝，每枝上开一花，都是上下红、中间黄，当地未见过这种花。韩琦觉得奇异，决定召四客观赏，以应四花之瑞。王安石是其中之一，有一客因拉肚子不能来，于是从过客中找了一个充数。四人对花饮酒，然后将花摘下，一人头上插一枝，后三十年间，四人都做了宰相。（见《补笔谈》《清波杂志》）《宋史·宪圣慈烈吴皇后传》："宪圣慈烈吴皇后，开封人。父近，以后贵，累官武翼郎，赠太师，追封吴王，谥宣靖。近尝梦至一亭，扁曰'侍康'，傍植芍药，独放一花，殊妍丽可爱，花下白羊一，近寤而异之。后以乙未岁生，方产时，红光彻户外。年十四，高宗为康王，被选入宫，人谓'侍康'之征。"

百花之中，牡丹称为花王，芍药称为花相，所以有"小牡丹"之称。芍药以扬州产的最为名贵。据说扬州的水土偏宜芍药，如果将扬州的芍药移植他处，第一年小变，到第三年就变为普通的芍药了。扬州芍药虽美，可出名较晚，许多爱芍药的文人为它鸣不平。宋孔武仲《芍药谱序》说："唐之诗人，最以摹写风物自喜，如卢仝、杜牧、张祜之徒，皆居扬日久，亦未有一语及之。"宋欧阳修在扬州做官时因未写咏芍药的诗，有人写诗寄欧阳修抱怨说：

芍药琼花应有恨，维扬新什独无名。

于是有些文人又以芍药为士不遇于时的象征。元陈旅《琼芽赋序》说："芍药之妙，自著《本草》以来，至今世始得因遵道以所蕴者见知天子，何其遇之晚也！"以芍药的命运喻怀才不遇之士的命运。赋结尾感叹道："或以近而易与兮，或以远而不见推，或握瑜以来毁兮，或群荐而非瑰。以媚世者之诚可耻兮，则宁抱吾素而委蛇。"

关于芍药的得名，李时珍说："芍药，犹婥约也。婥约，美好貌。此草花容婥约，故以为名。"芍药品种甚多，《洛阳花木记》列有四十一种。可见它的名称之多。芍药以黄者最贵，黄芍药的名称就有御衣黄、南黄楼子、碟石黄、凌云黄等十余种。

蔷　薇

蔷薇，是韵雅态娇的观赏花，是文人喜欢吟咏的题材，也是重要的中药药材。

明王象晋《群芳谱》云：蔷薇"藤身丛生，茎青多刺。喜肥，但不可多。花单而白者更香。结子名营实，堪入药。其类有朱千蔷薇、荷花蔷薇、刺梅堆、五色蔷薇、黄蔷薇、淡黄蔷薇、鹅黄蔷薇、白蔷薇。又有紫者、黑者、肉红者、粉红者、四出者、重瓣厚叠者、长沙千叶者。开时连春接夏，清馥可人，结屏甚佳。别有野蔷薇，号野客，雪白粉红，香更郁烈。法于花卸时，摘去其蒂，花发无已。如生莠虫，以鱼腥水浇之，倾银炉灰撒之，虫自死。他如宝相、金钵盂、佛见笑、七姊妹、十姊妹体态相类，种法亦同。又有月桂一种，花应月圆缺"。对蔷薇的品种、种养方法研究得如此深入细致，可以窥见蔷薇在观赏花中所占的位置。

文人吟咏蔷薇的诗词不可胜数。唐白居易《戏题新栽蔷薇》云：

> 移根易地莫憔悴，野外庭前一种春。少府无妻春寂寞，花开将尔当夫人。

以蔷薇为夫人，简直同妻梅子鹤的林和靖爱梅、爱鹤一样了。唐陆龟蒙《蔷薇》诗云：

> 倚墙当户自横陈，致得贫家似不贫。

有了蔷薇这精神财富，贫家也不贫了。

不少帝王也爱蔷薇。《贾氏说林》载：

> 武帝与丽娟看花时，蔷薇始开，态若含笑。帝曰："此花绝胜佳人笑也。"丽娟戏曰："笑可买乎？"帝曰："可。"丽娟遂取黄金百斤，作买笑钱，奉帝为一日之欢。蔷薇名

"买笑"自丽娟始。

武帝宠丽娟,当着丽娟的面称赞蔷薇"绝胜佳人笑",则蔷薇的美似在丽娟之上了。梁元帝也爱蔷薇,他在竹林堂中种了各种蔷薇,搭上架子让蔷薇的花叶在屋顶互相交接。其下是十间花屋,梁元帝常到这里观赏。

蔷薇根可以入药。李时珍说:"蔷薇根,能入阳明经,除风热湿热,生肌杀虫,故痈疽疮癣古方常用。"《千金方》载:"消渴尿多,蔷薇根一把,水煎,日服之。"指蔷薇根可治糖尿病。又说:"小便失禁,蔷薇根煮汁饮,或为末酒服。野生白花者更良。"

蔷薇有许多别名。《上品群芳谱·蔷薇》说:"一名刺红,一名山棘,一名牛勒,一名牛棘,一名买笑。"明李时珍解释得名之由说:"此草蔓柔靡,依墙援而生,故名墙蘼。其茎多棘刺勒人,牛喜食之,故有山棘、牛勒诸名。其子成簇而生,如营星然,故谓之营实。"

葵

古人认为葵是百菜之主,是智与忠的象征,又常用以比喻人生的短促。

古人食葵的最早记载是《诗经·豳风·七月》:"七月亨葵及菽。"可见在上古,葵是家常食用蔬菜,但未说明它在蔬菜中的地位,而《本草》则说:葵"为百菜之主"。此说对后代影响很大。它为什么是百菜之主呢?古代名物学者的解释各不相同。王祯《农桑通诀》的解释是:葵"备四时之馔,本丰而耐旱,味甘而无毒，供食之余，可为菹腊，枯蘖之遗，可为榜簇，……咸无弃材，诚蔬茹之上品也"。李时珍《本草纲目》的解释与《农桑通诀》基本相同，只是做了点补充：葵不论肥地还是瘠地都能生长，可以救饥荒。王、李二人的解释都认为葵是在任何季节都充当农民的主要蔬菜，因而是百菜之主。春秋时，在鲁国做

官的公仪休，回到家里，见妻子在园中种了一些葵，他马上拔了，说："我拿国家的俸禄，自己又种葵，那不就是夺了靠种葵过活的农夫之利？"可见葵在蔬菜中的地位确实与众不同，这可作为王、李之说的旁证。不过，葵并没有保住"百菜之主"的位置。李时珍说："今人不复食之，亦无种者。"说明最晚在明代，葵在百蔬中地位已经一落千丈了。

宋陆佃《埤雅》的解释与王、李不同。他说："葵心随日光所转，辄低覆其根似知……《字说》曰：'葵也，能揆日向焉，故又训揆。'《本草》曰：'葵为百菜之主。'岂亦以此乎？"（《埤雅·释草·葵》）陆佃的意思是，日是君主的象征，百菜之中只有葵懂得向日，那么它当然就是百菜之主了。

陆佃解释《本草》虽未必正确，但说葵的护根和向阳倒是揭示了葵文化的重要内涵。

最早将葵和"智"联系在一起的是孔子。《左传·成公十七年》：鲍牵得知庆克与声孟子私通，便将此事报告国武子，国武子将鲍牵的话告诉庆克，于是庆克通过声孟子陷害鲍牵，鲍牵因此受了刖刑。孔子听说了这件事说道："鲍庄子之知不如葵，葵犹能

卫其足。"鲍庄子即鲍牵。由于圣人称赞葵具有卫足之智，所以后代成为善于保全自己的智慧象征。李白被流放到夜郎后写了一首《流夜郎题葵叶》诗："惭君能卫足，叹我远移根。白日如分照，还归守故园。"诗人自叹智不如葵，以至被迫远离故乡。

葵与"忠"，与倾慕向往联系在一起似乎要晚一些。不过不会晚于汉代。《淮南子》说："圣人之于道，犹葵之与日也。"三国魏曹植申述了《淮南子》的意思："若葵藿之倾叶，太阳虽不为之回光，然终向之者诚也。""诚"与"忠"的意思近似。唐以后，以葵喻忠的诗文渐渐多起来。杜甫诗"葵藿倾太阳，物性固难夺"，以葵的向阳比喻自己忠君之志。蔡珪《葵花》诗"小智区区能卫足，孤忠耿耿只倾心"，也是以葵之向日喻耿耿孤忠。忠而不被理解，不被信任，也以葵为喻，如唐刘长卿《咏墙阴下葵》诗："此地常无日，青青独在阴。太阳偏不及，非是未倾心。"承受君主的德泽也以葵为喻，如唐朝唐彦谦《秋葵》诗："倾阳一点丹心在，承得中天雨露多。"

古人还常以葵喻光阴易逝，人生短促。唐岑参《蜀葵花歌》：

> 昨日一花开，今日一花开。今日花正好，昨日花已老。人生不得长少年，莫惜床头沽酒钱。请君有钱向酒家，君不见，蜀葵花。

在草本植物中，葵并非是短命的，之所以文人喜欢用它喻人生短促，是由于受汉乐府名篇《长歌行》的影响：

> 青青园中葵，朝露待日晞。阳春布德泽，万物生光辉。常恐秋节至，焜黄华叶衰。百川东到海，何时复西归？少壮不努力，老大徒伤悲。

葵的种类很多，都有药用价值。唐孙思邈说：葵苗"宜脾、利胃气，滑大肠"。明李时珍说：葵的根"利窍滑胎，止消渴，散恶毒气"。《神农本草经》说：冬葵子"利小便，久服坚骨长肌肉，轻身延年"。

菊

　　菊的颜色，周朝用以象征王后的服色；菊的品格，古代用以象征隐逸者的节操。它是轻身延年甚至成仙的妙药，是文学家千百年来吟咏不厌的爱物。

　　菊花有多种颜色，但以黄为正色。因为《礼记·月令》云："季秋之月，鞠有黄华。"注家们说："黄华"象征五行中的土色。周代王后有"六服"，其中有"鞠衣"。"鞠"即"菊"，取菊的黄色作为鞠衣的颜色。为什么取菊的颜色？因为菊"华于阴中，其色正应阴之盛"。《尔雅翼·释草·菊》"周书曰：'菊不黄华，土不稼穑'。是应土之验。"就是说，菊与"阴"相应，与"土"相应，这与君王与"阳"相应，与"干"相应正好匹配。对"鞠衣"的这一解释也有过异议，汉郑玄认为"鞠衣"的颜色是取象于初生的桑叶，是蚕桑的象征。但多数人还是相信取象于菊的解释，宋人罗愿说："汉武帝时黄鹄下建章宫，作歌曰：'金为衣兮菊为裳。'然则以菊比衣，如是古矣。"明胡翰《维南有佳鞠》

诗云：“色含坤裳美，质抱日精圆。”“坤裳”即王后的服饰，可见坤裳取象于菊这一文化观念到明代还有其影响。

以菊象征隐逸者的节操，其影响比象征王后服色大得多，而且一直延续至今。宋周敦颐说：“菊，花之隐逸者也。”隐逸者，即退隐之君子。明于若瀛《菊》诗云：“黄花应不插朱门，自合移根老瓦盆。”又云：“偏宜处士居，不种朱门下。”“处士”就是隐逸者，“朱门”指权贵，意思是隐逸者只能与君子相处，决不肯与权贵为伍。宋韩琦名句“虽惭老圃秋容淡，且看黄花晚节香”，以菊喻自己致仕后晚节之高。

甚至品评菊的高下也以隐逸者的品格为标准。范成大、范村《菊谱》将菊分为三十五品，谈到评定标准时说：“或问菊奚先？曰：先色与香而后态。”为什么把色、香的标准放首位？因为色与香象征君子的“德”。“德”是内在的，而“态”则是外在的。评“态”时也以隐逸者的品格为标准，“安有君子而以态为悦乎？至于具香与色而又有态，是犹君子而有威仪也”。将菊中具有庄严之态者列在具有艳媚之态者之上。

为什么古人将菊与隐逸者如此紧紧地捆在一起？因为菊的品格与隐逸者相似。明贾如鲁描写菊的品格说：

> 吾观于菊与物同，而所以为菊，则与物异。红粉笑风，桃李茂于春矣，菊不与之而争艳；朱锦映日，葵榴畅于夏矣，菊不与之而竞芳。惟恬淡以自居，镇静以俟时而已矣。及夫金风转，天地肃，万物萧然而群芳尽落也，彼乃挺然而独秀，泰然而自若。正直浑厚之气，清逸冲穆之光，自昭彰而不容掩。

贾如鲁接着说菊的这种品格，具有“天赐之温和”，“天赐之节操”，而这些正是“圣贤之德”。

当然，将菊与君子紧紧捆在一起达两千年之久，不只是凭这些相似点，还有另一种力量在起作用。这就是大诗人屈原和陶渊明。屈原赋以香草比忠正，《离骚》云："夕餐秋菊之落英。"陶渊明与菊的关系更为密切，他一生爱菊，"植于三径，采于东篱，浥露掇英，泛以忘忧"。（史正志语）所以，范成大《范村菊谱》云："故名胜之士，未有不爱菊者，至渊明尤甚爱之，而菊名益重。"陶渊明是隐逸者，屈原也被迫做了隐逸者。两位诗人的作品和人格后世景仰，于是菊也分享了荣耀。以至"陶令""陶家""东篱"与菊难解难分，甚至成为菊的代称。如唐李端诗："传书报刘尹，何事忆陶家？"（《和张尹忆东篱菊》）李商隐诗："暗暗淡淡紫，融融冶冶黄。陶令篱边色，罗含宅里香。"（《菊》）宋李清照《醉花阴》词："东篱把酒黄昏后，有暗香盈袖。"

菊还是"养生之药"。神农《本草》云："久服利血气，轻身，耐老延年。"当然也不是什么菊都可以入药，能入药的菊，药用价值也各不相同。白菊的花可治"风眩，能令头不白"（陶弘景语），花上的水可以"益色，壮阳，治一切风"（大明语）。野菊的根、叶、茎可以"调中止泄，破血，妇人腹内宿血宜之"（陈藏器语）。

菊的药用价值最吸引人的是延年益寿之功。宋欧阳修《菊》诗云："欲知却老延龄药，百草摧时始起花。"《尔雅翼·释草·菊》引《荆州记》云：汉代，南阳郦县北八里处，有溪名菊水，水源处有无数特别芳香的菊。菊茎短而花大，食之甘美，跟一般的菊不同。溪水甜而香。这里的三十家居民不掘井，终年饮用此溪的水。村中人都长寿。上寿一百二十岁至一百三十岁，中寿一百多岁，七十多岁的人视为夭折。王畅、袁隗做南阳太守，命令县官每月送三十石菊水，饮食、沐浴都用此水。有个叫胡广的太尉，长期患风羸，由于经常饮用此水，病全好了。于是胡广将此菊的种子带到京师，广为种植。

据说仙人王子乔还有一个服菊延年的方子：

> 用甘菊。三月上寅日采苗，名曰玉英；六月上寅日采叶，名曰容成；九月上寅日采花，名曰金精；十二月上寅日采根茎，名曰长生。

然后将这四味药阴干，合在一起，每天捣一千杵，用蜜做成丸子。每天用酒吞服三次。有奇效，"百日轻润；一年发白变黑；服之二年，齿落再生；五年，八十岁老翁变为儿童也"。古人认为菊可以除灾。《续齐谐记》云：

> 汝南桓景从费长房游学，长房谓之曰："九月九日，汝南当有大灾厄，急令家人缝绛囊盛茱萸系臂上，登山饮菊花酒，此祸可消。"景从其言，举家登山，夕还，鸡犬俱暴死。长房闻之曰："此可代也。"

重阳节饮菊花酒的习俗一直流传到后代。菊花酒的制法后代有不少记载。《西京杂记》说：将盛开的菊花连同茎叶一起采来，同黍米一起酿酒，到第二年九月九日打开坛子饮用。

由服菊可以除灾发展为服菊可以成仙。《神仙传》载：邵康子服食甘菊花、桐实成了神仙。《琅嬛记》载：曹昊仰慕陶渊明，种了很多菊，有一天早晨起来，看见大黄菊当心生了一个红籽，到第三天，红籽长到樱桃那么大了，谁也不知道那是什么东西。邻家有个十六岁的少女名叫周少夫，很漂亮，同几个女伴一起来赏菊，随手将那红籽摘下吞食了。刚咽下，身子腾空而起，乘风飞去。曹昊大惊，立即告诉周少夫的父母，周少夫全家向天哭泣，可周少夫头都不回，消失在高空。一会儿，一个老头跑来，拊掌叹息说："我没缘分，来迟啦！"曹昊正准备问为什么，老头立即变成老狐升天了。过了几天，菊花都死了，方圆百里三年无菊。

菊在文人笔下是永远走俏的题材，歌咏菊的散文、诗词多如牛毛，但内容大抵是将菊作为君子来歌颂，格调也大抵是"采菊东篱下"式的。只有唐黄巢的菊花诗独具一格，在菊花诗坛引起过巨大的震动。据说诗中表现的"造反"思想在幼年诗作中就有反映。《贵耳集》载：

> 黄巢五岁侍翁父，为菊花联句，翁思索未至，巢信口应曰："堪与百花为总首，自然天赐赭黄衣。"巢之父怪欲击巢，乃翁曰："孙能诗，但觉未知轻重，可令再赋一篇。"巢应之曰："飒飒西风满院栽，蕊寒香冷蝶难来。他年我若为青帝，移共桃花一处开。"跋扈之意已见婴孩之时，加以数年，岂不为神器之大盗耶？

不过，只有"冲天将军"才配出"我若为青帝"的豪言，中国历史上能诗的"冲天将军"几乎找不出第二个，因而"为神器之大盗"的菊花诗也只有这么一首。

文人菊花诗中引起争论达九百余年之久的要数王安石的菊花诗。王安石《武夷》诗云：

> 黄昏风雨打园林，残菊飘零满地金。

欧阳修读了这首诗嘲笑王安石说："秋花不比春花落，为报诗人仔细吟。"（《野客丛书》引作"秋英不比春花落，为报诗人仔细看。"）欧阳修的意思是，王安石不知道春天开的花才落，菊花不落，犯了常识错误。王安石反过来讥笑欧阳修说："欧阳久不学之过也，岂不见《楚辞》云'夕餐秋菊之落英'？"这段公案有人认为是《今古奇观》的作者编造的，其实宋人的文章早有记载。范成大《范村菊谱》后叙（史正志作）即载此事和王、欧的诗。后叙作于淳熙乙未年（1175），距王安石不足百年，他的记载当是可信的。王安石与欧阳修谁是谁非，在宋代就引起争论。有站在欧阳修一边的，如王彦宾说："古人之言有不必尽循者，如《楚辞》言秋菊落英之语。"也有站在王安石一边的，如史正志说："菊之开也，既黄白深浅之不同，而花有落者，有不落者。盖花瓣结密者不落，盛开之后，浅黄者转白，而白色者渐转红，枯于枝上。花瓣扶疏者多落，盛开之后，渐觉离披，遇风雨撼之，则飘散满地矣。"也有人说王、欧两人都不错。宋王楙《野客丛书》说："夕餐秋菊之落英"，菊花本不落而屈原言"落"，说明"物理之变"，以"物理之变"说明自己"憔悴放浪于楚泽之间，固其宜也"。"王荆公用残菊飘零事盖祖此意。"欧阳修"谓荆公得时行道，自三代以下未见。其比落英反理之喻，似不应用"。王楙的意思是，王、欧两人对王诗寓意的评价各不相同，但对菊花本不落则是一致的。随着讨论的深入，又对屈原"夕餐秋菊之落英"的"落"应释为"始"还是应释为"陨落"也展开了争论。这场争论有两个焦点：一是菊花到底落不落，"落"字如何解释；二是如何理解诗的寓意。有趣的是，前些年报刊对这悬而未决的问题重新展开了争论，这场新的争论既有旧调重弹，又有新的发展。几种观点跟宋代差不多，争论的结果也同宋代相似，谁也没能说服谁。但各派提出的文献论据比宋代充实得多，论证方法也进步得多。不过这场争论的最大收获大概是让人们悟出这样一个道理：文学研究离不开名物研究。

郁　金

在周代，郁金是酿祭神用酒必不可少的调料，在寺院，是常用的供佛之物。

郁金，产于我国南部和西南部，属姜科，多年生草本。叶互生，叶片长圆形。夏季开花，粉白色，穗状花序。地下有肥大根状茎及纺锤状肉质块根，断面为黄色，且有香气。

古人称郁金为"百草之英"。用郁金"和酒"的记载最早见于《诗经》。《大雅·旱麓》云："瑟彼玉瓒，黄流在中。"周代，酿黑黍为酒，将郁金捣成汁和于酒中，则酒色变黄，而且芳香，这就是"黄流"。《周礼》也有记载，《春官·肆师》："祭之日，表齍盛，告絜。展器陈，告备。及果，筑（捣）鬻（古煮字）。"意思是：祭祀那天，在盛祭品的器具上插上小旗，旗上写明所祭的物品。向神报告：祭品是丰洁的。检视陈列的物品，向王者报告：祭品齐备。捣郁金而煮之，交给郁人和鬯人，作裸礼之用。《周礼·春官·郁人》："郁人，掌裸器，凡祭祀宾客之裸事，和郁鬯以实彝而陈之。"意思是：郁人的职责是掌管裸祭时所用的祭器。凡祭祀宾客行裸礼，将郁金捣好煮好放在鬯酒中，然后将和以郁金的酒盛入彝器陈列于行礼之处。从以上这些记载，可以看出郁金在周代祭祀中的重要位置。

为什么要以郁金和酒？《礼记·郊特牲》：

周人尚臭，灌用鬯臭，郁合鬯臭，阴达于渊泉。

意思是郁金有香气，周人认为有香味的酒神明喜欢享用。以黑黍酿的酒叫鬯，加了郁金，则称郁，也称郁鬯。《说文·鬯部》："鬯，以秬酿郁草，芬芳攸服以降神也。"也是说，郁金芬芳，掺和于鬯酒之中，神愿意下来享用。

在周代，郁鬯还用于丧礼中的浴尸。《周礼·春官·肆师》："大丧大渳以鬯，则筑鬻。"意思是：王、王后死，浴尸需用郁鬯，就将郁金捣而煮之，供浴尸之用。

随着佛教的传入，以郁金供佛也传入中国。《梁书·天竺国传》：

> 郁金独出罽宾国，华色正黄而细，与芙蓉华裏（《辞源》引作"里"）被莲者相似，国人先取以上佛寺。

《高僧传》："四月八日浴佛，以都梁香为青色水，郁金香为赤色水，丘隆香为白色水，附子香为黄色水，安息香为黑色水，以灌佛顶也。"郁金还可以用作制香的原料。唐释玄应《一切经音义》卷十三：郁金"出罽宾国。其花黄色，取花安置一处，待烂，压取汁，以物和之为香。花粕犹有香气，亦用为香也"。

郁金的根是重要中药材，"辛苦寒无毒"，能和血散瘀，行气解郁，主治胸胁脘腹疼痛、痛经等症。明李时珍说："治失心颠狂，用真郁金七两、明矾三两为末，薄糊丸梧子大，每服五十丸，白汤下。有妇人颠狂十年，至人授此。初服心胸间有物脱去，神气洒然。再服而苏。此惊忧痰血络聚心窍所致。郁金入心去恶血，明矾化顽痰故也。"

郁金到底是我国固有还是从外域引进，说法不一。《梁书·天竺国传》说：郁金产于大秦、罽宾。《唐书·天竺国传》说：天竺国于"贞观十五年……复遣使者随入朝……复献火珠、郁金、菩提树"。晋左九嫔《郁金颂》云："伊有奇草，名曰郁金。越自殊域，厥珍来寻。芬香酷烈，悦目欣心。"也说郁金来自"殊域"。但是《诗经》《周礼》多次提到郁金，与引进之说不能两立。唐陈藏器对此也提出疑问："大秦国去长安四万里，至汉始通，不应三代时得此草也。或云郁金与姜黄自别，亦芬馨，恨未识耳。"（转引自《通志·昆虫草木略》）。郑樵则认为《诗经》《周礼》说的郁金是姜黄，香如兰花的是郁金香，产于大秦。李时珍看法与郑樵相同，他说："汉郁林郡（按，《说文·邑部》释'郁'云：一曰郁邑，百草之华，远方郁人，所贡芳草，合酿之以降神。郁，今郁林郡也）即今广西、贵州、浔、柳、邕、宾诸州之地。《一统志》惟载柳州罗城县出郁金香，即此也。《金光明经》谓之茶矩摩香，此乃郁金花香，与今时所用郁金根，名同物异。唐慎微《本草》收此入彼下，误矣。"

人 参

　　人参是滋补、医病的珍奇药材，传说它还具有使人聪明、成仙的灵异。

　　人参产于我国东北，古人认为上党产的参质量最好。宋罗愿、苏颂等人说：要想检验是否为上党参，让两人同时含参跑步，跑

了二三里左右，含非上党参的人必然大口喘气，含上党参的人必然气息自如。

　　人参是名贵的滋补品。《本草纲目·人参》引李杲语曰："补

气须用人参，血虚者亦须用之。"人参治病有奇效。有一女子，"性燥，味厚，暑月因怒而病呃，每作则举身跳动，昏冒不知人"。喝了人参和另一种药草半两，吐了几碗痰，病全好了。还有一个姓郑的人"五月患痢，又犯房室，忽发昏运，不知人事，手撒目暗，自汗如雨，喉中痰鸣如曳锯声，小便遗失，脉大无伦"。服人参膏并灸气海，不一会儿右手能动，再一会儿唇能动、眼能动，半夜能吃粥，不久就痊愈了。（两例并见《本草纲目·人参》）

历代有禁偷人参的法令，单是清代历朝都有禁令，治罪甚重。康熙二年（1663），"题准违禁采参者，为首之人处死，余仍照前治罪"。对包庇偷人参的官员，对知情不报者惩罚也很重。康熙十一年（1672）制定了如下法令：如果官员受偷参人的贿赂将偷参者释放，要受革职处分。如果与偷参人同住一村一屯知情而不告发的，降官一级，罚俸六个月。在办案过程中，利用职务之便隐藏或私带人参的，处罚也很重。这些峻法，反映了人参在古人观念中的重要地位。

在汉代，人参就被认为是灵异之物。《春秋纬·运斗枢》："摇光星散而为人参，人君废山渎之利，则摇光不明，人参不生。""摇光"即瑶光，北斗星的第七星，即北斗杓头第一星。《礼纬·斗威仪》："下有人参，上有紫气。"照此说来，人参上关天象，下关国家政事，非等闲之物。

由于纬书的影响，后代产生了许多人参的神奇传说。《梁书·阮孝绪传》载：阮孝绪的母亲病重，药中缺人参。阮孝绪到钟山寻找几天没找到。有一天碰见一只鹿，阮孝绪有所感，就在鹿之后随行，到了一处，鹿忽然不见了，阮孝绪很惊异，走上前一看，在鹿隐形处有一株人参。阮孝绪采回献给母亲，母亲的病也就好了。《隋书·五行志》载："高祖时，上党有人宅后，每夜有人呼声，求之不得。去宅一里许，但见人参一本，枝叶峻茂。

因掘去之，其根五尺余，具体人状，呼声遂绝，盖妖草也，视不明之咎。时晋王阴有夺宗之计，诇事亲要，以求声誉，潜皇太子，高祖惑之。人参不当言，有物凭之。"

人参还可以变成人，在人间显异。《宣室志》载：有一个姓赵的人，读书虽勤奋，可由于鲁钝，什么功名也未获得，其兄弟都是进士、明经。赵某觉得，在朋友面前很丢脸，于是入深山结庐读书，可仍无长进。有一天一个老人来，问赵某："你明知自己苦读无获功名之望，可为什么还到这深山受苦呢？"赵某回答道："不为禄仕，只是为了不辱先人。"老人说："不知我能不能对你有所帮助。我姓段，住西山大木之下，你来找我吧。"说罢忽然不见了。赵某按老人说的地方寻找，见那里椴树繁茂，用锄头一挖，挖到人参，长一尺多，很像那老翁的模样。回到茅棚将人参煮着吃掉，一下子变聪明了，"日所览书，尽能穷奥。后岁余，以明经及第"。《平阳府志》的记载更为神奇：人参变成一个小孩，常与读私塾的唐侯玩耍。老师用计使那小孩仍变为人参，然后烹煮。老师下山访友时，唐侯闻到锅里有异香，就偷吃了，将剩下的汁喂了狗。老师回来，大怒，想吃那条狗，好获得人参汁的补益。可唐侯与狗都变成神仙升天了。

人参变成人传说的产生有其独特的土壤，一是纬书对人参的神化，一是人参外形像人。

许慎《说文》云："人薓，出上党。""薓"就是"参"。李时珍解释得名之由说："人薓，年深浸渐长成者，根如人形，有神，故谓之人薓、神草。'薓'字从薓，亦浸渐之义。'薓'即浸字，后世因字文繁，遂以参星之字代之，从简便尔。然承误日久，亦不能变矣。惟张仲景《伤寒论》当作'薓'字。"

蘼 芜

蘼芜，古人用以喻君子。民间，招人早日归来，常赠蘼芜以寄意。

蘼芜，最早见于《楚辞》。《九歌·少司命》有："秋兰兮蘼芜，罗生兮堂下，绿叶兮素华，芳菲菲兮袭予。"晋郭璞说："蘼芜，善草。"蘼芜有香气，《广志》云："蘼芜，香草，可藏衣中。"三国曹操就常将蘼芜藏于衣中。它的外形与蛇床相似，古人以"蛇床乱蘼芜"比喻小人乱君子。《淮南子·氾论训》云：

> 夫物之相类者，世主之所乱惑也。嫌疑肖象者，众人之所眩耀。故狠者类知而非知，愚者类仁而非仁，戆者类勇而非勇。使人之相去也，若玉之与石，美之与恶，则论人易矣。夫乱人者，芎蒡之与槀本也。蛇床之与蘼芜也，此皆相似者。

此后，"蛇床乱蘼芜"成为常用的典故。晋郭璞赞蘼芜云："蘼芜善草，乱之蛇床，不陨其实，自别以芳。"

相招则赠以蘼芜，最早见于乐府诗。

> 上山采蘼芜，下山逢故夫。长跪问故夫："新人复何如？""新人虽言好，未若故人姝。颜色类相似，手爪不相如。""新人从门入，故人从阁去。""新人工织缣，故人工织素。织缣日一匹，织素五丈余，将缣来比素，新人不如故。"（《玉台新咏》）

这位被遗弃的女子为什么要采蘼芜？一般注本只说蘼芜是香草，似乎将"蘼芜"改为其他的什么香草亦无不可。《尔雅翼·蘼芜》说：

> 崔豹《古今注》云："牛亨问董仲舒曰：'将离，相赠以芍药者何？'答曰：'芍药一名可离，故将别以赠之，亦犹相招赠以文无，文无一名当归也。'"文无盖即蘼芜，以夫当归，故下山逢之尔，如蘹砧、刀头之义也。

相招赠以蘼芜，取"当归"谐音之义，这是当时的习俗。不了解这个习俗，就不了解这首诗中"蘼芜"的含义，对诗的理解也就浅了。相招赠蘼芜的习俗延续到南北朝，南朝齐谢朓《和王主簿季哲怨情》诗："相逢咏蘼芜，辞宠悲团扇。"

蘼芜，亦名江蓠（亦作"离"）。江蓠与蘼芜是否为一物，古人曾提出怀疑。谢翱《楚辞芳草谱·江离》云："江离之草，屈原幼时所先采，盖自其初度，则固已扈江离辟芷矣。张勃云：'江离出临海县海水中，正青，似乱发。'《楚辞》之于江离畔而种之，则非水物。《本草》：'蘼芜，一名江离。'又云：'被以江离，揉以蘼芜。'又不应是一物也。"李时珍对蘼芜与江蓠的关系做了详细考析：

> 《别录》言"蘼芜一名江离，芎䓖苗也"。而司马相如《子虚赋》称"芎䓖菖蒲，江离蘼芜"，《上林赋》云"被以江离，揉以蘼芜"，似非一物。何耶？盖嫩苗未结根时则为蘼芜，既结根后乃为芎䓖。大叶似芹者为江离，细叶似蛇床者为蘼芜。如此分别，自明白矣。《淮南子》云"乱人者，若芎䓖之与藁本，蛇床之与蘼芜"，亦指细叶者言也。

李时珍解释"蘼芜"的得名说："其茎叶靡弱而繁芜，故以名之。

当归名蕲，白芷名蒿。其叶似当归，其香似白芷，故有蕲茝、江蒿（离）之名。"蘼芜"的"蘼"，《文选》六臣本作"虋"，《御览》九八三也引作"虋"，《初学记》二十七引作"蘼"。"虋"是专用字，"蘼"则是同音假借字。

有些草与蘼芜，同名而异物。海中的苔发亦名江离。《尔雅》中的"薜，山蕲"，也名当归。它们都不是蘼芜。

葛

葛，是古代织葛布的原料，越王勾践曾以向吴王献葛的手段收到麻痹吴王的效果。葛的根可以充饥，可以入药。

以葛茎的纤维织葛布的记载，最早见于《诗经·周南·葛覃》："葛之覃兮，施于中谷，维叶莫莫。是刈是濩，为絺为绤，服之无斁。"意思是，葛的藤蔓延到山谷中，叶子茂密，割下葛茎放在锅里煮，用来织成细布和粗布，穿上葛布衣服并不令人厌恶。这里说了葛的加工过程：用煮法提取纤维，还说了用葛织成的布有两种：絺和绤，即细葛和粗葛。上至天子下至庶人都穿葛衣，不同的是富贵者穿絺，贫贱者穿绤。《礼记·月令》："孟夏之月……是月也，天子始絺。"说明天子穿的是细葛布衣服。用葛制的头巾名葛巾，也是不论富贵贫贱都可戴的。苏轼诗《犍为王氏书楼》："书生古亦有战阵，葛巾羽扇挥三军。"这里的"葛巾"是儒将头上戴的。

既然穿衣服离不开葛，所以将葛列入贡赋。《周礼·地官·掌葛》："掌以时征绤绤之材于山农。凡葛征，征草贡之材于泽农，以当邦赋之政令。"意思是，掌管葛的官员，按时向山农征收织绤绤的葛，同时也向泽农征收功用与葛相似的白麻。葛与白麻抵作赋税。

如果以细葛或绤送礼，则是贵重的礼物。三国时吴国的士燮做交趾太守，他每年向孙权送的礼物中必有细葛，颇得孙权的欢心。在士燮之前，越王勾践以向吴王夫差献绤的方式讨好吴王，为后来灭吴打下了基础。《吴越春秋》载：勾践在卧薪尝胆之时，经常想如何复仇。他与群臣商议说，想让越国的百姓入山采葛，让女子织成细布献给吴王，求其欢心。群臣都赞成。于是百姓都齐心协力地采葛织绤，勾践派文种将千万匹绤献给夫差，夫差果然十分高兴，认为勾践是真心真意臣服，给勾践加封，"赐羽毛之饰、机杖诸侯之服"。越国织绤妇女知道勾践用心之苦，作了一首《采葛妇歌》：

> 葛不连蔓棻台台，我君心苦命更之。尝胆不苦甘如饴，令我采葛以作丝。女工织兮不敢迟。弱于罗兮轻霏霏，号绤素兮将献之。越王悦兮忘罪除，吴王欢兮飞尺书。增封益地赐羽奇，机杖茵蓐诸侯仪。群臣拜舞天颜舒，我王何忧能不移。

这首诗反映越国为了报仇，君与民上下一心，"弱于罗兮轻霏霏"，也反映了当时越国织绤的技术水平已相当高。

葛的根名鸡齐，一名鹿藿，一名黄斤。《尔雅翼》云："生食甜脆，亦可蒸食。有粉，今江南人凶岁则掘取以御凶荒。大抵南康、庐陵者最胜，多肉而少筋，甘美。"葛的花可以醒酒，唐韩翃诗云："葛花满把能消酒。"葛的根还可供药用，性平，味甘辛，能解肌退热，生津止渴，透发斑疹。主治发热口渴、颈项强痛及泄泻等症，还可治冠心病、心绞痛。叶、蔓也可入药。《别录》说：叶可以治"金疮、止血"。李时珍说：蔓"消痈肿"。《广利方》说："心热吐血不止，生葛捣汁半升，顿服，立瘥。"《圣惠方》说："衄血不止，生葛根捣汁，服一小盏。三服即止。"《千金方》说："酒醉不醒，生葛根汁饮二升，便愈。"

历代咏葛的诗不少，唐鲍溶写南方少数民族女子采葛的诗值得一读。

> 春溪几回葛花黄，黄麖引子山山香。蛮女不惜手足损，钩刀——牵柔长。葛丝茸茸春雪体，深涧择泉清处洗。殷勤十指蚕吐丝，当窗裛裛声高机。织成一尺无一两，供进天子五月衣。

同《采葛妇歌》联系起来看，说明葛在南方盛产，南方织葛布技术也发达。就连少数民族的妇女织出的葛也"织成一片无一两，供进天子五月衣"。

葛的藤长可一二丈，常缠在树上，因而"葛藤"常用以比喻事情纠缠不已或比喻说话啰唆，如《续传灯录·克文禅师》："遂去见翠岩顺禅师，顺知见甚高，而语话好葛藤。"

芭　蕉

古代南方人以芭蕉实代粮，以茎代棉。"芭蕉夜雨"是文人吟咏不厌的传统题材。

明李时珍引《埤雅》解释芭蕉的得名说："按陆佃《埤雅》云：蕉不落叶，一叶舒则一叶焦，故谓之焦（蕉）。俗谓干物为巴，巴亦焦意也。"

我国的芭蕉，系由南方引进。《三辅黄图》载："汉武帝元鼎六年，破南越，……所得奇草异木：……甘蕉十二本。"其实汉以前芭蕉就已进入我国，屈原《九歌》"传芭兮代舞"，说明战国时楚国已有芭蕉。

芭蕉有多种，有的品种所结的实可以吃。嵇含《南方草木状》说可食的芭蕉实有三种："子大如拇指，长而锐，有类羊角，名羊角蕉，味最甘好；一种子大如鸡卵，有类牛乳，名牛乳蕉，微减羊角；一种大如藕，子长六七寸，形正方，少甘，最下也。"《异物志》云："其实皮赤如火，剖之中黑。剥其皮，食其肉，如饴蜜，甚美。食之四五枚，可饱，而余滋味犹在齿牙间，一名甘蕉。"有的芭蕉茎的纤维可供纺织。嵇含《南方草木状》云：芭蕉的茎"解散如丝，以灰练之，可纺绩为缔绤，谓之蕉葛"。贾思勰还谈了治茎取丝的方法：将茎放在锅里煮，茎就分解为丝，这丝可用于纺绩。

芭蕉叶大，南方有的少数民族把它当作食器。《新唐书·南蛮列传下》载：扑子蛮"无食器，以蕉叶藉之"。唐代书法家怀素练字勤苦，他在住所广种芭蕉，以芭蕉叶代纸，将所居之室称为"绿天庵"。

古人喜欢在庭院中种芭蕉，以供观赏。《清异录》载："南汉贵珰赵纯节性惟喜芭蕉，凡轩窗馆宇咸种之。时称纯节为'蕉

迷'。"皇宫庭院中也常种芭蕉，如《宋史·五行志》载："政
和五年五月，禁中芭蕉连理。"北方天寒，芭蕉不能存活，为了
能观赏芭蕉，有人在入冬时就将芭蕉掘起藏入地窖，春暖时再
取出。

文人对芭蕉更有其特殊的感情。明王守仁《书庭蕉》诗云：

> 檐前蕉叶绿成林，长夏全无暑气侵。但得雨声连夜静，
> 何妨月色半床阴。

这是写夏日成林的芭蕉能遮阴消暑的乐趣。但这样的诗并不多。
诗人笔下的"芭蕉夜雨"总是跟愁绪联系在一起。宋刘克庄《芭
蕉》诗云：

> 搅醉妨眠挟雨声，碧丛宜看不宜听。而今一任萧萧滴，
> 华发鳏翁彻夜醒。

这是写芭蕉夜雨唤起鳏翁的愁绪，彻夜无眠。李清照词《添字采
桑子》：

> 窗前谁种芭蕉树，阴满中庭。阴满中庭，叶叶心心，舒
> 展有余情。伤心枕上三更雨，点滴霖霪，点滴霖霪，愁损北
> 人，不惯起来听！

这是写芭蕉夜雨唤起女子怀人的愁绪。为什么芭蕉与愁绪结了
缘？因为芭蕉叶子很大，夜晚雨点打在上面，点点滴滴，听得十
分清晰，同梧桐夜雨一样，成为诗人寄托愁绪的媒介。"自是愁人
愁不消，非干雨里听芭蕉"（宋方岳《芭蕉》），说的正是诗人喜欢
将自己的愁思移于芭蕉之上。

姜

姜，是古人的调味佳品，是治病的良药。

《论语·乡党》："不撤姜食，不多食。"意思是，斋禁食荤物，但姜"辛而不臭"，所以孔子用膳，姜不撤除，但吃得不多。《吕氏春秋》："和之美者，阳朴之姜，招摇之桂。"意思是说，阳朴产的姜、招摇产的桂是调味的上品。可见远在春秋时代，姜已是一般人餐桌上必不可少的东西。

《说文》云："姜，御湿之菜也。"《神农本草》云：姜"久服去臭气，通神明"。可见最晚在汉代，姜已用于医药。

作药用的姜分为生姜和干姜。关于生姜的药用价值古人论述甚多。唐陈藏器说，姜可"破血调中，去冷气。汁，解药毒"。李时珍说："生用发散，熟用和中。解食野禽中毒成喉痹。浸汁，点赤眼。捣汁和黄明胶熬，贴风湿痛甚妙。"长久服用有无副作用，古人有争论。梁陶弘景说："久服少志少智，伤心气。今人啖辛辣物惟此最常。故《论语》云：'每食不撤姜'，言可常食，但不可多尔。有病者是所宜矣。"唐苏恭曰："《本经》言姜久服通神明，主痰气，即可常啖，陶氏谬为此说，检无所据。"

干姜，是用生姜制作而成的。将生姜在水中浸三天，去掉皮，再在流水中浸五六天，再刮去皮，然后晒干，放在瓷缸中酿三天就成为干姜。张元素说："干姜气薄味厚，半沉半浮，可升可降，阳中之阴也。"又曰："大辛大热，阳中之阳，其用有四：通心助阳，一也；去脏腑沉寒痼冷，二也；发诸经之寒气，三也；治感寒腹痛，四也。肾中无阳，脉气欲绝，黑附子为引，水煎服之，名姜附汤。"唐刘禹锡《传信方》说，同僚李业有治咳嗽药，神效。但他只给病人药，不给药方。同僚笑他太保守，李说："患咳嗽，医生总是用寒药，而我用的则是热药，如果给药方，病人一定不敢服用。"这个方子的主药就是干姜。

姜还有延年之用。《东坡杂记》载：钱塘净慈寺有个和尚号聪药王，八十几岁，脸色红润，目光炯炯有神。他说秘诀是服姜乳四十年。姜乳的制法是，无筋滓的生姜（不用子姜）取汁，装在容器中澄清。去掉上面黄而清的部分，取出白而浓的部分阴干，这就是姜乳。将姜乳与蒸饼或饭和成桐子大的丸子，以酒或盐米汤吞服数十粒。或者将姜乳放在酒食茶饭中也行。这个和尚说，他很穷，无力制姜乳，常常是生姜连皮嚼烂，温水吞服。

陶弘景说，过久服姜使人变愚蠢，宋刘贡父曾以此嘲笑过王安石。有一次王安石吃饭，忽然放下筷子问刘贡父："为什么孔夫子'不撤姜食'？"贡父说："《本草》（按，应为陶弘景）：生姜多食损智。道非明民，将以愚之。孔子以道教人者也，故不撤姜食，所以愚之也。"王安石大笑，过了好久才明白是戏弄自己。原来王安石多才，但喜欢标新立异，心里知道自己错了就另立新说来掩饰，以愚弄他人。有一天王安石吃姜粥，味很美，自我解嘲说："难怪我愚蠢，吃姜太多了！"

艾

最晚在战国，艾就是医病的重要药材，最晚在南北朝，就有端午节悬艾于户上以禳毒气的习俗。

《孟子·离娄上》:"今之欲王者,犹七年之病求三年之艾也。"赵岐注云:"艾可以为灸人病,干久益善,故以为喻。"说明战国时期,以艾治病已非常普遍。师旷称艾为"病草"。《诗经·王风·采葛》:"彼采艾兮。"《毛传》说:"艾所以疗疾。"师旷是春秋时晋国人,《王风》是春秋时作品,据此,则以艾治病可上溯至春秋时期。

《名医别录》说艾可"灸百病",可见艾在药草中的重要位置。李时珍说:艾主治"男子虚寒,妇人血气诸痛",水煎服之。古籍中有不少以艾疗疾病有神效的记载。如《老学庵笔记》载:

> 祖母楚国夫人,病累月,医药莫效。一日,有老道人,状貌甚古,探囊出少艾,取一砖灸之。祖母方卧,忽觉腹间痛甚,如火灼。道人遂径去,疾驰不可及。祖母病遂愈。

《独醒杂志》载:

> 枢密孙公抃生数日,患脐风,已不救,家人乃盛以盘合,将弃诸江。道遇老妪,曰:"儿可活。"即与俱归,以艾柱灸脐下,遂活。

采艾也有很多讲究,短艾比长艾好,农历三月三日和五月五日采的艾比其他时间采艾好,晒干后存放年头长的艾比存放时间短的艾好。《荆楚岁时记》还说:"五月五日鸡未鸣时,采艾似人形者,揽而取之。收以灸病,甚验。"所以《岁华纪丽谱》说五月五日"医人鬻艾，道人卖符"。还有一种说法，人要得瘟疫，艾先得病。可以凭艾得病预测瘟疫。

端午节门上悬艾禳毒的习俗也见于《荆楚岁时记》："五月五日，四民并蹋百草……采艾以为人，悬门户上，以禳毒气。"这个习俗一直延续到现在。在端午节，也有将艾叶剪贴成虎形戴在头上，用以避邪。宋周紫芝《永遇乐·五日》"艾虎钗头，菖蒲酒里，旧约浑无据"句就是描写这种习俗。古代医家认为艾可"疗一切鬼气"。悬艾禳毒、戴艾虎避邪大概源于这种观念。

可是，在屈原的笔下，艾却变为低贱的东西。《尔雅翼·释草·艾》说：

> 萧与艾本皆香草。古者天子挚鬯，诸侯蕙，大夫兰，士萧，庶人艾。至《离骚》则薄之曰："户服艾以盈要兮，谓幽兰其不可佩。"又曰："何昔日之芳草兮，今直为此萧艾也。"萧艾虽非恶物，然要之庶人所服，比之兰蕙芳草，君子所服，则有间矣。

在文学作品中，艾有时用以比喻三年的时间。《诗经·王风·采葛》："彼采葛兮，一日不见，如三月兮。彼采萧兮，一日不见，如三秋兮。彼采艾兮，一日不见，如三岁兮。"宋罗愿解释说：葛"只三月而成"所以说"如三月兮"；萧，"待秋而成"，所以说"如三秋兮"；"艾，以久畜为善，《孟子》所谓'七年之病，求三年之艾'，艾之久畜者至三年，此采艾者所以'如三岁'也"。

艾又名冰台、艾蒿、医草、灸草、蕲艾等。王安石《字说》云："艾可乂疾，久而弥善，故字从乂。"此说牵强。《埤雅·释草·艾》："《博物志》曰：'削冰令圆，举以向日，以艾承其影，则得火。'艾曰'冰台'，其以此乎？"此说亦系附会。清郝懿行

《尔雅义疏·释草》批评《埤雅》说："此因艾名冰台，妄生异说，不知'冰'古'凝'字，艾从'乂'声，'台'古读如'题'，是冰台即'艾'之合声。"

茅

茅，在上古是洁白、柔顺的象征，是祭祀时缩酒和垫托祭品之物。

茅，俗称茅草，禾本科，多年生草本。地下有长的根状茎，名茅根，叶片线形或线状批针形。我国各地都产。

《左传·僖公四年》载：齐桓公率领诸侯之师伐楚，桓公对楚国的使者列举楚国的罪状说："尔贡包茅不入，王祭不共，无以缩酒，寡人是征。"意思是，先王规定你们楚国进贡成捆的菁茅，可你不进贡，以致天子祭祀时没有缩酒之物。所谓"缩酒"，就是将一束茅立于神前，将酒往茅上倒，酒从茅中渗下去，就意味着神明饮了所献之酒。缩酒为什么要用茅？《周礼·天官·甸师》疏说："王氏曰：必用茅者，谓其体顺理直，柔而洁白，承祭祀之德当如此也。"

初生的茅洁白柔软，用来礼敬神明当然最合适。如，祭神的祭品常用白茅垫着。《周易》说"藉用白茅"说的就是这种习俗。招神也用茅，《周礼·春官·男巫》："男巫掌望祀，望衍，授号，旁招以茅。"郑锷解释说："用茅以招之。神来无方，其招亦非一方也，故曰'旁招'。茅之为物，柔顺洁白，惟洁白可以见诚敬之心，惟柔顺可以致怀柔之礼。"

由于茅用于祭祀，所以茅也渐渐染上了仙气。据元揭傒斯《仙茅述》说，晋朝神人许旌阳，师事谌母，谌母授以道术。谌母仙逝前对旌阳说：你每年八月到城南五十里有茅的地方祭祀我。旌阳到城南五十里处，果然那里茅草丛生。每年八月旌阳祭祀甚为虔诚。旌阳仙逝后，他的弟子也年年八月来此祭祀，一直延续到元代。据说这里茅割了很快重生，用以治病也特别灵验，有延年却老的功效。作者说，他曾亲自试验，果然"言不虚也"。《汉武故事》载："帝拜栾大为天道将军，使着羽衣，立白茅上，授玉印。大亦羽衣，立白茅上，受印，示不臣也。""立白茅上"之所以可与皇帝平起平坐，就因为茅与神仙关系密切。传说茅根可化为萤火虫，所谓"腐草化萤"，"腐草"就指茅根。明李时珍说："其根干之，夜视有光，故腐则变为萤火。"

茅根互相牵连，用以象征君子们进则同进，退则同退。《周易·泰·初九》："拔茅茹以其汇，征吉。"意思是，拔茅草根，就将许多连在一起的根全拔了起来，这预示着出征吉顺。《程传》解释说：

> 君子之进，必与其朋类相牵援，如茅之根然，拔其一则牵连而起矣。茹（相牵引之貌），根之相连者，故以为象。

初生之茅名荑，白而柔，招人喜爱。《诗经·卫风·硕人》形容美人"手如柔荑"。青年男女还用其作为馈赠之物，《诗经·邶风·静女》："自牧归荑，洵美且异。匪女之为美，美人之贻。"

《许真君书》说"仙茅久服长生"，可见古人视茅为仙药。茅全草都有药用价值。《本草》说：茅根主治"劳伤虚羸，补中益气，除瘀血"。唐陈藏器说：茅针（春天生的柔嫩之芽）"通小肠，治鼻衄"。大明说：茅花"煎饮，止吐血，衄血"。陈藏器还说：屋上的败茅有止吐血的作用。根的药用价值更为奇妙，据说药方是从西域传来的。西域婆罗门僧喜用仙茅方，此方可治"五劳七伤，明目，益筋力，宣而复补"，有"十斤乳石不及一斤仙茅"之说。开元年间，婆罗门僧将此药献给玄宗，玄宗服后很有效，将此方藏于宫中禁止外传。天宝之乱后，此方通过僧人传给李勉、路嗣、张建，他们服用后都有奇效。李时珍说：

> 仙茅盖亦性热，补三焦命门之药也。惟阳弱精寒，禀赋素怯者宜之。若体壮相火炽盛者服之，反能动火。……此皆火盛性淫之人过服之害也。弘治间，东海张弼梅岭仙茅诗有"使君昨日才持去，今日人来乞墓铭"之句，皆不知服食之理，惟借药纵恣以速其生者，于仙茅何尤？

茅，又名白茅、丝茅、仙茅、菁茅、菅、野菅、白华、蕳根、地筋、婆罗门参等。茅叶狭长而尖，如矛，故名茅。

篇之二　木

牡　丹

牡丹雍容华贵，雄踞"花王"之位一千余年，伴随着"花王"的荣耀，养牡丹、赏牡丹文化也异常繁荣。

唐刘禹锡《赏牡丹》诗云：

唯有牡丹真国色，花开时节动京城。

唐白居易诗："绝代只西子，众芳惟牡丹。"都是盛赞牡丹为国色，但尚未称"王"。"花王"之称大概始于民间。宋欧阳修说："钱思公尝曰：人谓牡丹花王。"（《洛阳牡丹记·花释名》）到清末，牡丹则由政府定为"国花"，成为中国的象征，这是牡丹地位最显赫的时期。如选国花，竞争实力最强的当数牡丹。洛阳市花的桂冠则早已为牡丹夺得。称别的花都要连用"本名"，如"桃花""杏花""荷花"等，不能单独称"花"，唯有牡丹可单称"花"。宋欧阳修解释其原因说："意谓天下真花独牡丹。""王"是独一无二的，当然只有牡丹有资格独擅此名。

在唐代，最享盛名的牡丹在长安。白居易《买花》诗云：

帝城春欲暮，喧喧车马度。共道牡丹时，相随买花去。

贵贱无常价，酬直看花数。灼灼百朵红，戋戋五束素。

这是写长安养牡丹、赏牡丹的盛况。

在宋代，最享盛名的牡丹在洛阳。明王象晋《群芳谱》云："唐开元中，天下太平，牡丹始盛于长安。逮宋，惟洛阳之花为天下冠。"而且只有洛阳城周围数十里以内的牡丹最美，出此范围则逊色，因而牡丹又得"洛阳花"之称。对此种神秘现象有解释说：从前周公曾在这里测量太阳的出没和寒暑、风雨的规律，因而这里得天地中和之气比其他地方多。欧阳修不信此说，但又不得其解，他说："此又天地之大，不可考也已。"（《洛阳牡丹记》）

洛阳牡丹自唐宋至今，一直保持着"为天下冠"的荣誉。而洛阳牡丹中首屈一指的是姚黄。丘璿《牡丹荣辱志》将各种牡丹按皇宫中的品位排列，姚黄被列为"王"。姚黄以下，列魏红（即魏紫）为"妃"，牛黄等九种为"九嫔"，粗叶寿安等十种为"世妇"，玉版白等十八种为"御妻"。以下列"花彤史""花命妇"等十四个品位。姚黄"头面广一尺，其芬香比旧特异，禁中号一尺黄。"（《曲洧旧闻》）据王象晋《群芳谱》称：姚黄是宋代一姓姚的人培育出来的，花少，一年只开几朵。魏红，肉红色而略白，花高五六寸，阔三四寸。此花是五代魏仁浦家培育出的品种，亦名宝楼台。有人称之为"花后"。后来"姚黄魏紫"凝为成语，泛指牡丹。如宋范成大诗："一年春色摧残尽，更觅姚黄魏紫看。"（《再赋简养正》）

人天性爱花，百花中，拥有观赏者最众多的是牡丹，尤其是在唐宋。"花开花落二十日，一城之人皆若狂。"（唐白居易《牡丹芳》）这并非夸张，类似的记载甚多。"京城贵游，尚牡丹三十余年矣，每春莫（暮），车马若狂，以不耽玩为耻。"（唐李肇《唐国史补》）达官贵人争购名贵牡丹，一株售价有的高达"数十千钱"，有的"值数万"。贫穷的人虽买不起名贵牡丹，但他们"亦戴花饮酒相乐"。（《邵氏闻见录》）"不愁家四壁，自有锦千堆。"（苏轼《谢郡人田贺二生献花》）只要家里有牡丹，家徒四壁也是快乐的。牡丹花会是最热闹的。宋时某太守举办的万花会，屏帐用牡丹组成，梁柱斗拱也都插满了花，走进花会处，满眼都是花。"花会"就是现在的花展，追溯起来，花展在宋代就已经盛行了。

宋代还规定洛阳每年贡牡丹，从洛阳至汴京有六个驿站。为了使花鲜艳，花蒂用蜡封，在贮牡丹的笼中上下四周塞以菜叶，免得日晒和摇晃。驿马昼夜驰至汴京，花与刚采下的差不多。皇帝还时常将牡丹赐给群臣，以示恩宠。如果皇帝让宦官给受赐者插在头上，那就是无上的荣耀了。

人们爱盛开牡丹的狂热之情还移于零落的牡丹。唐王建牡丹诗云："可怜零落蕊，收取作香烧。"烧枯萎的牡丹是为了闻其香。苏轼牡丹诗则云："未忍污泥沙，牛酥煎落蕊。"不忍捐弃，便将凋落的牡丹与牛酥一起吃下去。宋陆游还将两诗作过比较，说王建诗"虽工而格卑"，苏赋诗则具"超然"之美。（《老学庵笔记》）做香烧、和酥食并非诗人们的虚构。后蜀时有一兵部官员赠亲友以牡丹时，除同时赠诗外，还赠兴平酥，并且说："俟花凋谢，即以酥煎食之，无弃浓艳。"人们有时还将爱牡丹之情移于并不值得尊重却与牡丹有关的人。《枫窗小牍》载：宋淳化年间，太平兴国寺牡丹盛开，达官贵人争来赏花者如云。有一无人光顾的老妓女见此情景感慨自己的凄凉，于是写了一首诗书于寺院墙壁，诗云：

> 曾趁东风看几巡，冒霜开唤满城人。残脂剩粉怜犹在，
> 欲向弥陀借小春。

意思是自己也曾像寺院牡丹那样风光过一阵，现在年老色衰，盼望能重新得到人们的怜爱。果然，赏花的人见到此诗纷纷光顾老妓，车马盈门。这些当然不是真的爱她，不过是爱屋及乌而已。

"八仙过海"中八仙之一韩湘子曾借牡丹显灵。《酉阳杂俎》载：韩愈远房侄湘子自江淮来投韩愈，韩愈令他读经，可他先是凌辱同学，后则破坏寺院规矩。韩愈斥责他既不自检又一无所长。湘子说："我有一长，惜叔父不知，你庭院的牡丹，我可叫它变成你需要的颜色。"于是在牡丹旁掘一坑，在牡丹根部进行了神秘处理。果然开出的花的颜色是韩愈指定的颜色，更奇的是每朵花上有诗"云横秦岭家何在，雪拥蓝关马不前"。后来韩愈因谏迎佛骨贬至潮州，行至蓝关时遇大雪。此时湘子来，韩愈才明白牡丹花上两句诗的意思。于是用此两句嵌入自己的一首律诗，即名篇《左迁至蓝关示侄孙湘》。

韩湘子的故事当然是传说，但李白、杨贵妃与牡丹的一段公案却是事实。禁中沉香亭前牡丹盛开，玄宗与杨贵妃赏花。随从的梨园子弟将奏乐，玄宗说："赏名花，对妃子怎能用旧乐？"于是宣李白进宫赋新词，李白援笔写了著名的《清平调》三首赞美牡丹和贵妃。

> 云想衣裳花想容，春风拂槛露华浓。若非群玉山头见，
> 会向瑶台月下逢。

> 一枝红艳露凝香，云雨巫山枉断肠。借问汉宫谁得似，

可怜飞燕倚新妆。

　　名花倾国两相欢，长得君王带笑看。解释春风无限恨，沉香亭北倚阑干。

于是"太真妃持颇梨七宝杯，酌西凉州蒲萄酒，笑领歌词"。李龟年唱，玄宗倚声吹笛，尽欢方散。高力士因"脱靴"之耻深恨李白，后来在贵妃面前进谗言说："李白将您比赵飞燕，这是侮辱您。"贵妃从此讨厌李白，玄宗想给李白官职，因贵妃的反对而作罢。李白因这三首牡丹诗而诗名更噪，也因这三首诗而断送了仕途。

　　牡丹在百花中虽名声显赫，但它发迹的历史却够不上"悠久"。唐段成式《酉阳杂俎》说："牡丹，前史中无说处，惟《谢康乐集》中言'竹间水际多牡丹'，成式检隋朝《种植法》七十卷中，初不记说牡丹，则知隋朝花药中所无也。"据此，牡丹直到南北朝才始为人所知。有人说《神农本草》载有"木芍药"，"木芍药"即牡丹，认为牡丹加载典籍的时间可上溯至"三代"。但《神农本草》一书《汉书·艺文志》不载，最早著录的是梁朝阮孝绪的《七录》，其时代还在谢康乐之后。

　　关于牡丹播迁的历史有种种说法。唐舒元舆说唐代长安的牡丹是武则天下令从她的故乡西河移植来的，开始只植于上苑，很快扩展到寻常百姓家。（《牡丹赋》）洛阳的牡丹据说也是武则天由长安贬谪去的。《事物纪原》载："武后诏游后苑，百花俱开，牡丹独迟，遂贬于洛阳。故洛阳牡丹冠天下。"中国习俗总喜欢以花喻美女，牡丹是花王，配同牡丹相比的当然只有女王。大约出于这样的推理，民间传说就将牡丹的播迁同武则天联系在一起了。传说当然不能视为历史（自西河移植之说是否可靠，尚待考证），综合一些典籍的记载，牡丹的播迁史大略如下：开元末郎官裴士淹在汾州众香寺得白牡丹一株，移植于长安私宅，经过短短几年，牡丹就名噪长安。今江浙牡丹是在唐代由长安移植去的。唐范摅《云溪友议》载：钱塘开元寺僧人惠澄自长安移植牡丹植于寺内，自此牡丹才开始在东越繁衍。今四川的牡丹是后蜀时一姓王的人从长安、洛阳一带移植来的。到宋代，四川牡丹名声仅次于洛阳。宋陆游《天彭牡丹谱》说："牡丹在中州，洛阳为第一；在蜀，天彭为第一。"天彭牡丹近百种，而以"状元红"为第一，堪与洛阳的姚黄、魏紫为伯仲，牡丹家族繁衍至今日已有四百六十多种，其中二百九十多种是在一九四九年以后选育的新品种，可谓盛况空前。

柳

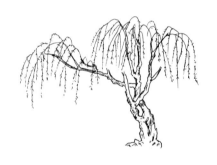

柳是温柔谦逊的象征。柳条象征别情、细腰，而柳叶、柳絮分别是秀眉、漂泊的象征。

柳在中华文化中可谓源远流长、丰富多彩。在《诗经》中，柳就出现了五次。历代咏柳的诗词更不计其数。然而不幸的是，古人总是将柳、杨两个家族混而为一（柳，我国约有二百余种；杨，我国约有五十余种）。《说文》云："柳，小杨也。"《尔雅》也亦云："杨，蒲柳也。"这两部权威著作也柳杨不分。南宋朱熹注《诗经·齐风·东方未明》"折柳樊圃"云："柳，杨之下垂者，柔脆之木也。"当然历史上也不是没有人注意到杨柳之别，如医家陶弘景、陈藏器都有过论述。李时珍说的更简要："杨枝硬而扬起，故谓之杨；柳枝弱而垂流，故谓之柳。"但他们的见解在医学界之外影响甚微，而且他们辨杨柳之异时也接受了杨柳为一的说法，如李时珍说："观此，则杨可称柳，柳亦可称杨，故今南人犹并称杨柳。"杨与柳既联宗两千余年，杨与柳的文化当然就难以分开了。

在秦汉，柳就与人类的生活、习俗关系密切。据《周礼》载，古人钻木取火，春季则用榆和柳。直到唐宋时，皇帝还在清明节取榆柳之火赐给近臣姻亲。汉班固《白虎通义》载：庶人死后埋葬，无建坟的习俗，但在埋葬处要栽杨柳作为标志。古人认为柳可避邪。北魏贾思勰《齐民要术》引古书云："正月旦，取杨柳枝著户上，百鬼不入家。"古籍中这方面的记载甚多。如南朝梁宗懔《荆楚岁时记》载：古代江淮一带，寒食节时，家家折柳插在门上，到南朝还有此风习，只是不在清明而在每月的望日，而且还要按门上柳枝所指的方向以酒脯饮食祭祀鬼神。

柳，受到古代贤德之士的喜爱，他们往往在自己的住宅旁种柳，甚至以"柳"为自己的名号。春秋时有贤人柳下惠，《淮南子》注解释其名字由来说："展禽之家有柳树，身行惠德，因号柳下惠。"晋陶渊明自况云："先生不知何许人也，亦不详其姓字，宅边有五柳树，因以为号焉。"（《五柳先生传》）于是后人常以"五柳"或"柳"称代陶渊明。北宋王安石《五柳》诗云："五柳柴桑宅，三杨白下亭。"南宋朱熹咏柳诗云："欲识渊明家，离离疏柳下。"为什么陶渊明等如此爱柳呢？原来相传他是太微宫中箕宿之精所化，其特征又是常"垂垂袅袅然于淡云疏雨之间……古人之所以隐于柳者，盖欲彰其温柔谦逊之志也。"（《白玉蟾集》）也就是说柳是温柔谦逊的象征，古人欲以它自勉自励。

柳象征别情已有两千余年的历史，其发展过程可分为几个阶段。

最早只有灞桥之柳才象征别情。《三辅黄图》云："霸桥，在长安东，跨水作桥，汉人送客至此桥，折柳赠别。"汉、唐均都长安，故此风习始于汉而盛于唐。唐李白《忆秦娥》词云：

> 年年柳色，灞陵伤别。

杨巨源诗云：

> 杨柳含烟灞岸春，年年攀折为行人。好风若借低枝便，莫遣青丝扫路尘。（《赋得灞岸柳留辞郑员外》）

既是"年年攀折"，则此风之盛可知。为什么送别时只折柳而不折别的树枝？因为"柳"与"留"同音，折柳以表达留客及留恋难舍之情。因而"灞桥"亦称"消魂桥"。

后来发展为任何地方的柳都可象征别情。此风习在唐代已较普遍。唐王之涣《送别》诗：

> 杨柳东风树，青青夹御河。近来攀折苦，应为别离多。

这是折御河之柳赠别。唐代雍陶送客至情尽桥，问左右为什么此桥叫这个名字，左右答道：送客至此，"送迎之情止"。雍陶拿起笔写了下面这首诗：

> 从来只有情难尽，何事名为情尽桥？自此改名为折柳，任他离恨一条条。

情尽桥之柳含着"离恨一条条"了，说明灞桥之柳已"播迁"于全国各地了。

由折柳的行为发展为以见柳、思柳象征别情。唐王昌龄《闺怨》诗云：

> 闺中少妇不知愁，春日凝妆上翠楼。忽见陌头杨柳色，悔教夫婿觅封侯。

只是在翠楼上见到杨柳罢了，并未折枝，此女子顿时涌起对远在他乡的丈夫的思念。宋柳永《雨霖铃》词：

> 多情自古伤离别，更那堪，冷落清秋节！今宵酒醒何处？杨柳岸，晓风残月。

"杨柳岸"是悬想的景，并不在眼前，却引起词人强烈的"伤离别"之苦。

由折柳的行为又发展为以《折杨柳》乐曲象征别情。《乐府诗集》所收的六朝梁、陈及唐人的二十余首《折杨柳》，其内容均为伤别、怀人。故李白诗云：

> 此夜曲中闻折柳，何人不起故园情！

"折柳"即《折杨柳》乐曲。

柳袅娜多姿，因而古人常用以比喻女子，以柳的柔条比喻女子纤柔的腰肢。如唐杜甫诗：

> 隔户杨柳弱袅袅，恰似十五女儿腰。（《绝句漫兴》其九）

唐白居易诗：

> 樱桃樊素口，杨柳小蛮腰。

后一句说侍妾小蛮的腰如柔柳。以柳叶的细长喻女子细长秀美的眉毛，如唐韦承庆《折杨柳》云："万里边城地，三春杨柳节。叶似镜中眉，花如关外雪。"唐白居易《长恨歌》"芙蓉如面柳如眉"句中，以"柳如眉"写杨贵妃眉毛的美。以柳絮象征漂泊，虽无男女之别，但也以喻女子为多，如《红楼梦》七十回林黛玉柳絮词："飘泊亦如人命薄，空缱绻，说风流。"也用以象征轻薄。如明僧人妙声《杨花咏》："游丝相上下，戏蝶或西东。终然太轻薄，飘转委泥中。"

脍炙人口的"章台柳"的故事也是由以柳喻美女派生出来的。《太平广记》引唐许尧佐《柳氏传》载：柳氏，姿色超群，嫁韩翃。安史乱中，两人奔散。柳氏出家为尼，后为番将沙吒利所劫。当时韩翃为平庐节度使侯希逸书记，派人寻柳氏。寄柳诗云：

章台柳，章台柳，昔日青青今在否？纵使长条似旧垂，亦应攀折他人手。

诗以"昔日青青"之柳喻柳氏。柳氏答诗云：

杨柳枝，芳菲节，所恨年年赠离别。一叶随风忽报秋，纵使君来岂堪折。

也是以柳由春而秋喻自己的命运。韩翃得诗后，苦请侯希逸帮忙。侯上奏朝廷，韩柳才得团圆。时人将他们的诗谱成曲，这就成为后来的词牌《章台柳》。

柳生长很快，树龄不长，因而人们常以它寄托时光易逝、人生短促的感慨。《晋书·桓温传》载：桓温自江陵北伐，途经金城时，看到自己青年时所种的柳树"皆已十围，慨然曰：'木犹如此，人何以堪！'攀枝执条，泫然流涕"。从此，"木犹如此"就成为感叹岁月如流的典故。如宋欧阳修诗云：

> 曲栏高柳拂层檐，却忆初栽映碧潭。人昔共游今孰在，
> 树犹如此我何堪。（《去思堂手植双柳今已成阴因而有感》）

二十八宿中有柳星，据说柳树寄根于柳星，所以柳插枝也能活，几年即可成荫。古人利用柳的这一特点，常于堤上种植以护堤岸。隋炀帝杨广修运河时，两岸令百姓种柳，春天绿满隋堤，炀帝很高兴，赐柳姓杨，据说从此柳称为"杨柳"。炀帝在二百里内锦帆如林的簇拥中，坐在龙船上听音乐、赏垂柳。隋堤上的柳得到如此恩宠，故称为"隋堤柳"。不过"隋堤柳"能名垂后世，还不是因为获"杨"姓的殊荣，而是由于后人认为应该牢记杨广奢侈荒淫的历史教训。后代诗人咏"隋堤柳"者甚多，如唐李商隐《隋宫》诗云："于今腐草无萤火，终古垂杨有暮鸦。""垂杨"即"隋堤柳"。当年炀帝游幸时灯照耀，乐声远扬，柳上哪有栖鸦？现在"有暮鸦"了，说明垂柳依旧而隋已灭亡了。南唐江为《隋堤柳》诗云：

> 锦缆龙舟万里来，醉乡繁盛忽尘埃。空余两岸千株柳，
> 雨叶风花作恨媒。

也是说垂柳依旧，炀帝和他的"锦缆龙舟"都化为"尘埃"了。此诗当时盛传于世。

唐柳宗元与柳的关系颇有传奇色彩。《续前定录》载：柳宗元贬为永州司马后又被召至京师，他很高兴，以为可能被朝廷录用。一天他梦见一柳树扑地，疑心不吉，于是去问卜。卜者说："无苦，但忧为远官耳。夫生则柳树，仆则柳木。木者，牧也，君其牧柳州乎？"果然他被改任柳州牧。柳宗元到柳州后特地在柳江边

种柳，几年后写了一首《种柳戏题》：

> 柳州柳刺史，种柳柳江边。谈笑为故事，推移成昔年。
> 垂阴当覆地，耸干会参天。好作思人树，惭无惠化传。

头二句中有四个"柳"字，这种巧合，堪称奇趣，时人传为佳话。

李

古人认为，李花在夜幕下观赏，尤为奇妙，李实有美容之功；李开花结实的时间和情状能预示吉凶。

李，蔷薇科，落叶小乔木，树龄长。《埤雅·释木·李》云："性颇难老，老虽枝枯，子亦不细。"

古谚云："桃李不言，下自成蹊。"足见李花惹人喜爱。宋范屏麓《李花》诗云："清馥胜秋菊，芳姿比腊梅。"这是赞美李花的清香和姿容。《灌园史》云："予谓桃花如丽姝，歌舞场中，定不可少；李花如女道士，烟霞泉石间，独可无一乎？"这是赞美李花的精神品格，不过这种美全是白天的观赏所得。而古人认为，李花压倒群芳的美只有夜晚才能领略。《格物丛话》云："桃李二花，同时并开，而李之淡泊、纤秾、香雅、洁密，兼可夜盼，有非桃之所得而埒者。"这是说夜里观赏桃花和李花，则桃不如李。唐韩愈的《李花赠张十一署》诗开头两句云：

> 江陵城西二月尾，花不见桃惟见李。

这两句诗的深意很多人不能领会。宋杨万里《读退之李花诗》序云：

> 桃李岁岁同时并开，而退之有"花不见桃惟见李"之句，殊不可解。因晚登碧落堂，望隔江桃李，桃皆暗而李独明，乃悟其妙，盖炫昼缟夜云。

并赋诗云：

> 近红暮看失燕支，远白宵明雪色奇。花不见桃惟见李，一生不晓退之诗。

杨万里如果不是在碧落堂上夜晚观赏桃李花，就领略不到"远白宵明雪色奇"，也"一生不晓退之诗"了。宋陆游赞赏杨万里这首诗的同时，指出杨的诗意前人已经道及，《老学庵笔记》云：

> 杨廷秀（杨万里）在高安，有小诗云："近红暮看失燕支，远白宵明雪色奇。花不见桃惟见李，一生不晓退之诗。"（第二句小有出入）予语之曰："此意古人已道，但不如公之详耳。"廷秀愕然问："古人谁曾道？"予曰："荆公所谓'积李兮缟夜，崇桃兮炫昼'是也。"廷秀大喜曰："便当增入小序中。"

可见王安石的观察力与韩愈一样敏锐，他的诗也与韩诗异曲同工。

南朝宋颜延年诗云："李下不整冠。"《乐府诗集·君子行》："瓜田不纳履，李下不整冠。"一说为三国魏曹植作。如果整冠就有偷李之嫌，此语后来成为广泛流传的谚语，可见李果实的美味令人垂涎。食李，还有美容的功效。《说林》云：立夏这一天，民间有吃李的习俗。谚语云："立夏得啖李，能令颜色美。"妇女们有在立夏日举行"李会"的风习。将李子的汁挤出，和酒一起喝下，这酒称为"驻色酒"。这种习俗有一定的科学依据。

《本草纲目》引吴普语云：李核仁"令人好颜色"。同书引崔元亮《海上方》云：女人脸上有黑斑，用李核仁去皮研细，和以鸡蛋白，涂在脸上。第二天用浆水洗去涂物，再涂胡粉，四五次即可奏效。

李的实、根、叶都有药用价值，实"去骨间劳热"，根白皮治赤白痢，叶可治目翳，可定痛消肿。《本草别录》云：徐李（李的一种，李时珍认为即无核李）"生太山之阴。树如李而小，其实青色，无核，熟则采食之，轻身益气延年。"（均见《本草纲目》）什么样的李才能入药，古人说法也不尽相同。马志认为只有味苦的野李核仁才能入药，李时珍根据张仲景以甘李的根白皮治病，认为甘李、苦李都可入药。

晋陶渊明《桃花源记》中的"桃花源"，在《述异记》中则是"桃李源"，桃李源中人也因食李而成了仙人。该书云："武陵源在吴中，山无他木，尽生桃李，俗呼为桃李源。源上有石洞，洞中有乳水，世传秦末丧乱，吴中人于此避难，食桃李实者皆得仙。"类似关于李的灵异记载不少。《唐书·五行志》载："显庆四年八月，有毛桃树生李。李，国姓也。占曰：木生异实，国主殃。"《宋史》载："（绍兴）二十一年，建德县定林寺桑生李实，栗生桃实，占曰：木生异实，国主殃。"两书都说，别的树生李都预示国家有难。不过这与"国姓"似乎无关，因为宋朝的皇帝姓赵不姓李。但《海山记》的记载，李与李唐就关系密切了。该书说：明霞院美人杨夫人向隋炀帝报喜，某邑所进玉李"一夕忽长，清阴数亩"。炀帝沉默了一会儿问："还有别的迹象吗？"杨夫人说，那天晚上听到空中有上千人同说一句话："李木当茂。"过了些时，周夫人向炀帝报喜，院中杨梅一个晚上忽然繁茂，炀帝以为是隋将兴旺之兆，很高兴，但到园中一看，杨梅远不如玉李。妃子们喜欢吃玉李之实，不喜欢吃杨梅之实，炀帝叹息说："恶梅好李，岂人情哉？天意乎！"所谓"天意"，就是姓李的唐朝将取代姓杨的隋朝。

李与吉凶祸福联系在一起记载最早见于《左传·僖公三十三年》："十二月，李梅实。"汉刘向说：周代的十二月即汉代的十月，此时李梅应该脱落，而反开花结实，这是"草妖"。"阴成阳事"，意味着臣将专君权，作威作福。所以僖公死后，鲁国出现了公子专权的局面。

关于"李"的得名，《尔雅翼·释木·李》云："李，木之多子者，故从'子'，亦南方之果也。火者，木之子，故名。"明李时珍不同意此说，他说："窃谓木之多子者多矣，何独李称'木子'耶？按《素问》言李味酸属肝，东方之果也。则李于五果属木，故得专称尔。"

杏

上古时期，以杏取火。中古以后，人们以杏预测来年的收成。杏与隐逸者、新科进士也渐渐结缘。

上古人钻木取火，所用的木多为杏。《文献通考》云："杏之枝、叶、华、果皆赤，故古者钻燧，夏取枣杏之火也。"杏的枝、叶、花、果颜色与火相似，所以可用于取火的木虽多，而杏更受到青睐。

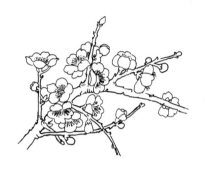

《尔雅翼·释木·杏》引《师旷占术》曰："杏多实不虫者，来年秋禾善。"古人认为，五木为五谷之先，要想知道来年五谷收成如何，先看五木的生长情况。这五木就是梅、杏、李、桃、栗。为什么五木与五谷有关呢？因为古人深信"五行"，而五木、五谷与五行相应，所以五木就与五谷相应了。《尔雅翼》还说："择其木盛者，来年多种之，万不失一。"比如说，今年杏多实不生虫，则明年多种禾，肯定丰收，至于五木为什么是梅、杏等而不是别的木？因为"春之果莫先于梅，夏之果莫先于杏，季夏之果莫先于李，秋之果莫先于桃，冬之果莫先于栗。"（《尔雅翼·释木·杏》以"夏之果莫先于杏"来解释古人将杏与"秋禾善"相联系的观念，未免牵强。《典术》云："杏者，东方岁星之精也。"岁星即木星。岁，又指收成、年景。如《左传·昭公三十二年》："闵闵焉如农夫之望岁。"杏既是"岁星之精"，当然它就同"收作""年景"也挂上钩了。

《神仙传》载：三国吴董奉隐居庐山，很喜欢杏，他给人治病不要钱，只让患重病的家属给他种五株杏，患轻病的家属种一株杏。几年之后有杏十万余株，蔚然成林，称为"杏田""杏林"。后来，董奉在此修炼成仙。于是后代以"杏田"一词比喻隐退者的田园。如李白《送二季之江东》诗："禹穴藏书地，匡山种杏田。"因为董奉行医，所以后来以"杏林春满""誉满杏林"称颂医生医术的高明。

唐代，杏又与进士及第结了缘。长安曲江池西南有杏园，为新进士游宴之地。《摭言》云:"唐进士杏花园初会,谓之探花宴,择少俊二人为探花使,遍游名园,若他人先折得花,二人皆受罚。"唐刘沧《及第后宴曲江》诗云:"及第新春选胜游,杏园初宴曲江头。"(《全唐诗》)写的就是"探花宴"。后来,"杏园"成为进士及第的同义语,如唐温庭筠诗:

> 几年辛苦与君同,得丧悲欢尽是空……知有杏园无路入,马前惆怅满枝红。(《春日将欲东归寄新及第苗绅先辈》)

杏花,以其"新样靓妆,艳溢香融"赢得诗人们的怜爱。宋朱淑真《杏花》诗云:

> 浅注胭脂剪绛绡,独将妖艳冠花曹。春心自得东君意,远胜玄都观里桃。

桃、杏都在春季开花,尽管"玄都观里桃千树"(唐刘禹锡诗)绚烂迷人,但杏花却比它美多了。唐杜牧《杏园》诗云:

> 夜来微雨洗芳尘,公子骅骝步贴匀。莫怪杏园憔悴去,满城多少插花人。

满城人都头戴杏花,以致满园杏花采摘殆尽,足见人们爱杏感情之深。如果杏花零落,当然会引起人们的无限怜惜。唐白居易《杏园花落时招钱员外同醉》正表达了这种感情:

> 花园欲去去应迟,正是风吹狼藉时。近西数树犹堪醉,半落春风半在枝。

杏花诗中有一些广为传诵的名句。《归田诗话》说:

　　陈简斋诗云："客子光阴诗卷里，杏花消息雨声中。"陆放翁诗云："小楼一夜听春雨，深巷明朝卖杏花。"皆佳句也，惜全篇不称。叶靖逸诗："春色满园关不住，一枝红杏出墙来。"戴石屏诗："一冬天气如春暖，昨日街头卖杏花。"句意亦佳，可以追及之。

元虞集任翰林学士时，自道厌倦仕宦生活，思返江南故乡，作《风入松》词云："为报先生归也，杏花春雨江南。"后一句为脍炙人口的名句。陈简斋、陆游、虞集的名句都将杏花与春雨联系在一起。春雨中的杏确实别有一番韵味，所以清明前后的雨称为"杏花雨"。如宋志南《绝句》诗："沾衣欲湿杏花雨，吹面不寒杨柳风。"

　　杏的实、仁、花、枝、根，古代医家认为都可入药。传说以杏仁制的杏金丹，有长生不老的功效。《本草纲目》载："杏金丹，《左慈秘诀》云：亦名草金丹，方出浑皇子。服之长年不死。夏姬服之，寿年七百，乃仙去也。世人不信，皆由不肯精心修治故也。"接着详述了制杏金丹之法。其法古怪，似不可信，可是古代医书多引用。不过苏颂引用此方后，告诫世人："然杏仁能使人血溢，少误必出血不已，或至委顿，故近人少有服者。或云服至二三年，往往或泻，或脐中出物，皆不可治也。"

石　榴

　　石榴是古人染须发、制胭脂之物，又是"多子"的象征。

　　石榴，亦名"安石榴"，石榴科，落叶灌木或小乔木。夏季开花，花有结实花和不实花两种，常呈橙红色，亦有黄色或白色。果秋季成熟，性喜温暖湿润。

石榴的故乡在伊朗及其附近地区，汉代才由张骞引入我国。贾思勰《齐民要术·安石榴》云：

> 陆机曰："张骞为汉使外国十八年，得涂林。涂林，安石榴也。"

石榴在中国落户后，经过长期栽培实践，栽培方法逐渐完善。明徐光启《农政全书·石榴考》总结前人的经验说："《便民图纂》曰：石榴，三月间，将嫩枝条插肥土中，用水频浇，则自生根。根边以石压之，则多生果，又须时常剪去繁枝，则力不分。"石榴的花招人喜爱，有人种石榴主要是为了赏花。古人也研究出让石榴多开花的方法，《物类相感志》云："石榴树以麻饼水浇则花多。"《种树书》云："木犀接石榴，开花必红。"

南北朝时，洛阳一带民谣云："白马甜榴，一实值牛。"（《洛阳伽蓝记·白马寺》）一颗石榴抵得一匹牛价，可见何等受人珍爱。晋代大富豪石崇在金谷园种石榴，众多树木中独钟爱石榴，并改名为"石崇榴"。有的富贵人家，经过巧妙地嫁接栽培，培养出一种可以在盆中栽种的品种。王世懋《花疏》载：

> 石榴本在外国来者，然独京师为胜，中贵盆中有植干。数十年高不盈二尺，而垂实累累至巨者。皮子之红白一随其花。

石榴可用以美容，果实可用以制胭脂。唐睿宗的女儿代国公主常用石榴果肉制胭脂，在禁中丢弃的果实以至成了石榴林。服食石榴花还可使白发变黑。将石榴花阴干研为末，和铁丹服一年，白发即变为漆黑。还可以染须，其法为：于酸石榴结成时，在东南枝上挑一个大石榴，顶上开一孔，将水银半两倒入孔中，然后用果皮封口，用麻包扎，牛粪封护。等到下霜后，摘下那石榴，倒出水，然后用鱼鳔包住手指蘸水捻须，经一段时间，白须变黑。（俱见《本草纲目·石榴》）

石榴多子，子房上部六室，下部三室。新疆叶城的石榴特别大，一个石榴有子一满升。（《清稗类钞·植物类》）因而希望多子多孙的人常借石榴求个吉兆。《北齐书·魏收传》载：安德王延宗纳赵郡李祖收的女儿为妃。一天文宣帝到李祖收宅，李祖收的妻子将两个石榴献于文宣帝前。文宣帝不明其意，问左右的人，都不知怎么回事。文宣帝就将石榴扔了。此时魏收说："石榴房中多子。王新婚，妃母欲子孙众多。"文宣帝大喜，重赏魏收。

咏石榴的诗词甚多，王安石的"浓绿万枝红一点，动人春色不须多"最负盛名。据说这寄意遥深的诗句其实是写实景，王安石为相时，翰苑有石榴一丛，枝叶繁茂，只有一朵花开放，就吟了这两句。唐孔绍安的《石榴》诗也为后人称道。诗云：

> 可惜庭中树，移根逐汉臣。只为来时晚，花开不及春。

这是作者借石榴花开于夏季发牢骚。《全唐诗话》说：孔绍安随李渊征讨，颇有贡献，李渊受隋禅即帝位后，孔绍安星夜来投李渊，但还是来晚了，高官被先到的人得去了，于是写了上面这首诗。

关于石榴的得名，明李时珍说："榴"与"瘤"同音，石榴的果实像个瘤子，故名。石榴亦名安石榴，据晋张华《博物志》说，汉张骞出使西域，带回安国石榴种子，所以称"安石榴"。

芙 蓉

自五代后蜀起，芙蓉就成为成都的代称。它同菊花一样，是诗人歌咏不厌的题材。

芙蓉，亦称木芙蓉，锦葵科，落叶灌木。我国除东北、西北外，各地均产。常生于水边，秋季开花。王世懋《花疏》云：花"大红最贵，最先开；次浅红，常种也；白最后开，有曰'三醉'者，一日间凡三换色，亦奇"。宋代宋祁《添色拒霜花赞》具体写了"三换色"。序云："始开白色，明日稍红，又明日则若桃花然。"诗云："自浓而淡，花之常态。今顾反之，亦不之怪。""拒霜花"即芙蓉花。宋祁认为花色由浓而淡很常见，而芙蓉花由淡而浓则与众不同。不过宋祁所见的不是"一日三换色"而是一日一换色。

《益部谈资》（明何宇度著）云：五代后蜀主孟昶驻成都，令人在宫苑城上全都种芙蓉。到秋天花盛开，四十里如锦绣，因而成都称为芙蓉城、锦城。李白诗"锦城虽云乐，不如早还家"，"锦城"即成都。至今，成都仍有芙蓉城、锦城之称。

芙蓉与仙境也有瓜葛。《古今仙鉴》云：

> 石曼卿，真宗朝学士，生平遗落世事，死后有见之者，曰："我今为仙，主芙蓉城。"

《石林燕语》云，宋仁宗庆历年间，有一朝士于凌晨将上朝，见美女三十余人靓妆丽服，两两并马而行，丁度则骑着马缓行于众

女之后。朝士惊愕，心想，丁度为人一向俭朴，为什么现在这么
奢华，竟有这么多姬妾呢？朝士问行于最后一女："你们这是到
哪里去？"女答道："我们去迎接芙蓉馆主。"不久丁度死了。原
来那些都是仙女，丁度入主芙蓉馆，也成仙了。宋苏轼《芙蓉
城》诗云：

> 芙蓉城中花冥冥，谁其主者石与丁。

"石"，即石曼卿；"丁"，即丁度。芙蓉馆、芙蓉城都是盛开芙蓉
的仙境。

"露凉风冷见温柔，谁挽春还九月秋。"（元蒲道源《转观芙
蓉》）这是说，芙蓉花的温柔，给凉秋九月带来了春意。芙蓉花的
温柔也牵系着无数诗人的缠绵悱恻之情。宋司马光《和秉国芙蓉》
诗云：

> 清晓霜华漫自浓，独凭爱日养残红。劝君秉烛须勤赏，
> 闾阖难禁一夜风。

白天没看够，夜晚还要秉烛观赏，可谓痴情之极。诗人们还喜欢
将芙蓉同菊、同牡丹相比。元蒲道源《转观芙蓉》诗云："若信牡
丹南面贵，此花应是合封侯。"这是说芙蓉仅次于花王牡丹。宋郑
域《木芙蓉》诗云：

> 妖红弄色绚池台，不作匆匆一夜开。若遇春时占春榜，
> 牡丹未必作花魁。

这是说若芙蓉与牡丹同时开，则作花王的未必就是牡丹。宋方岳
则认为芙蓉的美远在牡丹之上，他赞美芙蓉"坠露添新紫""微霜
晕浅红"，之后说"却笑牡丹犹浅俗，但将浓艳醉春风"。这是说

向春风献媚的牡丹根本不能与敢于傲霜的芙蓉相提并论。芙蓉与菊花都具有傲霜的品格，可菊花名气远在芙蓉之上，有的诗人为此抱不平。唐黄滔《木芙蓉》诗云：

> 谁怜不及黄花菊，只遇陶潜便得名。

菊花的名气比芙蓉大，不过是幸运地遇上陶潜罢了。明吴孔嘉《木芙蓉》：

> 堪与菊英称晚节，爱他含雨拒清霜。

也是说芙蓉与菊应在伯仲之间。还有人说，芙蓉花没有得到应有的地位是因为它太多了，物以稀为贵，多了则受人轻视。《二老堂诗话》云：芙蓉不在芍药之下，可见名声不及芍药，为什么？"得人轻处只缘多。"接着又说：

> 芍药一名余容，因缀一绝云："花如人面映秋波，拒傲清霜色更和。能共余容争几许，得人轻处只缘多。"

诗人们爱芙蓉傲霜的品格，因而常在它的异名"拒霜"上做文章。宋苏轼《和陈述古拒霜花》诗云：

> 千株扫作一番黄，只有芙蓉独自芳。唤作拒霜知未称，细思却是最宜霜。

但芙蓉在霜中开也在霜中凋，它的凋落又引起诗人的怜悯，宋代宋祁《木芙蓉》诗："浩露侵细蕊，尖风猎绛英。繁霜不可拒，切勿受空名。"

芙蓉与"夫容"谐音，古代民歌常借芙蓉曲折地表达女子对丈夫的思念。如《子夜歌》：

　　高山种芙蓉，复经黄檗坞。果得一莲时，流离婴辛苦。

　　芙蓉是治痈的特效药。明李时珍说："芙蓉花并叶，气平而不寒不热，味微辛而性滑涎粘。其治痈肿之功，殊有神效。近时疡医秘其名为清凉膏、清露散、铁箍散，皆此物也。其方治一切痈疽发背、乳痈恶疮，不拘已成未成，已穿未穿。并用芙蓉叶或根皮或花，或生研或干研末，以蜜调涂于肿处四围，中间留头，干则频换。初起者，即觉清凉，痛止肿消。已成者，即脓聚毒出。已穿者，即脓出易敛，妙不可言。或加生赤小豆末，尤妙。"

桐

　　桐，是凤凰栖息之树，是制琴的良材，是报秋的使者。

　　桐有梧桐、油桐、泡桐等种，科属不同，古书称桐多指梧桐，也名荣。梧桐为落叶乔木，高达十五米，叶掌状，夏季开花，花小，淡黄色，果实成熟时呈小艇状。《诗经·大雅·卷阿》：

　　凤凰鸣矣，于彼高冈。梧桐生矣，于彼朝阳。菶菶萋萋，雍雍喈喈。

意思是，凤凰在那高山上鸣叫，梧桐生在高山的东侧，凤凰就在茂盛的梧桐上和鸣。为什么凤凰鸣于梧桐之上呢？因为神鸟凤凰一定要选择具有灵异之木栖息。《庄子·秋水》云：凤凰"非梧桐不止，非练实不食，非醴泉不饮"。晋郭璞《梧桐赞》说："桐实嘉木，凤凰所栖。"唐李商隐《丹丘》诗云："丹丘万里无消息，几对梧桐忆凤凰。"也是说梧桐是凤凰栖息之所。不过，凤凰也不是年年光顾梧桐，只有世间出现圣君贤臣，天下太平，才有"凤凰来仪"。《卷阿》诗中的"凤凰鸣矣""梧桐生矣"，正是用以喻明君德盛，贤臣众多。《韩诗外传》云："黄帝即位，凤乃止于东园桐树上，食竹实，没身不去。"凤之所以"止于东园桐树上"，正是因为圣君黄帝即位了。

梧桐既有接待凤凰的灵异，凡鸟当然就望而却步了。《邵氏闻见后录》云："梧桐，百鸟不敢栖止，避凤凰也。古语云尔，验之果然。"齐萧子良《梧桐赋》云："必鸾凤而后集，何燕雀之能临。"也是说凡鸟没有资格停息于梧桐之上。

桐是古人制琴瑟之材。不过，同是桐制的琴，其音质的差别有如天壤，古人对优质琴材研究之深，令人惊叹。《洞天清录》云："桐木太松而理疏，琴声多泛而虚，宜择紧实而纹理条条如丝线、细密条达不邪曲者，此十分良材，亦以掐不入为奇。"制琴桐材的品质与它生长的环境紧密关联。用那生在空旷清幽之地、"多风日吹曝之，金、石、水声感入之"、"不闻尘凡喧杂之声"的桐木为琴，则其音质"与造化同妙"。该书还记载了一个选琴材的故事。

昔吴钱忠懿王能琴，遣使以廉访为名，而实物色良琴。使者至天台宿山寺。夜闻瀑布声，正在檐外。晨起视之，瀑下淙石处正对一屋柱，而柱且向日。私念曰："若是桐木，则良琴处在是矣。"以刀削之，果桐也。则赂寺僧易之，取阳面一琴材驰驿以闻，乞俟一年斫成，献忠懿，一曰"洗凡"，二曰"清绝"，遂为旷代之宝。

所谓"取阳面一琴材"，即取桐朝阳的一面做琴。朝阳的面称"阳材"，因为"阳材琴旦浊而暮清，晴浊而雨清；阴材琴旦清而暮浊，晴清而雨浊"。

汉蔡邕识琴材的故事更广为流传。《后汉书·蔡邕传》：

> 吴人有烧桐以爨者。邕闻火烈之声，知其良木，因请而裁为琴，果有美音，而其尾犹焦，故时人名曰"焦尾琴"焉。

这爨下之桐如果不逢蔡邕就成为灰烬了，所以桐又与"知音"有了牵连。如隋陆季览《咏桐》诗云："摇落依空井，生死尚余心。不辞先入爨，惟恨少知音。"元丁鹤年诗云："中郎去后知音少，共负奇才奈老何。"（《题凤浦方氏梧竹轩》）

我国何时以桐为琴，难以确考。汉桓谭《新论》云：神农氏"始削桐为琴，绳丝为弦，以通神明之德"。此说如可信，则在三代以前就以桐为琴了。《风俗通》云："梧桐生于峄阳山岩石之上，采东南孙枝为琴，声清雅。""孙枝"即梧桐新生的小枝。明杨升庵《丹铅总录》四云："凡木本实而末虚，惟桐反之。试取小枝削之，皆坚实如蜡，而其本皆虚。故世所以贵孙枝者，贵其实也。"（宋苏轼亦有此语）峄阳桐很有名，历代诗人多有吟咏，如明潘榛《峄阳孤桐》诗云："圣世工师求木久，峄阳犹自有孤桐。"《风俗通》作者应劭为汉人，对峄阳桐和峄阳桐孙枝的性能研究如此深刻，可见汉代以桐制琴的水平已经非常高了。

秋天一来，梧桐就落叶，所谓"一叶知秋"。因而诗人们的

"悲秋"之情总是跟梧桐紧紧地联系在一起。唐李中诗："门巷凉秋至,高梧一叶惊。"宋司马光《梧桐》诗云："初闻一叶落,知是九秋来。"都是说梧桐落叶是报秋的使者。杜牧《齐安偶题》诗:

> 秋声无不搅离心,梦泽蒹葭楚雨深。自滴阶前大梧叶,干君何事动哀吟。

宋李清照《声声慢》:

> 梧桐更兼细雨,到黄昏,点点滴滴。这次第,怎一个愁字了得。

秋雨中的梧桐,更引起诗人们对节序的感伤,对命运的悲愁。但是,在喜欢观秋云秋月、赏秋雨秋风的诗人笔下,梧桐就是另一个样子、另一种情趣了。如元郑允端《梧桐》诗云:

> 梧桐叶上秋先到,索索萧萧向树鸣。为报西风莫吹却,夜深留取听秋声。

明孙蕡《秋闺思》诗:

> 凉夜箫声处处过,玉楼高起逼天河。西风瘦尽梧桐叶,添得西窗月影多。

上古时期,有以桐木做棺材的习俗。《尔雅·释木》："榇,梧。"郭璞注云："今梧桐。"郑樵注云："以其可为棺衬,故曰榇。""榇",靠近身体的棺。《墨子·节葬下》："(禹)葬会稽之山,衣衾三领,桐棺三寸,葛以缄之。"后来,"桐棺"成为节葬的同义语。如《后汉书·周磐传》:"若命终之日,桐棺足以周身。"

大概由于"凤非梧桐不止",于是古人认为梧桐具有灵异,因而推演出一些传奇故事。《本事诗》云：

> 蜀侯继图倚大慈寺楼，偶飘一大桐叶，上有诗云："拭
> 翠敛蛾眉，为郁心中事。搦管下庭除，书作相思字。此字不
> 书石，此字不书纸。书向秋叶上，愿逐秋风起。天下有心人，
> 尽解相思死。天下负心人，不识相思意。有心与负心，不知
> 落何地。"后数年，继图卜任氏为婚，始知字出任氏。

一片梧叶竟成为神奇的月老。《莆田县志》载：几个姓彭的人坐在
梧桐树下读书。忽然一桐叶飘下，一人拾起一看，上有虫子食叶
形成的"今科而举"四字。这一年，即明万历戊子，此人果然考
中。此人的堂弟见桐叶如此灵验，就在树下祈祷，求梧桐赐以及
第的吉兆。一天果然掉下有"子亦能科"四字的叶子。此人以为
"子"就是自己，喜不自胜。可考到老，总是名落孙山，心里有些
疑心桐叶是否灵验，到崇祯庚午，他的儿子登科了。这才明白那
"子"字不指自己，而指自己的儿子，是自己猜错了，并非桐叶
不灵。

栗

上古时期，大路边常植栗树作为路标；栗子是儿媳妇孝敬公
公必不可少之物，还是治疗肾虚和美容的良药。

栗，亦称板栗，山毛榉科，落叶乔木，高可达二十米。关于
栗的种类，明李时珍的说法是："栗之大者为板栗，中心扁子为栗
楔。稍小者为山栗，山栗之圆而末尖者为锥栗。圆小如橡子者为
莘栗。小如指顶者为茅栗，即《尔雅》所谓栭栗也。"

以栗树为路标，见于先秦
古籍。《诗经·郑风·东门之墠》：

> 东门之栗，有践家室。

《传》云："栗，行上栗也。"《疏》
云："《传》以栗在东门之外，不
处园圃之间，则是表道树也。故
云'栗，行上栗。''行'，谓道也。"《左传·襄公九年》："冬十月，诸
侯伐郑，……杞人、邾人从赵武、魏绛斩行栗。"晋杜预注："栗，
表道树。"先秦时期，栗木还用以作神主，称为"栗主"。《公羊
传·文公二年》："虞主用桑，练（指练祭）主用栗，用栗者，藏
主也。"所以，后代通称宗庙神为"栗主"。

《礼记·曲礼》载：

> 妇人之挚，椇榛、脯修、枣栗。

意思是，媳妇献给公公的"挚"礼物中必须有枣与栗。为什么要献
枣与栗呢?《疏》云："枣，早也；栗，肃也。……以枣栗为挚，取
其早起战栗，自正也。"由于枣、栗与"早晨"的"早"、"战栗"
之"栗"同音或同字，故以"枣"与"栗"表示媳妇早早起床战栗
着侍奉公公。《仪礼·士昏礼》也有类似的记载：儿子儿媳结婚的
第二天天刚亮时，公公婆婆坐在规定的席位上，这时"妇执笲枣、
栗自门入，升自西阶，进拜，奠于席"。《疏》云："《公羊传》云：
妇人见舅，以枣栗为贽，……取其早自谨敬。"子女侍奉父母也应
该自谨自肃，所以《礼记·内则》说子女事父母也常以枣、栗。

《南史·萧琛传》：梁武帝常召萧琛宴饮，萧琛因受宠渐渐忘
形。有一次，武帝在酒席间用枣子向萧琛掷去，萧琛有些醉了，

也用栗子向武帝掷去，不想正中武帝的面颊。武帝脸色变了，说：
"你说清楚，为什么用栗打我！"萧琛叩头答道："陛下投臣以赤心
（指枣），臣敢不报以战栗？"武帝笑了笑，没有治萧琛之罪。萧
琛当时本无战栗之心，急中生智，借先秦古籍中"栗"的"战栗"
之义解除了了自己危险的处境。

　　栗的果实有补肾之功。据中医理论，肾属水，而"栗于五果
属水。水潦之年则栗不熟，类相应也"（《本草纲目·栗》）。《别
录》云：栗的果实有"益气、厚肠胃、补肾气"的功效。孙思邈
说："栗，肾之果也。肾病宜食之。"又说："生食之，甚治腰脚不
遂。"因为腰脚不遂是肾虚所致。陶弘景还举了一个例子：有人腰
脚无力，不能走路，可在栗树下吃了几斤生栗子就能行走了。宋
苏辙的《栗》诗谈了自己的切身体验：

　　　　老去自添腰脚病，山翁服栗旧传方。客来为说晨兴晚，
　　三咽徐收白玉浆。

意思是，作者得了腰脚软弱无力之病，一老翁教以服栗之方，服
法是早晨将栗细嚼连唾液吞下。苏辙服栗的方法为后世所重。宋
朱熹《栗熟》诗云：

　　　　病起数升传药录，晨兴三咽学仙翁。

明李时珍引苏辙诗后说："此得食栗之诀也。"又说：治肾虚腰脚之
栗，最好是"以袋盛生栗悬干，每旦吃十余颗，次吃猪肾粥助之，
久必强健。盖风干之栗胜于日曝，而火煨油炒胜于煮蒸。仍须细
嚼，连液吞咽，则有益，若顿食至饱反致伤脾矣"。由肾虚所致的
拉肚子也可用栗子治。李时珍云："有人内寒，暴泄如注，令食煨
栗二三十枚，顿愈。肾主大便，栗能通肾，于此可验。"栗蓏有美

容之功，苏恭云："捣散，和蜜涂面，令光，急去皱纹。"栗是人类的自然食物，先民在穴居野处的时代就以栗充饥。《庄子》云："古者禽兽多而人民少，于是民皆巢居以避之。昼食橡栗，暮栖木上。"战国秦昭襄王时期，秦国闹饥荒，应侯请求将五苑中的栗和其他果实、蔬菜救饥民，说明栗子是荒年理想的救饥之物。唐杜甫就曾以食栗充饥。他在华州任司功参军时，碰上饥荒，他就弃官赴秦州。"负薪采橡、栗自给。"（《唐书·杜甫传》）在粮运不继时，栗也充军粮。汉邓禹征冯愔时，粮尽，士卒饥饿，于是以枣栗充饥。（《东观记》）栗子的壳不易剥开，吃起来费事。正确的剥法为"于生芽处咬破些，吹气一口，剥之，皮自脱"（《物类相感志》）。

晋陆玑《毛诗草木鸟兽虫鱼疏》说：栗，各地都产，但以濮阳和范阳的栗子最为甜美。宋代宋祁《益部方略记》说天师栗味最独特。"天师栗，惟西蜀青城山中有之，他处无有也。……似栗而味美，惟独房若橡为异耳。""主治：久食，已风挛。"宋祁还说，张天师在青城山学道，从上饶携栗种，亲手种栗于此，故名天师栗。他的《天师栗赞》云："栗类尤众，此特殊味。专蓬若橡，托神以贵。"宋文同《天师栗》诗说：

天师携此种，至自上饶远。当时十七树，高干倚孤巘。苍蓬蒹葭大，紫壳槟榔软。蜀部名果中，推之为上选。

柿

柿是上至天子下至庶人都喜欢食用的果品，是治疗消化道疾病的良药。经霜之柿是文人吟咏喜用的题材。

柿不见于诗书，这并不意味着柿在古人心目中没有位置。《礼记·内则》云："枣栗榛柿。"注云："皆人君燕食所加庶羞也。"柿列入国君食用的三十一种美食之一，既受到帝王的青睐，则不同凡果。《酉阳杂俎》云：

> 俗谓柿树有"七绝"：一寿、二多阴、三无鸟巢、四无虫、五霜叶可玩、六嘉实、七落叶肥大。

可见在老百姓的心目中，柿树也远在一般果木之上。

现代科学研究表明：柿在水果中营养价值最高。这一点古人早有认识。柿的"七绝"中第六绝即"嘉实"。苏颂说得更明确："诸柿食之皆美而益人。"（见《本草纲目》）青柿坚硬而味涩，自然变黄后又软而不能久存。为使"嘉实"充分为人所享用，古人探索出了一些很好的办法。宋欧阳修《归田录》记载民间使青柿变熟之法云："今唐邓间多大柿，其初生涩，坚实如石，凡百十柿以一榠楂（果名，木叶花实和木瓜相似，但比木瓜大而色黄）置其中，则红熟烂如泥而可食。土人谓之烘柿者，非用火，乃用此耳。"《本草纲目》载制成柿饼保存柿子之法云：

> 时珍曰：白柿，即干柿生霜者。其法用大柿去皮捻扁，日晒夜露至干，内瓮中，待生白霜乃取出。今人谓之柿饼，亦曰柿花。其霜谓之柿霜。

宋杨万里《谢赵行之惠霜柿》诗云："冻干千颗蜜，尚带一林霜。"这是写柿饼的色与味。由此可知宋代人已经会做柿饼了。这种制饼之法传至今日，市面上的柿饼就是用这种方法制成的。

荒年，老百姓常用柿充饥。《救荒本草》介绍以柿"救饥"的方法说："摘取软熟柿食之，其柿未软者，摘取以温水酺（用水浸）熟食之。粗心柿不可多食，令人腹痛，生柿弥冷，尤不可食。"柿子不仅救活过无数饥民，也救过皇帝的命。《在田录》载：

> 高皇微时，过剩柴村，已经二日不食矣。行渐伶仃，至一所，乃人家故园，垣缺树凋，上悲叹。久之，缓步周视，东北隅有一树，霜柿正熟，上取食之，食十枚便饱，又惆怅久之而去。

若干年后，这位高帝率军经过这棵柿树之下时，特地下马，用赤袍披在柿树上，封此树为"凌霜长者"（有人说是"凌霜侯"）。

柿可治多种疾病，如治肠胃病甚效。《本草纲目》载："反胃吐食，干柿三枚，连蒂捣烂，酒服甚效。切勿以他药杂之。"治疗便血的病尤效。宋方勺《泊宅编》云："外兄刘掾云病脏毒，下血凡半月，自分必死。得一方，只以干柿烧灰饮服二钱，遂愈。"王璆《百一方》云：曾通判的儿子病便血十年，也用此方一服而愈。不过柿不能与蟹同时吃，因为两物性都寒，同食则腹泻。《百一方》云：有一人吃了很多蟹接着又吃了红柿。到了半夜，呕吐不止，接着吐血，不省人事。幸亏一道人献木香磨汁的方子才免于死。

柿的"七绝"之七是"落叶肥大"，意即肥大之叶可以当纸。《新唐书·郑虔传》载：郑虔好书画，常苦于无纸，得知慈恩寺贮藏有几屋子柿叶，就每天去取叶练字，几屋柿叶几乎被他写遍了，结果成了书法家。宋杨万里《食鸡头子》诗云，"却忆吾庐野塘味，满山柿叶正堪书"，正是用的郑虔的典故。

柿的"七绝"之五是"霜叶可玩"。秋天，柿叶火红，十分壮丽，古人为它留下了许多佳词丽句。《鄢陵县志》描写东郊柿树云："川原入望，环列古柿数千株，叶灿霜辰，红霞历乱。"《南和县志》描写城西柿林云："秋残霜落，绿枝变为红树。每到烟横山腹、雁点秋容，看满林红叶，如坐九叠屏，如行五十里锦步障也。"唐韩愈写柿的一首诗更负盛名：

> 友生招我佛寺行，正值万株红叶满。光华闪壁见神鬼，赫赫炎官张火伞。然云烧树大实骈，金乌下啄赪虬卵。魂翻眼倒忘处所，赤气冲融无间断。有如流传上古时，九轮照烛乾坤旱。

宋马永卿称赞此诗云："仆仕于关陕，行村落间，常见柿连数里，欲作一诗，竟不能奇，每嗟火伞等语，诚为善喻。"（《懒真子》）

柿树干中偶有文字，这种奇闻却未列入"七绝"。《贺县志》载：明万历九年，一个沙弥用斧砍寺后一柿树，劈开的树干两边都有"用力不同"四字，大家感到奇怪，禀告县官，县官将此树存于库中。宋何薳《春渚纪闻》载：晋江姓朱的人家园中有一株柿树，高出屋顶，一天晚上，被雷劈裂。树干中有像是用浓墨写的"尤家"二字，此二字从树干的近地面部分到树枝都有，只是树枝的字小些而已。宋沈括的《梦溪笔谈》是一部严谨的著作，作者说他亲眼见到柿中之字。沈括说：

> 木中有文，多是柿木。治平初，杭州南新县民家析柿木，中有"上天大国"四字，予亲见之。书法类颜真卿，极有笔力。"国"字中间"或"字仍挑起作尖口，全是颜笔，知其非伪者。其横画即是横理，斜画即斜理。其木直剖，偶当"天"字中分，而"天"字不破。上下两画并一脚皆横挺

出半指许，如木中之节。以两木合之，如合契焉。

沈括言之凿凿，当是可信的。现在世界有几大谜，柿木中生字，也应该是一大谜。

"柿"本作"枾"，《广韵》作"楴"。关于"柿"字的形音，明李时珍说："枾，从弟（音涕），谐声也。俗作'柿'，非矣。柿（音肺），削木片也。胡名镇头迦。"李时珍的见解有道理。《说文》作"枾"。段玉裁注："俗作'柿'，非。"

橘

橘的故乡在我国。在上古，它是贞节的象征，是水果中最重要的贡品。

《山海经》关于橘的产地记载甚多。《中次八经》云："东北百里，曰荆山……其草多竹，多橘柚。"《中次九经》说：葛山、贾超之山"多橘柚"。《中次十二经》云："洞庭之山……其木多枏梨橘柚。"《战国策·赵策一》载：苏秦劝赵王说，如果合纵就可以使"楚必致橘柚云梦之地"。"荆山""葛山""贾超山""云梦"都是战国的楚地，可见橘是楚国的特产。现在橘分布在我国的中部和南部，与战国时橘的分布大体相同。

历代写橘的诗文不可胜计，但最早、最负盛名的是屈原的《橘颂》：

> 后皇嘉树，橘徕服兮；受命不迁，生南国兮。深固难
> 徙，更壹志兮。

这几句说橘生长在南国，根深柢固，意志专一，不可移易。

> 年岁虽少，可师长兮。行比伯夷，置以为像兮。

这几句说树龄虽小，却可以做人的师长，其品德可与伯夷相比，是人们效法的榜样。全诗是热情赞颂橘的贞节之性。《周礼·考工记·总叙》云："橘逾淮而北为枳……此地气然也。"屈原赏识橘的这种特征，兼之橘又是楚国的特产，故借以为喻，抒发自己忠于楚国、矢志不渝的情怀。清林云铭说：

> 在原（屈原）当日，见国事不可为，而又有宗国无可去
> 之义，故把橘之不能逾淮做个题目，不觉滔滔汩汩，写过又
> 写……看来两段中，句句是颂橘，句句不是颂橘，但见原与
> 橘分不得是一是二，彼此互映，有镜花水月之妙。

自《橘颂》之后，人们就将橘与屈原联系在一起了，晋郭璞《橘柚》云："灵均是咏，以为美谈。"宋苏轼《楚颂帖》云：在阳羡"当买一小园，种柑橘三百本，屈原作橘颂，吾园若成，当作一亭，名之曰楚颂"。明申时行《楚颂亭》（可能就是苏轼的楚颂亭）诗云："为怜湘浦色，聊借洞庭株。有地容嘉树，无心利木奴。绿苞含露润，朱实带霜腴。岁晚留芳洁，还疑挹左徒。""左徒"，即屈原；"芳洁"，双关屈原的品格。

由于屈原将橘比作伯夷，"置以为像"，于是橘又是节操的象征。隋李孝贞《园中杂咏橘树》云："自有凌冬质，能守岁寒心。"唐李绅《橘园》诗云："惧同枳棘愁迁徙，每抱馨香委照临。怜尔

结根能自保，不随寒暑换贞心。"诗中的"岁寒心""贞心"，都是指《橘颂》中的"行比伯夷"的品格。唐张九龄的《感遇》之二，以橘自喻更负盛名，诗云：

> 江南有丹橘，经冬犹绿林。岂伊地气暖，自有岁寒心。
> 可以荐嘉客，奈何阻重深。运命唯所遇，循环不可寻。徒言
> 树桃李，此木岂无阴？

赞颂橘的贞节，为贤者不得世用而不平。

齐国的著名政治家晏子曾以橘为喻反击楚王诬指"为盗"者为齐人："婴闻之，橘生淮南则为橘，生于淮北则为枳，叶徒相似，其实味不同，所以然者何？水土异也。今民生长于齐不盗，入楚则盗，得无楚之水土使民善盗耶？"（《晏子春秋》）中国古代外交史上的这段佳话，差不多是家喻户晓了。

橘，历代列为贡品。如《书经·禹贡》载扬州贡橘。《唐书·地理志》载：江陵、襄州、澧州、金州、苏州、杭州、越州、温州、抚州、梓州、锦州等地都有贡橘任务。唐德宗即位时，诏江南其他贡品都停止，只有橘仍旧。有的地方还规定，如橘未上贡就先卖的处死。皇帝给群臣的赏赐也常用橘。自汉代始，还专设有橘官，汉武帝令橘产地设长官一人，年俸二百石。以上事实说明，在众果之中，橘历来受到帝王特殊的"恩宠"。无怪宋李纲《食橘》诗说"色香气味纷可喜，下视众果皆茫茫"了。

有些善治产业者靠橘发财致富。《史记·货殖列传》中载："江陵千树橘，此其人与千户侯等。"宋叶梦得《避暑录话》说："凡橘一亩，比田一亩利数倍。"因而人们认为橘如养奴仆，它是可靠的财富创造者，故称橘为"橘奴""木奴"。三国吴丹阳太守李衡想发家致富，但妻子习英反对，于是李衡暗中派十名家人到

武陵龙阳汜州上建住宅，周围种橘千株。李衡临死时，对儿子说："汝母恶我治家，故穷如是。然吾州里有千头木奴，不责汝衣食，岁上一匹绢，亦可足用耳。"后来橘树长大，每年得绢数千匹，家道富足。（《三国志·吴·三嗣主传》注引《襄阳记》）

橘于春末夏初开小白花，花径只有 2.5 厘米左右，却很美，宋杨万里《橘花》诗云：

> 花净何须艳，林深不隔香。初闻无处觅，小摘莫令长。
> 春落秋仍发，梅兼雪未强。缥瓷汲寒礌，浅浸一枝凉。

秋天果熟，满树悬金，别有一番情致。唐张彤《和拣贡橘》诗云："树树笼烟疑带火，山山照日似悬金。"宋范成大《田园杂兴》云：

> 新霜彻晓报秋深，染尽青林作缬林。惟有橘园风景异，
> 碧丛丛里万黄金。

橘的叶子、果皮、种子皆可入药，不过果皮和果肉的药用价值不同。明李时珍说："橘皮下气消痰，其肉生痰聚饮，表里之异如此。"关于橘皮的下气消痰之功，方勺《泊宅编》云："橘皮宽膈降气，消痰饮，极有殊功。他药贵新，惟此贵陈。外舅莫强中令丰城时得疾，凡食已，辄胸满不下，百方不效。偶家人合橘红汤，因取尝之，似相宜，连日饮之。一日，忽觉胸中有物坠下，大惊目瞪，自汗如雨。须臾腹痛，下数块如铁弹子，臭不可闻。自此胸次廓然，其疾顿愈。"

现在，西欧也产橘，但都是从中国传过去的。其中甜味橘是经波斯传到叙利亚，再传到意大利、法国；苦味的橘是经阿拉伯、埃及、北非传到西班牙。英国产橘最晚，是十六世纪初的事，是由中国辗转传到葡萄牙，再由葡萄牙传入英国的。

枫

枫，传说是被俘的蚩尤身上带的枷锁所化，枫的瘿为风神居住之处。古代用以占卜的星盘盖用枫木制造。汉代宫殿周围植枫。丹枫是诗人们吟咏秋色喜爱的题材。

《山海经·大荒南经》云："有宋山者……有木生山上，名曰枫木。枫木，蚩尤所弃其桎梏，是为枫木。"蚩尤与黄帝交战被俘，黄帝杀蚩尤于黎山之上，将蚩尤身上的枷锁扔于大荒之中、朱山之上，枷锁化为枫木林。这个传说，说明上古时期枫就同神话结了缘。

居住风神的枫瘤瘿，称枫人。嵇含《南方草木状》云："枫人，五岭之间多枫木，岁久则生瘤瘿，一夕遇暴雷骤雨，其树赘暗长三五尺，谓之枫人。巫取之，作术有通神之验。取之不以法，则能化去。"关于"枫人"的类似记载甚多，如《朝野金载》说：江东江西有很多枫木人。雷雨之夜，在枫树上长出三四尺人形的东西，如见到人，就缩了回去。有一人将笠挂在缩回之处，第二天早上一看，笠已在高高的树梢上了。天旱时要求雨，就将竹子束在"枫人"的头上，然后祭祀，很快就下雨。《十道记》还说，有人登麻姑山，亲眼看到枫人，它有人一样的眼睛、鼻子、口和手臂，只是没有脚。用石头砸去，还有血。诗人也有关于枫人的吟咏，如唐元稹《遭风二十韵》："水客暗游烧野火，枫人夜长吼春雷。"唐司空曙《送流人》："山村枫子鬼，江庙石郎神。""枫子鬼"即枫人。

古籍有不少大枫的记载。《天台县志》载：在枫树井上有大枫树高二十余丈，大数十围，中空，空穴中可容数人。《拾遗记》所载频斯国之枫，则渗入了人的想象："其国有大枫木成林，高六七十里，善算者以里计之，雷电常出树之半。"

古代用以占卜的星盘，以枫木为盖，以枣木为底盘。宋陆佃《埤雅·释木·枫》云："其材可以为式（星盘）。《兵法》曰'枫天枣地，置之槽则马骇，置之辙则车覆'是也。旧说，枫之有瘿者，风神居之……故造式（星盘）者以为盖，又以大霆（雷）击枣木载之，所谓'枫天枣地'，盖其风雷之灵在焉，故能使马骇车覆也。"

由于枫寄托着"风雷之灵"，且"枫木无风自动，天雨则止"（《物类相感志》），所以宫殿常植枫。《西京杂记》云："汉宫殿中植枫，故曰枫宸。"于是"枫宸""枫陛"成为宫殿、朝廷的代称。如三国魏何晏《景福殿赋》："芸若充庭，槐枫被宸。"宋苏轼《次韵韶倅李通直》之一诗："回首天涯一惆怅，却登梅岭望枫宸。"唐陈元光《示珦》诗："恩衔枫陛渥，策向桂渊弘。"

枫叶入秋则变为红色。如果是枫林，则红霞一片，甚是壮观。所以古人常以"枫林"来形容秋色。如唐杜甫《寄柏学士林居》诗："赤叶枫林百舌鸣，黄泥（一作花）野岸天鸡舞。"唐杜牧《山行》诗云："停车坐爱枫林晚，霜叶红于二月花。"古人也常用枫叶比喻童颜和醉颜，如宋赵成德《枫林》诗："山色未应秋后老，灵枫方为驻童颜。"宋朱行中枫诗："遥看一树凌霜叶，好似衰颜醉里红。"而明朱静庵女史的《秋日见蝶》诗，则寄托着对自己命运的哀叹："江空木落雁声悲，霜染丹枫百草萎。蝴蝶不知身是梦，又随秋色上寒枝。"

唐崔信明因有咏枫的名句"枫落吴江冷"而闻名。《新唐书·崔信明传》记载，崔信明常在他人面前夸耀自己的诗文，说自己远远超过李百药。有一天，郑世翼的船与崔信明的船在江中相遇，郑说："您的'枫落吴江冷'早就传入我的耳中，真是太好了！还想拜读您的其他作品。"崔很高兴，将自己的诗拿出一大沓。郑尚未看完就冷笑说："这些诗太平常，所见不如所闻！"将诗投入水中，划着船走了。后来以"枫落句""吴江句"指诗文的警句。如"才尽已无枫落句，身存又见雁来时。"（宋陆游《秋兴》）明李东阳诗云："唐苑情多何足问，吴江句好更谁工。"（明李东阳《诸生有作红叶诗者，爱其末句，戏为补之》）

樟

樟的荣枯往往预示人间的盛衰，樟还常用以喻人才。

樟为常绿乔木，高可达三十米。初夏开黄绿色小花，核果小球形、紫黑色。根、干、枝、叶均有樟脑香气，广布于我国长江以南各地，以台湾为最多。樟，古籍多作"章"。明李时珍解释其得名的原因说："其木理多文章，故谓之樟。"

《礼纬·斗威仪》云："君政讼平，豫章常为生。""豫章"即樟，意思是：如果国家政治清明，没有冤狱，那么樟树就繁茂。《礼纬》是纬书七种之一，其内容以儒家经义附会人事吉凶祸福，预言治乱兴废。两汉之间很盛行，对后代影响颇大。所以《礼纬》此说一出，后代以樟附会人事的记载越来越多。《晋书·五行志》载：豫樟郡有一棵樟树久枯，到永嘉六年（312）七月忽然荣茂。作者说，樟树枯是"怀愍沦陷之征"，荣是"元帝中兴之应"。《宋书·符瑞志》也载此事："豫章有大樟树，大三十五围，枯死积久，永嘉中忽更荣茂。景纯并言是元帝中兴之应。""景纯"即郭璞，他通阴阳历算、卜筮之术，直到清代还有类似的记载。《清稗类钞·植物类·樟》云：

> 无锡惠山寄畅园有樟树一株，其大数抱，枝叶皆香，千年物也。康熙时，圣祖南巡，每幸园，尝抚玩不置。第六次回銮后，犹忆及之，问无恙否？查慎行诗"合抱凌云势不孤，名材得并豫章无？平安上报天颜喜，此树江南只一株"是也。及圣祖崩，樟亦枯矣。

樟的枯荣由关系到国家盛衰，扩展到关系某一郡县、某一家庭的盛衰。《溧水县志》载：明万历二十六年（1598）七月，中山麓的樟树枯死又复活了。当地人认为这是由于县令为政清廉，感动了神灵，故有此应。《德化县志》载：明崇祯九年（1636），县廨后山有一棵樟树枯死数年忽然枝叶秀茂，当地人认为这是应县令姚迟爱民的德政。《建阳县志》载：唐代有一姓刘的人种了一株樟树，后来干粗数十围，有一异人见此树说："这树生长情况与刘家的盛衰密切相关。"于是刘家在树旁兴建一祠堂。到宋绍兴年间，刘梦先读书祠中，夜闻树间有声，出门一看，拾到了一枚直径三寸余的樟树果实。几年内，他果然三次科举考试都获第一名。到绍定年间，樟树微枯，这一年任监军职的刘纯为国殉职。到咸淳年间，树干生黄花三朵，这一年刘家三人获取功名。据说只要哪一年刘家有登科的人，此树必有先兆。

樟的灵异，由神灵又演变为妖孽。据说石从武家老幼大多染恶疾。有时深夜见一人从外来，身上有光。此物一到，病人疾病加重，呻吟不止。一天，石从武隐蔽于某处，挽弓向妖射去，只见妖身上的光焰顿时四散。取烛一看，原来是家里用过很久的樟木灯擎。它已成精了。石从武将灯擎烧了，灰丢进河中，家里人的病很快都好了。(《桂林风土记》)

樟木致密，做栋梁和柱子常用它，因而樟也用以比喻有大才的人。《南史》载，丹阳尹见到幼年的王签，赞叹道："樟树虽然还是树苗，但已经有栋梁之气了！"唐白居易《寓意》诗云：

> 豫樟生深山，七年而后知。挺高二百尺，本末皆十围。
> 天子建明堂，此材独中规。

作者以樟选为明堂之材比喻具有王佐之才的人。

据说樟树苗与其他树苗无异，要长到七年才能与其他的树木分辨开。(《述异记》)所以又以樟喻选拔人才要经过长期考验。白居易《放言》云："试玉要烧三日满，辨材须待七年期。"作者自注："豫章木生七年而后知。"作者以玉、樟为喻，说"路遥知马力"的道理。

桑

所有的树木中，与国计民生关系最密切的莫如桑，故皇后于每年春要举行劝蚕桑仪式。

衣食，历来是人民生活的第一需要，而衣的来源则靠蚕桑。

在封建社会中，帝王长期奉行的经济政策是崇本抑末，这"本"就是农和桑。因为它不仅关系到人民能否活命，而且还关系到国家能否安定，所以视为国家的根本。

一个农家，男子从事耕种，女子从事农桑。家庭是国家的细胞，所以每年春，皇帝要举行劝农仪式，皇后要举行劝蚕桑仪式。劝蚕桑的仪式，历代都有规定。《农政全书》载：

> 皇后躬桑，始将一条；执筐受桑，将三条。女尚书跪曰："可止。"执筐者以桑授蚕母，以桑适金室。

其仪式还比较简单，自晋以后，仪式愈来愈隆重，愈来愈烦琐。如《隋书·礼仪志》载：在京城之北偏西，在离皇宫十八里之外设蚕坊。蚕坊中设方千步为蚕宫，宫墙高一丈五尺。蚕宫中设二十七蚕室、一别殿和一桑坛。桑坛高四尺，方二丈，四面有阶。在桑坛东南设先蚕坛，每年谷雨后择吉日，让公卿用一太牢在先蚕坛祭祀轩辕黄帝。祭毕，皇后乘法驾（皇帝的车驾）服鞠衣（亦名黄桑服，黄绿色，象征桑叶刚刚生出）率领六宫妃嫔从东边台阶登桑坛。此时女尚书提着筐，女主拿着衣钩站在坛下。皇后从东阶下阶时，拿筐的站在右边，拿钩的站在左边，蚕母在后边。皇后亲自采桑三条后升坛坐于御座。其他嫔妃依次采桑。按级别，有的采五条，有的采七条，有的采九条。所采的桑叶交给蚕母。蚕母将桑叶交给世妇。世妇将桑叶洒在一养蚕的器皿内。礼毕，皇后换上常服在便殿设宴犒劳所有工作人员。礼仪的各环节有其象征意义。如蚕坊的方位设于北，是因为《周礼》说北方属纯阴，而蚕桑事属阴道，妇女做的事。汉朝设蚕坊于东郊，因为桑叶生于春，春于五行属东方。每年之所以要举行如此隆重的仪式，目的是为了鼓励民众努力从事蚕桑。《白虎通》云："王者所以亲耕，后亲桑何？以率天下农蚕也。"

历代还制订了种植桑树的法令。如汉成帝河平三年（前26），朝廷规定：每丁给永业田二十亩为桑田，其中种桑五十株，到了蚕桑之月，妇女十五岁以上都要从事蚕桑劳动。（《汉书·食货志》）又如唐宪宗元和七年（812）"敕天下州府民户，每田一亩，种桑二树，长吏逐年检计以闻。"（《旧唐书·宪宗本纪》）对砍伐桑树则严令禁止。宋太祖曾下诏，砍伐桑树或枣树当柴烧的要严加惩处。集体砍伐的，首犯处死刑，从犯流放于三千里之外。对那些开垦荒地广种桑枣的，则免除其租税。

桑的果实名桑葚，可食，荒年可以代粮。东晋末，慕容垂围邺，百姓无法种田，以桑葚代粮度荒。军队粮尽，常以桑葚代粮，史书上这方面的记载甚多。如三国时的袁绍和曹操、晋朝时的苻登、五代时的牛存节，他们率军作战时，都曾以桑葚代粮。其中牛存节是"以金帛就民易干葚以食军"。

加工、收藏桑葚之法也有讲究。明徐光启《农政全书》载：

采桑椹熟者食之，或熬成膏，摊于桑叶上，晒干，捣作饼收藏；或直取椹子晒干，可藏经年。及取椹子清汁置瓶中，封三二日即成酒，其色味似葡萄酒，甚佳。亦可熬烧酒，可藏经年，味力愈佳。其叶嫩老皆可炸食，皮炒干磨面可食。

桑根白皮，桑葚、桑叶、桑枝、桑柴灰皆可入药。据《本草纲目》载：桑根白皮可治"伤中，五劳六极"（出于地面的桑根白

皮有毒，可致人死"）；桑葚"捣汁饮，解中酒毒。酿酒服，利水气
消肿"；桑叶"治劳热咳嗽，明目长发"；桑枝可治"遍体风痒干
燥""四肢拘挛"；桑柴灰可治"噎食积块"。

　　古人虞祭（父母死后，迎魂安于殡宫的祭礼）时，用桑木作
神主（供奉死人的牌位），称为桑主，如《国语·周语》："及期，
命于武宫，设桑主，布几筵。"一年之后，才能埋掉桑主，改用
栗主。

　　桑木做的弓称桑弧，古时习俗生了儿子，则在桑弧上搭上蓬
草做的箭射天地四方，表示儿子长大成人后有四方之志，如宋朱
熹诗："岂知男子桑蓬志，万里东西不作难。"（《次韵择之进贤
道中漫成》）朱熹此时是用典，此习俗其实在先秦时期就已形成。
《礼记·内则》（《礼记》虽编定于西汉，但其内容采自先秦典籍）
云："国君世子生，……射人以桑，弧蓬矢六，射天地四方。"为
什么要以桑为弓、蓬为矢呢？唐孔颖达说："蓬是御乱之草；桑，
众木之本。"意思是，儿子长大以后，内固国之根基，外御四方
之乱。到了汉代，此习俗由儿子出生时举行扩大到举行飨射礼仪
（飨食宾客，与诸侯射）时也举行。如《后汉书·刘昆传》："每
春秋飨射，常备列典仪，以素木瓠叶为俎豆，桑弧蒿矢以射'菟
首'。每有行礼，县宰辄率吏属而观之。"在先秦两汉，这种习俗
还只限于贵族，到后来，就逐渐扩大到民间了。

楝

　　楝的果实是凤凰的食物，楝的叶子是端午节祭祀屈原包粽子
之物。

棟，亦称"苦楝"，楝科，落叶乔木，高可达二十米，分布于甘肃、湖北、贵州、四川、云南等地。《庄子·秋水》云：

> 夫鹓鶵，发于南海而
> 飞于北海，非梧桐不止，
> 非练实不食，非醴泉不饮。

"鹓鶵"，属凤类；"练实"，成玄英等人认为是竹实，宋罗愿等则认为是楝的果实。《淮南子·时则训》："七月官库，其树楝。"注云："楝实，凤凰所食。"凤凰只以楝实为食，楝实与梧桐、醴泉并列。可见在上古时期，楝就被涂上了神话色彩。

《齐谐记》（南朝宋东阳无疑撰）载，楚国人于五月五日用竹筒子贮米投入汨罗江祭祀屈原。到汉建武时，长沙区曲见一人自称是屈原，说："听说你要祭祀我，很好，但每年的祭品都被蛟龙抢走了。如果'以楝叶塞其上，以彩丝缠之'，蛟龙就抢不去了，因为蛟龙怕这两种东西。"后来形成了五月五日做粽用楝叶的风习。南朝陶弘景说，楝"处处有之。俗人五月五日取叶（指楝叶）佩之，云：辟恶也"。可见从战国至南朝，楝在人们心目中一直是一个扶正驱邪的形象，这与楝实是凤凰的食物的传说是一脉相承的。

古籍中有不少千年古楝的记载。《六合县志》载："水家垮南祠山庙下，古黄楝树围可三合抱，繁枝四衢，浓阴远覆，云是千百年神物。"人们常将古楝与神灵联系在一起，《如皋县志》载：土人呼为"黄楝"的一株古楝，不过一丈来高，可是很粗大，像是千百怪石耸立，"老干虬枝，拳曲夭矫，而枯瘦削立，相传有神宅焉，樵牧者不敢迫，必千年物也"。就是人植的楝，年深日久，也具有灵异。《郏县志》载：汉光武帝时铫期在其居住处手植一楝，千年后，此树仍枝叶繁茂，"蝼蚁不敢近"，"人不敢损动之，犯者，轻则伤畜，重则伤人"。

楝，生长快，木材坚实，易加工，供建筑及制家具、乐器、建筑、舟车、农具等用材。贾思勰《齐民要术·种楝》云："以楝子于平地耕熟作垄种之，其长甚疾，五年后可作大椽。北方人家欲构堂阁，先于三五年前种之，其堂阁欲成，则楝木可椽。"

楝于春夏之交开花，花淡紫色。在"二十四番花信风"中列于最后。古人认为应花期而来的风称为"花信风"。从小寒到谷雨共八个节气，一百二十日，每五日为一候，计二十四候，故有"二十四番花信风"之说。楝花属"谷雨节三信"，而且在"三信"的最后，当然也就在"二十四番花信风"的最后了，称之为"楝花风"。如宋何梦桂《再和昭德孙燕子韵》：

> 处处社时茅屋雨，年年春后楝花风。

"春后楝花风"正是写的楝花时节。楝花时节已是"群芳过后"，没有春天那么"热闹"，所以宋张蕴《楝花》诗云：

> 绿树菲菲紫白香，犹堪缠黍吊沉湘。江南四月无风信，青草前头蝶思狂。

然而楝花也不是不美，宋王安石赞楝花诗曰：

> 小雨轻风落楝花，细红如雪点平沙。

连飘落的楝花也如此动人。

楝的实、根、花、叶皆可入药。李时珍说："楝实导小肠、膀胱之热，因引心包相火下行，故心腹痛及疝气为要药。"陶弘景说：楝的根和皮用"苦酒和，涂疥癣，甚良"。李时珍说：楝的叶可治疝，"疝入囊痛，临发时煎酒饮"。花可治痱子、杀跳蚤虱子，"热痱，焙末掺之，铺席下，杀蚤、虱"。

竹

竹，"岁寒三友"之一，是君子的品格的象征，是画家、诗人特别钟爱的题材，竹实是荒年救饥之物。

晋王子猷特别爱竹，知道谁家有好竹，不管路程多远也要去观赏，并在竹林中啸歌吟咏，旁若无人，直至兴尽而归。有一次，他暂居友人一空宅，令家人种竹，有人问："住不了几天，何必种竹？"他啸咏良久，直指竹曰："何可一日无此君？"（《世说新语·任诞》）可见他爱竹成癖了，竹也因此获"此君"的雅号。古代像王子猷这样的人很多，如晋代翟矫好种竹，皇帝屡征召他做官，他不去。有一天征召使者又到家门，他长叹说："吾焉能易吾种竹之心，以从事于笼鸟、盆鱼之间哉！"宋王安石戴竹根制的帽子。宋王禹偁以竹建楼，并写了著名的《黄冈竹楼记》。

人们爱竹，主要是因为竹具有君子的品格，唐白居易《养竹记》云：

> 竹似贤，何哉？竹本固，固以树德，君子见其本，则思善建不拔者；竹性直，直以立身，君子见其性，则思中立不倚者；竹心空，空以体道，君子见其心，则思应用虚受者；竹节贞，贞以立志，君子见其节，则思砥砺名行，夷险一致者。夫如是，故君子人多树之，为庭实焉。

白居易认为竹的"固""直""心空""节贞"四种品格体现了君子四方面的德行。

宋王炎的《竹赋》虽也是颂竹，但与白居易又有些不同。他说：

> 其偃蹇挫折者，如忠臣节士赴患难而不辞。其婵娟萧爽者，如慈孙孝子侍父祖而不违。其挺拔雄劲者，气毅色严，又如侠客与勇夫。其孤高介特者，格清貌古，又如骚人与臞儒。

王炎认为四种形神不同的竹象征四种人的不同品德。

竹，有许多动人的传说。《述异记》载："湘水去岸三十里许，有相思宫、望帝台，昔舜南巡而葬于苍梧之野，尧之二女娥皇、女英追之不及，相与恸哭，泪下沾竹，竹文上为之斑斑然。"

人们把有紫色或灰褐色斑纹的竹名斑竹。说那斑点是娥皇、女英的泪痕，因而斑竹亦名湘妃竹。晋张华《博物志》云："舜死，二妃泪下，染竹即斑。妃死为湘水神，故曰湘妃竹。"后代诗人喜欢将这爱情故事摄入诗篇，如唐刘长卿《斑竹》诗云：

> 苍梧千载后，斑竹对湘沅。欲识湘妃怨，枝枝满泪痕。

唐元稹《斑竹（得之湘流）》诗云：

一枝斑竹渡湘沅，万里行人感别魂。知是娥皇庙前物，
远随风雨送啼痕。

竹还颇具灵异。相传三国孟宗的母亲想吃竹笋，当时冬天，
无笋，孟宗入竹林哀哭，于是笋马上长出了（见《三国志·吴孙
皓传》和"司空孟仁卒"注引《楚国先贤传》），后来"孝笋""泣
笋"成为称赞孝子的典故。《二十四孝图》也收了孟宗的故事。

竹的传说在少数民族中更为神奇。《汉书·西南夷传》载：夜
郎有一女子在水边洗衣服，见一根三节竹漂到她两足之间，竹中
还有号叫声，她剖开竹，里面有一男孩。女子将他收养，男孩长
大后，武艺出众，自立为夜郎侯。汉武帝平南夷，夜郎侯投降，
不久被杀。夜郎人因这位夜郎侯是竹的后裔，为他立庙，称他为
竹王三郎神。

竹子结的实，称为练实，是凤凰的食物。《庄子·秋水》云：
"鹓（凤类）鶵非练实而不食。"《韩诗外传》云："凤乃止帝东园，
集帝梧桐，食帝竹实，没身不去。"这些当然是传说，但竹实救
活过无数饥民，这却是历史事实。《福建志》载：宋绍兴十八年
（1148），侯官县的竹子结实，其实如米，当地饥民采食，赖以活
命。《太平县志》载："崇祯辛巳岁饥，竹皆产实，离离似稷。饥
民争往捋之，赖以全活者甚众。传致远方，疫者得少许煎汤饮之
即愈。自此，竹尽死。"

文人、画家笔下的竹，千姿百态，情韵万千。王维《竹里馆》诗：

独坐幽篁里，弹琴复长啸。深林人不知，明月来相照。

表达了诗人"清幽绝俗"（《岘佣说诗》）的怀抱。白居易《题李
次云窗竹》云：

不用裁为鸣凤管，不须截作钓鱼竿。千花百草凋零后，
留向纷纷雪里看。

赞颂了敢于傲霜斗雪的精神。一女子竹诗云：

记得小轩岑寂夜，月移疏影上东墙。

烘托出了清夜沉沉寂寥难耐的情怀。历代擅长画竹的画家和流派
很多，其中墨竹一派别具一格，据元夏文彦《图绘宝鉴》说，这
是西蜀李夫人首创："月夕独坐南轩，竹影婆娑可喜。即起挥毫濡
墨，模写窗纸上，明日视之，生意具足。自是人间往往效之，遂
有墨竹。"

不少典故也与竹有关。古人称亲密的友谊为"竹林"，因为晋
朝山涛、嵇康等七人常集于竹林之下。"竹林"又用以喻叔侄，因
为七人中阮籍、阮咸为叔侄。古人称家书为"竹报"或"竹报平
安"，因为《酉阳杂俎续集·支植下》载："卫公（李德裕）言，
北都惟童子寺有竹一窠，才长数尺，相传其寺纲维，每日报竹
平安。"

晋戴凯之撰《竹谱》，是我国最早专门研究竹的著作，也是世
界最早专门研究竹的著作。后代记载和研究竹的著作甚多。竹有
两百多种，我国典籍记载有六十多种。这些著作中还记载了一些
异竹。如《汇苑详注》：罗浮山第三峰，产巨大的竹子，围长七八
尺。《宋史·五行志》中记载的许多一本数茎的异竹，如"（淳化）
二年二月，射洪县安国寺竹二茎同本。六月，舒州竹连理"。大中
祥符三年（1010）八月，"江陵县民张仲家竹自根上分干，其一干
又分为三茎"。古人把这种竹看作是一种祥瑞，地方官员往往要上
报朝廷求赏，这种情况历代都有。《梦溪笔谈》载：

近岁延州永宁关大河岸崩，入地数十尺。土下得竹笋一林，凡数百茎，根干相连，悉化为石。适有中人过，亦取数茎去，云欲进呈。延郡素无竹，此入在数十尺土下，不知其何代物。无乃旷古以前，地卑气湿而宜竹耶？

这大概是我国最早的竹化石的记载和研究，也可能是世界最早的竹化石的记载和研究。

桧

自孔子亲手植桧以后，桧成为后人讴歌的"圣树"，但自宋朝秦桧杀岳飞以后，桧又成为人们切齿痛恨的"奸贼之树"。

在山东曲阜孔庙有两株桧，据说是孔子亲手种植的。因上面有圣人的手泽，所以桧成为"圣树"。元祝尧赞美道："桧之根兮轮囷，桧之节兮嶙峋。自周及元，吾不知其几春。桧之古兮有神，桧之今兮有灵。维元继周，益将开千万亿载之文明。"桧树"有神""有灵"，具有"开千万亿载之文明"的超人神通，简直也成了圣人。

具有这种神通的树，它的形貌必有非凡之处。据《阙里志》载，在赞德殿前的一株"高六丈余，围一丈四尺。其文左者左纽，右者右纽"，另一株在"杏坛东南隅，高五丈余，围一丈三尺，其枝蟠屈如龙形"。这形状同圣德有密切关联，宋孔舜亮云："右旋符地顺，左纽象乾刚。"意即那左纽右旋的树纹象征着天与地。"风中雕虎啸，云际老龙骧。直欲惊魑魅，端疑待凤凰。"那龙形之枝象征着圣道的威严。

历来人们对这两株桧就像对待孔圣人一样，无不顶礼膜拜，历代歌咏双桧的诗篇不可胜数。有人说它："围欺汉武柏，爱掩召公棠。"双桧的魁伟和受到的尊敬超过了汉武帝的柏树和周召公的甘棠。有的说它："盛同文不朽，高与道相当。"桧的葱郁和高大与孔子的"仰之弥高，钻之弥坚"的文与道一样。皇帝还像嘉奖功臣一样给桧以俸禄，据《燕都游览志》载："自嘉靖以来，每岁给桧俸米若干石。"

人们对双桧如此尊敬，还因为它有两千多年来荣而又枯、枯而又荣的传奇历史。据史书载：自孔子植双桧后，参天耸立约九百年，于晋怀帝永嘉三年（309），第一次枯死，孔子子孙仍守护枯桧，不敢毁伤。过了308年，即隋恭帝义宁元年（617），枯桧奇迹般复活了。又过了51年，于唐高宗乾封二年丁卯（667）桧第二次枯死。374年后，于宋仁宗康定元年庚辰（1040）又奇迹般地第二次复活了。到了金宣宗贞祐二年甲戌（1214），因兵祸，枝干全被烧了，有人将烧焦的残桧雕刻成孔子、颜回、孟轲等十哲之像。过了八十一年，于元世祖至元三十一年甲午（1294），故根又发新苗，到了明洪武二十二年己巳（1389），新桧已高三丈多，围四尺。至明中叶，徐源《题手植桧诗》云："根槎仅百尺。"（此后桧的情况，因笔者见闻所限，不得而知）尊儒的学者认为：孔子手植桧的荣枯预示着纲常名教的兴衰。清金埴《巾箱说》说：

> 其始枯也，晋兆五寇之乱；其复生也，有唐贞观之治；再枯于乾封丁卯，武后窃政之兆兴。自后玄宗幸蜀，乱亡相继，以及五代。再荣于康定，有宋三百余年，九儒之兴。厄于贞祐之火，寇运将更。重发于至元甲午，七十四年中原文物兆开，是为洪武之治。

文章又说，庙中古桧甚多，但孔子手植之桧大异于其他桧树，因为：

> 圣人手泽，盖有系于纲常名教。

不仅荣枯预兆治乱，就是长一条树枝也关系着人世的兴衰。明王象晋《群芳谱·木谱·桧》载：

> 曲阜孔庙殿前，宣圣手植桧，文皆左纽，上耸无枝而不朽，每遇一代兴或圣君出则发一枝。我朝太祖龙兴，世宗继统，曾两见，真大异事。

常熟老子道观前有七星桧，排列如北斗七星，据说是南北朝梁朝时植，后只剩三桧。明代还有不少吟咏七星桧的诗文，推算起来树龄有一千余年。道家把七星桧也称为道家的圣树。

然而自秦桧以后，孔庙以外的桧都失去了神圣的光环，而岳飞坟周围的桧则成为有罪之树。宋人胡寰对秦桧恨之入骨，但他只是个滁州通判，无力除奸。于是隐居华盖山，在堂前共栽了六棵桧树，亲手写了"六桧堂"的匾挂在堂前。"六"意同"戮"，即要在此堂前杀戮秦桧。明人黄淮写了一篇《六桧堂集序》说六桧堂"所寓诚足以垂戒于万世"，可以"与国风、楚骚同传于编简"。明英宗天顺年间，杭州郡丞马伟将岳坟周围的桧树劈了。

《贵溪县志》载：

> 训导邵义为诸生，时尝游武林。谒岳武穆祠，见祠前有桧、樟二树，援笔题曰："王祠既植樟，不宜兼植桧。樟无附木枝，桧有遮天罪。植桧王祠前，知王心愈碎。寄语当路人，斩桧人心快。"

桧树与秦桧本来不相关，无端受到株连，未免太冤了。宋人林景熙倒较为公道，他说："苍根留取千载芳，何物丑秦盗名字。"意思说，孔子手植的桧可千载流芳，奸臣秦桧盗取了"桧"作为他的名字，与桧何干？

戮桧、劈桧、斩桧，不过是借桧发泄填胸的激愤，桧树虽受了委屈，但其疾恶如仇的感情应该说是正义的。至于宋神宗宰相王禹玉借苏轼的咏桧诗陷害苏轼，则完全是卑鄙的行为。苏轼的《王复秀才所居双桧》诗的第二首云：

> 凛然相对敢相欺，直干凌空未要奇。根到九泉无曲处，世间惟有蛰龙知。

意思是，桧的树干很直，人人能看到；它的根也很直，则人们完全看不到，只有地下的蛰龙才知道。诗意是赞美王复秀才的为人，不仅处理人所共知的公事、大事是正直的，而且处理人所不知的私事、小事也是正直的。可是宰相王禹玉却趁苏轼在狱中，在神宗面前落井下石，他说："苏轼于陛下有不臣意。"神宗问："卿何以知之？"王禹玉"因举轼《桧》诗'根到九泉无曲处，世间惟有蛰龙知'之句对曰：'陛下飞龙在天，轼以为不知己而求之地下蛰龙，非不臣而何？'"好在神宗此时似乎还算清醒，他说："诗人之词安可如此论？彼自咏桧，何预朕事！"不过神宗心里怎么想，不得而知。宋林景熙咏桧诗云"黄州谪臣坐诗累"，似乎王禹玉的谗言起了作用。

棘

在上古，棘用以象征人臣一片赤诚事君，法官断狱无私而慎重，也用以比喻人子思亲之心；在中古，棘是试院开考时和发榜时必用之物。

棘，即酸枣，亦称樲。鼠李科，落叶灌木。主要产于我国北部，常在野外丛生。《周礼·秋官》：

> 朝士掌建邦外朝之法，左九棘，孤卿大夫位焉，群士在其后；右九棘，公侯伯子男位焉，群吏在其后。

周代的外朝为什么左右都要树九棘呢？郑锷注释说：

> 左右皆植九棘者，三孤六卿，其数九；公侯伯子男，其服九。棘之为物，其心赤，其刺外向，其华白。欲孤卿诸侯忠赤诚实以事上，而以洁白为义。又欲其外示威仪，使人无敢犯也。

意思是说，棘的心赤色，这是要公卿诸侯事君一片赤诚；棘的花白色，这是要公卿诸侯为官正直清白；棘的刺向外，这要公卿诸侯有威仪，他人不敢轻犯。所以外朝左右各树九棘，是为了使群臣朝见国君时，时时想到以棘的象征意义来规范自己的思想行为。

《陈留耆旧传》记叙魏尚的事迹说：魏尚被关在狱中，窗外的棘树上有鸟儿聚集。魏尚看了很高兴，说："夫棘树者，中心赤，外有刺，象我言有棘而赤心之至诚也。"可见到当时仍然以棘的赤心象征臣子对君主的赤诚。

《礼记·王制》云："正以狱成告于大司寇，大司寇听之棘木之下。"为什么大司寇（官名，六卿之一，总掌狱讼刑罚等司法政务）审官司要在棘木之下呢？《初学记·政理部》引《春秋元命苞》云：

> 树棘槐，听讼于其下。棘赤心有刺，言治人者原其心不失赤，实事所以刺人，其情令各归实。

意思是，法官要像棘的赤心那样，怀着赤诚之心审理官司，既不偏袒，也不图省事；要从棘的刺那里受到启示，官司经三讯，弄清了实情然后判决。关于这一点，《周礼·秋官·小司寇》的记载可以参证："以三刺断庶民狱讼之中，一曰讯群臣，二曰讯群吏，三曰讯万民。"意即用"三刺"的方法判定百姓的官司，一要征询群臣的意见，二要征询群吏的意见，三要征询万民的意见，然后定罪。

《诗经·邶风·凯风》："凯风自南，吹彼棘心。棘心夭夭，母氏劬劳。"意思是，温暖的南风吹来，吹拂着小酸枣树，稚嫩的小酸枣树在南风中渐渐生长，就像孩子靠母亲养育能成长一样，母亲真是太辛劳了。诗序说："《凯风》，美孝子也。"此后，人们称人子思亲之心为"棘心"。如刘禹锡《送僧元暠南游诗并引》："或问师黧形之自？对曰：'少失怙恃，推棘心以求上乘。'"意思是：我少年时期失去父母，我要推思亲之心以求大乘佛法。

唐五代时期，科举考试发榜时，在试院周围放很多棘，防落榜的考生闹事，因为棘有刺，使人不易靠近。后来防止考生传递夹带，开考时，试院周围也放棘。所以试院也称为"棘围""棘院""棘闱"。如《西厢记》第一本第一折："将棘围守暖，把铁砚磨穿。"元刘诜《中秋留故居兄弟对月分韵得多字》诗："棘院功名风雨过，柴门兄弟月偏多。"宋李昂英《再用观入试韵》诗："棘闱投卷姑应之，桂籍题名先定矣。"

《韩非子·外储说左上》记载在棘刺尖上雕刻母猴的故事：卫国有个人对燕王说，他能在棘刺尖上刻母猴。但燕王必须半年不入宫，不饮酒食肉，然后在雨后初晴之日不阴不晴之时才能看见。燕王很高兴，赐给这个卫人很多财物，准备斋戒。有一个雕刻工对燕王说：如能在棘刺尖上刻猴，那么他用的刻刀一定比棘刺尖小，您看看他的刻刀就知道他是不是骗子。燕王向卫人要刻刀看，卫人怕谎言被戳穿当夜就逃走了。后来"棘猴"一词表示欺诈诞妄。如元贡师泰《寄静庵上人》："世事同蕉鹿，人心类棘猴。"

古人认为棘性暖，能避霜。《埤雅·释木·棘》云："旧云鹊巢中必有棘，盖棘性暖。今人养华之法，初春以棘数枝置华丛上，可以辟霜，护其华牙也。"

柏

柏，是忠贞的象征，也是植于祖坟前寄托儿孙孝心的珍木，它的叶和实还是长生的妙药。

自孔子说："岁寒，然后知松柏之后凋也。"（《论语·子罕》）柏就成为文人赞颂不已的忠贞的象征了。南朝齐萧锋《修柏赋》

云："既殊群而抗立，亦含贞而挺正。"唐裴度《岁寒知松柏后凋赋》云："虽杀菽之霜再三，断蓬之风数四。徒凛凛以终日，竟青青而在地。懿夫春夏荣滋，我不竞于芳时。秋冬凄冽，我不改其素节。"作者歌颂柏在"再三""数四"的风霜中不改"素节"的精神，结尾又点出，这种精神"犹君子之志行"。

柏既是忠贞的象征，所以忠臣墓前必须植柏，而且赋予它许多奇异的特征。如杭州岳飞墓前的"忠贞柏"，传说其枝全指同一方向，表示岳飞死后仍怀"精忠报国"的赤诚，念念不忘收复中原。近代一学者描写此柏道：

> 森森古柏，不改枝柯；冷冷湖波，莫逃残秽。

前一句正是通过赞颂柏的"不改枝柯"来赞颂岳飞的忠贞。宋孝宗于岳飞孙岳珂故宅（浙江臬署）为岳飞建忠佑庙，庙前有"精忠柏"，宋时所植，枯后所剩丈余之干变为化石，"以铁器击之，火星射出"。出于对岳飞的敬仰，"众皆争取，遂成数段，后余六段，各长尺余，已迁之西湖岳墓矣"。（《清稗类钞·植物类》）又如成都诸葛亮墓前的柏树颇有灵气。《儒林公议》载：

> 成都刘备庙侧有诸葛武侯祠，前有大柏，围数丈，唐相段文昌有诗石在焉。唐末渐枯瘁，历王建、孟知祥二伪国，不复生，然亦不敢伐之。皇朝乾德五年丁卯夏五月，枯柯再生，时人异焉。三国至乾德初，历年一千二百余，枯而复生。

> 予皇祐初守成都，又八十年矣，新枝耸云，并旧枯干并存，若虬龙之形。

宋田况《古柏记》的记载与《儒林公议》相同，文章说："荣枯之变，应时治乱，武侯光灵，如有意于兹者。"意思是说，柏树寄托着诸葛亮的英灵，遇伪朝则枯，伪朝覆灭又复生。这棵柏所结的子，其药用价值也异乎寻常，《本草纲目》引苏颂语云："孔明庙中有大柏木，相传是蜀世所植，故人多采以作药，其味甘香，异常柏也。"吟咏武侯柏的诗也不可胜数，如唐杜甫的《古柏行》：

> 孔明庙前有老柏，柯如青铜根如石。霜皮溜雨四十围，黛色参天二千尺。君臣已与时际会，树木犹为人爱惜。

唐雍陶《武侯庙古柏》诗云：

> 密叶四时同一色，高枝千岁对孤峰。此中疑有精灵在，为见盘根似卧龙。

奸臣墓前则不配有表忠贞的柏树。董卓是东汉大奸臣，其祠前原有柏，魏兰根将柏全砍伐了，说：凶逆无道的人不配有柏。（《北齐书·魏兰根传》）

子孙在先人墓前后植柏，用以表达对先人的尊崇与怀念。《晋书·山涛传》：山涛至孝，皇帝召他做太常卿，他因母病不就职，母去世，他虽年逾六十，但仍亲自背土修坟，亲手在墓前种柏树。历史上类似的记载很多，如《南史·宗测传》载，宗测也亲自背土在母墓前种柏。如果有人伐了自己祖先墓前的柏树，则同挖祖坟一样不能容忍。《新唐书·狄仁杰传》载：右监门中郎将范怀义误砍伤了一株昭陵的柏树，高宗下诏要杀范怀义。狄仁杰谏道："罪不应死。"帝怒曰："是使我为不孝子，必杀之。"

食柏叶、柏子，可以长生，古籍这方面的记载甚多。《抱朴子》云：

> 成帝时，猎者于终南山见一人，无衣服，身皆生黑毛，跳坑越涧如飞，乃密伺其所在，合围取得，乃是一妇人。问之，言是秦之宫人，关东贼至秦，秦王出降，惊走入山，饥无所食，有老翁教我食松柏叶实，初时苦涩，后稍便吃，遂不复饥，冬不寒，夏不热。此女是秦人，至成帝时，三百余载矣。

正史亦多类似记载。《唐书·王希夷传》：

> 希夷隐嵩山，师黄颐学养生四十年，颐卒，更居兖州徂徕……饵松柏叶、杂华，年七十余，筋力柔强。

一些医学书籍对上述记载也予以肯定，明李时珍云：柏实，"仙家上品药也"。又说由于柏"多寿"，所以"麝食之而体香，毛女（即前引《抱朴子》说的秦宫女）食之而体轻"，他还引《枕中记》详细记述了服食柏叶的方法：三四月间在深山岩谷中采当年新生的长二三寸的柏叶，阴干为末，另采新生的长三四寸的松叶及花蕊阴干为末，将两者以白蜜和成小豆大小的丸子。在太阳未出来时，向东方烧香，取八十一丸以酒服下。"服一年，延十年命；服二年，延二十年命；欲得长肌肉，加大麻、巨胜；欲心力壮健者，加茯苓、人参。此药除百病，益元气，滋五脏六腑，清耳明目，强壮不衰老，延年益寿，神验。用七月七日露水丸之，更佳。"（《本草纲目·柏》）

食柏叶、柏子可长生的文化现象是从柏树长寿推衍出来的。古籍记载的古柏颇多。据说泰山有十五六围的古柏，是汉武帝所植。《垣曲县志》载，当地有"干大十围，荫覆亩余"的古柏，据说舜曾乘凉其下。《延安府志》载，在轩辕庙前有轩辕柏，"围二丈四尺，高可凌霄"，据说是黄帝所手植。

关于柏的得名，李时珍说："按魏子才《六书精蕴》云：万木皆向阳，而柏独西指，盖阴木而有贞德者，故字从白。白者，西方也。"

槐

槐是高官"三公"的象征。槐的芽和叶为灾年救饥食物，槐实为长生妙药。

《周礼·秋官》："朝士掌建邦外朝之法……面三槐，三公位焉，州长众庶在其后。"周代天子、诸侯都有三朝，外朝一，内朝二。外朝有严密的法度，哪一级的官员应立于何处

绝不能紊乱，外朝前方（即南方）竖立有三根槐木，三公面向北站立在那里，州长与百姓代表们站在三公的后面。外朝为什么要立槐木，为什么三公要站在那里？汉郑玄注："槐之言怀也，怀来人于此。"《淮南子·时则训》高诱注也说："槐，怀也，可以怀来远人也。"可见外朝立槐所体现的是孔子所说的"远人不服，则修文德以来之"（《论语·季氏》）的思想。如周公制礼的说法可信，

槐的这种象征意义在孔子之前就早已产生了，孔子不过是加以总结罢了。

槐与三公联系在一起，还不只是"怀来人于此"，《周礼》"王氏订义"云：

> 槐之为物，其华黄，其实玄，其文在中。坤，大臣之位，以黄裳为元吉，故取其黄；论道佐王，欲其入道之妙，故取其玄。

王氏根据《周易·坤·六五》来论述槐的象征意义。《坤·六五》云："黄裳，元吉。"象曰："黄裳元吉，文在中也。"（《易》的意思是：穿着黄色的下衣，是大吉的象征。《象》的意思是：《易》说的"黄裳元吉"，指的是美丽的下衣，隐藏在上衣的下面，用以比拟内在的美德。）黄是土地的颜色，土地属坤，象征臣道。裳是下衣，也象征臣道。上衣为衣，象征君道，上衣盖着下衣，文采在里面，不显于外，正显示臣对君的柔顺。但柔顺的臣又能以玄妙之理辅佐君王。由此可知，让三公立于槐下，是对三公道德行为的严格规范。

后代，不论贵贱，庭院大多植槐，这正反映了《周礼》"面三槐，三公位焉"的深远影响。不同的是庭中之槐不是供朝拜君王之用，而寄托着子孙发迹愿望。如宋苏轼《三槐堂铭》云：

> 故兵部侍郎晋国王公显于汉、周之际……盖尝手植三槐于庭，曰："吾子孙必有为三公者。"

后来，果然子孙显贵。又如宋杨万里《槐》诗云：

> 阴作官街绿，花催举子黄。公家有三树，犹带凤池香。

"凤池"即凤凰池，唐以前指中书省，唐以后指宰相之职，相当于"三公"。如果庭中之槐有什么特异之处，则往往预示着主人或其子孙前途的吉凶。如《酉阳杂俎续集》载："相国李石，河中永乐有宅，庭槐一本抽三枝，直过堂前屋脊，一枝不及。相国同堂兄弟三人，曰石，曰程，皆登第宰执，唯福一人，历七镇使相而已。"《隋书·五行志》："后齐武平元年，槐华而不结实。槐，三公之位也，华而不实，萎落之象。至明年，录尚书事和士开伏诛，陇东王胡长仁，太保、琅邪王俨，皆遇害，左丞相段韶薨。"

古人相信吃槐子可以长生。《抱朴子》载："槐子以新瓮合泥封之，二十余日，其表皮皆烂，乃洗之，如大豆，日服之。此物主补脑，久服之，令人发不白而长生。"《颜氏家训·养生篇》云："庾肩吾常服槐实，年七十余，目看细字，须发犹黑。"就连大医学家李时珍也说："按太清《草木方》云：槐者，虚星之精。十月上巳日采子服之，去百病，长生通神。……古方以子入冬月牛胆中渍之，阴干百日。每食后吞一枚。云久服明目通神，白发还黑。"

长生之说未必可信，但槐的花蕾、果实有凉血、止血的功能，倒是确实的，古代医家早就用以治疗肠风、痔血、便血等症。唐刘禹锡《传信方》说："以槐枝浓煎汤，先洗痔，便以艾灸其上七壮，以知为度。"还举了一例，官员王某赴任所，途中痔发，状如胡瓜，只有僵卧于驿站，用此法灸痔，很快痊愈。

槐芽、槐叶是古人灾荒年的救饥食物。徐光启《农政全书》详细记载了吃法：将槐芽或槐叶放在锅里煮，待水沸，即取出放在新砖瓦上阴干，像这样反复三次就可以吃了，且毫无苦味。槐芽、槐叶不仅可以救饥，烹调得法，还可以成为美味。杜甫《槐叶冷淘》诗云："青青高槐叶，采掇付中厨。新面来近市，汁滓宛相俱。入鼎资过熟，加餐愁欲无。"这几句写烹调之法：采来槐树梢上的叶子，煮少时，然后研细，用面粉和在一起，制成冷淘（过水面一类的食品），再加上醋和酱蒸熟，其味鲜美。杜诗结尾两句云："君王纳凉晚，此味亦时须。"就连君王也喜欢品尝，可见其味之美了。

桂

桂是月的代称，桂开某种特异的花则是学子登科的象征。长期服桂，据说可以长生。

《乐府诗集·东飞伯劳歌》："南窗北牖桂月光，罗帷绮帐脂粉香。"宋苏轼《念奴娇·中秋》："桂魄飞来光射处，冷浸一天秋碧。"唐方干《月》诗："桂轮秋半出东方，巢鹊惊飞夜未央。""桂月""桂魄""桂轮"都是指月。桂与月的联系源于神话。据说月中的阴影是桂树，吴刚以斧砍桂，砍的伤口马上愈合。这个家喻户晓的传说最晚在汉代就已相当普及了。

如果桂树开的花有些特别，则预示当地学子将有登科的。这方面的记载，各地县志中俯拾即是。如《重庆府志》载：该县一古桂，一般不开花，如开花，则该县一定有学子登科，甚灵。《祁门县志》载：该县孔庙的一株桂树有两枝长得特别高，开花比其他树枝早，这一年果然有两人获取功名。《余姚县志》载：某家本开白花的桂树忽开红花，占卜者说，此宅的主人要中状元，秋试果然中了状元。因此古诗文常以桂作为登科的代用语，如唐杜荀鹤《辞郑员外入关》：

> 男儿三十尚蹉跎，未遂青云一桂科。

桂与登科的联系据说源于《晋书·郤诜传》：晋郤诜举贤良对策，成绩最优，他自己谦虚地说"犹桂林之一枝，昆山之片玉"。

桂还是德的象征。唐王绩《古意》诗说桂具有"岁寒性"，说"幽人重其德，徙植临前堂"。三国魏繁钦《弭愁赋》"整桂冠而自饰"，以"桂冠"象征高洁。桂之所以成为高洁的象征，是因为它特别香，而且又开于秋天。宋杨万里咏桂花诗云："看去看来能几大？如何著得许多香？"杜端父诗云：

> 缘曾分月种，故发入云香。

是说它有异香。李白《咏桂》诗：

> 世人种桃李，皆在金张门。攀折争捷径，及此春风暄。
> 一朝天霜下，荣耀难久存。安知南山桂，绿叶垂芳根。清阴
> 亦可托，何惜树君园。

是说傲霜的桂花，非争开于春日的桃李可比。除上述原因外，与桂生于月中的传说也不无关系。

《说文》木部云桂为"百药之长"。段玉裁注引《本草》说："本草经木部上品首列牡桂、菌桂。菌桂味辛温，主百病，养精神，和颜色，为诸药先聘通使，故许云百药之长。"把这种作用加以神化，桂就成了仙药。《广州记》载："桂父常食桂叶，见知其神，尊事之，一旦，与乡曲别，飘然入云。""桂花汤"可以去暑，制法为：将花开得茂密的桂枝连叶摘下，阴干收藏，来年伏天将

叶泡汤饮用。

桂自古就用为调料。宋罗愿说："古者姜、桂为燕食庶羞和之美者。""和之美者"，意即上等调料。

桂花还用以泡酒，称为桂酒。桂酒最晚在战国时就已经有了。屈原《九歌·东皇太一》：

> 蕙肴蒸兮兰藉，奠桂酒兮椒浆。

汉王逸注："桂酒，切桂置酒中也。"桂酒珍贵而芳香，到汉、三国仍沿袭用以祭祀神仙。《汉书·礼乐志》郊祀歌《练时日》："牲茧栗，粢盛香，尊桂酒，宾八乡。"三国魏曹植《仙人篇》云：

> 玉樽盈桂酒，河伯献神鱼。

桂树粉可以灭草。南唐李后主召徐锴至清暑阁，后主对徐锴说：这砖石缝中雨后长草，有什么办法不让长草吗？徐锴说，《吕氏春秋》载："桂枝之下无杂木，盖桂枝辛螫故也。"于是后主令取桂屑数斗匀布砖石缝中。果然，杂草一晚上就死光了。以桂木为钉钉入其他树中，树必死。《梦溪笔谈》引《炮炙论》云："以桂为丁，以钉木中，其木即死。一丁至微，未必能螫大木，自是其性相制耳。"

传说，月中桂结的子常于八月中秋飘落人间。这个传说流传相当广，宋陆游《老学庵笔记》载：某年中秋，月色皎洁，舒岳祥正读书，忽听屋上如雹子撒落之声，觉得很奇怪。他祖父拾起仔细看了看落下的东西，其物大如雀卵，放在口里嚼，有芝麻气味，对孙子说：这是月中飘下的桂子，我在天台山见过。留在瓦缝中的桂子长出了桂苗，舒岳祥移植在盆中。不久，桂苗忽然不见了。杭州灵隐寺前的鹫山，据说是从天竺飞来的，因而中秋常有桂子飘落。据《杭州府志》载，天圣辛卯中秋，"月有浓华，云无纤翳，天降灵实，其繁如雨，其大如豆，其圆如珠，其色有白者、黄者、黑者，壳如芡实、味辛。识者曰：此月中桂子。好事者播种林下，一种即活"。灵隐寺飘落的月中桂子给这座古刹增添了灵气，文人的吟咏甚多，如唐宋之问《灵隐寺》诗云：

桂子月中落，天香云外飘。

古人将桂分为三类，"叶似柿叶而尖滑鲜净"的名菌桂；"叶似枇杷而大"的名牡桂，也就是《埤雅·释木》说的"梫，木桂"；"叶如柏叶"的名桂。能入药的为牡桂。宋范成大说：木叶都是一纵理，而桂有两纵理，形如圭，所以桂从圭。不过笔者见到的桂叶也是一纵理，不知范成大见到的是什么桂叶。

榆

榆，是古人用以供建筑和制作农具、车辆、家具的重要木材，榆的皮、叶、实是荒年的救饥食物，也是重要的中药材。

榆为落叶乔木，高可达二十五米。《尔雅》疏说榆类有数十种，常见的有荚榆、白榆、梆榆。产于我国北方，长江以南也有栽培。

古人很重视榆的经济价值。贾思勰《齐民要术》说：榆不怕水旱风虫之灾，砍了以后可以复生，生长快，"不劳更种，所谓一劳永逸。"男孩、女孩生下来时，只各给他二十株小榆树。到了嫁娶的年龄，榆树已成材，可以换绢一百八十匹，足够嫁娶的费用。《唐书》还详载了窦义种榆致富的经过。窦义年十三时，从舅舅处得到一双大而不能穿的丝履，他将卖得的钱买了一把锄头和一把铲子。五月，长安飞榆荚时，他拾了一大袋，在庙旁隙地开垦下种。到了第二年，三尺多高的幼榆有万余株。他将株距过密的幼榆砍去，砍下幼榆一百多捆。每捆卖得十余钱，共得千余钱。榆树长大，株距要求更宽，每年砍的榆所卖的钱逐年递增。到第五年有千余株可做屋梁，得三四万余钱。可做车的榆也不下千株，又卖得很多钱。窦义成了大富户。

榆树皮古人常用为黏合剂。将湿榆皮捣成糊状，用以粘瓦，也用于粘石。洛阳一带以石为碓嘴，石木之间用榆皮胶合。这种黏合剂比胶漆还要好。

古人常将榆皮、实、叶作救饥之用。《汉书·天文志》载："至（成帝）河平元年三月，旱，伤麦，民食榆皮。"《农桑通诀》载："昔丰沛岁饥，以榆皮作屑煮食之，民赖以济。"明李时珍说："嫩叶炸，浸淘过可食。""三月采榆钱（实）可作羹，亦可收至冬酿酒。瀹过晒干可为酱，即榆仁酱也。崔寔《月令》谓之䀉酴（音牟偷）者是也。"高昌（今新疆吐鲁番一带）人将白榆皮捣为末连同菜一起腌制，味道很美，而且开胃，增强食欲。隐士也有食榆皮的，如《新唐书·阳城传》载："阳城……隐中条山……尝绝粮……岁饥，屏迹不过邻里，屑榆为粥，讲论不辍。"至于道家中的服食家食榆皮，则不是为了充饥，而是由于榆皮有使关节灵活的功效。

上古时期，榆是百姓取火之物。战国邹衍所著《邹子》云："春取榆柳之火。"唐王起《取榆火赋》描写以榆取火道："候葭灰之所应，取榆火之有常。钻之弥坚，初若切磋之响。动而愈出，俄生炜煜之光。"

榆的药用价值，古人早有研究。晋张华《博物志》云："食粉榆，则眠不欲觉。"晋嵇康《养生论》也说："豆令人重，榆令人瞑。"都是说榆有安眠作用。榆荚的仁也有安眠作用，晋陶弘景云：荚仁"作糜羹食，令人多睡"。榆叶有消水肿、利小便之功，唐陈藏器、明李时珍都有论述。榆的根皮可以治痈疽，《救急方》载："治痈疽发背，榆根白皮，切，清水洗，捣极烂，和香油傅之，留头出气。燥则以苦茶频润，不粘，更换新者。将愈，以桑叶嚼烂，随大小贴之，口合乃止。神效。"

古代祭土地神处，往往种榆作为标志，《汉书·郊祀志》载："高祖祷丰粉榆社。"注云："晋灼曰：'粉，白榆也。'师古曰：'以此树为社神，因立名也。'"榆与神有关系，又是取火之源，所以古人认为梦见榆是吉兆。《梦书》云："榆火，君德至也。梦采榆叶，受恩赐也；梦居树，得贵官也；梦其叶滋茂，福禄存也。"

榆的名字，源于一个有趣的故事。《修真录》载：

> 昔有女仙，喜食众草木，夜恒不卧。一日食一树叶，酣卧不欲觉，殊愉快，因名其树曰"愉"。后人改"心"从"木"，即今榆树也。

樱 桃

樱桃，是古人祭祖常用的祭品，是帝王赏群臣常用的赐物。唐以后，常用以比喻美女的口唇。

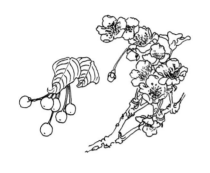

樱桃又名含桃、荆桃、莺桃、中国樱桃，落叶灌木或小乔木。原产于长江流域，后各地普遍栽培，果实味很美。白居易赞美道："杏俗难为对，桃顽讵可伦。肉嫌卢橘厚，皮笑荔枝皱。琼液酸甜足，金丸大小匀。"（《与沈杨二舍人阁老同食敕赐樱桃，玩物感恩，因成十四韵》）意思是，樱桃比杏、桃、橘味更美，皮也比荔枝好看，果汁酸甜，果实大小匀称。

由于樱桃味美，古人用以祭祀祖先。《礼记·月令》载：天子在"仲夏之月……羞以含桃，先荐寝庙"。汉郑玄注："含桃，樱桃也。"唐孔颖达疏："《月令》诸月，无荐果之文，此独羞含桃者，以此果先成，异于余物，故特记之，其实诸果亦时荐。"孔颖达的意思是，虽然别的果也用于祭祖，但《月令》只记载了樱桃，未记载其他果实，因为樱桃最先成熟，它在祭果中的地位与众不同。《尔雅翼·释木·樱桃》载："汉惠帝时，叔孙通亦以为礼春有尝果，愿出因取樱桃献宗庙。"《宋史·礼志》载：景祐三年（1036）的祭祀，"果以含桃"。可见以樱桃祭祖从先秦至汉至宋一直沿袭。

帝王赏赐群臣之物，在果品中，樱桃最为常用。《旧唐书·中宗本纪》载：中宗与群臣一起在御花园中摘樱桃，并让大臣随便吃，酒宴之后，每人赐两笼樱桃。得到这种赏赐，无比荣耀。唐崔兴宗《和王维敕赐百官樱桃》诗云："未央朝谒正逶迤，天上樱桃锡此时。朱实初传九华殿，繁花旧杂万年枝。"写的正是得到敕赐的荣耀。新考中的进士，皇帝往往要赐樱桃宴，进士也以为这是无上光荣的。《唐摭言》云："新进士尤重樱桃宴。"

皇帝之所以常赐樱桃，除了樱桃味美外，还因为古代帝王有将祭祀用过的祭品赐给群臣的习惯，而樱桃是祭祀果品中名列第一的。将这样的果品赐给臣子，更足以表示对臣子的恩宠。唐王维《敕赐百官樱桃》诗云：

> 才是寝园春荐后，非关御苑鸟衔残。

就是说皇帝于寝庙祭祀后，赐樱桃与群臣。

樱桃既与帝王的赏赐常联系在一起，诗人对它的兴趣当然就更浓了。历代吟咏的诗词甚多，如李白《白樱桃》诗云：

> 红罗袖里分明见，白玉盘中看却无。疑是老僧休念诵，腕前推下水晶珠。

不过，诗人们的吟咏虽然做到形神兼备，但不如安禄山的诗别致，《耕余博览》云：

> 安禄山亦好作诗，作《樱桃》诗云："樱桃一篮子，半青一半黄。一半寄怀王，一半寄周贽。"或请以"一半寄周贽"句在上则协韵。禄山怒曰："岂可使周贽压我儿耶！"

狂妄粗野的形象如在目前。

樱桃的花很美，历来招人喜爱。唐张籍《和裴仆射看樱桃花》诗云：

> 昨日南园新雨后，樱桃花发旧枝柯。天明不待人同看，绕树重重履迹多。

花刚开，天明前，树下就有重重履迹，足见它魅力之强。《花史》载，张茂卿喜欢同妓女厮混，有一天樱桃花开，他带着一群妓女去赏花，他在花前陶醉了，对妓女说："红粉风流，无逾此君！"将妓女们都遣走了。

樱桃花有一种为浅红色，白居易曾将它比作姬人樊素之口。唐孟棨《本事诗》云：

> 白尚书姬人樊素善歌，姬人小蛮善舞，尝为诗曰："樱桃樊素口，杨柳小蛮腰。"

于是樱桃成为美女口唇的代称。如唐韩偓《袅娜》诗：

> 著词暂见樱桃破，飞盏遥闻豆蔻香。

"樱桃破"就是指美女开口。

樱桃的得名有不同的说法。《埤雅·释木·樱桃》云："许慎曰：莺之所含食，故曰含桃也，谓之莺桃，则亦以莺之所含食，故谓之莺桃也。"《本草纲目》云："孟诜《本草》言此乃樱，非桃也。虽非桃类，以其形肖桃，故曰樱桃。"李时珍说："其颗如璎珠，故谓之樱。而许慎作'莺桃'，云莺所含食，故又曰含桃，亦通。"

枸　杞

枸杞是补肾、益阳、长寿的良药，历来受到医家和道教服食家的青睐。

枸杞为高一米多的落叶小灌木，我国各地均有野生。宁夏、甘肃、青海、陕西、河北、广东等地栽培较多。

《本草纲目》载："谚云：'去家千里，勿食萝摩、枸杞。'言其补益精气，强盛阴道。"对枸杞药用价值，我国古代很早就有研究，神农《本草》云："枸杞主五内邪气，……久服坚筋骨，轻身不老，耐寒暑。"这里的"枸杞"指的是枸杞的根、苗、花、实并用。后代的研究越来越深入，发现根、苗、花、实药用价值各有不同。大明曰：苗"除烦益志，补五劳七伤，壮心气"。王好古

曰：根之皮（名地骨皮）"泻肾火，降肺中伏火，去胞中火，退热，补正气"。李时珍的研究更深入，他说：

> 世人但知用黄芩、黄连苦寒以治上焦之火，黄檗、知母苦寒以治下焦阴火，谓之补阴降火，久服致伤元气。而不知枸杞、地骨甘寒平补，使精气充而邪火自退之妙，惜哉！予尝以青蒿佐地骨退热，屡有殊功，人所未喻者。

据说一个老人服此方，活了一百多岁，行走如飞，白发变黑，齿落重生，阳事强健。枸杞的果实名枸杞子，其药用价值更为历代医家所重。孟诜说它"坚筋骨，耐老，除风，去虚劳，补精气"。李时珍说它"滋肾润肺"，"榨油点灯，明目"。

服枸杞可长寿的记载甚多。苏轼说：

> 蜀青城山老人村，有见五世孙者，道极险远。生不识盐醯，而溪中多枸杞，根如龙蛇，饮其水，故寿。近岁道稍通，渐能致五味，而寿益衰。

《本草纲目》载：

世传蓬莱县南丘村多枸杞，高者一二丈，其根盘结甚固。其乡人多寿考，亦饮食其水土之气使然。

不同地方产的枸杞，其药用价值也有差别。李时珍说："古者枸杞、地骨取常山者为上，其他丘陵阪岸者皆可用。后世惟取陕西者良，而又以甘州者为绝品。今陕之兰州、灵州，九原以西枸杞，并是大树，其叶厚根粗。河西及甘州者，其子圆如樱桃，暴干紧小，少核，干亦红润甘美，味如葡萄，可作果食，异于他处者。"

采枸杞的时间与服法有许多讲究。《本草纲目》引《淮南枕中记》云：

西河女子服枸杞法：正月上寅采根，二月上卯治服之；三月上辰采茎，四月上巳治服之；五月上午采其叶，六月上未治服之；七月上申采花，八月上酉治服之；九月上戌采子，十月上亥治服之；十一月上子采根，十二月上丑治服之。又有花、实、根、茎、叶作煎，或单榨子汁煎膏服之者，其功并同。

正月与十一月均采根，可能传写有误。

枸杞子能治疗多种疾病，如治目生翳甚效。《本草纲目》引《肘后方》云："目赤生翳，枸杞子捣汁，日点三五次，神验。"又引《十便良方》："目涩有翳，枸杞叶二两，车前叶一两，挼汁，以桑叶裹，悬阴地一夜，取汁点之，不过三五度。"宋史子玉因目生翳而"踰月废卷"，因食枸杞而痊愈，为此他写了《枸杞赋》详述其事。

枸杞苗可以当菜吃，唐陆龟蒙在园中种枸杞和菊，就是到了夏天，枸杞"枝叶老硬，气味苦涩"，还是天天采来吃，并作《杞菊赋》。此事后来为一些风雅的清官所仿效。宋苏轼在胶西做官时，"斋厨索然"，于是效陆龟蒙采枸杞和菊作菜蔬，写了一篇《后杞菊赋》，他感慨道："人生一世，如屈伸肘，何者为贫，何者为富？何者为美，何者为陋？"到头来都"同归于一朽"，倒不如"以杞为粮，以菊为糗。春食苗，夏食叶，秋食花实而冬食根，庶几乎西河南阳之寿"。后来宋张耒、张栻也都作了《后杞菊赋》，不过张栻是高官，完全可以吃山珍海味，并非"斋厨索然"，他之所以日日食枸杞，是因为枸杞不仅可以"瞭目而安神""沃烦而荡秽"，而且可以培养自己"高论唐虞，咏歌诗书"的情操。

道教的服食家说，千年的枸杞名仙人杖，它们形状像狗，如果服食这种仙人杖则可成仙。《浩然斋日钞》载："宋徽宗时，顺州筑城，得枸杞于土中，其形如葵状，驰献阙下，乃仙家所谓千岁枸杞，其形如犬者。"《续仙传》载：朱孺子幼年时师事道士王元正，平时常入山中寻仙药。有一天在溪边洗菜，忽然看见岸边有两只花狗互相追逐，孺子在后边追寻。两狗入枸杞丛中不见了。孺子回来告诉元正。元正与孺子一同寻狗，又见两狗嬉戏。见两人，又入枸杞丛中不见了。两人在枸杞丛中掘土，发现枸杞根形状与花狗一样，坚硬如石，于是将枸杞根弄回去煮食。忽然，孺子飞升到前面的山峰之上，一会儿驾云上天了。

这种传说影响颇大，古人诗文中常常引用。如唐刘禹锡诗：

枝繁本是仙人杖，根老能成瑞犬形。上品功能甘露味，还知一勺可延龄。（《楚州开元寺北院，枸杞临井，繁茂可观，群贤赋诗，因以继和》）

白居易云：

山阳太守政严明，吏静人安无犬惊。不知灵药根成狗，怪得时闻吠夜声。(《和郭使君题枸杞》)

这种狗形枸杞根也称杞狗，如苏轼诗："苓龟亦晨吸，杞狗或夜吠。"(《和陶桃花源》)

关于枸杞的得名，李时珍说：枸和杞本是两种树名，枸杞的棘像枸树的刺。枸杞的茎像杞树的枝，所以合名为枸杞。李时珍还介绍了另一说法："道书言千载枸杞，其形如犬，故得'枸'名，未审然否。"(《本草纲目》)

栎

栎是无用之材的代称，其果实是贫者度荒年充饥之物。

栎，落叶乔木，叶子长椭圆形，花黄褐色。又名栩、柞、橡，俗称作栎或麻栎。果实叫橡子、橡斗。明李时珍将栎分为两种："一种不结实者，其名曰栎，其木心赤。《诗》云'瑟彼柞栎'是也；一种结实者，其名曰栩，其实为橡。二者树小则耸枝，大则偃蹇。"

《庄子·人间世》云：一个名叫石的木匠带着徒弟到齐国去，途中见一栎树，非常高大，树荫浓郁，观赏的人甚多。可这位名石的木匠连瞧都不瞧一眼，一直往前走。他的徒弟们被这棵栎迷住了，不禁停下脚步。发现师傅已远远走到前面去了，就赶紧追上，问道："自我们跟随师傅以来，从未见到这么大的木材，可您为什么看都不看一眼呢？"师傅答道："那是一棵无用的散木！用它做船，船就沉没；用它做棺椁，棺椁很快腐烂；用它做器具，器具很快损坏；用它做门户，门户就会流污浆；用它做柱子，柱子很快遭虫蛀。这不材之木，任何木匠都看不起它，它倒因此而长寿，高大得出奇。"此后，栎就成为无用之材的代称了。如晋戴逵《闲游赞》：

> 栎散之质，不以斧斤致用。

唐欧阳詹《寓兴》诗曰：

> 桃李有奇质，樗栎无妙姿。

栎被散置，不合世用。因而古人也常用以表示自谦，含有虽怀才而不合时宜之意。如北朝魏宗钦诗：

> 伊余栎散，才至庸微，遭缘幸会，忝与枢机。

宋苏轼《和穆父新凉》：

> 常恐樗栎身，坐缠冠盖蔓。

《庄子》多寓言，不可视为事实，但栎却因此背上"无用之材"的名声达两千余年。这是个大"冤案"。其实，栎的用途甚广。

栎木甚硬，是做器具的良材。《淮南子·时则训》："十二月……其树栎。"高诱注："栎可以为车毂，木不出火，惟栎为然。"意思是，以栎做车毂，耐磨，耐摩擦之热，别的木材都比不上它。晋郭璞注《尔雅》说：栎可制木梳。唐陈藏器也说：唐代用的木梳多是用栎木制的，直至清代，制木梳仍然用栎。

栎的皮和果实可做染料。明毛晋《毛诗陆疏广要》云："徐州人谓栎为杼，或谓之为栩，其子为皂，或言皂斗，其壳为汁，可以染皂。"

栎的根皮、果肉、果壳都可以入药。《本草纲目》说：根皮可治"恶疮，因风犯露致肿者"。果肉可治痢疾，果壳可以治肠风及某些妇科病，还可以染头发、胡须。

不过栎树对人类的最大贡献还不是以上这些，而是它用果实救活过无数饥民，滋养过许多贫士和隐者。明徐光启《农政全书》记载饥荒年食"橡子"（即栎的果实）之法云："取子，换水浸，煮十五次，淘去涩味，蒸极熟，食之。"史书上关于以橡实度荒年的记载历代都有。如《韩非子》载：秦昭襄王时大饥，应侯就曾向昭襄王提出将五苑中的橡实及枣栗等救济饥民。后汉李恂免官后徙居新安，遇饥荒，靠吃橡实得以不死。（《后汉书·李恂传》）唐杜甫在秦州时贫困潦倒，靠砍柴、采橡实度日。（《唐书·杜甫传》）唐崔从隐居太原山中，碰上荒年，拾橡实充饥，"讲学不废"。（《唐书·崔从传》）唐张蠙诗"斋厨唯有橡"，宋唐庚诗"橡实炊饭如剥栗"也都是写的以橡实充饥。

古代医家还认为，橡实营养丰富。唐孙思邈说：橡实"最益人"，"令人强健不极"。（《本草纲目》）明徐光启也说，吃橡实有"厚肠胃"的功效。（《农政全书》）

梓

梓，在上古时是"子道"的象征、故乡的代称，在中古是爱情的象征。

《尚书大传》载，周公的儿子伯禽、康叔去见父亲，去了三次，每次都受责罚。两人很困惑，不知自己犯了什么错，就向商子求教。商子说："南山向阳的一面有一株树名乔，背阴的一面有一株树名梓，你们俩去看一看吧！"两人看了乔和梓回来对商子说："那乔高而仰（高大昂扬），那梓晋而俯（屈身俯首）。"商子说："乔，是为父之道；梓，是为子之道。"两人恍然大悟，马上去见父亲，进门就行"趋"礼，登堂就双膝跪下。周公很高兴，抚摸他们的头，留他们吃饭。此后，梓就成为"子道"的象征。《诗经·小雅·小弁》：

> 维桑与梓，必恭敬止。

宋朱熹《传》：

> 桑、梓，二木。古者五亩之宅，树之墙下，以遗子孙，给蚕食、具器用者也。

由于房屋周围，必种梓树，所以梓成为故乡的代称。如汉张衡《南都赋》："永世克孝，怀桑梓焉；真人南巡，睹旧里焉。"晋陆机《百年歌》之八："辞官致禄归桑梓，安车驷马入旧里。"宋范成大《杨君居士挽词》云："孝至兰陔茂，身修梓里恭。"

梓，轻软耐巧，是古人做家具器用最喜用的木材，所以朱熹说，古人五亩之宅周围种梓，是为了给子孙"具器用"。宋罗愿说："室屋之间有此木，则余材皆不复震。"可见在古人心目中，梓是做器用的最理想的木材，以至木匠称为"梓人""梓匠"。梓还是制琴的好材料，据说以木色微紫黑或黄心的最好。先将选好的梓浸水中，然后悬在灶上熏干或在风日中曝之百日才可用。

死后能睡梓做的棺材，则是一种荣幸。西汉霍光死后，皇帝赐的宝物中就有梓木棺，《后汉书·戴凭传》有"卒于官，诏赐东园梓器"，"梓器"是梓树做的棺材。皇后死后，规定睡梓棺，称为"梓宫"。梓之所以被视为做棺材的理想材料，是因为梓耐朽，还有一个原因是梓有"木王"之称。《毛诗陆疏广要》云：

> 今呼牡丹为花王，梓为木王，盖木莫良于梓。

这木王还有灵气。《群芳谱》载，王之稷任贵阳通判，奉命运木至京城，渡黄河时，两株最大的梓木忽陷入泥中，上千人用大绳也拉不动，王之稷写文祭祀。这天夜里他做了一个梦，梓树对王之稷说："我三千年来做万木的领袖，现在你把我排在各种木材的最后面，所以我不走了。如果你一定要应天子之命，你得用大船载我才行。"第二天按梓的话去做，一路很顺利。

古人印刷书籍的刻版，多用梓木。所以刻印书籍称为"梓"或"付梓"，如明袁宏道《叙呙氏家绳集》："近者，吴川公梓其家集，始获尽公及呙氏三世之藏。"明吴应箕《答陈定生书》："《东林本末》采录最真，编定最确，……今以原稿附上，幸即付梓也。"书籍的刻版发行称为"梓行"，如明张居正《答奉常陆五台》："闻以《华严》合论梓行，此希有功德也，刻成，幸惠寄一部。"

梓作为爱情的象征始见于干宝《搜神记》韩凭夫妇故事。宋康王夺韩凭妻何氏。韩凭出怨言，康王罚韩凭为城旦。何氏暗中给韩凭一封信，云：

其雨淫淫，河大水深，日出当心。

信为康王所得，但左右都不解其意，只有苏贺能破译："其雨淫淫，言愁且思也；河大水深，不得往来也；日出当心，心有死志也。"果然韩凭自杀，何氏与康王登台时也跳下台摔死。何氏遗书要求与韩凭合葬。康王怒，只使两坟相对，说："如果你们夫妇真相爱，你们的坟自己合拢去。"当夜，两坟各生一大梓树，不十天，梓大盈抱，两梓屈体相就，根交于下，枝交于上，树上有一对鸳鸯悲鸣。宋人见此情景，深为悲痛，称梓为"相思树"。

《搜神记》以后，以梓象征坚贞不渝的爱情故事渐渐多起来。如《述异记》载：陆东美与妻朱氏极相爱，平时寸步不离，人们称他俩为"比肩人"。后来，妻子死了，陆东美绝食，也死了。家里人将他们俩合葬。不一年，坟上生梓树，同根而两干，两干又相抱如一树，有双鸿宿于树枝。孙权闻知此事，封此里为"双梓里"。

梅

在南北朝以前，梅的文化功能主要体现于果实，侧重于实用价值；南北朝以后，梅的文化功能主要体现于花，侧重于观赏价值。

最早记载梅的典籍是《诗经》，但都用于比兴，其文化功能不甚明朗。《礼记》《周礼》等书都谈到以梅实做食物，如《礼记·内则》："瓜桃李梅。"注云："皆人君燕食所加庶羞也。"这是说国君的日常食物少不了梅实。《周礼·笾人》："馈食之笾，其

实枣栗桃干藔榛实。"意思是：祭祀的馈食之笾盛的食物有枣、栗、桃、干梅（"干藔"就是干梅）、榛实等。祭神用梅，正说明梅实是人们日常不可少的食物。

梅实很酸，故古人用作调料。生活中用作调料当然很早，但最早的记载是什么书？清朝以前，一致认为是《尚书·说命下》。该篇写殷高宗称赞傅说云：

> 若作和羹，尔惟盐梅。

意思是，比如做羹汤，你就是调味的盐和梅。不过，《兑命》是晋朝人伪造的，时间很晚。《左传·昭公二十年》：

> 水、火、醯、醢、盐、梅，以烹鱼肉。

这大概是最早的记载。汉高诱注《淮南子》云："一梅不足为百人酸也。"也是说梅可调味。《世说新语》载，曹操率军出征，途中士兵口渴，又没有泉水，曹操很忧虑。忽然他心生一计，下令说："前有大梅林，饶子，甘酸，可以解渴。"士卒闻之，口皆出水。后来梅因此得"曹公"之别名。梅实做调料是取其酸，既然士卒听说有梅林"口皆出水"，说明梅实在三国时已是平民普遍使用的调料了。梅实作为食用水果和调料，一直延续到后代。明李时珍说：梅实可以做"梅酱"，"夏月可调渴水饮之"。明王象晋说："取大青梅以盐汁渍之，日晒夜渍，十昼十夜，便成白梅，调鼎和齑，所在任用。"（《群芳谱·梅》）

南北朝以前，梅花尚未引人注意。《诗经》多次写到梅，但都是梅树和梅实。如《召南》："摽有梅，其实七分。"《曹风》："鸤鸠在桑，其子在梅。"无一处写梅花。屈原辞赋，草木花卉多撷入诗篇，也一处未提到梅花。南北朝时，梅花进入梁简文帝的赋（《梅花赋》）和阴铿、何逊、苏子卿等人的诗篇。此后，养梅、赏梅、咏梅等文化现象日益繁荣，且长盛不衰。宋王曾诗云：

> 而今未说和羹用，且向百花头上开。

形象而生动地道出了梅文化功能的转变。

南北朝以后，许多文人士大夫爱梅花成癖。南朝梁何逊在扬州任职时，官舍旁有一株梅树，何逊时常吟咏其下。后来移居洛阳，因思念梅花心切，专程到扬州寻梅，当时正值梅花盛开，何逊在花下徘徊终日。宋张功甫在园中种梅三百株，梅林中又建几间房子，梅花开时，张功甫就住在园中，日夜与梅花为伴。有人还将梅花作为赠给友人的珍贵礼品。《荆州记》载，陆凯与范蔚宗很友好，陆在江东，范在长安，陆派一使者给范送一枝梅花，并附一首诗：

> 折梅逢驿使，寄与陇头人。江南无所有，聊赠一枝春。

此事在文坛传为佳话。《说苑》载：南方小国派使者向梁王献梅一枝。梅花作为国家的礼物，其重要意义可知。此事还在陆凯之前。有人还吃梅花。吃法有多种，有的用蜂蜜渍，加雪水煎服，有的用好米加梅花煮粥。杨诚斋诗"蜜点梅花带露餐""脱蕊收将熬粥吃"写的就是吃梅花。吃梅花与吃梅实的目的完全不同，吃梅实是充饥、尝新、调味的需要，吃梅花则完全是追求精神享受。李时珍对此做过评论："皆取其助雅致，清神思而已。"

文人、士大夫为什么对梅花如此钟情？因为它冬天冒风雪开放，"寒心未肯随春态"；因为它形容孤瘦，"疏影横斜"。所以古人认为"梅以韵胜，以格高"。

就如英雄有骏马陪衬就更显得英武一样，古人认为，梅花也需要良好的陪衬才能充分显示其"韵胜""格高"。周密《齐东野语》对梅的陪衬物研究十分精细。该书说，赏梅最适合的天气是"淡阴""晓日""薄寒""细雨""佳月""夕阳""微雪""晚霞"；最合适的环境是"清溪""小桥""竹边""松下""轻烟""明窗""疏篱""苍崖""绿苔"；最适合的伴随物是"珍禽""孤鹤""林间吹笛""扫雪煎茶""石枰下棋""美人淡妆"，等等。如果天气是"烟尘不染"，梅林有"铃索护持"，花旁有"诗人搁笔评量"，"妙妓淡妆雅歌"，则是梅花的"荣宠"。梅花所憎恶的天气是"狂风""连雨""烈日""苦寒"，所憎的人与物是"丑妇""俗子""老鸦""恶诗""谈时事"等等。如果"主人悭鄙"，"赏花命猥妓"，"树下有狗屎"，"枝上晒衣裳"，则是梅花的屈辱。

为了在家里也能观赏梅，古人对"插梅于瓶"也进行了研究。为了使梅花存活时间长，"用淡肉汁去浮油入瓶插花，则花悉开而瓶略无损"，"煮鲫鱼汤可插梅"。为了增添雅趣，瓶子"宜敞口古樽罍"。

文人、士大夫爱梅花的文化现象能流传于后世的主要还是诗文。从南北朝至唐专咏梅花的诗还不很多，有人做过统计，南北朝写咏梅诗的只有十七人，共二十一首。唐代吟咏者增多，但杜甫也只写了二首，白居易四首，元稹、韩愈、柳宗元、刘禹锡、杜牧各一首，孟东野、皮日休等人则一首也不曾留下。到宋代咏梅花诗则骤然猛增。当然，以上统计未必完全，但宋代咏梅花诗的数量远远超过唐代则是毫无疑义的。宋代有个叫陈从古的，一人写的咏梅花诗就有八百首。咏梅花的名句也多出于宋朝。宋林逋隐居孤山，梅妻鹤子，他的"疏影横斜水清浅，暗香浮动月黄昏"（《梅花》），自受到欧阳修的激赏以后，被后人誉为咏梅诗的千古绝唱。不过也有人认为宋代咏梅诗，有超过林逋的。《竹坡诗话》云：

> 林和靖赋梅花诗有"疏影横斜水清浅，暗香浮动月黄昏"之语，脍炙天下殆二百年。东坡晚年在惠州作梅花诗云："纷纷初疑月挂树，耿耿独与参横昏。"此语一出，和靖之气遂索然矣。张文潜云"调鼎当年终有实，论花天下更无香"，此虽未及东坡高妙，然犹可使和靖作衙官。政和间，余见胡份司业和曾公衮梅诗云："绝艳更无花得似，暗香惟有月明知。"亦自奇绝，使醉翁见之，未必专赏和靖也。

作者认为胡份诗不在林逋之下，而苏轼、张文潜诗则超过林逋。平心而论，四人的诗各有特色，不好强分伯仲。苏轼说：

> 西湖处士骨应槁，只有此诗（指林逋《梅花》诗）君压倒。

宋诗咏梅名句不止上面说的这些，黄鲁直认为林逋的"雪后园林才半树，水也篱落忽横枝"比"疏影"两句还好。马浩澜认为"疏影"两句是写梅的风韵，"雪满山中高士卧，月明林下美人来"（高季迪诗）状梅之精神，"万花敢向雪中出，一树独先天下春"（杨廉夫诗）道梅之气节，各有千秋。宋人的咏梅花的词也很多，也不乏名篇。元、明、清的咏梅花诗词的数量和质量都不在宋人之下，如王冕梅花诗的影响不在他享有盛誉的墨梅画之下。古人咏梅诗中也有咏蜡梅的，不过蜡梅其实不是梅，因为梅属蔷薇科，而蜡梅则属蜡梅科。

松、竹、梅为"岁寒三友"。《论语·子罕》："岁寒，然后知松柏之后凋也。"没有提到梅，梅加入"三友"是较晚的事，可能到宋代才得到普遍的认可。宋林景熙《五云梅舍记》云："即其居累土为山，种梅百本，与乔松修篁为岁寒友。"明人笔记载：有人请内阁的官员为松、竹、梅题诗。杨士奇的题梅词云：

> 竹君子，松大夫，梅花何独无称呼？回头试问松与竹，也有调羹手段无？

为梅无"君子""大夫"的名位而不平，可见梅花虽在宋代突然发迹，但到明代它还仍处于"老三"的位置。

梅，以孤山、大庾岭最负盛名。孤山梅是因林逋而闻名，前已论及。大庾岭的梅则以自身的奇特著称。宋陆佃《埤雅》云："大庾岭上梅，南枝落，北枝始华。"

现在，梅只分布于我国长江以南以及江北靠近长江的地区，西北地区现在很难看到梅，华北在宋代就已经找不到梅了。明人笔记说，"初，燕地未有梅花"。一道士从江南移至，"护以穹庐"。既然要以穹庐保护，说明不适应燕地的寒冷气候。但在两三千年前，西北和关中均产梅花。《诗经·召南·摽有梅》：

> 摽有梅，其实七兮。

《诗经·秦风·终南》：

> 终南何有？有条有梅。

召南，在今陕西凤翔一带；终南，即终南山，在今西安市南。可见春秋时代这里有梅。梅之所以南迁，是因为西北、关中的气候逐渐变冷，竺可桢的《中国近五千年来气候变迁的初步研究》对此有具体论述。

日本于天平二十年（703）起，上层人物每年要举行梅花宴，这种爱梅之风很快普及于平民，每年二月二十五日为日本人的"梅花节"。日本的梅是从中国移植去的，他们的爱梅之风也是受中国人爱梅的影响，这可以从下面的一件事得到印证。晋郭注《尔雅》云，梅"似杏而实酢"。宋陆佃《埤雅》说，"梅至北方多变而成杏"，就如橘渡淮则为枳一样。这当然是不科学的，有趣的是梅的英文名字直译为汉语是"日本杏"，说明日本在唐代将梅从中国移植去时，不仅将中国人爱梅之情"移植"去了，而且将"梅至北方多变而成杏"也"移植"去了。

松

松，曾被封为"五大夫"，被誉为"君子"，它产的茯苓，是享有盛誉的"长生"灵药。

据古籍记载，泰山小天门有五株松树，称为"五大夫松"，如唐李冗《独异志》说：

> 始皇二十八年，登封泰山。至半，忽大风雨雷电，路旁有五松树，荫翳数亩，乃封为五大夫。

但封令刚下，就听到松树上传来声音："你不讲道德，不讲仁义，竟然自称皇帝，你有什么资格封我？"声音清晰，左右也都听得清清楚楚。秦始皇闷闷不乐，回来后不久，死于沙丘。唐人咏五大

夫松的诗很多。如李商隐《五松驿》诗云:

> 独下长亭念过秦,五松不见见舆薪。只应既斩斯高后,
> 寻被樵人用斧斤。

唐徐夤《大夫松》诗:

> 五树旌封许岁寒,挽柯攀叶也无端。争如涧底凌霜节,
> 不受秦皇乱世官。

两人的说法与《独异志》一致。

关于"五大夫"的记载最早的是《史记·始皇本纪》:

> 始皇乃遂上泰山,立石,封,祠祀。下,风雨暴至,休
> 于树下,因封其树为五大夫。

后人关于"五大夫松"的种种传说都本于《史记》。但《史记》只
说"因封其树为五大夫",没有说什么树,更没有说是五株。在
《独异志》等书和李商隐等人的诗中都变为五株松了。其演变过程
大致分为两个阶段,首先是将"树"变为"松",这是汉人应劭干
的。《东斋记》说:秦始皇封泰山时,"风雨暴至,休于树下,因
封其树为五大夫。初不言其为何树也。后汉应劭作《汉官仪》始
言为松,盖树在泰山之小天门,至劭时犹存,故知其为松也"。据
此,应劭说的话不过是据《史记》做了一番臆测,未必可信。第
二阶段是由松变为五株松,这是由"五大夫"推演出来的:既然
封了五个大夫,那么必然是五株松树了。

其实"五大夫"是秦爵位的称呼,是秦爵位的第九级,并非
五个大夫官。对此,《东斋记》《缃素杂记》等书都有论述。还有
一个类似的误会:绍兴上虞县有个村市曰"五夫",本来是由于

一姓焦的五个儿子都做了相当于"大夫"的官位而得名，近世好事者或异其说曰："此秦封松为五大夫之地也。"绍兴间，王十朋为郡幕官，采访所闻，作《会稽风俗赋》，得此，遂以为然，故赋中有"枫挺千丈，松封五夫"之句。疏于下云："上虞有地名五夫，始皇封松为五大夫之处。"（《东斋记》）秦始皇只在会稽刻石，封树为五大夫则在泰山。将两个地方两件事牵合在一起，造成误会。

"五大夫"之称虽然扑朔迷离，但"君子"之称则是确实的。有人说，松"极地气不能移，历岁寒不为改，大类有道君子"。《世说新语》称赞嵇康说：

> 嵇叔夜之为人也，岩岩若孤松之独立。

唐李白诗云：

> 愿君学长松，慎勿作桃李。受屈不改心，然后知君子。
> （《赠韦侍御黄裳》）

可见古人普遍将松视为君子的象征。

为什么将松视为君子，从何时起才被视为君子？《论语·子罕》云："岁寒，然后知松柏之后凋也。"孔子赞颂松，实际上是赞颂君子的品格，这大约是最早的了。战国时的荀子说："松柏经隆冬而不凋，蒙霜雪而不变，可谓得其真矣。"又说："岁不寒无以知松柏，事不难无以知君子。"比孔子说得更明确了。五代谭峭《化书》说："硐松所以能凌霜者，藏正气也。"这可以看作是荀子说的"得其真"的注脚，但又比荀子说得更明确。君子之所以成为君子，是因为他一身正气，不畏邪恶，松既"藏正气"，当然它就是君子的象征了。

松所产的茯苓，据说是可使人"固形养气，延年却老"，历代记载甚多。最早的记载当是《史记·龟策列传》："下有伏灵，上有兔丝。""伏灵者，千岁松根也，食之不死。""伏灵"就是茯苓。松分泌的松脂入地，据说经过千年就成为茯苓。《本草纲目》引韩保升语云："所在大松处皆有，惟华山最多。生枯松树下，形块无定，以似龟、鸟形者为佳。"但也不是每棵松树下都有茯苓，判别的方法是：大松锯了以后，过若干年根不仅不枯，而且还很红润，那么根下必有茯苓，因为根不枯而红润是由茯苓滋养着的。茯苓也可人工培养，方法是，将松根割破，使松脂渗入。然后将松脂埋起来，经过三年取出，就成为茯苓了。不过自然形成的茯苓优于人工培植的茯苓。

《本草纲目》说，茯苓可治痈疽、恶疮等病。"久服轻身，不老延年。"《抱朴子》载：赵瞿患癞病多年，几乎要死，家里人讨厌他，把他送入山洞中，赵瞿整天伤心流泪。有一个仙人经过此处，很怜悯赵瞿，给了他一袋药，服用百余天，不仅癞病好了，而且变得年轻了。赵瞿问是什么药，仙人说是茯苓，长服可长生不死。赵瞿回家后继续服食，身体变轻了，力气增加百倍，百余岁牙齿不掉，头发不白。明李时珍还将此事收入《本草纲目》。服法也有讲究，宋苏轼《东坡杂记》说：将茯苓削去皮，放在石器中用清水煮，然后用细布袋过滤，去渣，取水中澄的粉，和以蜜，然后蒸熟服用。如果将胡麻九蒸九暴，用石器按一定的方法熬与茯苓一起服食，效果更好。

松树的果实和叶子与茯苓也有同样的功效。《异苑》载："汉末宫人小黄门上墓树上避兵，食松柏实，遂不复饥，举体生毛长尺许。魏武闻而始收养，还食谷米，齿落头白。"《新唐书·王希夷传》："（希夷）隐嵩山，师黄颐学养生四十年。颐卒，更居兖州徂徕……饵松柏叶、杂华，年七十余，筋力柔强。"宫人和王希夷一食松实，一食松叶，都得长生。此类记载甚多，宋陆游《老学庵笔记》载："青城山上官道人，北人也。巢居食松麨，年九十矣，人有谒之者，但粲然一笑耳。""麨"是磨成粉的干粮，这"松麨"，大约是用松根、根叶制成的。

古人对茯苓的"固形""长生"的作用深信不疑，服食的人很多，如苏轼、苏辙兄弟都服食过，但都未长寿（苏轼六十六岁，苏辙七十三岁）。南朝陶弘景每月受皇帝所赐茯苓五斤，也只活了八十岁，可见"长生"之说不可信。现代中药仍有茯苓，它具有利尿、镇静等作用，这倒是它的实际用途。

松的形态很美，古人特别爱其盘曲、偃盖、苍郁，因而注意研究培育观赏松。这种研究至晚在宋代已较普及。宋彭乘编撰的《墨客挥犀》云："苏伯材奉议云：凡欲松偃盖，极不难。栽时，当去松中大根，惟留四旁须根，则无不偃盖。"说明枝叶偃盖的观赏松在宋代已相当普遍。

松涛声常使文人士大夫陶醉。被称为"山中宰相"的南朝陶弘景在自己的庭院种满松树，为的是听松涛声，"每闻其响，欣然为乐。有时独游泉石，望见者以为仙人"（《梁书·陶弘景传》）。唐人咏松涛诗云：

> 庭际微风动，高松韵自生。听时无物乱，尽日觉神清。强与幽泉并，翻嫌细雨并。拂空增鹤唳，过牖合琴声。况复当秋暮，偏宜在月明。不知深涧底，萧瑟有谁听。（刘得仁《赋得听松声》）

此诗大体可以代表文人爱松涛的情趣。

古人在墓前除植柏外，还植松。在父母墓前植松，是孝的表

现。唐代一小和尚性至孝，他母亲墓前忽然长出十余株松树和柏
树，人们认为是孝心感动上苍所致。(《群芳谱·松》)墓前之所
以种松柏，除取其四季常青外，还取古代以松木、柏木为神主。
《论语·八佾》云：

> 哀公问社于宰我。宰我对曰：夏后氏以松，殷人以柏。

到北朝魏时，社前只植松，不植别的树了。

桃

　　上古时期，桃木即用以
避邪；中古时期，桃花始用
以醺面。

　　以桃木避邪，春秋时就
已盛行，其形式也多种多样。
有以桃枝编成扫帚的，称为
"桃茢"。《左传·襄公二十九
年》："乃使巫以桃茢先祓殡。"
是说楚王死了，襄公让巫人用桃枝扫帚先在棺材上扫除凶邪。《周
礼·夏官·戎右》："赞牛耳，桃茢。"是说举行盟誓歃血时，戎右
赞助王者执牛耳，并以桃茢拂血，有避邪之意。也有用桃木弓的。
《左传·昭公四年》："桃弧棘矢，以除其灾。""桃弧"就是桃弓。
还有的用桃枝插在门上。《庄子》："插桃枝于户，连灰其下，童子
入而不畏，而鬼畏之，是鬼智不如童子也。"

　　到汉代以后，以桃避邪的形式更为纷繁，有用桃人立于户侧

的。汉应劭《风俗通·祀典·桃梗》："于是县官常以腊除夕饰桃人，垂苇茭，画虎于门，皆追效于前事，冀以卫凶也。"有用桃印的，即刻桃木为印挂于门上。《后汉书·礼仪志》中载："仲夏之月，万物方盛，日夏至，阴气萌作，恐物不懋。……以桃印长六寸，方三寸，五色书文如法，以施门户。"与桃印相似的有刚卯，于正月卯日刻成。不过刚卯既可用桃木也可用金玉，上刻有"庶疫刚瘅，莫我敢当"等字样。有用桃木煮汤挥洒的。南朝宗懔《荆楚岁时记》："正月一日……长幼悉正衣冠，以次拜贺，进椒柏酒，饮桃汤。"还有用桃符的。同书载："正月一日……帖画鸡户上，悬苇索于其上，插桃符其傍，百鬼畏之。""桃符"是用桃木板制成的，上面画有能食百鬼的神。到了五代的后蜀，桃符上不画神而写联语。再以后，用以写联语的不用桃符而用纸，这就发展为后代的春联了。

桃木能避邪之说，大约始于远古的神荼、郁垒的传说。这传说在《山海经》（相传为夏禹、伯益者，现在一般认为成书于战国，是远古传说及地理、历史资料的汇编）中有记载：神荼、郁垒二神在东海度朔山的大桃树下，主管众鬼，将害人之鬼用苇索捆起来喂老虎。捕害人之鬼的两位神要以桃树为凭借，按古人的推理的习惯，当然桃也就具有避邪的功能了。《典术》说："桃者，五木之精，仙木也，故厌伏邪气，制百鬼。"这也是据神荼、郁垒的传说推演出来的。服虔为《左传》中"桃弧棘矢，以除其灾"作疏云："桃，所以逃凶也。""桃""逃"同音，取其逃避之义，与前说不同，可算是桃能避邪恶的又一说。

桃虽可驱邪避鬼，可是孔子却很轻视它。《孔子家语》说：鲁哀公赐孔子桃，同时还赐黍，好让孔子用黍擦掉桃上的毛。可孔子先将黍吃了然后吃桃，左右的人都暗笑。哀公对孔子说："那黍是用来洗桃的，您怎么不知道呢？"孔子说："这我怎么不知道，不过黍是五谷之长，而桃却很下贱，所以'祭先王不得入庙'。怎么能以贵黍来洗贱桃呢？"

据说还有一种与一般桃不同的仙桃，关于这方面的传说甚多，下面随便举两个例子。有一个和尚在山中遇一道士，和尚饿了，又无物可食。道士说，这里有仙桃，千年结一实，吃了就不饿。道士摘了一个大如两升容器的仙桃给和尚，和尚吃后，从此不吃东西，也不觉饥饿。（见《神仙感遇传》）还有一个叫廖半仙的人，事母至孝，到山中采樵，遇两个老人给他一枚桃，才吃一半，两个老人不见了，从此他力大无比，负千斤而不知重，而且还可以预知未来的事情，号称"半仙"。（见《邵武府志》）

关于仙桃的传说虽然很多，但追本溯源，都是从西王母赐汉武帝仙桃的故事演变而来的。晋张华《博物志》载：汉武帝时，西王母派使者乘白鹿告诉武帝，准备迎接她的到来。武帝在九华殿恭候。七月七日，西王母乘云车而降。西王母拿出七个仙桃，自己吃两个，给武帝五个。武帝说：他打算将核作种子，让人间也有仙桃。西王母说：这桃三千年才结一次果，人间的土地是不能生长的。《汉武故事》载：有个矮小的人指着东方朔对汉武帝说：西王母种的仙桃，三千年结一次果，东方朔这小子行为不端，在西王母处偷过三次桃了。这两个故事中的桃虽然满身仙气，但还没有着力渲染吃仙桃的神奇作用。后来的传说，吃仙桃的作用变得愈来愈玄了。

用桃花给小孩洗脸称"靧面"，据说可以使小孩长得漂亮。唐虞世南《史略》云：

　　北齐卢士深妻，崔林义之女，有才学。春日，以桃花靧儿

面，咒曰："取红花，取白雪，与儿洗面作光悦；取白雪，取
红花，与儿洗面作光华；取雪白，取花红，与儿洗面作华容。"

这种习俗似乎后代也有。如宋毛滂《春词》："靧面桃花有意开，
光风转蕙日徘徊。"清人有诗云："频年靧面祝中闺。"

在水果中，桃的地位不高。宋陆佃《埤雅》引《孔子家语》
说："六果桃为下，祭祀不用，不登郊庙。"是说六种水果中，桃
的地位最低，祭祀也不用它。

据说为争食桃，却曾使三个勇士丧生，这就是"二桃杀三士"
的故事。《晏子春秋·谏》载：齐景公时，有公孙接、田开疆、古
冶子三勇士，他们恃功骄傲，晏子劝景公除掉他们，并献计道赐
给他们两个桃子，但要按功劳大小领取桃子，好让他们互相争斗。
果然三勇士都恃功争桃，结果三勇士先后自杀。于是"二桃杀三
士"成为以阴谋杀人的著名比喻，如三国诸葛亮《梁甫吟》："一
朝被谗言，二桃杀三士。"

桃花绚丽，向为人喜爱，古谚云："桃李不言，下自成蹊。"
正说明人们对桃花的感情。"桃花百媚如欲语"（唐温庭筠诗）、
"桃花乱落如红雨"（唐李贺诗）都是赞美桃花的名句。贵族、文
人在春天喜欢在桃花前饮酒赏花。唐玄宗时，禁苑千叶桃盛开，
玄宗天天与杨贵妃在花前宴饮，还说"不惟萱草忘忧，此花亦能
销恨"。李白与他的兄弟们在桃李花下宴饮，写下了千古名篇《春
夜宴桃李园序》。

如果桃到开花的季节不开花，则认为是不吉利的征兆，《易
纬·通卦验》说：惊蛰已过，桃花不开，则仓库多火。如在秋末
或冬天桃花开了则是祥瑞，是政治宽厚舒缓之应，史书及各地府
志此类记载甚多。如《晋书·五行志》载："魏少帝景元三年十

月，桃李华。时少帝深树恩德，事崇优缓，此其应也。"

海　棠

海棠花虽美，但受到人们的重视却较晚，到唐代始引人注意，直到宋代才受到广泛的珍爱。

《山海经·中山经》云："岷山，其木多海棠。"可见我们的祖先认识海棠相当早，但《山海经》之后至唐代以前的记载则甚少。宋代沈立就注意到这个问题，他的《海棠记》说："蜀花称美者，有海棠焉，然记牒多所不录。"

唐代虽有贾岛、温庭筠等人写了吟咏海棠的诗篇，但在整个唐代吟咏诗篇并不多。特别是诗圣杜甫，长期生活在蜀，蜀又是盛产海棠之地，可他竟连一首咏海棠的诗也没有写。不少人对此既感叹又为海棠不平。唐郑谷《蜀中赏海棠》诗云：

> 浓淡芳春满蜀乡，半随风雨断莺肠。浣花溪上堪惆怅，子美无心为发扬。

宋王十朋诗云：

> 杜陵应恨未曾识，空向成都结草堂。

前诗抱怨杜甫无情，后诗嘲笑他枉住成都。至于杜甫为什么没写

海棠诗，有人说并非杜甫不喜欢海棠，而是为了避母讳。王禹偁
《诗话》云："杜子美避地蜀中，未尝有一诗说着海棠，以其生母
名海棠也。"但此说有不少人怀疑，明朝有人说："谓杜子美讳母
乳名，诗中不之及，恐亦宋人傅会。"宋王安石的见解更为别致，
他的《梅花》诗云："少陵为尔牵诗兴，可是无心赋海棠。"对诗
人的话虽然不宜拘泥，但王安石到底不曾赞同"避讳"之说。不
过有人却将海棠在唐代受到多数人冷落，归过于杜甫。如宋人陈
思说：

> 自杜陵入蜀，绝吟于是花，世因以此薄之。（《海棠谱
> 序》）

在杜甫的前后，并非没有人吟咏海棠，崇拜杜甫的人认为他们的
才气不可能起到多大的作用，如宋石延年诗云："杜甫句何略，薛
能诗未工。"不过这些崇敬"诗圣"的人其实冤枉了"诗圣"，杜
甫并无左右世人对草木好恶的力量。杜诗中吟咏过的草木鱼虫甚
多，并未都使他们"发迹"，如《江头五咏》中的栀子和花鸭就是
如此。大诗人屈原吟咏的花草也很多，也同样未起到左右世俗好
恶的作用。

帝王的好恶对世俗的作用，比文人强得多，宋人陈思说：

> 本朝列圣品题，云章奎画，烜耀千古，此花始得显闻于
> 时，盛传于世矣。（《海棠谱序》）

宋太宗、真宗、光宗等皇帝都有吟咏。宋太宗《海棠》诗的末联
云："偏宜雨后看颜色，几处金杯为尔斟。"光宗《观海棠有感》
诗云："东风用意施颜色，艳丽偏宜著雨时。朝咏暮吟看不足，羡
他逸蝶宿深枝。"表现了他们爱海棠的深情。他们的诗一出，群臣

争和，海棠的身价因此大大提高了。但如果说宋代的"海棠热"全是几个皇帝掀起的，恐怕也未必全面。明清时"海棠热"也并未明显消退，可两朝皇帝并未表现出宋代皇帝的那种热情。

宋代产生了不少咏海棠的名篇，不过都不是出于帝王或达官贵人之手。最享盛名的要数苏轼的两首诗。一首是黄州写的七言古诗《寓居定惠院之东，杂花满山，有海棠一株，土人不知贵也》，借海棠寄托了他遭贬谪的感慨，当时人和后代人都有和作。另一首为七绝《海棠》：

> 东风袅袅泛崇光，香雾霏霏月转廊。只恐夜深花睡去，更烧高烛照红妆。

苏轼还有一首用游戏笔墨写的以海棠喻妓的诗，虽算不上名篇，但颇为风趣。兹录《诗话总龟》的记述如下：

> 东坡谪居齐安，时以文笔游戏三昧。齐安乐籍中李宜者，色艺不下他妓，他妓因燕席中往往得诗，宜独以语讷不能请。及坡将移临汝，于饮饯处，宜奉觞再拜，取领巾乞书。公顾视久之，令宜磨砚，墨浓，取笔大书："东坡五载黄州住，何事无言及李宜。"即掷笔袖手，与客笑谈。座客相谓："语似凡易，又不终篇，何也？"至将撤具，宜复拜请。坡大笑曰："几忘出场。"继书云："恰似西川杜工部，海棠虽好不留诗。"一座击节，尽欢而散。

海棠非中原所固有，是从外国引入的。《海棠谱》转引唐段成式《酉阳杂俎》云："唐赞皇李德裕尝言：花名中之带'海'者，悉从海外来。故知海棕、海柳、海石榴、海木瓜之类，俱无闻于记述。"明李时珍又引书说："李德裕《草木记》云：'凡花木名海者皆从海外来，如海棠之类是也。'又李白诗注云：'海红乃花名，出新罗国甚多，则海棠之自海外有据矣。'"

海棠的种类甚多，王世懋《花疏·海棠》就列举了垂丝、西府、棠梨、木瓜、贴梗等。最美的海棠产于蜀，这是历来公认的。宋代宋祁说："蜀之海棠，诚为天下所奇艳。"唐薛能《海棠》诗云："四海应无蜀海棠，一时开处一城香。"蜀海棠又以昌州（今四川大足县）海棠最美。明张所望《阅耕余录》云："昌州海棠独香，其木合抱，每树或二十余叶，号'海棠香国'。"海棠多为不香的，昌州海棠既美且香，所以有"香国"之名。宋薛季宣之前，人们认为只有蜀海棠才香，其他的海棠都不香，所以石崇看到海棠叹息说："汝若能香，当以金屋贮汝。"（王禹偁《诗话》）薛季宣发现不产于蜀的海棠也有香的，这才知道"香海棠自有种耳"。（《香海棠序》）

海棠春天开花，也有秋天开花的，称为秋海棠，亦名"八月春"。叶背和叶柄带紫红色，花淡红色。旧题元伊世珍《琅嬛记》载秋海棠的来历说：以前有一个女子与情人别后，日夜思念，常在北墙之下流眼泪，后来在洒泪之处长出一种植物，开的花特别好看，其形、其色就像这个女子脸庞，这就是秋海棠。因为它是这个女子的眼泪变成的，所以也称"断肠花"。透过这个传说，可以看出人们对秋海棠的深情。明人王泰际的《题秋海棠》正是取上面的传说。诗云：

断肠春色里，何事又关秋？翠袖不须竹，朱颜只近愁。诗篇妾薄命，歌谱小梁州。禁足行阶下，情生欲白头。

荔 枝

荔枝是南方产的佳果，历代列为贡品。

晋嵇含《南方草木状》云："荔枝，树高五六丈余，如桂树，绿叶蓬蓬，冬夏荣茂，青华朱实，实大如鸡子，核黄黑似熟莲，实白如脂，甘而多汁，似安石榴。"在宋代，我国就出现了研究荔枝的专著《荔枝谱》（宋蔡襄撰），蔡襄将荔枝分为三十二品，记述了荔枝的产地、栽培护理方法、品种、果脯制法等。明人邓庆寀又撰《闽中荔支通谱》，除收蔡襄所著外，又收明人徐𤊹、宋珏、曹蕃三家及庆寀自著《荔谱》五种。可以说是一部研究荔枝的总汇。

荔枝味道很美，"瓤肉莹白如冰雪，浆液甘酸如醴酪"。所以苏轼贬至岭南吃到荔枝时写道：

> 日啖荔枝三百颗，不辞长作岭南人。

古代南海（今广东一带）、闽（今福建一带）、蜀（今四川一带），都产荔枝。这些地方所产荔枝的优劣，说法各不相同。《唐国史补》说：南海的荔枝优于蜀产荔枝。《清异录》说：闽蜀荔枝优于南海荔枝。《客惠纪闻》则说：惠州东莞的荔枝可与闽产相伯仲。说法之所以不同，可能与作者的见闻有关，也可能与品种的选择、栽培技术的改进有关。如宋罗大经《鹤林玉露》说："是时闽品绝未有闻，至今则闽品奇妙香味皆可仆视泸戎（指蜀）矣。"同是闽产的荔枝，宋代的就优于唐代的。

古人做过移植荔枝的尝试。汉武帝很喜爱荔枝。他破南越后，建扶荔宫，以荔枝命宫名。他曾从交趾移荔枝百本于上林苑，而且连年移植，不过大多枯死了。有一株虽稍茂，但不开花也不结实，武帝仍很珍爱。后来这一株也枯死了，武帝大怒，认为是守吏不尽职，杀了数十人。此后也就不再移植，年年让交趾贡荔枝果。

荔枝很早就列为贡品。《西京杂记》（旧题汉刘歆撰）云："尉陀献高祖鲛鱼、荔枝。"荔枝作为贡物这可能是最早的。自汉以后，"岁贡"中一般都列有荔枝，如宋大中祥符二年（1009），规定岁贡荔枝六万颗。崇宁四年（1105），又增加一万三千颗。也偶有减贡、罢贡的，但这种情况很少。

荔枝保鲜极难。"若离本枝，一日而色变，二日而香变，三日而味变，四五日外，色香味尽去矣。"（唐白居易《荔枝图序》）要将千里之外的荔枝运到京城而不变味，在交通工具落后的封建社会，其难度可想而知。皇帝及其嫔妃们为了享用鲜荔枝，不知使多少老百姓因之丧生。《后汉书·和帝纪》载："旧南海献龙眼荔枝，十里一置，五里一候，奔腾阻险，死者继路。"注云："驿马昼夜传送之，至有遭虎狼毒害，顿仆死亡不绝。"唐羌见此惨状，上书和帝，才得罢贡。

唐朝杨贵妃嗜荔枝，为了换取贵妃的笑颜，玄宗也如和帝一样，迫使无数百姓丧生，《新唐书·杨贵妃传》载：

> 妃嗜荔枝，必欲生致之，乃置驿传送，走数千里，味未变，已至京师。

宋苏轼的《荔枝叹》对此事的描写更为具体：

　　　　十里一置飞尘灰，五里一堠兵火催。颠坑仆谷相枕藉，知是荔支龙眼来。飞车跨山鹘横海，风枝露叶如新采。宫中美人一破颜，惊尘溅血流千载。

　　不过杨贵妃吃的荔枝到底是哪里产的，她在哪里吃荔枝，则说法不一。《新唐书·杨贵妃传》说是南海荔枝，天宝末进士鲍防的诗也说是南海荔枝，他的诗说："五月荔枝初破颜，朝离象郡夕函关。雁飞不到桂阳岭，马走皆从林邑山。""象郡"在今广西崇左一带。《浪斋便录》说：杨贵妃吃的是何处的荔枝，实际上是关系到唐代的贡制。有人说来自南海，有人说来自忠州，苏轼则说来自涪州。作者认为涪州说是可信的。"涪州有妃子园荔枝，盖妃嗜生荔枝，以驿骑传递。故君谟《谱》曰：'天宝中妃子尤爱嗜，涪州岁命驿致。'又曰：'洛阳取于岭南，长安来于巴蜀。'此实录也，后人不须置喙矣。"关于杨贵妃吃荔枝的地方，唐杜牧说是在骊山华清宫。他的《华清宫》诗云：

　　　　长安回望绣成堆，山顶千门次第开。一骑红尘妃子笑，无人知是荔枝来。

但有人批评杜牧的诗失实。《诗话总龟》说："杜牧《华清宫》一诗尤脍炙人口。据唐纪，明皇以十月幸骊山，至春即还宫，是未尝六月在骊山也。荔枝盛暑方熟，词意虽美而失实。"

　　对杨贵妃在何处吃荔枝、吃何处荔枝的考证似烦琐而无意义，但是如果看一看杨贵妃吃荔枝对后世荔枝文化的影响，我们就会发现这种考证并非毫无意义。自宋以后，研究荔枝的著作一部接一部，没有哪一部不将荔枝和杨贵妃联系在一起。唐以后吟咏荔枝的诗文无数，作品中也往往要挂上杨贵妃。正如明人林古度

《荔枝通谱序》云：

> 即杨妃一妇人女子，偶甘是物，而名为之益彰。自唐以后之谱荔枝者，赋咏荔者，又莫不借贵妃以为故。

荔枝亦名"侧生"，如宋黄庭坚《跋杨妃病齿图》："岂非坐多食侧生，遂动摇其左车乎？""侧生"之名本于晋左思《蜀都赋》："旁挺龙目，侧生荔枝。"本指荔枝果生于旁枝，后来成为荔枝的代称。

篇之三　虫

蝉

蝉是高洁的象征，如果蝉在该叫的季节不叫，则是灾异的征兆。

古人认为蝉饮露餐风，不吃东西，如《荀子·大略》说："饮而不食者，蝉也。"《淮南子·说林训》说："蝉饮而不食"，"无口而鸣"。说它"饮而不食"的根据是什么呢？"古人言其饮风露，观其不粪而溺，亦可见矣。"（《本草纲目》引寇宗奭语）在古人看来，既然蝉只拉尿不拉屎，那必然是只喝露水不吃东西的。

由于它饮露餐风，于是成为高洁的象征，千百年来它一直受到人们的尊敬，被人们所讴歌。曹植《蝉赋》写道：

> 实淡泊而寡欲兮，独怡乐而长吟，声皦皦而弥厉兮，似贞士之介心。内含和而弗食兮，与众物而无求。栖高枝而仰首兮，漱朝露之清流。

说蝉总是快快活活地叫着，是因为它具有淡泊寡欲的美德；它的声音高昂激越，就如同正直之士的耿介之心；它身栖于高枝，饮而不食，就像内含中和之气的君子，与世无争。晋陆云做了进一步发挥，说蝉有"六德"：

> 夫头上有绥（指帽带似的触角），则其文也；含气饮露，则其清也；黍稷不享，则其廉也；处不巢居，则其俭也；应候守常，则其信也；加以冠冕，取其容也。（《寒蝉赋》）

当然，加在蝉身上的这些美德，都是为了诱劝世人，立身行事应以蝉为榜样。陆云在称颂蝉有"六德"之后说：

> 君子则其操，可以事君，可以立身，岂非至德之虫哉！

郭璞的《蝉赞》在赞蝉的"清洁"之后说："万物皆化，人胡不然？"都明明白白地道出了这个用意。

古代的侍从官员的帽子饰以貂尾蝉文，称为蝉冠、蝉冕，如唐钱起诗：

> 一从解蕙带，三入偶蝉冠。（《中书王舍人辋川旧居》）

其用意是什么呢？徐广《车服杂注》说："侍臣加貂蝉者，取其清高，饮露而不食也。"崔豹《古今注》说："蝉，取其清虚识变也。在位者……清虚自牧，识时而动也。"可以看出，以蝉文饰冠也是取义于蝉的高洁，勉励官员们为官员要廉洁、谦虚。

由于只有大官才有资格戴蝉冠，所以后来蝉冠又演变为富贵、权势的象征。《南史·朱异传》：

> 兼中书通事舍人，后除中书郎，时秋日，始拜，有飞蝉

正集异武冠上，时咸谓蝉珥之兆。

朱异刚接受新职，一只蝉飞来停在他的帽子上，人们认为是做大官的预兆。此处的蝉就已由高洁的象征变为升官发迹的象征了。

能鸣的是雄蝉，它的声音洪亮，彼此应和显得热闹非凡。蝉鸣在古代文化中的位置，不在"饮露餐风"之下。蝉鸣有一定的季节，远在周朝，我们的祖先就认识到它的活动规律，并把它同农业生产的节候联系在一起。如《诗经·豳风·七月》："五月鸣蜩。"《礼记·月令》：仲夏之月"蝉始鸣"，孟秋之月"寒蝉鸣"。后来把这种联系扩大到社会现象，《汲冢周书》说："夏至又五日，蜩始鸣。蜩不鸣，贵臣放逸。"又说："立秋后十日，寒蝉鸣，寒蝉不鸣，人皆力争。"《毛诗陆疏广要》说，蝉该叫的季节不叫，则"国多妖言"，并解释其原因说："蝉应期鸣，言语之像。今失节不鸣，鸣则失时，故多妖言。"可见蝉在该叫的季节不叫都是不吉利的，或意味着贵臣将遭放逐，或预示着人民群众将互相以武力争斗，或者是妖言将起的征兆。由此也可以看出，蝉在人们心目中是正直而又关心人类生活的灵物。当它看到人间将发生不好的事，它也无心歌唱，缄默无言。

由于蝉鸣有严格的季节规律，因而成为诗人们表现节序无情、怀人思乡一类主题的常用题材。

> 断角斜阳触处愁，长亭搔首晚悠悠。世间最是蝉堪恨，送尽行人更送秋。（陆游《秋日闻蝉》）
>
> 短翼含风薄似秋，一声声带夕阳愁。年年古柳官塘路，催得行人白尽头。（元马臻《闻蝉》）

秋思、别情、年华易逝的悲哀都是通过蝉声来抒发的。

一年中的第一次蝉声更容易拨动诗人们的心弦。如白居易诗"微月初三夜，新蝉第一声"。晏元献诗"绿树新蝉第一声"，王安石诗"去年今日青松路，忆似闻蝉第一声"。诗人们对第一声蝉声中所倾注的感情正反映了蝉声在传统文化中的位置。

蝉还同螳螂、黄雀合演过一幕悲喜剧。《吴越春秋》里说：秋蝉登高树，饮清露，"自以为安"，却不知螳螂正在身后靠近，想要捉它。而螳螂小心前进，"志在有利"，却不知黄雀正在身后靠近，想要啄它。这幕悲喜剧是用以讽刺那些一心图谋侵害别人却不知道别人在正算计自己的目光短浅者，后来凝聚为成语"螳螂捕蝉，黄雀在后"。有趣的是，这幕悲喜剧竟成为百演不厌、常演常新的传统节目。在曹植的《蝉赋》中演出过"苦黄雀之作害兮，患螳螂之劲斧"，其中的蝉象征他自己的可怜处境。孙叔敖劝楚庄王不要伐晋，"舍人少孺子"劝吴王不要伐楚，两人就因为调演了这个传统剧目，使自己的国君改正了错误的决策。其中的蝉分别扮演晋国和楚国。唐贾岛屡次考试落榜，在他的讽刺考官的《病蝉》诗中也搬出了这个传统节目，他写道：

　　病蝉飞不得，向我掌中行。折翼犹能薄，酸吟尚极清。
　　露华凝在腹，尘点误侵睛。黄雀并鸢鸟，俱怀害尔情。

其中的"蝉"扮演的是怀才不遇的作者自己。这幕传统戏剧中的螳螂、黄雀都企图加害他人，是令人憎恶的形象，唯有蝉获得了人们的同情和怜悯，因为它是弱者、受害者，又具有餐风饮露的高尚品格。

蝉的种类很多，异名很多，明李时珍做了一番考订。他说："《尔雅》、《淮南子》、扬雄《方言》、陆机《草木疏》、陈藏器《本草》诸书所载，往往混乱不一。"他考订的结果是："夏月始鸣，大而色黑者"是蚱蝉，又叫蝒、马蜩，《诗经·豳风·七月》中的"五月鸣蜩"就是这种蝉。"头上有花冠"的叫蟪蛄，又叫螇、胡蝉，《诗经·大雅·荡》中的"如蜩如螗"就是这种蝉。"具五色者"是蜋蜩。以上这些蝉都可以入药。"小而有文者"叫蟪，又叫麦蚻。"小而色青绿者"叫茅蜩。"秋月鸣而色青紫者"叫蟪蛄。"小而色青赤者"是寒蝉，又叫寒螀。"未得秋风则瘖不能鸣"的叫哑蝉，又叫瘖蝉。"二三月鸣而小于寒螀者"叫蛁母。以上这些蝉都不能入药。

蝶

　　蝶，象征扑朔迷离的梦境，也象征坚贞的爱情。

　　蝶同梦境联系在一起是始于《庄子·齐物论》：

　　　昔者庄周梦为胡蝶，栩栩然胡蝶也，自喻适志与，不知周也。俄然觉，则蘧蘧然周也。不知周之梦为胡蝶与？胡蝶之梦为周与？

意思是，庄周梦见自己变为蝴蝶，俨然就是一只翩翩飞舞的蝴蝶，悠闲得很，根本不知道自己是庄周。忽然醒了，则自己分明是庄周。这到底是庄周梦中变为蝴蝶呢，还是蝴蝶梦中变为庄周呢？自这个寓言问世以后，"蝶梦""梦蝶""蝴蝶梦"就成为梦的代称。唐李咸用《早行》诗："困才成蝶梦，行不待鸡鸣。"意思是因疲劳刚刚入梦境，可不等鸡叫就得赶路。宋陈造《夜宿商卿家》："蝶梦蘧蘧才一霎，邻鸡啼罢又啼鸦。"意思是：刚刚做了个梦，可是被邻家的鸡叫和鸦叫吵醒了。这里的"蝶梦"都指梦境。唐齐己《渚宫春日因怀有作》诗："客思莫牵蝴蝶梦，乡心自忆鹧鸪声。"意思是，作客他乡，千万不要动人生无常的愁思，思乡之情一定会同鹧鸪的"行不得也哥哥"之声相应。元马致远《夜行船·秋思》："百岁光阴如梦蝶，重回首往事堪嗟。"这里的"蝴蝶梦""梦蝶"已不是指梦，而是以梦境的扑朔迷离比喻人生的变幻无常。元关汉卿有一本杂剧名《蝴蝶梦》，清石庞有一本传奇也名《蝴蝶梦》，都表达了人生如梦幻的思想。

蝶与梦境、与变幻无常的人生的联系纯属偶然，如果没有庄周的那个寓言，或者庄周不梦为蝶，而梦为鸟儿什么的，也许就没有上述的文化现象。但是，蝶与坚贞的爱情的联系则不是偶然的，而是与蝶的特征密切相关。蝴蝶总是双双对对地飞舞栖息。《清稗类钞》载"若以筠笼贮之，雌雄必相寻觅"。无锡人徐某将一只大如碗的蝴蝶装在筐中，第二天，发现筐外伏着一只与筐中形色相似的蝴蝶。过了一会儿，"则筐外侧翅而入，若幸其偶之犹存也"。宋贾蓬莱《咏蝶》诗也是写蝶的这一特征：

> 薄翅凝香粉，新衣染媚黄。风流谁得似，两两宿花房。

蝴蝶如此伉俪情深，自然使人联想到人类的爱情。梁简文帝《咏蛱蝶》诗：

> 复此从风蝶，双双花上飞。寄与相知者，同心终莫违。

这"相知者"、"同心终莫违"者正是指人间情侣。晋干宝《搜神记》有一则夫妇化蝶的故事，是典型的以蝶象征坚贞的爱情。韩凭的妻子何氏，很美，宋康王强行抢去了，见韩凭出怨言，康王竟治韩凭之罪。何氏写一封信给韩凭，表达自己思念之情和必死之志。不久，韩凭被迫自杀。何氏暗中将自己的衣服腐蚀，在康王带她登台时，趁人不妨，投身台下，左右抓她的衣裙，衣裙断裂，何氏不见了，只见一对大蝴蝶上下翻飞（一说化为鸳鸯），这对蝴蝶就是韩凭夫妇的精灵。韩凭夫妇化蝶的故事影响很广，后代诗人吟咏不绝。如明刘基《咏蝶》词：

> 为问韩凭，何事化为蝴蝶？妒风羞雨，一身轻似叶。

梁山伯与祝英台双双化蝶的故事更是家喻户晓，千古传颂不衰。民间传说甚至认为成双的蝶都是梁山伯与祝英台变的，或是韩凭夫妇变的。如《山堂肆考》说：

> 俗传大蝶必成双，乃梁山伯、祝英台之魂，又曰韩凭夫妇之魂。

　　和坚贞的爱情相反，蝶也可作为风流轻薄的象征。《北史·魏收传》："收昔在京洛，轻薄尤甚。人号云'魏收惊蛱蝶'。"人们将惊飞的蝴蝶作为雅号送给轻薄的魏收，可见在北魏时蝴蝶已作为轻薄的象征了。《酉阳杂俎》载：风流皇帝唐明皇，每年春天，让嫔妃们头上插鲜艳的花在宫中聚宴，唐明皇亲自将一只蝴蝶放了，蝴蝶落在哪个嫔妃的花上，明皇就与哪个嫔妃同宿，这种风流游戏直到杨贵妃受到专宠以后才废止。蝴蝶背上了"轻薄"的名声，本来就受了冤屈，加上这位轻薄皇帝又一次玷污，于是"轻薄"的名声更广为传扬。不过，唐明皇的这个歪点也可能是从《古今注》那里借来的，只是他加以创造性的发展罢了。《古今注》说：蝶全是雄性，又特别喜欢恋花。唐明皇心里可能这样想：自己好比是蝶，嫔妃们好比是花，蝶是"寻艳复寻香"的，让蝶来确定所"幸"的对象，不是既合"天意"又饶有兴味吗？

蝴蝶又名蛱蝶，关于得名之由，明李时珍说："蛱蝶轻薄，夹翅而飞，茶茶然也。蝶美于须，蛾美于眉，故又名蝴蝶，俗谓须为胡也。"

古人认为蝶是由别的东西变来的。《列子》说是由乌足树的叶子变成的，《古今注》说是由橘蠹变成的，《酉阳杂俎》说是由百合花变成的，《埤雅》说是由蔬菜花变成的，还有的说是树叶变的，也有说是彩裙变的。只有李时珍做了科学的解释，他说："蠹蠋诸虫，至老俱各蜕而为蝶、为蛾，如蚕之必羽化也。"

蝴蝶的种类甚多，全世界有一万四千余种，我国有一千三百余种。《清稗类钞》载："热河砂石板地产黑蜨（蝶），大者五六寸。""罗浮仙蝶者，产于广东罗浮山，山中人呼之曰小凤凰，大者径尺，文采灿烂。"（笔者曾亲访罗浮，当地人也如此说。）云南昆明附近有螺山，"每岁孟夏，蛱蝶百千万会飞此山，屋树岩壑皆满，有大如轮小如钱者，翩翩随风，锦色烂然。每集，必三日始去，究不知其去来何从也"。

蚕

"蚕事"，古代的国君视为立国之本，民众视为衣食之本。

在先秦，我们的祖先就将农和桑看作是国家的命脉，比作是树的根，称为"本"；将工和商看作是农桑的补充，比作树的梢，称为"末"。崇本抑末，是我国传统社会长期奉行的经济政策。为什么蚕事向来受到国家的高度重视？原因很简单，人不论贵贱，都不能不穿衣服，所谓"人生归有道，衣食固其端"。

远在周朝，天子、诸侯每年还要举行"蚕事"仪式。《礼记·祭统》载：

> 天子亲耕于南郊，
>
> 以共斋盛；王后蚕于北
>
> 郊，以共纯服。诸侯耕于东郊，亦以共斋盛；夫人蚕于北郊，
>
> 以共冕服。

天子、诸侯分别在南郊、东郊举行耕田的仪式，是表示重农；王后、夫人在北郊举行养蚕仪式，是表示重蚕事。"普天之下，蚕者非一女……而后且亲蚕，……天下之女子有不遵微行求柔桑者乎。"（《礼记》订义）意思是说，天下养蚕女多得很，并不需要王后养蚕，王后之所以要养蚕，是为了鼓励天下的女子养蚕。这就是年年春天要举行养蚕仪式的目的。这种仪式的过程是：王后、夫人象征性地采桑，让风吹干桑叶上的露水，然后在蚕箔上洒叶，一共洒三次。

当然，王后、夫人"蚕于北郊"，不过是做做样子，绝不是真的养蚕。不过，据说宋高宗赵构真的养过，"（绍兴）八年，宰臣奏积雨伤蚕，上曰：'朕宫中自蚕一薄，欲知农桑之候。久雨叶湿，岂不有损？'乃命往天竺祈晴"（《宋史·礼志》）。赵构说他为了了解养蚕的季节规律，特地亲自养了蚕。此事如果是真的，那么赵构重视蚕事倒比那些只是举行仪式的王后们实在得多。

我国少数民族地区，在古代也很重蚕事。唐史载：于阗国无蚕，向邻国乞求，不给。于阗国王就向邻国求婚，答应了。可是公主出嫁时，邻国国王告诫女儿说："你不能带蚕走！"于是公主将蚕偷偷藏在帽子的絮中，守关官员不敢搜身，于阗国才开始有了蚕。

统治者重视蚕事，可又有限制蚕事的教条。《周礼·马质》："禁原蚕者。"原蚕，是一年中第二次养的蚕。古人认为蚕与马"同气"，"物莫能两大，禁原蚕者，为害马欤？"（《埤雅·蚕》）意思是说，蚕与马不能同时兴旺，为不影响马的繁衍，所以禁养原蚕。这种限制蚕事发展的落后意识，当然不能为人所接受，不仅一年有养两次的，而且还有养多次的。如"南阳郡，一岁蚕八绩"（《吴录》），"九真郡，蚕年八熟"（《林邑记》）。蚕一年多熟，可以增加国家税收，重视发展经济的执政者也看清了这一点，如左思《吴都赋》："国赋再熟之稻，乡贡八蚕之绵。"国家收入"八蚕之绵"的贡赋当然比"一蚕"多得多。唐朝大历年间，太原府唐景辉"养冬蚕成茧"，皇帝下诏书免他终身的赋税和劳役，也是因为有利于增加国家的税收。

但是，一年养两次或两次以上的蚕，到底是否合乎礼法，在朝廷中一直存在着争论，这种争论一直延续到宋代。据《宋史·孔维传》载：有一年马死得较多，孔维上书禁止原蚕。乐史上书驳斥孔维"徒引前经物类同气之文，不究时事确实之理"，指出马死得多，是因管理不善，与养原蚕无关。孔维又上书，引经据典重弹"蚕重则马损，气感之而然"的老调。从周礼的"禁原蚕"到宋代的这场争论，反映了"同气不能两大"的落后观念长期束缚着我国养蚕事业的发展。

老百姓不管原蚕伤马的说教，在长期的养蚕实践中，积累了丰富的经验，摸索出了一整套从温种到治丝的技术，这些技术长期处于世界领先地位。汉唐以来，外国使节、商人将我国的蚕丝视为宝物，竞相购买，丝绸之路就是在这种情况下出现的。

一条虫子，口里吐出的东西竟然可以成为上至帝王妃嫔下至黎民百姓必不可少的丝绸。在古人的观念中，这不是普通的虫子，它必然有非凡的来历。按照这个推理法则，推演出了各种各样的"蚕神"的传说。《中华古今注》载：

> 大古时人远征，家有一女并马一匹。女思父，乃戏马曰："尔能为我迎得父归，吾将嫁汝。"马乃绝缰而去，之父所。父疑家有故，乘之而还。骏马见女，辄怒而夺，父击之。父怪而密问其女，女具以实答。父乃射杀马，曝皮于庭所。女以足蹙之，曰："尔，马也，欲人为妇，自取屠剥，何如？"言未竟，皮欻然起，抱女而行。父还，失女，后大树间得，乃尽化为续蚕于树。其茧厚大于常蚕，邻妇取养之，其收二倍。今世人谓蚕为"女儿"，盖古之遗语也。

《搜神记》也记述了这个故事，并补充说："因名其树曰桑，桑者，丧也。由斯百姓竞种之，今世所养是也。"还有的书说蚕是天驷星所化。不论是人变的还是星所化的，都说明蚕是灵异之物。因而养蚕的人希望丰收，就得祭蚕神。《蚕书》载：

> 卧种之日，升香以祷天驷、先蚕也。割鸡设醴以祷妇人寓氏公主，盖蚕神也。毋治堰，毋诛草，毋沃灰，毋室入外人。四者，神实恶之。

不仅百姓要祭蚕神，皇后也要祭，《宋书·礼志》："汉仪，皇后亲桑东郊苑中，蚕室祭蚕神曰：'苑窳妇人、寓氏公主。'祠用少牢。"

还有一个配享祭祀的蚕神，她与上面说的蚕神不同。《通鉴续编》载："西陵氏之女嫘祖，为帝元妃，始教民育蚕、治丝茧，以供衣服，而天下无皲瘃（指皲裂和冻疮）之患，后世祀为先蚕。"
这虽是传说，但嫘祖是传说中的人，不是神，人们祭祀她，是出
于对她"始教民育蚕、治丝茧"的纪念与尊敬。

蚕既是蚕神对人类的恩赐，那么蚕当然也会具有某些灵异。
许多关于"蚕"显灵的传说就是这种观念的产物。《茅亭客话》
载：有一个姓李的人养了很多蚕，蚕将作茧时，桑叶价暴涨，李
某将蚕全埋掉，买桑叶转卖，赚了一大笔钱，于是高兴地买面粉、
买肉回家做馒头，可掰开馒头时，每个馒头中一个蚕，从此家破
人亡。作者接着说："夫蚕者，灵虫，衣被天下。愚氓坑蚕获利，
有此征报尔。"这段话说明了这个传说所产生的思想土壤。

《金史·五行志》载：承安元年（1196）六月，平晋县某家养
的蚕自己织成了一段长七尺一寸五分、宽四尺九寸的绸子。显然，
这是由于人们对蚕口中之物竟可变为锦绣感到奇异和神秘而编出
的神话。《说林》载：

> 蚕最巧，作茧往往遇物成形。有寡女独宿，倚枕不寐，
> 私傍壁孔中，视邻家蚕离箔。明日，茧都类之，虽眉目不甚
> 悉，而望去隐然似愁女。蔡邕见之，乃厚价市归。缫丝制琴
> 弦，弹之有忧愁哀怨之声。问女琰，琰曰："此寡女丝也。"
> 闻者莫不堕泪。

蚕竟能将愁女的形容与情感摄入，又能在琴弦上将摄入的感情传
出，这是对"蚕最巧作茧"的"巧"的神化，是对蚕吐的丝在琴
上可表达喜怒哀乐之情的神化。

关于蚕神的种种传说，关于蚕灵异的种种传说，说明了蚕在
我们祖先的物质文化中处于"衣被天下"的特殊地位，因而在他
们的精神文化中被视为天赐"灵虫"。

蛾

古人常以蛾作为趋炎附势、追名逐利的象征。

南唐谭峭《化书》说：

> 天下贤愚，营营然若飞蛾之投夜烛……知往而不知返，知进而不知退，但知避害而就利，不知聚利而就害。

以飞蛾投夜烛讽刺天下之"营营"者，成为文人写不厌的主题。有人还做了如下生动的描述：

> 林子夜对客，有物粉羽，飞绕烛上，以扇驱之，既去复来，如是者七八，终于焦首烂额，犹扑扑必期以死。人莫不笑其愚也。予谓声色利欲，何啻膏火！今有蹈之而不疑、灭其身而不悔者，亦宁免为此虫笑哉！噫！（《田间书》）

以飞蛾扑火，"必期以死"，以喻人们追求声、色、利、欲，"灭其身而不悔"，十分贴切，发人深思。宋贺铸有一首有名的《烛蛾》诗：

> 双蛾来翩翩，慕此堂上烛。附炎竟何功？自取焚如酷。感彼万动微，保生在无欲。不见青林蝉，饮风聊自足。

叫人们以蛾的"附炎"为戒，以"无欲"来求"保生"。

蛾长期为人们充当反面教员，这也应该说是它对人类的贡献，不过它也曾充当过正面角色，蚕蛾的触须，弯曲而细长，很美，所以古人常用"蛾"来比喻妇女美丽的眉毛。如"扬蛾微眺"（魏曹丕《答繁钦书》），"扬蛾"就是扬起美丽的眉毛。这"蛾"大概是"蛾眉"的简缩。"蛾眉"二字连用，最早见于《诗经·卫风·硕人》中的"螓首蛾眉"，这里的"蛾眉"就是描写庄姜初嫁时眉毛的美丽动人。屈原的《离骚》说"众女嫉余之蛾眉兮，谣诼谓余以善淫"，则是以"蛾眉"比喻自己出众的德才。

古人对蛾的认识，出入很大。郭璞注《尔雅》的"蛾罗"为"蚕蛾"。蛾的种类很多，如天蛾、蚕蛾、螟蛾、菜蛾等等，郭璞以专名释通名，不准确。《尔雅正义》中引孙炎语："蛾即是雄，罗即是雌。"将"蛾"与"罗"分成两种蛾，清郝懿行批评孙炎"义理未通"，认为"蛾罗叠韵，古人多取声近为名"。

关于蛾的生育、繁衍，《埤雅》说"先孕而后交"，《物类相感志》说"麦得湿气则为蛾"，《述异记》还说"晋永嘉中，梁州雨七旬，麦化为飞蛾"。这些说法反映了古人观察的粗疏，是不科学的。

天蛾常成群结队，像蝗虫似的，《汉书·元帝纪》："有白蛾群飞蔽日。"据说明万历二年（1574），某地天蛾"昼飞如雪，城中尤甚，拂面迷目，人不可行。"（《禹州志》）麦蛾是害虫。《清稗类钞》载："麦蛾为谷类之害虫，……蠹入麦粒，每粒一头，食之至尽而留其皮。"

蛾又名落霞。据《萤雪丛说》载，唐王勃《滕王阁序》中的名句"落霞与孤鹜齐飞，秋水共长天一色"中的"落霞"就是飞蛾。该书说："落霞者，乃飞蛾也，即非云霞之'霞'，土人呼为'霞蛾'。至若鹜者，乃野鸭也。野鸭飞逐蛾虫而欲食之故也，所以'齐飞'。若云霞则不能飞也。"

蜉　蝣

　　蜉蝣是生命短促的象征。

　　蜉蝣是昆虫纲的一目，体软弱，翅半透明，触角短，腹部末端的两条尾很长。生命很短，一般为朝生暮死，短的只生存几个小时，稍长的一两天，最长的一周（栖于水的幼虫则需一至三年或五至六年成熟）。全世界已知的约两千种。

　　古人对蜉蝣生命短促的特征早有认识。《大戴礼记·夏小正》："蜉蝣者，渠略也，朝生而暮死。"《淮南子·说林训》："蜉蝣不食不饮，三日而死。"晋郭璞注《尔雅》说：蜉蝣"身狭而长，有角，黄黑色，丛生粪土中，朝生暮死"。

　　蜉蝣既然是古人已知的动物界的短命鬼，因而常用它来象征短促的人生。《庄子·逍遥游》谈"小年不及大年"（寿命短的不能了解寿命长的）时说：

　　　　朝菌不知晦朔，蟪蛄不知春秋，此小年也。

清郝懿行考证"朝菌"就是蜉蝣。"晦"，是"夜"（王先谦《庄子》注）。"朔"，是旦（《经典释文》）。朝菌只有一天的寿命，庄子把它作为"小年"的代表。苏轼《前赤壁赋》中借"客"的口抒发"哀吾生之须臾"的感慨时说：

> 寄蜉蝣于天地，渺沧海之一粟。

其中的"蜉蝣"象征转瞬即逝的人生。《醒世恒言·卢太学诗酒傲公侯》：

> 以乾坤为逆旅，以七尺为蜉蝣。

意思是把天地看作旅馆，把七尺之躯看作是蜉蝣。"蜉蝣"也是象征短暂的人生。

《诗经》曹风有一首《蜉蝣》诗：

> 蜉蝣之羽，衣裳楚楚。心之忧矣，于我归处。
> 蜉蝣之翼，采采衣服。心之忧矣，于我归息。
> 蜉蝣掘阅，麻衣如雪。心之忧矣，于我归说。

意思是说，曹国的君臣好奢侈，穿着颜色鲜艳、有文彩的衣服，就像蜉蝣漂亮的羽翼似的，他们不知道自己就像朝生暮死的蜉蝣，快活不了多久，这真令人担忧啊。这里的蜉蝣除取其朝生暮死的特征以外，还取其羽翼的薄而美。自己马上就要完了，还炫耀羽翼的美丽，更足见其蠢。以此来讽刺醉生梦死的曹国君臣，真是十分恰切。值得注意的是，这首诗是我国关于蜉蝣的最早记载，距今两千五百多年，国外最早记载蜉蝣的是亚里士多德，但比我国晚三百多年。

晋傅咸写了一篇《蜉蝣赋》，小序说："读《诗》至《蜉蝣》，感其虽朝生暮死而能修其翼。"赋很短，说道：

> 有生之薄，是曰蜉蝣。育微微之陋质，羌采采而自修。

不识晦朔，无意春秋，取足一日，尚又何求？

意思说，蜉蝣形体很小，寿命也只一天，根本不知道什么叫晨和夜（或初一、十五），也无意去探究什么叫春季，什么叫秋季。生命尽管短促，它还是很注意自我修饰。《诗经·曹风·蜉蝣》中的蜉蝣和《蜉蝣赋》中的蜉蝣，虽都是取蜉蝣朝生暮死和羽翼美丽的特征，但角度不一，褒贬不同。一是醉生梦死的形象，一则俨然是一位不因生命短促而忽视自我修养的君子。

蜉蝣，原作浮游，《说文》亦作"蟁蟓"，《尔雅》亦作"渠略"。《广雅》引《庄子·逍遥游》"朝菌"作"朝蜏"，高诱注作"朝秀"。还有的书作"蜉蝣"。

蚊

蚊，古人对它比今人更为憎恶、更为害怕，并常以它比喻奸人。

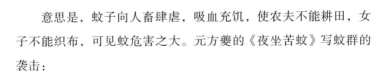

肆惨毒于有生，乃餐肤体以疗饥。妨农功于南亩，废女工于杼机。（晋傅巽《蚊赋》）

意思是，蚊子向人畜肆虐，吸血充饥，使农夫不能耕田，女子不能织布，可见蚊危害之大。元方夔的《夜坐苦蚊》写蚊群的袭击：

瞥然闯门户，来者何缤纷。不但入翠幕，偏工恼红裙。

> 端坐缺堤障，各各磨牙龈。

它们成群闯入，特别喜欢向皮肤娇嫩的女子进攻，钻进衣服，磨牙砺齿。然后就是"血肉生咀嚼"，"饱饮酡颜醺"。作者从饱受蚊苦的体验中得出结论："区区虫豸中，恶毒无如蚊。"

古籍中还有蚊杀死人畜的记载。《酉阳杂俎》云："相传江淮间有驿，俗呼露筋。尝有人醉止其处。一夕白鸟蚊（蚊）噆（叮咬），血滴筋露而死。"又说，有一地名"鹿筋梁"，此处蚊子很多，"故老云，有鹿过此，一夕为蚊所食，至晓见筋，因以为名"。这反映了蚊害的猖獗，也反映了人们对蚊的恐惧心理。

> 么虫何足道，潜喻儆人情。（白居易《蚊蟆》）

意思是，细小的蚊子何足挂齿，要紧的是从蚊子行径悟出防小人的道理。古人认为蚊的行径与危害同奸邪小人很相似，而奸邪小人的危害比蚊子大得多，因此古籍中常以蚊喻奸邪小人。如宋徐崇之写的一首诗就是以蚊来讽刺奸相蔡京。

> 空堂夜合势如云，沟壑宁知过去身？满腹经营尽膏血，那知通夕不眠人。

夜里，蚊群在堂上十分嚣张，它们哪记得自己出身于臭水沟？满肚子装的是人的脂膏和鲜血，哪管受害者通宵不眠？这首诗句句写蚊，句句刺蔡京及其同伙。一二句说蔡京一伙都是些龌龊小人，但他们却把持朝政，三四句说他们搞什么花石纲，榨取民脂民膏，不顾民众死活。类似的作品很多，这种手法也为今人所袭用。

在同蚊的长期斗争中，古人也积累了不少的驱蚊、灭蚊经验。如用干浮萍烧的烟熏蚊，则蚊死；用荆叶、麻叶可以驱蚊（见

《物类相感志》）。至于以艾烟驱蚊（见《齐东野语》），有些地方至今还沿用。汉代人就知道蚊是孑孓变的（《淮南子》："孑孓为蚊"），想来也一定知道以灭孑孓来达到灭蚊的目的。

不过，也有不仅不驱蚊还故意将自己的肉体喂蚊的。一些孝子传记说，孝子怕蚊子叮咬父母，就露出自己肌肉让蚊子叮咬。如《晋书·吴猛传》：

> 吴猛，豫章人也，少有孝行，夏日常手不驱蚊，惧其去己而噬亲也。

也有些佛教徒认为灭蚊是杀生，为了求福，任凭蚊子叮咬，如宋代的沈伦就是。

蜻 蜓

蜻蜓，古人视为与世无争的、不存"机心"的飞虫。《吕氏春秋·精谕》：

> 海上之人有好蜻者，每居海上，从蜻游，蜻之至者百数而不止，前后左右尽蜻也，终日玩之而不去。其父告之曰："闻蜻皆从女居，取而来，吾将玩之。"明日之海上，而蜻无至者矣。

这个青年人喜欢蜻蜓，毫无加害之意，于是，蜻蜓就把他视为好友与他嬉游。一旦他受父亲的影响有加害之心，蜻蜓认为他不够朋友，就远离了他。这说明蜻蜓不存"机心"，一片纯真。古人对蜻蜓的这一认识从《战国策·楚策》也可得到印证：

> 王独不见夫蜻蛉乎？六足四翼，飞翔乎天地之间，俯啄蚊虻而食之，仰承甘露而饮之，自以为无患，与人无争也……

虽然后面说他为童子所擒，但它自己则本来是"与人无争"的。

　　蜻蜓一直受到人们的喜爱，其原因有二，一是为人类除害虫。现代科学证实，有时一只蜻蜓可以将一百多个蚊子挤压成一团，含在嘴里。这一点，古人早有认识，《战国策》就说蜻蜓"俯啄蚊虻而食之"。《清稗类钞》说，蜻蜓"善捕食蝶蛾蚊蝇等害虫，故于农家有益"。为人类服务，人类当然喜欢它。另一个原因是蜻蜓很美，所谓：

> 碧玉眼睛云母翅，轻于粉蝶瘦于蜂。（韩偓《蜻蜓》）

《清异录》载：唐代的宫女喜欢捕捉蜻蜓，用很精致的笼子养着，她们这样做是因为"爱其翠薄"，即爱蜻蜓青翠的色泽和如纱的薄翅。也正因为它美，所以画家喜欢将它入画，诗人喜欢将它摄入诗篇。如大诗人杜甫咏蜻蜓的名句：

> 翡翠鸣衣桁，蜻蜓立钓丝。（《重过何氏》之三）
> 穿花蛱蝶深深见，点水蜻蜓款款飞。（《曲江》之二）

蜻蜓玉立娟娟的静态、绰约多姿的动态跃然纸上。

　　据说在五月五日将蜻蜓的头埋在西向的门下，过三天就变为珠子。这个传说见于《博物志》，这也从侧面反映了人们对蜻蜓的感情。

蜻蜓的种类多，异名更多。较重要的有虹蛵、负劳（《尔雅》）、蜻蛉、桑根（《说文》）、蝍蛉（《方言》）、仓蚁（《广雅》）等。

有些异名实际上是同一名称的不同方言。清郝懿行说："仓蚁、桑根、蝍蛉、蜻蛉，俱声相转。蟏蛷、仓蚁、蜻蛉、虹蛵，又声相近也。"

李时珍解释得名的缘由说："蜻、蜻，言其色青葱也。蛉、虹，言其状伶仃也。或云其尾如丁也，或云其尾好亭而挺，故曰蟌、曰蜓。俗名纱羊，言其翅如纱也。"

蜂

古人认为，蜂的儿子如同人类的义子；蜂群的社会秩序，如同封建社会的君臣。

照传统的说法，蜂全为雄性，当然不能生育。传宗接代的方式是：将一种小青虫捕来，经过特殊的训练，久而久之就成为同自己一模样的儿孙了。

这一说法最早见于《诗经·小雅·小宛》：

螟蛉有子，蜾蠃负之。

螟蛉，桑虫；蜾蠃、蒲卢，即细腰蜂。《诗经》以后的典籍，大都沿袭此说，并加以推演。《说文》云：

> 蜾蠃、蒲卢，细要土蜂也。天地之性，细要，纯雄，无子。《诗》曰："螟蛉有子，蜾蠃负之。"

直接引《诗经》语证明"纯雄无子"的蜂以螟蛉为子。陆玑对螟蛉、蜾蠃的特征做了较具体描述：

> 螟蛉者，……桑上小青虫也，似步屈，其色青而细小，或在草叶上。果（蜾）蠃，土蜂也，似蜂而小腰，故许慎云"细腰"也。取桑虫负之于木空中……七日而化为其子。（《毛诗草木鸟兽虫鱼疏》）

不过"七日而化为其子"，到底如何"化"，还是说得不具体。扬雄的《法言》则说得很详细：蜾蠃捕到螟蛉，携入窠中后，"祝之曰'类我，类我'，久则肖之。"蜂的"嗡嗡"之声，就是"像我、像我"的祝词，凭祝词的威力，小桑虫就变为幼蜂了。

从《诗经》到《法言》，是蜂以螟蛉为子这一观念的产生和形成的过程。这一观念形成以后，对后代的伦理观念影响深远。如人们把"义子"称为"螟蛉"，《桑榆漫志》说："世人呼义子为螟蛉，载诸简册，古今通用而无较焉。"的确，这"载诸简册"的例子俯拾即是，如：

> 太原李克用上章言王重荣有功于国，其子珂宜承袭，请赐节钺。邠州王行瑜、凤翔李茂贞、华州韩建各上章，言珂螟蛉，不宜缵袭。（《旧唐书·昭宗纪》）

一个螟蛉，经蜂的训练，竟变成蜂的后代——一个百分之百的蜂，全面继承蜂的事业。这在古人看来是大孝，是人类应当效法的榜样。欧阳修《螟蛉赋（并序）》云：

> 螟蛉一虫尔，非有心于孝义也，能以非类继之为子，羽毛形性不相异也。今夫为人，父母生之，养育幼劳，非为异类也，乃有不能继其父之业者，儒家之子卒为商，世家之子卒为皂隶。呜呼！所谓螟蛉之不若也！

螟蛉是做儿子的榜样，而教化螟蛉的蜂则是国家当政者的榜样。因为蜂既可将异类化为己类，则当政者也应该发挥教化的感召力，化不知礼义的人为知礼义的人，使本国的人和四夷都皈依圣教，如此，则世界大同。唐敬括的《蒲卢赋》云："究政化之所归，于蒲卢而可见。负幺幺（幺幺，微小不足道）之异族，能教诲而知变。大钧所播，各异禀而殊方；二气相生，遂改形而革面。"一、二句说，蒲卢是人类政治、教化的归趋，也就是说如做到了像蜂那样化螟蛉为子，那么政治、教化就达到理想的境界了。文章结尾说："圣人举以立言，指而垂教，谓微虫兮犹知适变，矧伊人兮不能胥效？于戏！其形稍别，而类靡他，煦然而方随气母，蠢尔而共禀天和。吾征夫蜾蠃之与螟蛉也，见品物而居多。"批评当政者不能以圣人之教教化民众，连"微虫"蜾蠃也不如。

其实，螟蛉不仅不是蜂的"儿子"，而且还是蜂"儿子"的牺牲品。蜂捕到螟蛉后，用产卵管刺入螟蛉体内，注射蜂毒使其麻痹，然后背回放在蜂窠里，作为蜂卵孵化出的幼虫的食料。

从春秋至南朝，人们对蜂以螟蛉为子之说坚信不疑，直至南朝陶弘景的《本草经集注》问世，旧说才受到严重的挑战。他注蠮螉（二字合音为"蜂"）说：

> 今一种蜂，黑色，腰甚细，衔泥于壁及器物边作房，如并竹管者是也。其生子如粟米大，置中，乃捕取草上青蜘蛛十余枚，满中，仍塞口，以拟其子大为粮也。其一种入芦管

中者，亦取草上青虫。《诗》云："螟蛉有子，蜾蠃负之。"言细腰之物无雌，皆取青虫，教祝便变成己子，斯为谬矣。

陶弘景长期隐居山林，想必是做过实物考察的。受陶弘景的启发，后人做过多次实物考察，证明陶弘景的话是正确的，如明陶辅《桑榆漫志》说：

> 予昔壮年时，有佳纸数幅，置书架上。一日，予闲坐间，见有此等二蜂飞绕纸卷，两头出入孔中，作如此之声。取纸展而视之，其中以泥隔断如竹节状，为窠。有一青虫，乃蜂衔来。虫背上负一白子，如粒米以渐大。其虫尚活。其后子渐次成形，青虫亦渐次昏死。更后，看其子皆成蜾蠃，亦渐次老嫩不一，其虫渐次死腐，就为蜾蠃所食。食尽者，则穿孔飞去矣。予思此物常在梁栋间或墙壁高处作窠，未尝在纸卷中，故前人未得其详。

这真可以算是一份详审的科学考察报告，在封建社会，"经"被看作是圣人的至理名言，而陶弘景、陶辅等却能尊重事实、尊重科学，亲自进行实物考察，推翻经传的错误论断，这种精神十分可贵。不过有趣的是，"螟蛉有子，蜾蠃负之"虽然被否定，可它对后代伦理观念的影响却一点也没有削弱。

蜂群的"社会结构"很奇妙。每群蜂中只有一个蜂王，为雌蜂，专管产卵。如无蜂王则蜂群飞散，如有两个蜂王则必分群。工蜂每群数千至数万，专管采花酿蜜。它们工作辛勤，却井井有条。雄蜂专司与新蜂王（处女王）交尾，以繁殖后代，交尾后即死亡。

古人认为蜂群的"社会秩序"与人类的君臣关系是一样的。《埤雅·释虫·蜂》说："蜂有两衙应潮。其主之所在，众蜂为之旋绕如衙。诛罚征令绝严，有君臣之义。《化书》曰：蜂有君，礼也。"不过，这种"君臣"关系是蜂向人学来的，还是人向蜂学来的，说法不一。《本草纲目》引王元之《蜂记》云：

> 蜂王无毒。窠之始营，必造一台，大如桃李。王居台上，生子于中。王之子尽复为王，岁分其族而去。其分也，或铺如扇，或圆如罂，拥其王而去。王之所在，蜂不敢螫。若失其王，则众溃而死。其酿蜜如脾，谓之蜜脾。凡取其蜜不可多，多则蜂饥而不蓄；又不可少，少则蜂惰则不作。呜呼！王之无毒，似君德也。营巢如台，似建国也。子复为王，似分定也。拥王而行，似卫主也。王所不螫，似遵法也。王失则溃，守义节也。取惟得中，似什一而税也。

照王元之的说法，似乎蜂社会一切"法制"完全是亦步亦趋地模仿人类社会。可是《关尹子》（旧题周朝尹喜撰，今本可能为宋人依托）却说："圣人师蜂立君臣。"十分肯定地认为是圣人受到蜂"社会"的启示制定了人类社会的君臣关系。这两种观点当然谁也无法说服谁，但有一点双方是共同的：蜂的"社会秩序"和人类的封建社会秩序都是天经地义的，不是人为的，因而封建社会秩序是谁也不能改变的。

蜜蜂能给人酿造甜甜的蜜，赢得了人类的欢心。"不论平地与山尖，无限风光尽被占。采得百花成蜜后，为谁辛苦为谁甜。"（唐罗隐《咏蜂》）反映了人们对蜜蜂的尊敬和同情。蜂螫人，本来令人不快，由于对蜂的喜爱，螫人也常常被美化。据《宣验记》载：南朝宋元嘉元年（424），建安郡有土匪百余人抢夺百姓财物，掳掠妇女，十分猖狂。当一群土匪砸开一座庙门准备抢掠时，数万蜂一齐出动螫他们。土匪们被螫得双眼瞎了、身上肿了，把所抢掠的财物、妇女全扔下逃跑了。类似的记载很多，据说明朝时倭寇侵犯我国沿海地区。松江府受害最深，有一次当倭寇在松江肆意抢掠时，无数蜂突然向群寇进击，群寇一个个头肿得像罗筛，从此不敢再来侵犯了。

蜂的药用价值，古人早有研究，成蜂、幼蜂、蜂蜜、蜂巢都可入药，能治很多的病。前几年，外国某医生发现蜂巢治疗鼻塞有奇效，报纸当作发明加以报道。其实，这个发明权应归于我们的祖先。《本草纲目》说："《别录》云：疗鼻窒。"可惜的是，我们发掘、整理古代的医学遗产的水平还很落后。

蜂的种类很多，异名也很多，单是《尔雅》就列有"果蠃""蒲卢""土蜂""木蜂""蜂"等名。

蝇

蝇，古代是善进谗言之佞人的象征。《诗经·小雅·青蝇》：

营营青蝇，止于樊。岂弟君子，无信谗言。

营营青蝇，止于棘。谗人罔极，交乱四国。

营营青蝇，止于榛。谗人罔极，构我二人。

意思是：嗡嗡叫的苍蝇，停在篱笆上。和乐平易的君子，不要相信谗言。嗡嗡叫的苍蝇，停在酸枣树上。小人的谗言没准儿，连四方的邻国也可以搅乱。嗡嗡叫的苍蝇，停在榛子树上，小人的谗言没准儿，连同心的朋友也可以拆散。汉郑玄解释诗意说："蝇之为虫，污白使黑，污黑使白，喻佞人变乱善恶也。"宋朱熹也说："诗人以王（幽王）好听谗言，故以青蝇飞声比之，而戒王以勿听也。"罗愿还做了具体分析："君子之于谗也，初盖易之（易之，轻看，不当回事）。至于乱之又生，而后君子信（"知"之误）其谗……故首章但云毋信谗言。至其二章，则已交乱在外之四国。至其三章，则虽同心如我二人者，亦不能以相有（通"友"）。其始轻之而不忌，皆如此蝇矣。"（《尔雅翼》）可以看出，青蝇之喻，深刻地表现了君子对谗邪小人的痛恨，所以王充《论衡·言毒》谈到这首诗时说："人中诸毒，一身死之，中于口舌，一国溃乱……故君子不畏虎，独畏谗夫之口。谗夫之口，为毒大矣。"

自《青蝇》将蝇与进谗言的佞人联系在一起以后，"青蝇""苍蝇"就成为进谗佞人的代称了，如"苍蝇间白黑，谗巧令亲疏"。（曹植《赠白马王彪》）佞人在亲哥哥皇帝面前像苍蝇般地污白使黑，使亲骨肉也疏远了。"楚国青蝇何太多？连城白璧遭谗毁。"（李白《鞠歌行》）"恬然世虑寂，时被苍蝇喧。"（苏舜钦《夏热昼寝感咏》）意为我本来与世无争，可是谗言还不肯放过我。这三首诗的"青蝇""苍蝇"都是指进谗小人。苍蝇的粪便可将白色的东西染上污点，这污点称为"蝇点"，"蝇点"常用来比喻进谗小人的毁谤和诬蔑。如《续高僧传·释智凯》："后以蝇点所拘，申雪无路，徙于原部。"意思是，由于毁谤和诬蔑歪曲了事实真相，又无处申辩，于是搬家逃避。唐陈子昂《宴胡楚真禁所》诗："青蝇一相点，白璧遂成冤。"意思是，清清白白却受毁谤诬蔑，于是铸成冤案。李白也有"青蝇易相点……屡贻褊促（褊促，气量狭隘）诮"的诗句。

如果梦见蝇，那要么是自己身边有进谗言的人，要么是自己的上级身边有进谗言害自己的人，都是凶兆。据说，三国时魏国的吏部尚书何晏梦见青蝇几千只飞向自己的鼻子，赶也赶不走。醒后觉得奇怪，去向管辂请教。管辂说，鼻子就是相书上说的"中天"，中天有恶臭才招来苍蝇，如果国君做这个梦就会垮台，大臣做这个梦就会丢性命。果然第二年，何晏被杀。管辂的逻辑是：苍蝇是进谗小人。这种人包围了国君，国君当然要垮台；这种人如果在国君那儿谗害大臣，大臣当然丧命。《汉书·昌邑哀王刘髆传》："既即位，后王梦青蝇之矢积西阶东，可五六石，以屋版瓦覆。发视之，青蝇矢（矢，屎）也。以问（龚）遂，遂曰：'陛下之《诗》（指陛下所读之诗）不云乎？营营青蝇，至于藩。恺悌君子，毋信谗言。陛下左侧谗人众多，如是青蝇恶（恶，屎）矣。宜进先帝大臣子孙亲近以为左右。如不忍（不忍，不忍疏远）昌邑故人，信用谗谀，必有凶咎，愿诡（诡，反）祸为福，皆放逐之，臣当先逐矣。'贺不用其言，卒至于废。"龚遂的逻辑与管辂是一样的。

从"蝇点""蝇梦"的内涵，可以看出，在古人的观念中，"蝇"与谗佞小人简直结合成一体了。

蝇又名扇（见《尔雅》），晋郭璞解释说："好摇翅。"意思是"盖蝇蚊之类好摇翅作声"（清郝懿行《尔雅义疏》）。至于"蝇"的得名，是因为"蝇飞营营，其声自呼，故名"（明李时珍）。

青蚨

青蚨是钱的代称。

古人认为，青蚨有一种特异功能："青蚨还钱"，即青蚨可使用掉的钱返回。

很多古籍有这方面的记载，最早的是《鬼谷子》。清段玉裁"蚨"字注说：

> 《鬼谷子》曰："若蚨母之从其子也，出无间，入无联（联，形迹），独往独来，莫之能止。"

此谓青蚨之还钱。

《淮南万毕术》和《搜神记》的记载比《鬼谷子》具体。《搜神记》卷十三说：

> 南方有虫，名蟟蝸，一名蝍蝎，又名青蚨。形似蝉而稍大。味辛美，可食。生子必依草叶，大如蚕子。取其子，母即飞来，不以远近。虽潜取其子，母必知处。以母血涂钱八十一文，以子血涂钱八十一文。每市物，或先用母钱，或先用子钱，皆复飞归，轮转无已。

段成式《酉阳杂俎》和陈藏器《本草拾遗》也有类似的记载，稍不同的是：青蚨还钱也有个条件，"若买金银珍宝，即钱不还"（《酉阳杂俎》）；"用涂钱，以货易于人，昼用夜归"（《本草拾遗》）。

由于青蚨同钱有这么一段因缘，所以它成为钱的代称。《篇海类编·鳞介类·虫部》："蚨，青蚨。"《说文》："水虫也，可还钱。"故人谓钱为青蚨。

如唐诗僧寒山诗："囊里无青蚨，箧中有黄绢。"（口袋里没有钱，箱子里只有经书）唐李贺《出城别张又新酬李汉》："开贯泻蚨母，买冰防夏蝇。"（解开穿钱之绳取下一些钱，用来买冰防夏日之蝇）宋杨备《梦中作》："月俸蚨钱数甚微，不知从宦几时归。"（每月的俸钱很少，不知何时才卸任回家）谷子敬《城南柳》第一折："则你那尊中无绿蚁，皆因我囊里缺青蚨。"（你的酒杯中无酒，这都怪我口袋里无钱）以上引文中的"青蚨""蚨"都是指的钱。

青蚨到底什么样子，有何习性？《本草纲目》云："青蚨一名蒲虻，似小蝉，大如虻，青色有光。生于池泽，多集蒲叶上。春生子于蒲上，八八为行，或九九为行，如大蚕子而圆。"

"还钱"之说，无疑是荒诞的，恐怕连青蚨这种虫可能也不存在，是一种传说而已，就如龙和凤似的。对它的形体和习性的描述，或是想象之词或是张冠李戴。治学严谨的段玉裁在注《说文》"蚨"字就说，"未知今尚有此物否"，显然，他也持怀疑态度。

萤

古人认为萤为腐草所化，有避邪的功能。

《礼记·月令》："季夏之月，腐草为萤。"唐孔颖达疏："腐草此时得暑湿之气，故为萤。不云'化'者，……鸠化为鹰，鹰还化为鸠，故称'化'。今腐草为萤，萤不复为腐草，故不称'化'。"照孔颖达的说法，能变过来又能变回去才称"化"，腐草可变为萤，萤不能返回变为腐草，所以只能称"为"。可是《汲冢周书·时训解》说："大暑之日，腐草化为萤。"《淮南子·时则训》："季夏之月，腐草化为蚈。"（据有人考证，"蚈"即为萤），两书都用"化"。看来《礼记·月令》的"为"就是"化"，孔颖达未免穿凿。

不过，能化为萤的似乎不限于腐草。南朝陶弘景说：萤是"腐草及烂竹根所化。初时犹如蛹虫，腹下已有光，数日便变而能飞"。照陶弘景的说法，烂竹根也可化为萤。明李时珍说："萤有三种：一种小而宵飞，腹下光明，乃茅根所化也，吕

氏《月令》所谓'腐草化为萤'者是也；一种长如蛆蠋，尾后有光，无翼不飞，乃竹根所化也。……茅竹之根，夜视有光，复感湿热之气，遂变化成形尔；一种水萤，居水中，唐李子卿《水萤赋》所谓'彼何为而化草，此何为而居泉'是也。"照李时珍的说法，不是什么腐草都可化为萤，只有茅根才可化，茅根、竹根之所以能化为萤，是因为它们能发光。

"草化"说比"竹根化"说影响大得多。文人的作品提到萤，总喜欢同腐草联系在一起。如杜甫《萤火》诗：

> 幸因腐草出，敢近太阳飞。

李商隐《隋宫》：

> 于今腐草无萤火，终古垂杨有暮鸦。

《红楼梦》中有个谜语为"花"，谜底为"萤"，因为"花"是"草""化"二字组合。黛玉嘲笑没有猜中的宝玉说：连腐草化为萤都不知道。可见直至清代，人们还相信"腐草为萤"，而且似乎是妇孺皆知的。

萤既是腐草、腐竹根所化，出身当然卑微，于是萤常用来比

喻出身微贱却青云直上的小人。如明郭登的《萤》诗：

> 腐朽如何不自量，化形飞起便悠扬。脐间只有些儿火，月下星前少放光。

不过，萤并非腐草或竹根所化，它自有雌雄。萤腹部为七或八节，末端下方有发光器。雌萤的发光器在第七节，雄萤发光器在六至七节。连具有科学头脑的李时珍也相信"草化""竹根化"之说，可见传统观念影响之深。不过，也不是没有人批评"草化""竹根化"的，如清郝懿行《尔雅义疏·释虫·萤火即照》注：

> 又说茅竹之根，夜皆有光，复感湿热之气，遂化成形，亦不必然。盖萤本卵生，今年放萤火于屋内，明年夏细萤点点生光矣。

这可算是真知灼见，可惜人们囿于传统观念，郝懿行的见解未引起足够的重视。

有人说，萤与雄黄、羚羊角等多种药材配成丸，可以避"疾病疫气、百鬼虎狼、虺蛇蜂虿诸毒及五兵白刃、盗贼凶害"。据说宋代某地传染病流行，有一家五十余口，除四人外都感染了，这四人能幸免，是因为他们身上都携带有由萤配制的丸。（见《本草纲目》引庞安常《伤寒总病论》）更神的是，汉代有位太守刘子南，永平二年（59）他在战争中被敌人围困，敌人的乱箭雨点般地射来，可都在离刘子南一尺远处落在地下，据说刘子南的"神力"来自他身上携带的用萤制的丸。（见《本草纲目》引《神仙感应篇》）李时珍对此评论说："萤火能辟邪明目，盖取其照幽夜明之义耳。"这句话如果用来解释上述文化现象产生的原因倒是十分恰当的，如果用来解释药理则未免牵强（李时珍对庞常安之说基本相信，认为"想不虚言"）。

《晋书·车胤传》载：

> 胤恭勤不倦，博学多通。家贫，不常得油。夏月则练囊
> 盛数十萤火以照书，以夜继日焉。

从此，萤与贫士苦读联系在一起了，如"殷勤为谢南溪客，白首
萤窗未见招"（唐许浑《送前东阳于明府由鄂渚归故林》）。"三
年曾不窥园树，辛苦萤窗暮。"（宋葛胜仲《虞美人·酬卫卿弟兄
赠》）"萤窗"，以萤照读之窗，指贫士苦读的书室。"马鞯从幸日，
萤案洁餐辰。"（元柳贯《次韵答乡友吴立夫见寄之作……》）"萤
案"，以萤照读的书案，指贫士苦读的书桌。"平生萤雪，男儿无
奈五车何。"（宋辛弃疾《水调歌头·即席和金华杜仲高韵……》）
"萤雪"也是喻贫士苦读，"萤"用车胤典故，"雪"用孙康冬夜映
雪读书典故。

萤的异名很多。《中华古今注·鱼虫》："萤火，一名耀夜，一
名景天，一名熠耀，一名磷，一名丹鸟，一名夜光，一名宵烛，
一名丹良。"《尔雅·释虫》："荧火，即照。"这些，大多根据萤
夜晚发光的特点命名。而夜晚能发光的虫只有萤，因此异名虽多，
没有发生与其他昆虫名字相混的情况。但"磷"这个名字引起过
争论，这争论是《毛传》引起的。《诗经·豳风·东山》："熠耀
宵行。"《毛传》说："熠，磷也，萤火也。"这"磷"，有人认为
是"鬼火"，有人认为是"萤"。清郝懿行调和两说："鬼火与萤火
其色俱青，无妨磷为通名。"如此说可信，则"鬼火"的"磷"与
"萤"的"磷"同名而异物。

蟋 蟀

蟋蟀的鸣声是催妇女纺织、加紧准备寒衣的信号，斗蟋蟀是上自帝王下至市井小民喜爱的游戏。

我国记载蟋蟀的典籍极多，但最早的要数产生于西周或西周以前的《诗经·豳风·七月》：

七月在野，八月在宇，九月在户，十月蟋蟀入我床下。

古代注家认为蟋蟀是"知时"之虫，七月至十月所在位置的变动表明寒冷逐渐逼来。寒冷逼来，当然得赶快准备寒衣了。不过《七月》到底还没有将蟋蟀同妇女纺织直接相联系。这种直接联系的建立始于何时，难以肯定，但最晚当不晚于汉代。《古诗经十九首》云：

明月皎夜光，促织鸣东壁。

所谓"促织"就是催促妇女赶快纺织之意。晋崔豹《古今注·鱼虫》："促织，一名投机，谓其声如急织也。"晋陆玑释《诗经·唐风·蟋蟀》说：蟋蟀"幽州人谓之趋织，督促之言也。里语曰：'趋织鸣，懒妇惊'是也"。"趋"与"促"音近义同。

自蟋蟀与催促妇女纺织的联系建立以后，千百年来，民间的妇女把蟋蟀当作提醒自己辛勤纺织的警钟，民歌《木兰诗》中"唧唧复唧唧，木兰当户织"也作"促织何唧唧，木兰当户织"。以促织的鸣声兴木兰"当户织"，正是这种文化现象的反映。反映这种文化现象的文人作品更为丰富多彩，如宋岳珂的《蛩》：

> 春蚕缲茧白如霜，机妇停机待天凉。井蛩一夜秋已至，
> 寸丝千结萦柔肠。催租吏嚚翁媪怒，裘葛未成心转苦。篝灯
> 促织永夜忙，悔杀比邻日长语。

这位女子一听到蛩（蟋蟀）声就"寸丝千结萦柔肠"，再想到裘葛未成，就决心与彻夜鸣叫的蟋蟀一同熬夜了，连白天与邻人说几句话耽误了时间也后悔不已。有的作品还从蟋蟀的催促妇女纺织进而揭露封建统治阶级对劳动人民的剥削和压迫：

> 壁间吟不待秋时，吟苦中宵动客悲。劝汝不须催妇织，
> 家家五月卖新丝。（宋叶茵《蛩》）

三、四句说，蟋蟀你不要彻夜催妇女纺织了，家家已经在五月就把今年的蚕丝卖光抵租税了！

> 念尔无机自有情，迎寒辛苦弄梭声。椒房金屋何曾识？
> 偏向贫家壁下鸣！（唐张乔《促织》）

后两句说，住在椒房金屋的贵妇人身穿绫罗绸缎，她们可曾纺织？你蟋蟀为什么总是催促衣不蔽体的贫穷妇女纺织呢？

古人认为蟋蟀是阴虫，女子也属阴类，因而它除与女子的纺织有联系外，还同女子的道德行为有联系。《易纬通卦验》说："蟋蟀之虫，随阴迎阳，居壁向外，趋妇女织绩女工之象。今失节不居壁，似女事不成，有淫佚之行，因夜为奸，故为门户夜开。"意思说，蟋蟀如果随季节按照正常规律活动，那么它的鸣声就象征着催促妇女纺织。如果不按季节规律活动，当处于室内时跑出大门了，这就意味着妇女淫乱，趁夜里大门开着与人通奸。

蟋蟀在秋天鸣叫，被看作是秋天的使者，称为"秋虫"。"促

织甚微细，哀音何动人。"（杜甫《促织》）促织声最易拨动文人墨客、思妇羁人的心弦。节序的感伤、羁旅的悲愁、怀人的哀怨，常常借蟋蟀的鸣声来抒发。如宋岳飞的《小重山》："昨夜寒蛩不住鸣，惊回千里梦，已三更……欲将心事付瑶琴。知音少，弦断有谁听。"借寒蛩表达报国的抱负和对议和派误国的忧虑。宋汪广洋《哀蛩吟》：

> 西风院落无人语，白露泠泠滴秋宇。仰见月明河汉高，咿轧哀蛩弄机杼。咿轧咿轧机杼鸣，绮窗飞度玉梭轻。同声合奏思无限，万绪千端织不成。芳兰夕气浮金井，宝鸭沉烟翠衿冷。荡子从军去不归，妾身抱恨愁孤影。此时此夜闻此声，更长梦短难为情……故将鲛人万斛泪，写入哀蛩肠断吟。

蟋蟀的咿轧"弄机杼"声与思妇的咿轧"机杼鸣"声"同声合奏"，奏出了一支怀念从军"荡子"的"哀蛩肠断吟"。古代，类似这样的作品诸如《蟋蟀赋》《促织吟》不可胜数。蟋蟀在文学中的位置不在杜鹃、凤凰之下，这种文化现象与汉民族的心理特征有密切联系。

养蟋蟀、斗蟋蟀，在我国历史上特别兴旺，延续的历史特别长，这也是我国特有的文化现象。

达官贵人沉醉于声色犬马，也沉醉于斗蟋蟀。宋代的"蟋蟀宰相"贾似道、明朝的"蟋蟀相公"马士英可算是他们之中的代表。南宋末年，蒙古军队围攻襄阳，一封封的告急文书送到临安，身为宰相的贾似道不派援兵，住在西湖边的葛岭"取宫人娼尼有美色者为妾，日淫乐其中。……尝与群妾踞地斗蟋蟀，所狎客入，戏之曰：'此军国重事耶？'"（《宋史·贾似道传》）结果襄阳城破，南宋也很快灭亡了。喜欢斗蟋蟀的皇帝也不少。清蒲松龄的《促织》所反映的正是这一现实。

市井小民中，斗蟋蟀之风也盛行。明刘侗、于奕正《帝京景物略》载：

> 是月（指农历七月）始斗促织，壮夫、士人亦为之。斗有场，场有主者，其养之又有师。斗盆、筒罐无家不贮也。

明袁宏道《促织志·论畜》说：

> 京师人至七八月，家家皆养促织。余每至郊野，见健夫小儿群聚草间，侧耳往来，面貌兀兀，若有所失者。至于溷厕污垣之中，一闻其声，踊身疾趋，如馋猫见鼠。瓦盆泥罐，遍市井皆是，不论老幼男女，皆引斗以为乐。

明朝斗蟋蟀的普及程度，现在还没有哪一种娱乐能与之相比。

斗蟋蟀的场面更是激动人心。交战前，双方主人都对自己的蟋蟀寄予厚望，"依稀乎命帅出境，仿佛乎拜将登坛"（明高承埏《蟋蟀赋》）。交战时，双方进退咬啮，不亚于两军激烈厮杀。《蟋蟀赋》描写道："其形昂若，其声暗然，见形而斗志遂起，闻声而雄心各前。张牙耀刃，竖须矗竿，挺翼直接，跋足争先。一进一退，载合载旋，形势既陈，步伐不愆。或佯输而乍走，或凝立而持坚。颉颃既久，雌雄乃殊。负者敛形却窜，捷者凌势长驱，余声不绝，胆气犹粗……"围观的人以此为乐，获胜蟋蟀的主人更是得意万分。观赏这精彩的战斗场面是人们不辞辛苦地捕蟋蟀、养蟋蟀的巨大精神力量源泉。

斗蟋蟀不仅是娱乐，还是一种赌博。有些人为此而倾家荡产也在所不惜。据《庚巳编》载："吴俗喜斗蟋蟀，多以决赌财物。

予里人张廷芳者，好此戏。为之辄败至鬻家具以偿焉，岁岁复然，遂荡其产。"

随着斗蟋蟀的盛行，有关蟋蟀的专著也应运而生。宋朝"蟋蟀宰相"贾似道著有《促织经》，原著今虽不传，但从明人周履靖增订本内容的丰富翔实，可以看出贾似道当宰相虽是庸才，但研究蟋蟀可称是专家。明朝袁宏道著有《促织》一文，对蟋蟀的蓄养、体性、颜色、形体、产地、捕法、疾病与治疗、斗蟋蟀的规则和习俗都有详细记载。如论蟋蟀的质量说：

> 《促织经》曰："虫生于草土者身软，砖石者体刚。浅草瘠土者性和，砖石、深坑及地阳向者性劣。若是者，穴辨。凡促织青为上，黄次之，赤次之，黑又次之，白为下。号红麻头、白麻头、青项金翅、金丝额、银丝额，上也。黄麻头，次也。紫、金、黑色，次也。……其号之油利挞、蟹壳青、枣核形、土蜂形、金琵琶、红沙、青沙、绀色为一等，长翼、梅花翅、土狗形、螳螂形、飞铃为一等。皂鸡、蝴蝶形、香狮子为一等。

能把蟋蟀生存的环境与蟋蟀战斗力的关系，蟋蟀的形状、颜色与战斗力的关系研究得如此深刻细致，恐怕当代的昆虫学家也未必办得到。至于对蟋蟀疾病医治方法的奇妙，更会使当代昆虫学家瞠目，如用水边的红虫治疗"积食"，用吸血的蚊子治疗"冷病"，用棒槌虫治"热病"，用童便调蚯蚓粪治咬伤等等。

斗蟋蟀这种特殊的文化现象推动了对蟋蟀研究的发展，其研究成果处于世界领先地位。这些成果，对当代的昆虫学研究仍具有极为重要的参考价值。可惜古代研究的目的是为斗蟋蟀服务，因而限制了研究的深入。

　　蟋蟀有许多异名，如"蜻""蜻蜻""蜻"（见《说文》）"蛬""蛩"（见《方言》）等等。据《方言》说"蟋蟀"之名最早行于楚，楚人除称"蟋蟀"外，还称"王孙"。

金龟子

　　金龟子，古代妇女常用来做首饰和化妆品。

　　金龟子是常见昆虫，种类很多。唐段公路《北户录·金龟子》载："金龟子，甲虫也。五六月生于草蔓上，大于榆荚，细视之真帖。金龟子行则成双，类壁龟耳。其虫死则金色随灭，如萤光也。南人收以养粉。"将金龟子调粉作为化妆品，除取其颜色好看外，还取其"行则成双"的专一的爱情。明李时珍说，金龟子是"媚药"，以它养粉"令人有媚色"。

　　金龟子还常用来做首饰。宋代宋祁《益部方物略记》："虫质甚微，翠体金光。取而桥之，参饰钗梁。"又云："出利州山中，蜂体，绿色，光若金，里人取以佐妇钗镮之饰云。""取而桥（桥，做首饰的横梁）之，参饰钗梁"与"取以佐妇钗镮之饰"的意思差不多，意即将金龟子做成钗横梁的饰物。这种风习直到清代还盛行。清人朱骏声说："此虫长寸许，金碧荧然，吾苏妇女用为首饰，俗谓之金乌虫。"（《说文通训定声·履部》"蠰"条）清人郝懿行也说："又以绿甲虫为黄蚍。今甲虫绿色者，长二寸许，金碧荧然，江南有之，妇人用为首饰。"（《尔雅义疏·释虫》）

　　宋真宗时，善于逢迎的丁谓在富豪环境中长大，未见过金龟子，在随皇帝举行封禅大典的返程中见到闪着金碧色的金龟子，大喜，以为献媚的时机又到了，郑重其事地献给真宗，并说这是祥瑞之物，应载入史册。当时，大臣们心里好笑，由于不敢得罪丁谓，更不敢逆皇帝的欢心，谁也不敢揭穿。但此事在历史上留下了笑柄。

　　金龟子，《尔雅》称"蛂蟥""蚭"，《说文》称"蟒"，《考工记》郑注作"发皇"，《尔雅义疏》说"江南呼为黄瓦跋"，俗称"金虫"。有的异名是由于音转而产生的，《尔雅义疏》说："发、蛂声近，皇、蟥字通。"

　　古人欣赏金龟子美丽的色泽和"行必成双"的专一"爱情"，却忽视了它是农业的大害虫。成虫危害植物的叶、花、芽及果实等地面部分，幼儿啮食植物的根和块根等地下部分。我国的金龟子主要种类是大黑金龟子和铜绿金龟子，它们是大豆、花生、甜菜、小麦、粟、薯类等的大敌。至于豆金龟子则是世界性的大害虫。

螳　螂

　　螳螂是捕搏的象征，也是勇武的象征。

　　《易纬通卦验》："螳螂捕蝉之虫，乘寒而杀物，自隐蔽而有所害，捕搏之象也。"意思是说，螳螂常乘降寒气时捕杀猎物，并且善于隐蔽自己进行偷袭，所以它是"捕搏之象"。《尔雅翼》说螳螂是"应杀之虫"（《蜱蛸》篇）、"阴杀之虫"（《螳螂》篇），也是因为它好杀。称"阴杀"，因为螳螂是阴物。《尔雅翼》还说：

"所应者微阴。"(《蜱蛸》篇)《汲冢周书》也说:"芒种之日,螳螂生。……螳螂不生,是谓阴息。"称"阴杀",还因为螳螂向猎物偷袭时喜用树叶遮着自己。

螳螂的"阴杀"主要表现为捕蝉。《韩诗外传》《庄子》等多种古籍都有螳螂捕蝉的记载。如《尔雅翼》说,螳螂"尤工捕蝉,五六月蝉得美荫,奋翼而鸣,螳螂超枝缘条,执翳自蔽,竦腰举刃,搏而取之"。如果善弹琴的人看着捕蝉的螳螂,则螳螂的"阴杀"之气还可使琴音变调。《后汉书·蔡邕传》载:邻人请蔡邕饮酒,蔡邕到邻家门口时听到有一种奇异的琴声,驻足仔细听,琴音含有杀气,蔡邕立即返回。邻人问蔡为什么不赏光,蔡如实相告,大家都很惊讶。这时一位弹琴的客人说:"我向鼓弦,见螳螂方向鸣蝉,蝉将去而未飞,螳螂为之一前一却。吾心耸然,惟恐螳螂之失之也,此岂为杀心而形于声者乎?"这固然是说弹琴技艺高超,但如果不是螳螂有"阴杀"之气,琴音中也绝不会含杀气的。

螳螂成为勇武的象征则源于《庄子·人间世》:"汝不知夫螳螂乎?怒其臂以当车辙,不知其不胜任也。"《韩诗外传》的记载更为具体。

齐庄公出猎,有螳螂举足将抟(搏)其轮,问其御曰:

> "此何虫也？"御曰："此是螳螂也。其为虫知进而不知退，
> 不量力而轻就敌。"庄公曰："此为人必为天下勇士矣。"于
> 是回车避之，而勇士归之。

螳螂虽然明知自己不是对方的对手，仍然有进无退，真是够英勇
的。难怪齐庄公赞叹道：如果人能像螳螂，"必为天下勇士"。自
《庄子》《韩诗外传》以后，螳螂常常作为英勇无畏、舍生忘死的
形象受到人们的赞颂。"蠢彼微虫，勇而不惧。当往来之辙迹，阻
东西之驰骛……死且无归，路何能让！"（唐陈硎《螳螂拒辙赋》）
称赞螳螂视死如归与齐庄公的用意相同，即人也应学习螳螂的精
神。"螳螂飞虫，挥斧奋臂。当辙不回，勾践是避。勇士致毙，厉
之以义。"（晋郭璞《螳螂赞》）郭璞称赞螳螂，则明明白白地说出
勇士应该仿法螳螂的"义"。也有人说回车避螳螂的不是齐庄公而
是越王勾践，所以郭璞诗说"当辙不回，勾践是避"。

螳螂还常用来比喻见得忘形。《韩诗外传》载：

> 楚庄王将兴师伐晋，……孙叔敖……进谏曰："臣园中有
> 榆，其上有蝉。蝉方奋翼悲鸣，欲饮清露，不知螳螂之在后，
> 曲其颈，欲攫而食之也。螳螂方欲食蝉，而不知黄雀在后，举
> 其颈，欲啄而食之也。……此皆贪前之利而不顾后害者也。"

这个故事后来的古籍经常引用，螳螂因就成为贪图眼前小利不顾
严重后患的典型。

因为螳螂捕蝉常用一树叶遮着自己，有人认为这树叶有隐形
之功。据说楚国有一个人见一螳螂正执一树叶捕蝉，刚准备出击，
树叶掉下来了。地下树叶很多，不知哪一片子是螳螂掉的。于是
他把叶子全装在篓子里背回家，用一片一片叶子遮身，问妻子能

否看见自己，妻子说能看见。问多了，妻子很烦，骗他说看不见了。他高兴极了，将这片叶子藏在身上到集市，用那片叶子遮着自己，当着主人的面偷窃。可东西一拿到手就被抓住了。（见《笑林》）从这个广为流传的故事也可以看出，"螳螂捕蝉"的故事也是妇孺皆知的。

螳螂的异名很多。《尔雅》称为"不过""蚚蠰"（其子称"蜱蛸"），《说文》称"蠰"，《方言》称"髦"。今称螳螂，因善捕各种害虫，故称益虫。

蜚

古人认为淫乱会招来蜚。

蜚是一种有害的小飞虫，体形椭圆，有恶臭气味。陶注《本草》说："本在草中，八月、九月知寒，多入人家屋里逃尔。"《尔雅翼》说：

> 庄公将取齐淫女为夫人，故蜚至。天戒以为将生臭恶，闻于四方也。

娶淫女是丑事，蜚是臭虫，丑事传扬出去就像蜚的臭气传布四方一样。不过这不是简单地打比方，有臭味的虫子很多，为什么唯独蜚与淫乱联系在一起？《左传·隐公元年》说：

> 蜚，负蠜，夷狄之物，越之所生。其为虫臭恶，南方淫女气之所生也。

庄公既娶了齐国的淫女，必将出现更多的丑闻，所以，天就遣蜚成群飞来，以示惩戒。

当然"南方淫女之气"生蜚之说是不符合事实的。宋罗愿就早已指出："蜚诚臭虫，今所在有之。草间之物，不必皆因男女同滥而生也。"（《尔雅翼》）

蜚虽有臭味，可也有人吃它。《本草纲目》载：

> 韩保昇曰："金州、房州等处有之。多在林树间，百十为聚。山人啖之，谓之石姜。"

有的人还特别喜欢吃蜚，有一位当了节度使大官的人名鲜于叔明，经常让手下的人捉蜚，如捉到二三升，就放入温水中，去掉臭气，然后加佐料煮，夹在饼中吃，据说"其味甚佳"。

《春秋》和《左传》都有蜚的记载。如《左传·隐公元年》："有蜚，不为灾。"有人说，蜚有的危害农作物，有的则不危害。"不为灾"也记入史册，足见蜚在古人心目中所处位置的重要。

值得一提的是，同名为"蜚"的，不一定是同一物，李时珍早就指出过有三种蜚"皆同名而异类"，其实不止三种，草螽、蜚蠊（蟑螂）、大蚂蚁和一种椭圆形的小飞虫都称"蜚"（本文的"蜚"指的是最后一种）。由于同名异物，各人据自己的认识注释古书，造成了混乱，如晋郭璞注《尔雅》说："蜚即负盘，臭虫。"后人引《春秋》指出郭璞的误解。

蝼蛄

蝼蛄是小人的象征，也用以比喻卑微渺小。

蝼蛄，即土狗，昆虫纲，直翅目，蝼蛄科。白天穴居土中，夜里出来飞翔，雄性的能鸣叫。《礼记·月令》:

> 孟夏之月，蝼蝈鸣。

蝼，就是蝼蛄。古人认为，孟夏之月阴气动。《尔雅翼》说:"以其应阴而鸣，比小人也。"意思是说，蝼蛄在阴气动的时候叫，所以它属阴类。小人也属阴类，所以蝼蛄是小人的象征。贾谊《吊屈原赋》:

> 横江湖之鳣鲸兮，固将制于蝼蚁。

鲟和鲸横亘江湖，结果为蝼蛄和蚂蚁所制。这里的"蝼"就是蝼蛄，比喻陷害屈原的小人。蝼蛄除了"应阴而鸣"以外，它的行为特征也像小人。《古今注》说:

> （蝼蛄）有五能而不能成其伎:一飞不能过屋，二缘不能穷木，三泅不能渡谷，四穴不能覆身，五走不能绝人。

意思是，蝼蛄只有五种小能:一是虽能飞但飞不过房屋，二是虽会爬树但爬不到树梢，三是虽会游水但渡不过山涧，四是虽能掘土但身子常露在土外，五是虽然能跑可是不能超过人。小人也一样，往往有些歪才但没有什么大的正经本领，所以人们常用"五技而穷"比喻小人自作聪明。小人常陷害好人，鬼也常为人之祟，鬼又属阴类，所以古人也将蝼蛄与鬼联系在一起。陶弘景说：

> 此物颇协鬼神……今人夜见多打杀之，言为鬼所使也。

夜晚点起灯，蝼蛄就飞来了，本来就令人讨厌，何况是鬼派遣来的坏东西，当然遭到打杀。

由于蝼蛄白天总是藏在洞穴里，同空中和地面的动物比起来，所处的位置卑下，它的身体又微小只有一寸来长，所以古人常将蝼蛄与蚂蚁并列用以比喻卑微渺小，如司马迁《报任安书》：

> 假令仆伏法受诛，若九牛亡一毛，与蝼蚁何异！

《史记·伍子胥列传》：

> 向令伍子胥从奢（伍奢）俱死，何异蝼蚁！

蝼蛄是危害农作物的地下害虫，它的前足变形为挖掘足，能切断植物的根和嫩茎，是危害禾苗、甘蔗、番薯的大敌。《续异记》载：晋义熙年间，能识别妖魔的施子然在家种田，到了收获季节，他搭了一个蜗牛庐在田间守卫。夜里看见一个穿黄绸子衣服的人来了。施子然问他的姓名，他答道："我姓卢名钩，家住在壏溪，靠水边。"天亮后，施子然巡视田塍，发现一个大坎（坎，坑），里面蝼蛄有一斗左右，正准备寻找机会偷吃他的庄稼。施子然明白，夜里那个妖怪就是蝼蛄，"卢钩"即"蝼蛄"，"壏"就是"坎"（"壏"与"坎"音近，"壏坎"又是一个词），田塍边有水沟，所以叫壏溪。施子然立即烧一桶开水灌坑，将蝼蛄全消灭了，保住了收成。这个故事正反映了我们的祖先早就认识到蝼蛄是农作物的天敌，讨厌它，并千方百计想制伏它。

蝼蛄也偶尔扮演过正面角色，《搜神记》载：有一个姓庞的人被官府关在狱中，本来无罪，但屈打成招，被判死刑，候秋天处决。一天，见几个蝼蛄在身边爬来爬去，他对蝼蛄说："你能不能救我？"随即将牢饭喂它们，第二天吃饭时蝼蛄又来了，但长大了些，姓庞的人感到奇怪，于是天天用牢饭喂蝼蛄。过了几十天，蝼蛄已像一头猪了。在要行刑的头一天晚上，蝼蛄在墙脚挖了个大洞，姓庞的人从洞中逃脱。从此庞家子孙世世祭蝼蛄。这个故事中的蝼蛄知恩图报，很可爱。这是将蝼蛄危害作物的一面抛弃了，而将它的掘土能力加以神化，反映了被压迫的人民幻想得到神助以摆脱苦难处境的愿望。

蝼蛄虽危害农作物，但对人类也不是一无用处。干燥的蝼蛄，可以入药。《本草纲目》说它可治多种病：

> 大小便闭，经月欲死，《普济方》：用土狗、推车客各七枚，并男用头，女用身，瓦焙焦为末，以向南樗皮煎汁饮，一服神效。

蝼蛄的异名很多。《说文》称为"螜""天蝼"。民间则称为"土狗""土狗子"，这是因为蝼蛄头像狗头。有的异名造成混乱，如《本草》说，"蝼蛄一名蟪蛄"，蟪蛄是蝉，两物同一个"蛄"字，弄混了。清郝懿行说是"相涉而误"，是正确的。最大的混乱是将蝼蛄同石鼠视为一物，《经典释文》引《本草》说，"蝼蛄一名鼫鼠"，《广雅》说炙鼠就是蝼蛄，"炙鼠"邢疏作"硕鼠"，于是蝼蛄同老鼠混同，于是注释《诗经·魏风·硕鼠》的将蝼蛄的"五技"也移于石鼠身上。清郝懿行做了如下的考订：

"石""鼫""硕"俱声义同。但《广雅》炙鼠不谓硕鼠，《诗》言"硕鼠"又非蝼蛄，《本草》蝼蛄亦无鼫鼠之名，此皆误耳。

宋罗愿也说：

今蝼翅小而短，不能覆背，飞去皆不远。又穴土而居，常露于外。以今所见，则"五技"殆谓此也。

郝、罗两人的见解是正确的。

螟

汉代人认为出现螟灾就意味着政治腐败。

螟是农业害虫。《诗经·小雅·大田》："去其螟螣，及其蟊贼。无害我田稚！"意思是，除掉吃禾苗心的"螟"、吃禾苗叶的"螣"、吃禾苗根的"蟊"、吃禾苗节的"贼"，不让它们伤害我田里的嫩苗。"螟"，《毛传》说"食心曰螟"，这是我国关于"螟"的最早记载。

将螟灾与政治联系在一起，始于汉代。其中影响大的要算许慎。他在《说文·虫部》说：

螟，虫食谷心者，吏冥冥犯法即生螟。

意思是，螟吃禾苗的心，政治黑暗、官吏贪赃枉法就生螟。李巡、孙炎注《尔雅》都与许慎的说法相似。可见这种观念在汉代很流行。不过最早将螟灾与政恶吏贪联系在一起的不是许慎等人，而是西汉京房的《易传》，全书都是以"天人感应"的学说把自然界的灾异现象附会成人事变化和祸福的迹兆。《汉书·五行志》又用京房《易传》的观点解释汉代发生的螟灾。有人将《易传》《汉书·五行志》的观点加以发挥，说虫身黑头赤，那是由于武官掠夺百姓；虫头黑身赤，那是由于文官掠夺百姓。这种错误观念使不少并未贪赃枉法的官吏蒙受冤屈。

在汉代，敢于批判螟灾与政恶吏贪相关联的是王充。他在《论衡·商虫篇》中从几个方面予以批驳。首先从虫的颜色与文官、武官的关系来批驳："变复之家谓虫食谷者，部吏所致也。贪则侵渔，故虫食谷。身黑头赤，则谓武官；头黑身赤，则谓文官。使加罚于虫所象类之吏，则虫灭息，不复见矣。夫头赤则谓武吏，头黑则谓文吏所致也。时或头赤身白、头黑身黄，或头身皆黄，或头身皆青，或皆白若鱼肉之虫，应何官吏？"接着从螟之生死与官吏的任免与否、"伏罪"与否毫无联系来批驳："夫虫食谷，自有止期，犹蚕食桑，自有足时也。生出有日，死极有月，期尽变化，不常为虫。使人君不罪其吏，虫犹自亡……夫虫之生也，必依温湿。温湿之气，常在春夏。秋冬之气，寒而干燥，虫未曾生。若以虫生，罪乡部吏，是则乡部吏贪于春夏，廉于秋冬，虽盗跖之吏，以秋冬署，蒙伯夷之举矣。"《商虫篇》洋洋近两千言，可以说是对汉代盛行的"螟生则政恶吏酷"说的总清算。汉以后"螟生则政恶吏酷"之说虽未能绝迹，但影响渐渐缩小了。

出现蝗灾，古人常祈祷。出现螟灾，古人也常祈祷。《后汉书·方术列传·公沙穆传》：公沙穆"迁弘农令。县界有螟虫食稼，百姓惶惧。穆乃设坛谢曰：'百姓有过，罪穆之由，请以身祷。'于是暴雨，既霁而螟虫自销，百姓称曰神明"。从"百姓有过"可以看出，在东汉人心目中，出现螟灾，不仅由于官吏贪酷，连老百姓也是有罪过的。

在先秦，人们对螟没有汉朝人那么多迷信，如出现螟虫则毫不客气地消灭。《诗经·小雅·大田》在前面所引的"去其螟螣，及其蟊贼，无害我田稚"之后说"田祖有神，秉畀炎火"。所谓"秉畀炎火"，就是将螟等害虫投入烈火之中。

关于"螟"的得名，清郝懿行《尔雅义疏》说："螟者，《春秋》：'隐五年，螟'。《正义》引舍人曰：'食苗心者名螟，言冥冥然难知也。'李巡曰：'食禾心为螟，言其奸冥冥难知也。'诗疏引陆玑疏云：'螟似子方而头不赤。'按'子方'即'蚸蚄'，见《齐民要术》。今食苗心小青虫，长仅半寸，与禾同色，寻之不见，故言'冥冥难知'。"舍人、李巡、郝懿行的说法虽小有差别，但基本相同：螟危害庄稼善于隐蔽，不易为人察觉，所以称为"螟"。

蝗

蝗灾是古人最恐惧的大灾。两三千年来，对付蝗灾无非是祈祷、修德政和扑打三法。这三法和与之相联系的三种观念，成为我国"蝗文化"的基本组成部分。

蝗虫常常突然遮天蔽日

地飞来，大片的庄稼很快变为蝗虫的腹中之物。其为害之烈不亚于大旱大涝。有人将大旱、大涝称为"天灾"，蝗灾称"地灾"。这两灾对老百姓的打击几乎是毁灭性的。凡出现蝗灾，史书都当作大事载入。《新唐书·五行志》载：

> 贞元元年夏，蝗。东自海，西尽河、陇，群飞蔽天，旬日不息。所至草木叶及畜毛靡有孑遗，饿殍枕道。
>
> （光启）二年，荆、襄蝗。米斗钱三千，人相食。

蝗虫甚至直接向人畜进攻。《癸辛杂识》载："戊戌七月，武城蝗自北来，蔽映天日。有崔四者，行田而仆，其子寻访，但见蝗聚如堆阜，拨视之，见其父卧地上，为蝗所埋。须发皆被啮尽，衣服碎为筛网，一时顷乃苏。晋天福中，蝗食猪。平原一小儿为蝗所食，吮血，惟余空皮裹骨耳。"

凡大灾，古人常认为是神对人的惩罚，蝗也如此。宋罗大经《鹤林玉露》说："蝗灾每见于大兵之后，或云乃战死之士冤魂所化。"王充《论衡·商虫篇》曾设专题批判这一观念，说明这种观念在汉代就很盛行。《汉书·五行志》："武帝元光五年秋，螟。六年夏，蝗。先是，五将军众三十万伏马邑，欲袭单于也。是岁，四将军征匈奴。元鼎五年秋，蝗。是岁四将军征南越及西南夷，开十余郡。元封六年秋，蝗。先是，两将军征朝鲜，开三郡。太初元年夏，蝗从东方蜚至敦煌。三年秋，复蝗。元年，贰师将军征大宛，天下奉其役连年。征和三年秋，蝗。四年夏，蝗。先是一年，三将军众十余万征匈奴。征和三年，贰师七万人没不还。平帝元始二年秋，蝗，遍天下。是时王莽秉政。"大规模用兵之后接着就是蝗灾，这是"蝗灾每见于大兵之后""战死之士冤魂所化"的具体说明，把几件事发生的前后偶然联系看作是因果关系，这是古代迷信的人常运用的推理方法。

蝗既是人所犯罪孽的恶报，它的神力当然远远超过人力，蝗头上的"王"字正是来历非凡的标记，因而对蝗绝对不能扑打，只能向神明祈祷，借神明的力量灭蝗。据说祈祷还相当见效。《宋史·魏王廷美传》："（廷美子德彝）判沂州，时年十九，飞蝗入境，吏民请坎瘗火焚之。德彝曰：'上天降灾，守臣之罪也。'乃责躬引咎，斋戒致祷，既而蝗自殪。"《莘县志》载："明嘉靖九年夏五月，蝗蝻自兖郡来，群队如云，所过无遗稼，比至莘，知县陈栋斋沐，率邑人祷于八蜡庙。倏黑蜂满野，啮蝗尽死，既而雷雨交作，蝗尽化为泥。田禾不至损伤，咸以为陈侯精诚所感云。"少数民族也盛行祈祷。女真族的祈祷甚至比汉人还虔诚。如金朝移剌温做节度使时遇蝗灾，移剌温割破自己的手指，让血滴入酒中，用血酒祈祷。

还有一种流行的观念，认为蝗灾是政暴吏酷所致。汉蔡邕上给皇帝的封事说："政有苛暴，则虎狼食人；贪利伤民，则蝗虫损稼。"（《汉书·蔡邕传》）皇帝问蔡邕：现在连年有蝗灾，究竟是什么原因。蔡邕征引纬书《河图》回答道："帝贪则政暴，吏酷则诛惨。生蝗虫，贪苛之所致也。"

蝗灾既然是对政治失修的警告，那么治蝗的办法当然就是修德政了。因修德政而收到治蝗"效果"的，史书上屡见不鲜。《南史·王恢传》载：

（恢子修）为梁、秦二州刺史，……长史范洪胄有田一顷，将秋遇蝗。修躬至田所，深自咎责。功曹史琅邪王廉劝修捕之，修曰："此由刺史无德所致，捕之何补？"言卒，忽有飞鸟千群，蔽日而至，瞬息之间，食虫遂尽而去，莫知何鸟。

还没有修德政的行动，只是忏悔了一下，就已收到"飞鸟千群""瞬息之间食虫遂尽而去"的效果，真是够奇了。如果自始至终修德政，则蝗虫连入境都不敢。《后汉书·卓茂传》载："（茂）迁密令，……教化大行，道不拾遗。平帝时，天下大蝗，河南二十余县皆被其灾，独不入密县界，督邮言之，太守不信，自出案行，见乃服焉。"类似的奇事很多。汉朝陈留太守"善行德教，永平十五年，蝗虫起泰山，弥衍兖、豫，过陈留界，飞逝不集，五谷独丰"（《后汉书·虞延传》注）。汉朝戴封贬官到西华当县令，邻县有蝗灾，西华却没有。一天，督邮来视察，蝗也随着遮天盖地飞来。督邮惊恐，当天就离开西华，蝗群也一下子飞走了。

靠祈祷治蝗是迷信，靠修德政治蝗也是迷信，都不可能收到治蝗效果。其所谓"效果"，或是附会，或是以先后当作因果。不过两种治蝗方式的社会效果完全不同，前者完全是消极的，后者却可以使昏君酷吏有所畏惧，苛政有所收敛。如唐太宗贞观二年（628）五月发生蝗灾，太宗检讨自己的过失，并大赦天下。唐懿宗咸通年间发生蝗灾，懿宗下令重新清理案件，平冤狱。不过，也有利用蝗灾与政治的联系陷害他人。宋真宗时，京西闹蝗灾，孙冲任职的襄州蝗灾很轻。真宗派的治蝗官员到襄州时，孙冲没有出来迎接，这位官员就上书给真宗，说襄州的蝗灾最重，而州中官员却天天摆筵席，无恤民之意，孙冲差点因此入狱。

也有一些具有科学头脑的人，不相信蝗灾与神有什么联系，也不相信与政治有什么联系，因而他们对付蝗灾的办法就是扑打。但是，施行这个办法，克服思想阻力的难度不亚于捕蝗的难度。唐著名宰相姚崇及唐太宗与保守思想的斗争具有一定的典型性，《开天传信记》：

　　开元初，山东大蝗，姚元崇（姚崇）请分遣使捕蝗埋之。上曰："蝗，天灾也，诚由不德而致焉。卿请捕蝗，得无违而伤义乎？"元崇进曰："臣闻《大田》诗曰：'秉畀炎火'者，捕蝗之术也。古人行之于前，陛下用之于后。古人行之，所以安农，陛下行之，所以除害。臣闻安农，非伤义也。农安则物丰，除害则人丰乐。兴农去害，有国之大事也，幸陛下熟思之。"上喜曰："事既师古，用可救时，是朕心也。"遂行之。时中外咸以为不可，上谓左右曰："吾与贤相讨论已定，捕蝗之事，敢议者死。"是岁，所司结奏，捕蝗虫凡百余万石，时无饥馑，天下赖焉。

这是历史上的一次大规模灭蝗运动，如果没有皇帝、宰相出面，是难以取得思想斗争和灭蝗斗争的胜利的。

　　要收到捕蝗功效，还得发动广大民众同心协力。发动群众行之有效的方法就是奖励，明智的官吏多采用此法。《宋史·孙觉传》：

　　调合肥主簿。岁旱，州课民捕蝗输之官。觉言："民方艰食，难督以威。若以米易之，必尽力，是为除害而享利也。"

老百姓没有饭吃，用米换击毙了的蝗虫比用威逼的效果当然好得多。有的官吏还用米重奖捕蝗者，效果显著。《金史·宗宁传》：

　　大定二年，（宗宁）擢归德军节度使。时方旱蝗，宗宁督民捕之，得死蝗一斗，给粟一斗，数日捕绝。

　　灭蝗卵、蝗的幼虫，防患于未然，这是最好的灭蝗方法。古人何时才知道这个办法，尚不清楚。但蝗幼虫的名称出现很早，如《左传·宣公十五年》："冬，蝝生，饥。""蝝"就是蝗的幼虫。《尔雅·释虫》："蝝，蝮蜪。"郭璞注："蝗子未有翅者。"古人已认识了蝗的幼虫，大概不会等它长成危害庄稼时才想到消灭吧。张衡《西京赋》："获胎拾卵，蚳蝝尽取。"韦曜注："蝝，蝮蜪，可食。"虽然说的是取蝗的幼虫作为食物，但古人吃蝗虫时大概也不会想不到灭蝗虫吧。《清稗类钞·动物类·蝗》详细记载了灭卵的方法：

> 雌虫秋晚产卵于地，翌春孵化，是名曰蝻。驱除之法，普通多掘产卵之地，杀其卵子。迨至春日，多数之卵浮出水面，则收聚而烧毙之。

这种方法绝不是清代才发明的，至少在宋代已懂得灭蝗卵。宋欧阳修《答朱寀捕蝗》诗："今苗因捕虽践死，明岁犹免为蝝蟊。"意思是今年因捕蝗虽踩死了庄稼，但消灭了蝗的幼虫和蝗卵，明年就可免蝗灾了，这说明宋代人已懂得灭蝗卵了。宋代人对蝗的生活史已有相当深刻的研究。宋彭乘《墨客挥犀》说：

> 蝗一生九十九子，皆联缀而下，入地常深寸许，至春暖始生。初出如蚕，五日而能跃，十日而能飞。喜旱而畏雪，雪多则入地愈深。

宋人对蝗卵做如此细致的观察研究，总有它的目的，唯一合理的解释就是为了将蝗虫灭在虫卵孵化之前。

莎　鸡

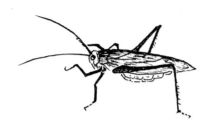

　　古人曾将莎鸡与蟋蟀相混，因而它的鸣声也成为催促妇女纺织的信号，同时也是文人"悲秋"常吟咏的题材。

　　莎鸡与蟋蟀形体相似、鸣声相似，鸣的季节相同，因此两虫易相混。也因此，蟋蟀催促妇女纺织的文化现象（见《蟋蟀》）也大都是莎鸡的文化现象。明毛晋《毛诗草木鸟兽虫鱼疏广要》说：蟋蟀与莎鸡"二虫皆以机杼之声可以趣妇功，故易以紊乱"。可见"趣妇功"的不只是蟋蟀，还有莎鸡。

　　在《诗经》时代，蟋蟀与莎鸡并未相混。《豳风·七月》："五月斯螽动股，六月莎鸡振羽。七月在野，八月在宇，九月在户，十月蟋蟀入我床下。"正如宋罗愿的分析，"一章而别言莎鸡与蟋蟀，可知其非一物也"（《尔雅翼·释虫·莎鸡》）。最先将两虫混而为一的是晋崔豹的《古今注·鱼虫》：

　　　　莎鸡，一名促织，一名络纬，一名蟋蟀。促织，谓其鸣声如急织也。络纬，谓其鸣声如纺纬也。

"络纬"是莎鸡的异名，"促织"是蟋蟀的异名，崔豹认为是一物。弄混的原因大概是它们的鸣声"如急织""如纺纬"，都是纺织声。南宋朱熹做了进一步发展，他注《豳风·七月》说："斯螽、莎鸡、蟋蟀，一物随时变化而异其名。"意思是说，这种虫子随着时间的推移，它的鸣叫方式和形体也跟着变化，在五月"动股"，即

"始跃而以股鸣"，到了六月则"振羽"，即"能飞而以翅鸣"，因而不同的时间有不同的名称。崔豹、朱熹的认识之所以落于《七月》的作者，这是因为，《诗经》时代生产力落后，人对自然物的依赖性强，因而对自然物较关心。到了崔豹、朱熹时代对自然物的依赖性相对较弱，加上文人脱离生产劳动，所以对某些自然物的认识倒退。

不过，后代的名物研究者经过观察研究，指出了崔豹、朱熹等人的错误。明毛晋说：斯螽、莎鸡、蟋蟀，"今据吴中所见，同时齐鸣，形类各别，骚人墨客往往咏之迥然，三物不知，先辈何以传讹"（《毛诗草木鸟兽虫鱼疏广要》）。有人还对莎鸡的"振羽"做了细致观察，批判唐孔颖达"六月中，飞而振羽，索索作声"之说，"其羽昼合不鸣，夜则气从背出，吹其羽振振然，其声有上有下，正似纬车，故今人呼为络纬者是也"（《兼明书》）。有的人对莎鸡与蟋蟀的鸣声还做了仔细比较，指出莎鸡"音声与促织相似而清越过之"（明袁宏道《促织志·论似》）。

莎鸡也是秋虫，秋夜的唧唧之声，最易动文人的"秋思"。同蟋蟀一样，它在文学作品中占有重要位置。如唐李白《独不见》诗："春蕙忽秋草，莎鸡鸣西池。"由莎鸡的鸣叫想到时光的飞逝。宋张耒的《莎鸡》诗：

> 金风透残伏，玉树先秋凉。喓喓草间虫，感时振衣裳。楚客思万里，夜吟怨藜床。劳劳终夕语，共此檐月光。孤轮曳独茧，折管韵哀伤。辛苦齿父兄，无衣畏风霜。

莎鸡的鸣声引起了故乡之思，也引起了对老百姓无衣御寒的同情和忧虑。

莎鸡属直翅目，螽斯科，一种常见昆虫。由于它"以机杼之声可以趣妇功"，便显得有点神秘，于是对它繁殖后代的方式也随之神秘化了。《埤雅·莎鸡》说："雄鸣于上风、雌鸣于下风而风化。"《太平清话》则说，它是用须交配。

螽　斯

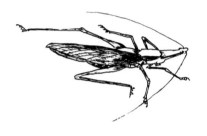

螽斯是子孙众多的象征。《诗经·周南·螽斯》：

> 螽斯羽，诜诜兮，宜尔子孙，振振兮。螽斯羽，薨薨兮，宜尔子孙，绳绳兮。

螽斯羽，揖揖兮，宜尔子孙，蛰蛰兮。

意思是：无数的螽斯啊，无数的翅膀，你的子孙啊，就像螽斯一样众多。无数的螽斯啊，无数的翅膀，你的众多子孙啊，个个言行谨慎。无数的螽斯啊，无数的翅膀，你的众多子孙啊，谦和而又团结。《诗序》阐述诗意说：螽斯，后妃子孙众多也。言若螽斯，不妒忌，则子孙众多也。

宋朱熹的《诗集传》申述了《诗序》："后妃不妒忌而子孙众多，故众妾以螽斯之群处和集，而子孙众多比之，言其有是德而宜有是福也。"意思是说，螽斯成群和睦相处，子孙众多。后妃们也与螽斯一样，彼此不妒忌，和睦相处，那么也一定子孙众多。

螽斯，直翅目，螽斯科。触角细长，形体有些像莎鸡，常以长形产卵管成行或成列产卵于叶边或茎秆组织内。螽斯每次产卵很多的特点引起了古人的注意。明毛晋《毛诗草木鸟兽虫鱼疏广要》说："苏氏谓螽斯一生八十一子，朱氏云一生九十九子。"同书还说："《郑笺》（指《诗经·周南·螽斯》郑玄笺）云：凡物有阴阳情欲者，无不妒忌，维蚣蝑（即螽斯）否耳。各得受气而生子，故能诜诜然众多。"郑玄的说法，反映了上古时期人们对螽斯的认识。由于螽斯具有以上特征，所以《诗经·周南·螽斯》称颂上层贵族子孙众多，以螽斯为喻，正如《埤雅·释虫·螽斯》所说："螽斯，虫之不妒忌，一母百子者也，故《诗》以为子孙众多之况。"

自《螽斯》之后，螽斯就成为多子多孙的象征。如《三国志·魏·高柔传》载《请罢兴作简后庭疏》："臣愚以为可妙简淑媛，以备内官之数，其余尽遣还家，且以育精养神，专静为宝。如此，则螽斯之征可庶而致矣。"意思是，皇上可精选少数贤德女子入宫，其余的宫女都放回去，这样，既有利于皇上保养身体，还可以多子多孙。"螽斯之征"，即子孙众多的祥瑞。从前，祝颂别人子孙众多，常用"螽斯衍庆"，也同上面的意思差不多。

古代，夫妇喜欢佩带螽斯，据说可以加深夫妇的爱情。《毛诗草木鸟兽虫鱼疏广要》说：

> 《本草》云："阜螽（毛晋认为'螽斯即阜螽'）、蚯蚓二物，异类同穴为雄雌。令人相爱，五月五日收取，夫妇带之。"

《本草纲目》引陈藏器语：

> 五月五日候交时收取，夫妇佩之，令相爱媚。

这种文化现象大概是从螽斯无妒忌心又多子孙引申出来的。至于为什么要在"五月五日，候交时收取"，可能有两个原因，一是五月螽斯已由幼虫变为成虫。如《诗经·豳风·七月》："五月斯螽动股。""斯螽"，《毛传》认为就是螽斯。一是"五"有交错义，与交配有关。《说文》："阴阳在天地间交午也。"在五月又在五日，按照古人的推理习惯，当然更是阴阳交合的良好时机，夫妇们取此时的螽斯佩在身上，当然伉俪情深。

螽斯有许多别名：一名"斯螽"（见《豳风·七月》）；一名"蜇螽"（见《尔雅》），"斯"与"蜇"音近义同；一名"蜙蝑"（见《说文》）；一名"舂黍"（《诗疏》引舍人语），是"蜙蝑"的音转；一名"舂蚕"（见《广雅》），是"舂黍"的或体；一名"舂箕"（见《诗正义》引陆玑疏），是"舂黍"的音变。

蝎

蝎的毒性极大，因而是危害极大的恶毒言行的象征。

《说文》："虿，毒虫也。"虿，长尾蝎。蝎属蛛形纲，钳蝎科，后腹部细长，末端有毒钩，用来御敌和捕食。

人如果被蝎螫，疼痛难忍。唐段成式《酉阳杂俎·广动植之二》："陈州古仓有蝎，形如钱，螫人必死。"又《癸辛杂识》载：

北方毒螫，有所谓火蝎者，比之常蝎极小，其毒甚酷。常有客人数辈，夏月小憩磐石，忽觉髀间奇痛彻心，不可忍，

> 遂急起索之，则石面光莹，初无他物。仅行数步，则通身肿
> 溃而殂。其同行异之，意石之下必有异，遂起视之，见一蝎
> 极小而色黑，一人以竹杖击之，竹皆爆裂，而执竹之手亦肿
> 溃，不旋踵而死。

这也许只算是一个故事，不一定是事实，但从中也可以看出蝎毒
性的剧烈，反映了古人对蝎的恐惧心理。唐代，每年三月上巳日，
皇帝要赐侍臣柜柳圈，据说带上了蝎子不螫。连侍臣也常受到蝎
的威胁，可见蝎对人的危害是经常的事。

　　由于蝎有剧毒，所以古人常用蝎比喻危害极大的恶毒的言行。
《左传·僖公二十二年》：

> 君其无谓邾小，蜂虿有毒，而况国乎？

臧文仲劝鲁僖公不可轻敌，以蝎毒比喻邾国足以战胜鲁国的军事
力量。《左传·昭公四年》：

> 郑子产作丘赋，国人谤之，曰："其父死于路，己为虿尾。"

意思是，郑国子产制订丘赋的制度，国内的人指责他说："他的父
亲死在路上，他自己做了蝎子尾巴。"以"虿尾"比喻"丘赋"对
百姓的苛暴。《红楼梦》第七十八回：

> 偶遭蛊虿之谗，遂抱膏肓之疾。

蛊虿比喻谗言对晴雯的陷害。

　　以蝎象征恶毒的言行起源很早。《左传》《国语》还不算最早
的记载。甲骨文的"万"字就是画的蝎子的形状，突出了前面的
螯肢和后面翘起的毒尾。又据《博古图》载，商代有一种鼎叫虿

鼎，铭释曰："蚩善毒人，寓思患预防意。"可见这种象征意义在商代就已经出现了。

蝎由象征恶毒的言行后来发展为对邪恶惩处的工具，具有正统思想的人认为武则天取代李唐是大逆不道，说她死后阎罗王把她放在大瓮中，瓮中有许多黄蝎，天天螫她。（见《吉凶影响录》）

故意安排蝎螫人，有的不是为了惩处邪恶而是为了取乐。《北齐书·南阳王绰传》：

> 后主闻之，诏锁绰赴行在所，至而宥之，问："在州何者最乐？"对曰："多取蝎，将蛆混看，极乐。"后主即夜索蝎一斗，比晓得二三升，置诸浴斛。使人裸卧斛中，号叫宛转。帝与绰临观，喜噱不已，谓绰曰："如此乐事，何不早驰驿奏闻？"绰由是大为后主宠，拜大将军，朝夕同戏。

迫使人脱光衣服让蝎子咬，以被咬的人的痛苦挣扎为快乐，这种残忍行为算是蝎文化中的一件奇特的事。

由于蝎毒对人的生命威胁极大，古人在实践中摸索出许多与蝎毒做斗争的方法。《本草纲目》引陶隐居《集验方》云："蝎有雌雄：雄者螫人，痛止在一处，用井泥傅之；雌者痛牵诸处，用瓦屋沟下泥傅之。"《三国志·魏志·华佗传》载："彭城夫人夜之厕，蚩螫其手，呻呼无赖。佗令温汤近热，渍手其中，卒可得寐。但旁人数为易汤，汤令暖之，其旦即愈。"

蝎虽是大毒的象征，名声很坏，但它也曾有过好名声。《诗经·小雅·都人士》：

> 彼君子女，卷发如蚩，我不见兮，言从之迈。

意思是，那贵族女子，她那卷起的美丽的头发，就像蝎子的尾巴。

现在我看不到这种发型啊，我多希望与她们同行。蝎的尾巴是翘的，以"如虿"形容卷发之美。后来"虿发"就成为对漂亮发型的赞美。如宋黄庭坚《清人怨戏效徐庾慢体》之三："晚风斜虿发，逸艳照窗笼。"

蜘蛛和多足纲动物都怕蝎，它们都是蝎的食物，不过蝎也怕蜥蜴，怕蜗牛。《尔雅翼·释虫》中的"虿"条说：

> 蝎，蜥易（即蜥蜴）能食之，故蜥易一名蝎虎。又为蜗牛所食，先以迹规之，不复去。今人或为蝎蛰者，以蜗牛涎涂之，痛立止。

据说蝎还怕辣椒。《清稗类钞·动物类》：

> 蓟州有石桥，相传下有毒物，行旅相戒，莫敢休憩。一日，有贩生椒者，驱二骞驮椒笼来，苦热，小憩于桥梁，卸其笼，置之栏，驴亦散龁于草际，披襟偃息，倦极熟眠。梦中似有风声，又窸窣作响，疑有人攘其椒，而猝不能醒。久始起，视之，椒故依然，有巨物悬于栏侧，状如琵琶，灰青色，蝎也，大骇欲奔。以其未动，谛观之，毙矣。盖蝎固畏椒也。

蝎性刚，在处于穷途末路之时，它就自杀，颇有"宁为玉碎，不为瓦全"的气概。同书云：

> 自尽惟人有之，若出诸昆虫，则未之闻也。惟蝎性至躁急，试捕其一，纳玻璃器中，照以火镜，蝎被光线直射，畏缩忿怒，无以趋避，因倒锋自刺，少选，毙矣。

蝎的药用价值很高。《本草纲目》中"蝎"条"主治"项载：

"开宝曰：'诸风瘾疹，及中风半身不遂，口眼㖞斜，语涩，手足抽掣。'时珍曰：'小儿惊痫风搐，大人疟疾，耳聋疝气，诸风疮，女人带下阴脱。'"对有些病治疗效果更好，同书载："小肠疝气，用紧小全蝎焙为末，每发时服一钱，入麝香半字，温酒调服。少顷再进，神效。""诸痔发痒，用全蝎不以多少，烧烟熏之，即效，秘法也。"

据说，唐代开元以前江南没有蝎，后来蝎子过江繁衍，是一位官员的偶然失误。唐段成式《酉阳杂俎》载：

> 江南旧无蝎，开元初，尝有一主簿竹筒盛过江，至今江南往往亦有，俗呼为主簿虫。

张揖《广雅》和陆玑《毛诗草木鸟兽虫鱼疏》称蝎为"杜伯"，其实"杜伯"就是"主簿"，一声之转。

蜗 牛

蜗牛有触角两对，极细，常用以比喻为细小的事而争斗；蜗牛的壳狭小，常用以象征狭小简陋的房屋。

《庄子·则阳》载：魏惠王和齐威王约誓立盟，后来齐威王背弃盟约，魏惠王大怒，要派刺客杀他。惠王的谋臣对此事意见不一，有的人主张率二十万大军讨伐。戴晋人如此劝谏惠王：

戴晋人曰："有所谓蜗者，君知之乎？"曰："然。""有国于蜗之左角者曰触氏，有国于蜗之右角者曰蛮氏。时相与争地而战，伏尸数万，逐北，旬有五日而后反。"君曰："噫！其虚言欤？"曰："臣请为君实之。君以意在四方上下有穷乎？"君曰："无穷。"曰："知游心于无穷，而反在通达之国，若存若亡乎？"君曰："然。"曰："通达之中有魏，于魏中有梁，于梁中有王。王与蛮氏，有辩乎？"君曰："无辩。"客出而君惝然若有亡也。

戴晋人的意思是，您为点小事与齐国交战，就像蜗牛左边触角的触氏与右边触角的蛮氏交兵是一样的。后来"蜗角""蜗角之争""蛮触之争""蜗战"用以比喻为琐细之事引起的争斗。如唐白居易诗：

蟭螟杀敌蚊巢上，蛮触交争蜗角中。应似诸天观下界，一微尘内斗英雄。(《禽虫十二章》之七)

蜗牛的身体可以伸出壳外，也可全收入壳中，因而古人认为蜗牛的壳是蜗牛居住的房子，如唐柳宗元《乞巧文》："蚁适于垤，蜗休于壳。"蜗牛的这个"房子"圆而狭小。晋崔豹《古今注》说：

野人结圆舍，如蜗牛之壳，故曰蜗舍，亦曰蜗牛之舍。

意思是说，圆而小的蜗牛壳，就像农民在田野里搭的圆而小的窝棚，因而后世常以蜗牛壳象征人居住的狭小而简陋的房屋，如南朝梁何逊诗："栖息同蜗舍，出入共荆扉。"(《仰赠从兄兴宁寘南诗》)《周书·萧大圜传》："筑蜗舍于丛林，构环堵于幽薄。"唐骆宾王诗："鹑服长悲碎,蜗庐未卜安。"(《寒夜独坐游子多怀简知己》)明章懋《与刘知府惟馨》:"况今老病龙钟,杜门待尽,则陋巷蜗居,乃其素分。"以上诗文中的"蜗舍""蜗庐""蜗居"都是以蜗牛比喻狭小而简陋的房子。

狭小的蜗牛壳可以藏下蜗牛的身体,则蜗牛肠子的细小可知,因而"蜗肠"也用以喻人的心胸狭小。如《西游记》第七十六回:"只说你是个宽洪海量之仙,谁知是个鼠腹蜗肠之辈。"

蜗牛在夜晚无灯时好沿着墙向上爬,一路上留下涎印子,据说涎完了蜗牛就死了。李时珍说:"蜗身有涎,……往往升高,涎枯则自死。"也因而蜗牛也常用以比喻一心向上爬而摔跤的人。苏东坡诗云:

> 腥涎不满壳,聊足以自濡。升高不知疲,竟作粘壁枯。

《笔畴》引此诗后说:"此言深可为不知进退者戒也。"

有些种类的蜗牛可以吃,周代就用蜗牛制品祭祖,《周礼·天官·醢人》:"馈食之豆,其实葵菹、蠃醢。"郑玄注:"蠃,蜬蝓。"意思是,馈食的器皿中装的食物是:酱秋葵、蜗牛酱。

蜗牛可以入药,治脱肛甚效。《本草纲目》载:"治大肠久积虚冷,每因大便脱肛。用蜗牛一两烧灰,猪脂和傅,立缩。"可治糖尿病。同书载:"消渴引饮不止,崔元亮《海上方》:用蜗牛十四枚(形圆而大者),以水三合,密器浸一宿。取水饮之,不过三剂,愈。"头发、胡子白了,还可以用蜗牛染黑。同书载:"用蜓蚰四十九条,以京墨水养之三日,埋马屎中。一月取出,以白丝头试之,如即黑到尾。再入马屎中埋七日,再取试之,性缓,乃以撚须,庶不致黑皮肤也。""蜓蚰"即蜗牛。

蜗牛一名蠡牛,一名蜬蝓,一名山蜗,一名蜗虫蠃,一名蚹蠃。这些名字中有的是一声之转，如"蠡""蠃""蜗"是相通的，《集韵》说，这三字实际上是一个字，都是指的"壳"。"蚹蠃"（见《尔雅》）即背附壳之义，"蚹"即"附"。"蟒蝓"（亦见《尔雅》）之名虽与"壳"无关，但与"角"有关，因为有角的虎叫"虒"。蜗牛有角，所以名虒，后又加了"虫"旁。由于上述名字之间有音义关系，所以名字虽多还未引起多大的混乱。但自陶隐居依据《别录》认为"蛞蝓，无壳蜗牛"之后，则引起了长达一千余年的争论。这场争论难以做出结论，有其客观困难，一是蜗牛与蛞蝓不仅形体相似，而且性能也相似，如蜗牛可制伏蜈蚣（据说"蜈蚣见蜗牛则不复能去，蜗徐登其背以涎绕之，其足尽落"），蛞蝓也可以制伏蜈蚣；蜗牛的药用价值，蛞蝓也都差不多具有。二是古籍上名称相混。《尔雅》无"蛞蝓"，只说"蚹蠃，蟒蝓"，郭璞注"蜗牛也"。《别录》无"蟒蝓"，只说"蛞蝓一名蚹蜗"。"蚹"即"附"，"蜗"即"壳"，据此名称，则"蛞蝓"即蜗牛了。明李时珍认为"蜗牛"与"蛞蝓"是一类二种，他说："或以为一物，或以为二物者，皆失深考，惟许慎《说文》云：'蚹蠃，背负壳者曰蜗牛，无壳者曰蛞蝓。'一言决矣。"不过李时珍没有清程瑶田说得透彻。他在《释虫小记》做了详细的论述之后得出结论说："本经（指神农《本草》）之'蛞蝓'实即蜗牛，而陶氏则以蛞蝓为蜒蚰也。"他的意思是，陶隐居不懂得《本草》中的"蛞蝓"就是蜗牛，却误以为蜒蚰是"蛞蝓"，而蜗牛与蛞蝓是根本不相同的两物。程瑶田的话是对的，今按蜗牛与蛞蝓并非一物。

　　蛞蝓，通称"蜒蚰""鼻涕虫"，腹足纲，蛞蝓科，外形像去壳的蜗牛。蜗牛，俗称"蜒蚰螺"，腹足纲，肺螺亚目，蜗牛科。

蟏蛸

古人认为如果见到蟏蛸就是有喜事的征兆。蟏蛸善结网，因而是"巧"的象征。

蟏蛸也称"喜蛛""蟢子""喜母"，蛛形纲，蟏蛸科。体细长，暗褐色，脚很长，结的网像车轮，常生活在水边或草木中。

蟏蛸的最早记载要数《诗经·豳风·东山》："伊威在室，蟏蛸在户。"这里的"蟏蛸"是用以烘托远征战士返回家乡时的凄凉，并非喜事的征兆。蟏蛸同喜事相联系大概不晚于汉代。《尔雅翼·释虫·蟏蛸》说：

陆贾曰："目瞤得酒食，灯花得钱财，干鹊噪，行人至，蜘蛛集，百事喜。"

《刘子》曰："今野人昼见蟢子者，以为有喜乐之瑞。"（《尔雅翼》转引误作"端"，今更正）陆贾说的"蜘蛛"就是蟏蛸，古人认为蟏蛸是蜘蛛的一种，《尔雅翼·释虫·蟏蛸》注："小蜘蛛长脚者。"《刘子》（亦名《刘子新论》）的作者有人说是刘歆，也有人说是刘勰、刘孝标、刘昼。最晚也是在南北朝成书。陆贾、《刘子》记载的都是民间习俗，民间的"蜘蛛集，百事喜"的习俗产生年代当在汉代以前，汉以后的历代典籍都有记载，兹略举数例。三国吴陆玑《毛诗草木鸟兽虫鱼疏》：

荆州、河内人谓之喜母，此虫来着人衣，当有亲客至，有喜也。

　　唐薛用弱《集异记·郑纲拜相》："蟢子满室，悬丝去地皆一二尺，不知其数……翌日拜相。"元王实甫《西厢记》第五本第二折："疑怪这噪花枝灵鹊儿，垂帘幕喜蛛儿，正应着短檠上夜来灯报时。"张生在京城正想念莺莺而得了相思病，可竹帘上忽然出现了蟏蛸，果然，莺莺派的琴童来到张生面前。明喻时《蟢子记》说：有一天他见到柱子上有无数的蟏蛸无数的网，而且五彩缤纷，一会儿这些蟏蛸扩展到门上，一会儿又扩展到栋梁上，于是他和母亲一起祈祷，希望能扩展到供祖宗的牌位上。果然，一会儿就扩展到祖宗的牌位上了。第二年，他果然做官了。喻时所记是否可信，姑置勿论，但至少反映了明朝人关于蟏蛸的观念。便是现在，民间仍保持这个习俗。不过由于蟏蛸是经常可以见到的昆虫，而生活中又难以找出那么多喜事来附会。于是有人将见到蟏蛸的情况增加了一些条件限制。《尔雅翼·释虫·蟏蛸》说：

　　今人以早见为喜，晚见为常。又云：在头上则有喜事。

　　蟏蛸善结网，其技艺的高超，引起妇女们的羡慕，希望自己的手也能像蟏蛸那样巧，于是出现了七月七日"乞巧"的风俗。《初学记》所录南朝梁宗懔《荆楚岁时记》：

　　七夕妇女结彩缕，穿七孔针，或以金银鍮石为针，陈瓜果于庭中以乞巧。有喜子网于瓜上，则以为得。

"巧"不是任何人都可以"乞"到，只有瓜上有蟏蛸网才算是"乞"到了，因为蟏蛸是"巧"的象征。唐宋时期"乞巧"之风最盛，这大概与当时丝绸业发达、妇女们更需要"巧"有关。宋刘克庄诗"粤人重巧夕，灯火到天明"。(《即事》之五）就连嫔妃、宫女也希望从蟏蛸那里"乞"到"巧"。据《开元天宝遗事》载：

> 帝与贵妃每至七月七日夜在华清宫游宴，时宫女辈陈瓜
> 花酒馔列于庭中，求恩于牵牛织女星也。又各捉蜘蛛于小合
> 中，至晓开视蛛网稀密，以为得巧之候。密者言巧多，稀者
> 言巧少，民间亦效之。

由于《诗经·豳风·东山》用"蟏蛸在户"衬托境况的凄凉，
也因为蟏蛸只在人迹鲜至之处结网，所以后代的文学作品也常以
蟏蛸来衬托凄凉和寂寞。如唐权德舆《题亡友江畔旧居》："蟏蛸
集暗壁，蜥蜴走寒窗。"《儒林外史》第一回："推开了门，见蟏蛸
满室，蓬蒿满径，知是果然去得久了。"

蟏蛸同蜘蛛一样，结网是为了捕食飞虫，因而它也同蜘蛛一
样，常被比喻为设陷阱陷害无辜的小人。如唐敬括《蜘蛛赋》：

> 蠢尔蟏蛸，乐居闲邃。不资毛羽以为力，不假晖光以
> 为媚。挺自然之巧，蓄多端之思，托玉堂以谋生，当金窗而
> 得地。

写蟏蛸处于"玉堂""金窗"，暗示小人身居高位，或在帝王之侧。
"挺自然之巧，蓄多端之思"，暗示小人诡计多端。它结的网"疏
而不漏，细而勿逾"，暗示君子很难逃脱它的暗算。

> 彼苍蝇兮，则萦萦而见縶。此粉蝶兮，亦栩栩而就拘。
> 则知系缧绁者，信非其罪，囚羑里者，又匪其辜。韩非所以
> 饮恨，伍子所以捐躯。

意思是，从苍蝇和粉蝶的落蟏蛸之网，可知被关在监牢的并非都
是有罪的人。文王有大德而被纣王囚在羑里，具有过人之才的韩

非子、伍子胥被小人陷害而饮恨捐躯。这篇谴责蠛蜻的文章，实际上是一篇声讨小人的檄文。

叩头虫

叩头虫是"守雌""谦卑自牧"的象征。

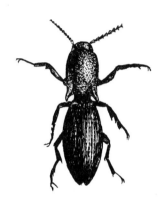

《异苑》说："有小虫形色如大豆，咒令叩头，又咒令吐血，皆从所教。如似请放，稽颡辄七十而有声，故俗呼为叩头虫也。"叩头虫属鞘翅目，叩甲科。由于前胸腹板的突出部分嵌在中胸腹板上，所以用手指按住此虫腹部，头和前胸就击打地面，像叩头似的。如果是放在木板上则可以听到叩头的声音。

由于此虫善叩头，所以它成为"守雌""谦卑自牧"的象征。晋傅咸写了一篇《叩头虫赋》，就是教人处世要学习叩头虫的这种精神。其序云："叩头虫，虫之微细者。然教之辄叩头，人以其叩头，伤之不祥，故莫之害也。"其赋云：

> 盖齿以刚克而尽，舌存以其能柔。强梁者不得其死，执雌者物莫之雠（相当）。无咎生于惕厉，悔吝（悔恨）来亦有由。仲尼唯诺于阳虎，所以解纷而免尤。韩信非为懦儿，出胯下而不羞。何兹虫之多畏，人才触而叩头。犯而不校，谁与为雠？人不我害，我亦无忧。彼螳螂之举斧，岂惠祸之能

御？此谦卑以自牧，乃无害之可贵。将斯文之焉贵？贵不远
而取警，虽不能触类是长，且书绅以自示。

意思是说，叩头虫"多畏"，回报人对它的触按的方式是叩头不
已。由于它"犯而不校"，因而它没有仇敌，没有谁加害。作者认
为，人要以螳螂举斧为戒，要学习叩头虫"谦卑以自牧"的精神，
并且要将叩头虫的这种精神写在衣带上，时时自警。孔子敷衍季
氏的权臣阳虎，韩信甘心忍受胯下之辱，说明先哲早就懂得要以
叩头虫的精神处世。傅咸的这篇赋对后代影响相当大，不少人赞
成并发挥他的主张。

也有人与傅咸主张相反，认为叩头虫"抑首胁息，情态可
嗤"，不仅不值得仿效，而且应该摒弃。《清稗类钞·动物类》中
"叩头虫"条引舒铁云咏叩头虫的诗：

> 叩头虫，无腰而折，无手而空。趺趺脉脉何所求，剥剥
> 啄啄频叩头。独不见断头将军强项令，与虫语冰虫弗听。

意思是，宁死不降的将军，刚强不屈的硬汉子，他们的精神才是
可贵的。但这种精神是"无腰而折"的叩头虫无法理解的，就像
夏虫不可以语冰一样。

叩头虫虽然对以指按它的人"稽颡辄七十而有声"，但它对人
绝不是"谦卑自牧"，而是向人类进攻的重要的农业地下害虫，它
在地下啮食作物的种子、根和茎，对麦类、玉米、高粱、陆稻、
粟、薯类、棉花、蔬菜等作物危害甚大。《清稗类钞·动物类》中
的"叩头虫"条对此叙述甚详：

> 食植物之根，食尽一株，更移他株。数年之久，始化为
> 成虫，害麦类最甚。

蜘　蛛

古人发明捕鱼、捕鸟兽的网是受到蜘蛛的启示。蜘蛛布网，既是智慧的象征，又是小人设陷阱的象征。

我们的祖先在什么时候发明了网，已难稽考，但最晚不晚于商代，甲骨片上，"网"字是常用字，如前六、三八、二作𤔲，后下八、十二作𤔲，画的都是网的形状。《尚书·盘庚》："若网在纲，有条而不紊。"网上还有纲，张开合拢有条不紊，可见商代的网已相当先进。《诗经·豳风·九罭》："九罭之鱼，鳟鲂。"毛传：九罭，"小鱼之网也"。"九"，虚数，言网眼极为细密，说明春秋时代的网连小鱼也可以捕。网的发明，大大提高了捕鱼、捕鸟兽的效率，是人类物质文明的一大进步，但网是怎么发明的呢？晋葛洪《抱朴子·对俗篇》载："太昊师蜘蛛而结网。""太昊"也作"太暤"，即继燧人氏为帝的伏羲氏。这大概是远古流传下来的传说，所以很多书也有类似的说法。汉刘向《新序》说："昔蛛蝥作网，今之人循序。"明确肯定人类结网是受到蜘蛛的启示，宋张望《蜘蛛赋》："吐自然之纤绪，先皇羲以结网。"意思是蜘蛛结网是皇羲发明网的先导。"皇羲"指伏羲。虽然发明网的不一定是伏羲氏，但先民发明网是受到蜘蛛结网的启发则是可信的。古人的发明创造，往往是受到自然界某些事物的启发，所谓"仰则观象于天，俯则观法于地，观鸟兽之文与地之宜，近取诸身，远取诸物"（许慎《说文解字》序）。受到鸟兽营造巢窝的启发，于是构木为巢；看到鱼在水中可自由游泳，于是造出了鱼形的船。看到蜘蛛结的网经纬交错，可以有效捕到飞虫，当然也会想到模仿蜘蛛用绳结网来捕鸟兽、捕鱼虾。

蜘蛛结网的技巧令人惊叹，汉王充说："蜘蛛结丝，以网飞虫，人之用计，安能过之？"（《论衡》）因而蜘蛛常作为智慧之虫受到人们的赞美。唐贾𬤇《蜘蛛赋》：

> 始一丝而轻络，成众目之交会。言其巧，乃织妇不如；语其功，孰雕虫可配？岂徒玩回文之缥缈，阅浮景之明昧。

意思是，蜘蛛开始抛一条丝似乎是不经意的，等到众多的网眼织成，才知条条丝都发挥了作用，其技艺的高超，连巧妇都自叹不如，绝非是什么雕虫小技，那网的工巧和美丽不只是如缥缈的回文，忽明忽暗的流动之云光而已。

蜘蛛的智慧，曾大大激发了落难公子晋文公重耳重振雄风的决心。据说，重耳逃到齐国与诸臣游于大泽之中，看到一个蜘蛛布网捕到一个苍蝇和一只小飞虫，正在拖着、拽着准备吃掉。重耳驻马看了很久，很有感触地对既是舅父又是臣子的子犯说：

> 此虫也，智之德薄矣，而犹役其智，布其网，曳其蝇，执豸以食之。况乎人之智，而不能廓垂天之网，布络地之绳，以供方丈之御。是曾不如蜘蛛之智，可谓人乎？

后来重耳果然战胜了重重困难，不仅回到晋国做了国君，而且成为赫赫有名的霸主，大概就是受到了蜘蛛的启发。

蜘蛛的智慧还表现在受伤后善于自我医治，《邵氏闻见后录》载："有隐者刘易，在王屋山见一蜘蛛为大蜂所螫，腹胀欲裂，亟就草间啮芋梗磨之，胀即平。因以治人之被蜂螫者，痛立止。"

《金台纪闻》载："昔人纳凉檐际，见石蜂为蜘蛛所胃，蛛出取蜂，受螫而堕。少苏爬沙墙角，以后足抵蚯蚓粪掩其伤，须臾健行，卒唼其蜂于网。信乎？物亦有知也。"蜘蛛布网是为了捕捉飞虫，力弱之虫触网之后的命运自不待说，就是力强之虫，蜘蛛也有办法制伏它们。《尔雅翼·释虫·蜘蛛》说："蜘蛛，布网于檐四隅，状如罾，自处其中。飞虫有触网者，辄以足顿网，使不得解。其力大有甲翅者，缠缚甚急，已乃食之。"蚕善吐丝，造福人类；蜘蛛善吐丝，则陷害无辜。因此，古人常将两者对比，以蚕喻济物的君子，以蜘蛛喻善设陷阱陷害无辜的小人。如唐孟郊《蜘蛛讽》诗：

> 万类皆有性，各各禀天和。蚕身与尔身，尔身何太讹。
> 蚕身不为己，汝心不为它。蚕丝为衣裳，汝丝为网罗。济物
> 几无功，害物日已多。百虫虽有恨，其将奈尔何！

谴责蜘蛛布网罗，专事"害物"，致使百虫无辜丧命，有冤无处申。唐苏拯对蜘蛛的谴责尤为严厉：

> 春蚕吐出丝，济世功不绝。蜘蛛吐出丝，飞虫成聚血。
> 蚕丝何专利，尔丝何专孽！映日张网罗，遮天亦何别。倘居
> 要地门，害物可堪说。网成虽福己，网败还祸尔。小人与君
> 子，利害一如此。

从"映日""遮天"，可以看出是影射朝中小人；从"飞虫成聚血"，"尔丝何专孽"，说明陷害无辜是小人的专长，而且手段残忍。"网成难福己，网败还祸尔"，这些小人搬起石头砸自己的脚，到头来还是害了自己。

蜘蛛既是以陷害他人为能事的小人的象征，所以很多人讨厌

它，或把它当作自己隐退远祸的警戒，或把它当作恶类加以消灭。梁元帝萧绎的《金楼子》载，龚舍在楚国做官，有一天，随楚王宿于未央宫，看到一赤色蜘蛛四面结网，一飞虫误触网上，怎么挣扎也无济于事，还是被蜘蛛吃掉了。他感叹道："官场也像这蜘蛛网啊！"于是立即辞官归隐，当时的人称他为"蜘蛛隐"。另据《胜非录》载：王守一自称终南山人，布衣卖药于洛阳，常携一拄杖，每见蜘蛛网，必以杖毁裂尽净而后已。或问之，曰："天地之间，飞走之属，捕、逐、搏、拿，固非一物，均为口腹以养性命，独蜘蛛结网张罗，设机巧以害物，吾是以恶之。"

龚舍的归隐，王守一的除网，都是出于同一观念：蜘蛛为陷害他人的小人。

不过，蜘蛛也做过保护弱者的好事。据《荥阳县志》载：

> 厄井在县东北二十五里，汉高祖与楚战败，遁匿此井。鸠鸣其上，蜘蛛网其口，追者至，以为无人，遂去，汉高祖因得脱。今井旁有高帝庙，井在神座下，俗称"蜘蛛井"。

又《行营杂录》载：赵匡胤受周幼主之命北伐，行军到陈桥时，部下拥戴他当了皇帝。当周太后和幼主正在寺庙里设斋时，赵匡胤搜捕幼主的兵马来了，和尚让幼主藏在阁中，锁上门。搜查的人看到门上锁上结满蜘蛛网，以为里面一定没有人，撤走了。以上两则当然不能看作是历史。对蜘蛛的神化也当然不一定全是对蜘蛛的赞美，其中更多的是包含着对处境窘迫者的同情。但不管怎么说，蜘蛛毕竟做了好事，可以稍洗"小人"的恶名。

然而蜘蛛对人类也确实有贡献，这贡献就是它的药用价值。《本草纲目》说，蜘蛛"微寒，有小毒"，可以治很多的病。如"小儿十日内，口噤不能吮乳。蜘蛛一枚去足，炙焦研末，入猪乳一合，和匀。分作三服，徐徐灌之，神效无比。""蛇虺咬伤，蜘蛛捣烂傅之，甚效。""颏下结核，大蜘蛛不计多少，好酒浸过，同研烂，澄去滓，临卧时服之，最效。"（均见《本草纲目》）连蜘蛛网也可入药。《本草纲目》说：突然大吐血，用大蜘蛛网搓成团，用水吞下，一次就可止血。受伤流血，用蜘蛛网敷上，据说也可以止血。更神奇的是，蜘蛛还可以治健忘，《本草纲目》引《别录》云："喜忘，七月七日取置衣领中，勿令人知。"关于蜘蛛的药用价值，古人的说法很多，其实际药用价值，当然还需要用现代医学知识加以检验。古人也说过，不是任何蜘蛛都可入药。陶弘景说："蜘蛛数十种，今入药惟用悬网如鱼罾者。"

蟒

神话化的蟒是可怕的吃人的妖怪，绣蟒是明清官服的标志，蟒的胆是重要的药材。

蟒，又名王蛇，蚒蛇。先秦典籍就已有蟒的记载，《楚辞·大招》："王虺骞只。""王虺"，即王蛇，即蟒。蟒的形体特点是大，郭璞注《尔雅·释鱼》中"蟒"条说："蟒，蛇最大者，故曰王蛇。"他的赞诗云：

惟蛇之君，是谓巨蟒。小则数寻，大或百丈。

因为蟒是庞然大物，在深山野林中神出鬼没，令人生畏，所以被神化为吃人的妖蛇。《太平广记》载：某山峭壁下名选仙场，峭壁上端有一洞，相传是神仙的窟宅。每年的中元日要选一修道修得好的人入洞中成仙。成仙那天，人们举行隆重的仪式，大家以无比羡慕的眼光望着洞口飘下五色祥云，祥云直飘至入选者所坐的坛场，将入选者渐渐摄至洞中。有一年，一个和尚特地从武都山赶来向入选者告别，并赠给他一斤雄黄，嘱咐他一定要缠在腰腹之间。这位入选者同以前成仙的人一样，被祥云摄入洞中。过了十天后，一股难闻的臭气从洞中飘出，大家觉得奇怪，一个猎人决心看个究竟，用绳子攀缘进入洞中，原来大蟒蛇已经死了，臭气熏人。洞中有很多骸骨，都是那些成仙者的遗骨。那祥云，则是蟒呼出的毒气。

被神化的蟒蛇还吃狗，吃的方式与前面说的吃人的方式相同。《太平广记》载，某地多山，人民多以猎为生，某山山崖上有一洞，洞中常飘出五色祥云，有时猎犬经过此处，被祥云摄入，人们都说成为仙狗了。有一个聪明的猎人想揭开这个秘密，用绳子系在猎狗腰部，然后让狗走近洞下，果然祥云从洞口飘出，将狗徐徐摄上，快到洞口，因被绳子牵住，不能入洞。一会儿，一条头大如瓮、双目如电的怪物从洞中探出头来看动静，这时猎人与事先埋伏好的射手们一齐发射，怪物中箭将头缩入洞中。过了十几天，猎人入洞查看，一条巨蟒已经腐臭了。

妖蛇由吃人、吃动物又演变为奸淫妇女。《清稗类钞·动物类·蚺》载：

> （蚺）性最淫，妇女山行者，须佩观音藤一条，否则必为其所缠，以尾入阴，即死。

《酉阳杂俎·虫篇·蚺蛇》载，如果将女人的衣服投给蟒，它立即将衣服缠得紧紧的。善于捕蟒的人，据说就是利用它好淫的特点制伏它。《太平广记·蚺蛇》载：捕蟒的人头上插满花向蟒靠近，蟒见花则注视，离蟒很近时，一人大呼"红娘子"，蟒就低下头不动了，趁此时挥起大刀将它的头砍下。

据说蟒的油脂有能使男子的阴茎缩入体内的神奇作用。《清稗类钞·动物类·蚺》载：

> 有小童出外，见人宰蚺蛇，归忽大哭，问之，以失阳告。裸而视之，阳物与二卵俱缩入腹中。一仆云："方开蛇腹时，童以手理其肠胃，必沾蛇腹中之油，故至此也。"问童，则于弄蛇肠胃后，旋即溲溺，手曾一抚阳耳。遍求解之之法，皆云："蛇生几年，则阳缩几年，届期自出，无药可治也。"

这当然是传说，"缩阳"的神话，显然是从"妖蛇"引申而来的。还有的书说，谗害屈原的楚大夫靳尚，死后受到天帝的惩罚，变成蟒，藏身穴中，后人还曾为它立庙。这传说当然也是"妖蛇"观念的延伸。

蟒在明清时期，也曾经很风光了一阵，因为它被绣在官服上，成为官位品级的标志。这种官服称为"蟒衣""蟒袍"。《红楼梦》第五十三回："上面正居中悬着宁、荣二祖遗像，皆是披蟒腰玉。"明清时期，皇子、亲王、一品至七品官的官服上用金线绣蟒，蟒数最多八条，最少五条。官服绣蟒的制度明朝以前没有，连明孝宗以前也没有。据明余继登《典故纪闻》卷十六载：

> 内阁旧无赐蟒者，弘治十六年，特赐大学士刘健、李东阳、谢迁大红蟒衣各一袭，赐蟒自此始。

为什么官服上要绣蟒？这与皇帝的朝服绣龙有关。龙是灵物，蛇是龙的同类，而蛇中最大的是蟒。皇帝需要大臣拥戴，龙也需要护持，而能护持龙的当然只有蟒最合适了。所以绣在蟒袍上的蟒有四爪，形状有些像龙。大臣能穿上与皇帝龙袍近似的蟒袍，当然是最大的恩荣了。

蟒肉可以吃，有祛风、愈疮疡的功效。皮可以做蒙弦乐器之用。雄蟒名如意钩的骨头，据说是房中术的上药（《清稗类钞·动物类·蚺》)，蟒胆的药用价值更高，据说是"外科治疮肿之珍药"，被列为贡品，于是出现了假冒和反假冒的研究。有些人为了牟利，用虎胆、猪胆假冒蟒胆。识别真伪的方法是："真胆狭长通黑，皮膜极薄，舐之甜苦，摩以注水，即沉而不散。"（《本草纲目》中"蚺蛇"条引陶弘景语）"试法：剔取粟许着净水中，浮游水上回旋行走为真。其径沉者，诸胆血也。勿多着，亦沉散也。陶未得法耳。"（《本草纲目》中"蚺蛇"条引苏恭语）蟒胆如此珍贵，因而取蟒胆如何使胆不破也有讲究。据说蟒胆的位置"上旬近头，中旬在心，下旬近尾"（《酉阳杂俎》中"蚺蛇"条）。取胆时将蟒从头至尾用夹子夹住，使其腹朝上，然后按尺寸寻找有胆处，用利刃剖腹，胆就冒出来了。取完胆将伤口缝好将蟒放走。据说割取胆的蟒仍可存活，有人说只能活三年。

蛇

我国的蛇文化历史悠久，从三代一直延续至今；其演变情况复杂、纷繁，辐射面也广。粗略说来，上古时期，蛇被视为神灵；秦汉以后蛇既是神灵又是妖孽，既是可怕的毒物又是价值极高的药物。

　　女娲在上古时期人们心目中是创造万物和补天的神，《说文解字·女部》释"娲"说："古之神圣女，化万物者也。"《风俗通义》说："俗说：天地开辟，未有人民，女娲抟黄土作人。""俗说"，即民间传说，这传说当是从远古流传下来的。这位女神并不是人，而是人首蛇身。汉王逸《鲁灵光殿赋》："女娲蛇身。"人面蛇身的女娲像在西汉帛画、壁画中很常见。长沙马王堆出土的西汉帛锦画分为天、地、人三界，人界中有神仙、龙蛇、凤凰等，上端是女娲像人面蛇身，头发很长。河南洛阳卜千秋西汉墓壁画上有伏羲女娲像，女娲头上高髻，下为蛇身，尾上翘。河南南阳军帐营东汉早期墓画像石上面画着伏羲拿着矩，女娲拿着规，女娲下露蛇尾。其他如陕西米脂东汉墓画像石、山东滕县龙阳店东汉墓画像石、江苏徐州蔡丘东汉墓画像石、四川郫县新胜东汉墓石棺图案等，都有伏羲、女娲像。女娲都是人首蛇身。蛇同女神合而为一，说明蛇在远古就是人们心目中的神，是图腾崇拜物。

　　不仅女娲是人首蛇身，就是被神化了的荒古帝王也人蛇合一，如创造神秘八卦的伏羲就是人首蛇身。上面列举的汉墓壁画中都有伏羲像，也全是蛇身。伏羲和女娲的蛇身往往互相缠在一起。《拾遗记》说：

　　　　禹因与语，神即示禹八卦之图，列于金版之上……乃探玉简授禹，长一尺两寸，以合十二时之数，使量度天地。禹即持此简以平定水土。蛇身之神，即羲皇也。

"羲皇"即伏羲，说他是"蛇身之神"，足见"蛇"就是"神"。他交给禹的玉简可以"量天地"，可以"平定水土"，也足见具有神通。不仅女娲伏羲是人蛇合一，就是三皇五帝也是人蛇合一。（见《太平御览》）

先民为什么将女娲、伏羲等塑造成这样的形象？这大概是因为图腾时期有些部落以蛇为图腾，蛇既是图腾崇拜的对象，那么他们崇拜的圣王当然就与蛇合而为一了。

十二生肖中有蛇。十二生肖的最早记载以前有些人（如郭沫若）认为是王充的《论衡》，前些年在湖北云梦发现秦简中有《日书》，《日书》载：

　　子，鼠也；丑，牛也；寅，虎也；卯，兔也；辰（原简漏抄生肖）；巳，虫也。……

古文字的"虫"，画作蛇形，虫即蛇，可知在距今二千二百多年前已流行十二生肖。据有人研究，生肖起源于远古时代的动物崇拜、图腾崇拜。这说明蛇在图腾时期就被神化列入图腾崇拜物。

先民视蛇为神灵，从龙的传说中可得到印证，龙是神物而龙文化与蛇文化是同源的，如《山海经》说，应龙"人面蛇身而赤"，龙而蛇身，吐露出它们之间的同源关系。传说汉民族是龙的传人，实际上是蛇的传人。少数民族中有的至今还相信蛇是他们的祖先。将蛇当神供奉，如台湾的排湾族就认为他们是"百步蛇"的后裔。

周朝，将蛇画在神圣的旗帜上，用以表示北方的神物，象征果敢。（《周礼·春官·司常》）这是先民视蛇为神灵的遗迹。

秦汉以后，蛇文化出现纷繁多彩的局面。神灵的观念虽然延续，但影响相对缩小，妖孽的观念逐渐兴起。妖孽观念在春秋时期已萌现，如《左传·庄公十四年》载：在郑国国都的南门，城门外的蛇和城门内的蛇相斗，城门内的蛇被咬死了。过了六年，傅瑕杀了郑国国君和他的两个儿子，接纳厉公回国。鲁庄公听说此事后问道："犹有妖乎？"人们认为这两条蛇就是妖，他们的相斗及其结果预示厉公与郑国国君的兴亡。

西汉京房的《京氏易传》以阴阳五行之说把自然的突变现象附会成人事变化祸福的迹兆，对后代影响很大。该书说：

> 京房《易妖》曰："蛇，现于邑，不出三年，有大兵，国有大忧。"

京房的这一理论，对蛇与妖结合的观念的形成和流布起了很大的作用。人们坚信，大蛇出现就是战乱的迹兆。如《后汉书·谢弼传》：

> 夫蛇者，阴气所生。鳞者，兵甲之符也。

这实际上是对京房理论的注释。对京房理论附会的记载很多，如《隋书·五行志》载："武平七年，并州招远楼下，有赤蛇与黑蛇斗，数日，赤蛇死。赤，齐尚色。黑，周尚色。斗而死，灭亡之象也。"后来果然齐后主为周所俘。《旧唐书·五行志》载："天宝中，洛阳有巨蛇，高丈余，长百尺，出于芒山下，胡僧无畏见之，叹曰：'此欲决水注洛城。'即以天竺法咒之，数日蛇死。禄山陷洛之兆也。"

蛇由兵祸的迹兆又扩大为其他灾异的迹兆。《旧唐书·五行志》载：

开元四年六月，郴州马岭山下，有白蛇长六七尺，黑蛇
长丈余。两蛇斗，白蛇吞黑蛇，至粗处，口眼流血，黑蛇头
穿白蛇腹出，俄而俱死。旬日内，桂阳大雨，山水暴溢，漂
五百家，杀三百余人。

《异苑》载：晋代的贾谧上床正准备睡觉，忽然发现被子里面
有一条蛇，第二年贾谧就被杀了。

不过蛇妖也不是不能战胜的，战胜的方法就是"修德"。以
修德来制伏妖孽，这种观念在周代就已流行，对蛇妖当然也适
用。刘向《新序》载，晋文公外出打猎，发现前面有一条大蛇像
高堤似的挡在路上，大家认为这是凶兆。晋文公命令回车，有人
建议将蛇赶走，文公说："夫神不胜道，而妖亦不胜德，祸福未
发，犹可化也。"于是回车斋戒三天，然后到祖庙祭祀，反省自己
的三大过失，并提出改过措施。过了几天，负责观察蛇的官吏报
告说：自己梦见天帝怒斥蛇不应"当圣君道"，并将蛇处死。再去
看那蛇，已经腐臭了，文公高兴地说："神果不胜道，而妖亦不胜
德。"平民百姓也可以修德制伏蛇妖。据贾谊《新书》载，孙叔敖
幼年时，从外面回家愁容满面，母亲问是什么原因，孙叔敖哭着
说："今天我看到两头蛇，看到这种蛇我的死期就不远了。"母亲
问："蛇现在在哪里？"孙叔敖说："我怕别人看见了也活不成，所
以把蛇打死埋了。"母亲说："有阴德的人天一定会保佑，你会有
福的。"果然，孙叔敖不仅没死，还做了令尹的大官。

蛇也可以是吉利的兆头。《后汉书·孝安帝纪》载：安帝的
父亲为清河孝王时，一天，发现一条赤练蛇盘在床上，后来儿子
做了皇帝。《河南通志》载：唐玄宗李隆基在地位卑微时到崔日用
家做客，因饭还未熟，李隆基就在庭前藤花下睡觉，这时崔日用

见到一条大黄蛇吃藤花，一会儿，蛇不见了。李隆基醒来，说自己做梦，肚子很饿，吃藤花，后来李隆基做了皇帝。成为做皇帝的吉兆的蛇，实际上是龙，龙是由现实中的蛇经过神化而形成的。这种蛇往往有特殊的颜色，安帝见到的蛇是赤蛇。赤，是汉代帝王的象征，刘邦斩白蛇起义，就是赤帝取代了白帝。崔日用见到李隆基是黄蛇，因为唐代规定黄袍是帝王之服。

　　还有些吉兆其原因不明。有人说，如见到蛇交配就有喜事，有人说见到蛇蜕壳就会大发迹。后者可能因为蛇蜕壳而获新生，预示着人命运的改变。

　　关于蛇报恩报仇的记载很多，这与蛇为妖孽有关。关于蛇报恩，流传最广的是"隋侯珠"的故事。传说隋侯外出，见一条蛇断为两截，他就用药医治，这条蛇伤好了以后，为了报隋侯的恩，衔了一颗很贵重的珠子献给隋侯。蛇报仇也是很严厉的。据说唐宪宗元和年间，有几个人见到塔下有一条长数丈的大蛇，大家商量如何杀死它，其中一人反对，主张杀蛇的人将蛇杀死后煮着吃了。可不一会儿，风雨大作，雷电交加，杀蛇、吃蛇的人全被雷轰死，反对杀蛇的人安然无恙。

　　现实生活中的蛇分为有毒和无毒的。有毒的蛇给穴居野外的上古人造成严重威胁。传说尧时，对百姓危害最大的，除天上的十个太阳之外，就是地上的凶恶动物，凶恶的动物之中就有"修蛇"。于是尧派善射的羿在洞庭湖边射死了"修蛇"，百姓才安居乐业。这个传说正反映了上古时期的蛇害之烈和人与蛇做斗争的现实。许慎《说文解字·它部》解释"它"（即蛇）字说：

　　　　上古草居患它，故相问："无它乎？"

彼此见面的问候语是："有蛇吗？"这也说明上古时期蛇对人类生

活的威胁，成语"杯弓蛇影"也反映了人们对蛇的恐惧。

在与蛇长期斗争中，人们积累了许许多多防蛇、捕蛇、治蛇咬伤的经验。单是东汉王充《论衡·登涉篇》的记载就不少。诸如佩雄黄入山，则众蛇皆去；用雄黄末撒在被蛇咬的伤口上，则可治愈；用干姜、附子带在肘后或烧牛、羊、鹿角熏身，则蛇不伤人；蛇畏蜈蚣，将蜈蚣装在竹筒中进山，则蛇不敢进。此外，还有类似气功的"禁法"，用此法，就是踩到蛇，蛇也不敢动。至今民间流传的"打蛇要打七寸"，端午节服雄黄酒，将雄黄酒洒在门墙边以防五毒，都是历史悠久的制伏蛇的方法。《本草纲目拾遗》说："识得八角莲，可与蛇共眠。"可见八角莲治蛇咬有奇效。其他，如半夏、山豆根、过山香等都是治蛇咬伤的良药。

对蛇药用价值的研究很早，唐代，蛇胆即用为药品，规定每年产蛇的地方上贡。经历代医家不断研究，蛇药用价值的应用范围越来越广，不同种类的蛇有不同的药用价值。除了内脏以外，蛇从头到尾一无废物。蛇胆可以"明目、去翳膜、疗大风"；蛇肉可以"除手足风痛、杀三虫，去死肌"；蛇头可治"瘰风毒癞"；蛇血清凉解毒，可治疮毒；蛇吐的毒液可制成抗毒的血清注射剂，治"坏血病"有奇效；蛇皮可以镇惊散翳；蛇骨、蛇油可炼制荷尔蒙；蛇鞭可以补肾壮阳。

螣

螣，亦名螣蛇、腾蛇、灵蛇，传说它能腾云驾雾，是水旱的征兆，又是"不专一"的象征。

严格地说，将"螣"说成蛇不恰当的，因为它能飞，《荀

子·劝学》说："螣蛇无足而飞。"《大戴礼记·劝学篇》云："螣蛇无足而腾。"都是说螣蛇具有鸟的善飞的功能。《尔雅·释鱼》："螣，螣蛇。"郭璞注："龙类也，能兴云雾而游其中。"能在云雾中游，这也是一种飞。晋傅玄的《灵蛇铭》特别称赞螣蛇善飞：

> 飞不须翼，行不假足。上腾云霄，下游山岳。

闹水灾、闹旱灾，与螣蛇有密切关系。相传为汉甘公、石申撰写的《星经》载："螣蛇二十二星……移南，大旱；移北，大水。"以螣蛇命名的星能主旱主水，显然与螣蛇的特征有关。螣蛇既是"龙类"，既能"兴云雾"，当然就有能雨也能旱的本领。

螣蛇飞腾起来与龙的本领不相上下，可是安歇时，两者却有天壤之别。龙不失为水族之长的气魄，潜于深渊。而螣蛇呢？像螃蟹一样，靠霸占鳅蟮之穴安身。《尔雅翼·释鱼》中"螣蛇"条引甘成语曰：

> 螣蛇游于雾露，乘于风雨而行，非千里不止。然则暮托宿鳅鳝之穴，所以然者何也？用心不一也。

于是螣蛇像螃蟹一样，成为"用心不一"的象征。

大概由于"用心不一"，螣蛇不仅成不了龙，而且还有时成为蚯蚓。《埤雅·释虫》之"螣蛇"条引慎子语说：

> 螣蛇游雾，飞龙乘云，云罢雾除，与蚯蚓同，失其所乘
> 故也。

《韩非子·难势篇》也有类似的说法：

> 飞龙乘云，腾蛇游雾，云罢雾霁，而龙蛇与蟥蚁（蝇
> 蚁）同矣，则失其所乘也。

所以三国魏曹操《步出夏门行》说：

> 神龟虽寿，犹有竟时，腾蛇乘雾，终为土灰。

螣蛇能腾云驾雾，能主人间水旱，这样的动物当然是现实中
不可能存在的，是人们想象中的神蛇。可是竟然有人说见到了螣
蛇，不仅见到了它的形体，而且还见到它显灵。宋黄希旦《灵蛇》
诗说：

> 嘉祐辛丑岁，郡侯得召伯。是时夏六月，云日红翕赩。
> 殿北古龙堂，窗户久不辟。俄然灵蛇见，宛转真像侧。鳞甲
> 锦绣文，灿烂辉五色。视之颇驯扰，狎之不惊惕。郡侯率群
> 僚，朋来拥荆戟。迟留夜未午，风雨满天黑。迅电瞥四起，
> 狂雷随一击。须臾风雨收，形影谁能觅。斯盖龙之灵，变化
> 固难测。方知至神物，其来表有德。

这条螣蛇鳞甲如锦绣，五色灿烂，性格温顺，碰碰它也不惊不惕。
可是红日当空的盛夏，突然迅雷狂电交加，螣蛇不见了，在作者
看来，它已腾云驾雾而去了。作者和在场的其他人见到这条蛇是
否为螣蛇，不得而知。不过是与不是也并不重要，值得注意的是，

宋人的螣蛇观念已发生变化，螣蛇不仅是"神物"，而且不轻易显形，如显形则是吉祥的征兆，是对地方官员有德政的表彰。

肥　蟥

肥蟥的出现，在上古时期是大旱的征兆。肥蟥，也作肥遗、蟣蟥，是神蛇还是实际存在过的动物，尚不清楚。《山海经·西山经》说它六足四翼，《玉篇》说它"一首两身，六足四翼"，照  此记载，似乎是传说中的蛇。《明史·五行志》载："建昌民樵于山，逢巨蛇，一角，六足如鸡距，不噬不惊。或言：此肥蟥也。"照此记载，它又似乎是实际存在过的稀有动物。肥蟥既然有翅膀、有脚，古人把它归入蛇类不怎么恰当。

肥蟥不易见到，如见到，则将大旱，古籍关于这方面的记载很多。

《山海经·西山经》载：

> 太华之山……有蛇焉，名曰肥蟥，六足四翼，见则天下大旱。

郭璞注说：商汤时，肥蟥在首阳山下出现过，结果发生了七年的大旱。他的《肥蟥蛇赞》说：

肥蟥为物，与灾合契。鼓翼阳山，以表亢厉。桑林既祷，倏忽潜逝。

意思说，肥蟥的出现是天灾的信号，它在首阳山下飞腾，天下大旱。成汤在桑林祈祷之后，它又很快消逝了。

《山海经·北山经》载："浑夕之山……有蛇一首两身，名曰肥遗，见则其国大旱。"明王世贞诗："狸力见距山，浑夕出肥遗。"后一句即本《山海经》。

金韩道昭《五音集韵》说："蟨蟥，神蛇，二身同首，六足四羽，见则不雨。"这是将《山海经》《玉篇》中肥蟥的形象综合在一起了。说它"见则不雨"，可见这一观念到金朝还有人相信。明夏完淳《招魂》诗："蟨蟥两身，一行赤地些。"意思是肥蟥一首两身，只要它出现，就会发生赤地千里的大旱。说明《山海经》的说法到明朝还有影响。

肥蟥出现则大旱的观念，可能与古人"龙"的观念有关，龙可兴云作雨，如果它潜伏不动则可出现旱灾。蛇文化与龙文化同源，蛇、龙文化的互相影响，就出现了肥蟥主旱的观念，就像化蛇出现，则闹水灾一样。（见《山海经·中山经》）

蝤 蛴

蝤蛴，古代常用以比喻女子颈部的白皙丰满，也用以象征来自内部的潜言。

用以象征女子颈部的美始于《诗经·卫风·硕人》："领如蝤蛴。"意思是，庄姜初嫁时很漂亮，那颈子白皙柔嫩就像蝤蛴。受

《硕人》的影响，后代常以蝤蛴喻女子颈部的美。

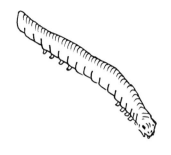

蝤蛴又名蝎，与毒虫蝎子同名而异物，古人早就注意它们的区别，《尔雅翼》说："蝤蛴在腐柳中者，内外洁白，故诗人以比硕人之领，其所谓'蝎'，非虿尾之蝎也。"蝤蛴是天牛的幼虫，黄白色，扁长圆筒形，蛀食树木枝干，粪便和啮下木屑从蛀孔排出。

由于它生在树中，可使树木枯死，故用以象征来自内部的潜言。《埤雅》说：

> 《化书》曰："燥湿相育，不母而生蝤蛴。"此即木中蠹虫，亦曰"桑蠹"，故古者"谮从中起"，谓之"蝎谮"。

如《国语·晋语》载，骊姬在申生的父亲面前谗害申生，申生知道大祸将要临头，出于愚孝他不去辩解，说："虽蝎谮，焉避之？"这里的"蝎谮"指来自宫中的潜言，魏曹植写了一篇有名的《籍田赋》，文章说，天子之国内部、诸侯之国内部、大夫之家内部，"为君子者"都有"蝎"，这些"蝎"像能蛀死欣欣向荣的树木一样，能毁掉天子之国、诸侯之国、大夫之家和君子的德行。不过危害虽大，却可以防治。文章简短而富于哲理，兹摘录于下：

> 封人有能以轻凿修钩去树之蝎者，树得以繁茂。中舍人曰："不识治天下者亦有蝎乎？"寡人告之曰："昔三苗、共工、鲧、驩兜，非尧之蝎欤？"问曰："诸侯之国亦有蝎乎？"寡人告之曰："齐之诸田，晋之六卿，鲁之三桓，非诸侯之蝎

钬？然三国无轻凿修钩之任，终于齐篡、鲁弱、晋国以分，不亦痛乎？"曰："不识为君子者亦有蝎乎？"寡人告之曰："固有之也。富而慢，贵而骄，残仁贼义，甘财悦色，此亦君子之蝎也。天子勤耘，以牧一国；大夫勤耘，以收世禄；君子勤耘，以显令德。夫农者，始于种，终于获，泽既时矣，苗既美矣，弃而不耘，则改为荒畴。盖丰年者，期于必收，譬修道亦期于殁身也。"

文中的"三苗""共工""鲧""驩兜""齐之诸田""晋之六卿""鲁之三桓"以及"富而慢""贵而骄"等等都是"蝎"。这里的"蝎"已由来自内部的潛言扩大为指内部的奸宄之徒和存在于自己身上的"恶德"。

古人对蟠蛴药用价值的研究很深，不同树木中的蟠蛴，其药用价值的区别也做了细致的研究。据《本草纲目》载：桑中的蟠蛴可治"心暴痛，金疮肉生不足"，"去气，补不足，治小儿乳霍"。这种虫子的粪便还可以治"肠风"，"小儿惊风胎癣，咽喉骨鲠"。柳树中的蟠蛴可治"瘀血"等病，其粪便可治"产后下痢、口疮耳肿、齿龈风毒"。桃树中的蟠蛴"食之肥人，悦颜色"，其粪便可以"辟瘟疫，令不相染"。桂树中的蟠蛴，可以"去冷气"，而且还是一种美味。《汉书·南越王赵佗传》："使者献……桂蠹一器。"唐颜师古注："此虫食桂，故味辛，而渍之以蜜食之也。"《本草纲目》引《大业拾遗录》云：

> "隋时始安献桂蠹四瓶，以蜜渍之，紫色，辛香有味，啖之去痰饮之疾。"则此物自汉、隋以来用充珍味矣。

其他如竹中蟠蛴、茶树中的蟠蛴、芦中的蟠蛴都各有不同药用价值。如苍耳中的蠦蛴治疗疔肿很有效，"以麻油浸死，收贮，每用一二枚捣傅，即时毒散，大有神效。"

古书多说蠦蛴能"背行"，能"背行"的原因是"背有颗粒状突起之物，能支其体以覆行"（《清稗类钞·动物类》）。蠦蛴的异名很多，造成混乱。《毛诗正义》引孙炎曰："蛴螬谓之蟦蛴，关东谓之蠦蛴，梁益之间谓之蝎。"清郝懿行对此做了一番辨析：

> 据孙炎及《本草》，则蟦蛴名蟦，蠦蛴名蝎，分明不误。"蠦""蟦""蛴"三字俱声转，"蛴蟦"倒言之即"蠦蛴"。故司马彪注《庄子》"至乐"篇，"蛴蟦"作"蟦蛴"，云"蟦蛴，蝎也"，是蟦蛴即蠦蛴，二名混淆，盖本之《方言》而误也。今蛴蟦青黄色，身短足长，背有毛筋，从夏入秋，蜕为蝉。蠦蛴白色，身长足短，口黑无毛，至春羽化为天牛。陈藏器说如此。今验二物，判然迥别，以为一物，非矣。

蜈　蚣

古人认为蜈蚣是制伏蛇的能手，是治疗蛇咬伤等疾病的良药。

《庄子·齐物论》云："蝍蛆甘带。"《广雅》说，"蝍蛆"是蜈蚣。至于"带"，则是指小蛇（见《经典释文》）。据说蜈蚣喜欢吃蛇的眼睛。《庄子》以后，很多典籍有类似的记载，如《玉篇》："蝍蛆，能食蛇。"《广雅》："蝍蛆，蜈蚣。性能制蛇，卒见大蛇，便缘而啖其脑。"宋彭乘《墨客挥犀》记载更具体："余伯祖尝于野外见蜈蚣逐一大蛇甚急，蛇奔过一溪，蜈蚣亦随之，蛇知力屈不免，乃回身张口向之，蜈蚣遽入其口，俄顷蛇死，乃穴

其腹傍而出。析蛇视之，已无肠矣。"《尔雅翼·释虫》中"蝍蛆"条载：

> 大蛇过一围者，蝍蛆以气禁之，蛇即死矣。蛇或遇之，走匿水底，蝍蛆但浮水上禁之。人见有物正青大如绳者，直下入水至蛇处，须臾蛇浮出而死。今南人入山者，皆以竹管藏蝍蛆。蝍蛆知有蛇之地，辄动作于管中，草中蛇虺无不惊窜。

古人用五行相克的理论解释这种现象。《春秋纬》说："蝍蛆生于土。蛇，藏物，属于坎。坎，水也。"宋均解释说："蝍蛆生于土，蛇，藏物，属于坎，坎。水也。"意思是说，土可以制水，而蜈蚣属土，蛇属水。

就像蛇怕蜈蚣一样，蜈蚣怕托胎虫。蔡絛《铁围山丛谈》载：

> 峤岭多蜈蚣，动长二三尺，螫人求死不得，然独畏托胎虫，多延行井干墙壁上，蜈蚣虽大，遇从下过，托胎虫必故自落于地，蜈蚣为局缩不得行。托胎虫乃徐徐围绕周匝，蜈蚣愈益缩，然后登其首，陷脑而食之死。故人遭蜈蚣害，必取托胎虫涎，辄生捣涂焉，痛立止。

李时珍认为托胎虫就是蛞蝓。蜈蚣除畏蛞蝓外，还畏蜘蛛、鸡屎、桑皮、白盐。据说，连鸡的名字蜈蚣也害怕，《圣君初政记》载：皇帝命令建造太学，建成后，多蜈蚣，于是筑一个土丘，命名为鸡鸣山，以镇蜈蚣，蜈蚣很快绝迹。

蜈蚣一般长 9 至 13 厘米，但古籍上有许多特大蜈蚣的记载。

《本草纲目》引葛洪《遐观赋》曰："蝛蚊大者长百步，头如车箱，肉白如瓠，越人争买为羹炙。"《南部新书》载："天宝四载，广府因海潮漂一蝛蚊。死，割其一爪，得肉一百二十斤。"《岭南异物志》载："珠崖人每晴明，见海中远山罗列，皆如翠屏，而东西不定，悉蝛蚊也。"这些记载夸张、想象的成分居多，不可尽信。

蝛蚊是重要的药材，性温，味辛、有毒，有祛风、定惊、止痛的功能。主治小儿惊风、抽搐惊厥、偏头痛、恶疮、蛇咬等症。因为蛇畏蝛蚊，故治某些因蛇引起的疾病很有效。李时珍说："瘴疮一名蛇瘴。蛮烟瘴雨之乡，多毒蛇气，人有不伏水土风气而感触之者，数月以还，必发蛇瘴。惟赤足蝛蚊最能伏蛇，为上药，白芷次之。"又《圣济总录》云："岭南朴蛇瘴一名锁喉瘴，项大肿痛连喉，用赤足蝛蚊一二节，研细，水下，即愈。"随着中医中药的发展，蝛蚊越来越被重视，我国正在进行人工养殖和研究。

古籍记录"蝛蚊"这个名字较晚，《庄子》《淮南子》《关尹子》《尔雅》等书只有"蒯蛆"之名，注家大多认为，以上这些书中的"蒯蛆"都指蝛蚊，但也有不同的看法。郭璞注《尔雅》中"蒺藜，蒯蛆"云："似蝗而大腹长角，能食蛇脑。"郭璞所描写的形体特征，与蝛蚊不符。高诱注《淮南子》，认为蒯蛆是蟋蟀，但蟋蟀的形体特征与郭璞的描写也不相符。清郝懿行认为蒯蛆可能是一种蚖蛓，但他不敢自是，说："姑阙之，以俟知者。"

衣　鱼

衣鱼，常用以喻埋头读书的书生。食"神仙"字的衣鱼是成仙的妙药。

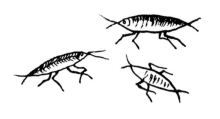

《尔雅·释虫》"蟫"条郭璞注:"衣鱼、书中虫。"衣鱼属缨尾目,衣鱼科,身长而扁,有银色细鳞,腹端有两条等长的尾须,像鱼,所以称为"衣鱼"。因为它常在书籍中生活,啮食其中的糨糊及胶质物,故用以喻埋头苦读的书生。如唐韩愈《杂诗》:"岂殊蠹书虫,生死文字间。"意思是一辈子埋头于书籍中,同衣鱼没有两样。"蠹书虫"即衣鱼。苏轼诗:"樽前侑酒只新诗,何异书鱼餐蠹简。"(《次韵曹子方运判雪中同游西湖》)意思是,席间我们只用新诗互相劝酒,这书生气与吃书的衣鱼无异。"书鱼",即衣鱼。

衣鱼对衣服的损害虽不亚于书,可古代文人对衣鱼的憎恨差不多都全集中在它对书的损害上。如唐白居易诗:"今日开箧看,蠹鱼损文字。"(《伤唐衢》)唐李远的《咏壁鱼》诗和宋邵雍《蠹书鱼》诗,更是讨伐衣鱼的檄文。李诗云:"潜穴河图内,吞钩乙字边。莫言髻鬣小,食尽白蘋篇。"意思是,衣鱼损坏书中的图和字,锦绣文章被它全吃掉了。邵诗云:"形状类于鱼,其心好蠹书。居常游箧笥,未始在江湖。为害千般有,言烹一物无。年年当盛夏,晒了又如初。"古人还把被衣鱼损坏的书称为"蠹册""蠹简",如"披縢辨蠹册"(南朝沈约《和竟陵王抄书》),"蠹简有遗字"(唐陆龟蒙《奉酬袭美先辈初夏见寄次韵》),书主人的痛惜之情宛然在目。

读书人为同衣鱼斗争,逐渐积累了许多经验,将书放在烈日下晒是古人最早用来除衣鱼的方法。《穆天子传》五载"蠹书于羽林",意思是在羽林晒书。"蠹",是晒书除蠹(衣鱼)。宋徐积诗："呼童解袂扪饥虱，趁日开箱曝蠹鱼。"（《节孝诗抄·和路朝奉新居》之五）。芸香的花和叶有强烈的气味，衣鱼害怕。用芸香夹在书中，用以避衣鱼，这方法应用也很早，最晚在汉代就已用此法，汉代称藏秘书之室为"芸台"，据《初学记》，三国魏鱼豢《典略》说："芸台香辟纸鱼蠹，故藏书台称芸台。"后来，凡一般的读书人都知道用芸香避衣鱼。从将书卷称"芸帙""芸编"，书签称"芸签"，书斋称"芸窗"，藏书之处称"芸署""芸阁"，宫中藏书之处称"芸扃"，可以看出，以芸香避衣鱼应用之广。黄檗味很苦，用黄檗染纸以防衣鱼，这方法应用也相当早，于是书籍称为"黄卷"。晋葛洪《抱朴子·疾谬》："盖是穷巷诸生，章句之士，吟咏而向枯简，匍匐以守黄卷者所宜识。"可见最晚在晋代就知道以黄檗纸来避衣鱼了。皇帝的诏书用黄纸，也是为了避衣鱼咬蚀。

衣鱼是成仙的妙药一说，见于《仙经》。唐段成式的《酉阳杂俎》："建中末，书生何讽，尝买得黄纸古书一卷，读之。卷中得发卷，规四寸，如环无端。何因绝之，断处两头滴水升余。烧之作发气。讽尝言于道者，吁曰：'君固俗骨，遇此不能羽化，命也！'据《仙经》曰，蠹鱼三食'神仙'字，则化为此物，名曰脉望。'"何讽翻开那本黄纸古书一页页查看，果然被衣鱼蛀了好几个洞，从上下文义看，恰是吃了"神仙"二字。这吃了"神仙"二字的脉望据说身体由白色变成五彩之色，人吃了脉望就可以成仙。

吞脉望可以成仙之说，对人们很有诱惑力，据《北窗琐语》载：唐张裼之子切望成仙，于是在纸上写了一连串的"神仙"，再将纸剪成碎片连同许多衣鱼放进瓶中，等衣鱼吃了"神仙"字然后吞脉望。可是一天又一天过去了，衣鱼总也没变成脉望，张裼之子结果急成了神经病。从《酉阳杂俎》和《北窗琐言》的以上记载，可以看出吞脉望成仙之说在唐代流传甚广。

衣鱼可以治很多病，据说通便的作用更好。《本草纲目》载："治小便不利，取二七枚捣，分作数丸，顿服即通。《齐书》云，明帝病笃，敕台省求白鱼为药。此乃神农药，古方盛用，而今人罕知也。""白鱼"就是衣鱼。

蜮

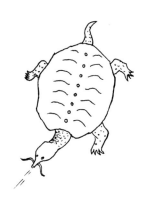

蜮，据说是一种能含沙射人、使人发病的动物，常用以比喻阴险害人的人。

最早记载蜮的是《诗经·小雅·何人斯》："为鬼为蜮。"古籍中关于蜮暗中害人的记载甚多。《周礼》《抱朴子》《博物志》《经典释文》等书的记载都大同小异。《尔雅翼·释鱼》中"蜮"条对前人的记载做了一番综合：

> 蜮，一名短狐，一名射工，一名溪毒。生江南山溪水中，甲虫之类也，长一二寸，有翼能飞，口中有横物如角弩。如闻人声，以气为矢，激水以射人，随所着处发疮。中影者亦病，而疮不即发。病如大伤寒，不治杀人。或曰，见人则以气射人，去二三步即射，所中什六七死。……《诗》曰"为鬼为蜮，则不可得"以况阴中人者。

史书也记载过蜮的为害，如《左传·庄公十八年》："秋，有蜮，为灾也。"

现代许多辞书多认为蜮是传说中的动物，实际上并不存在。但古书对蜮的形体都做了描述，明李时珍的描述更为具体：

> 射工，长二三寸，广寸许，形扁，前阔后狭，颇似蝉状，故《抱朴子》言其状如鸣蜩也。腹软背硬，如鳖负甲，黑色，故陆玑言其形如鳖也。六七月，甲下有翅能飞，作铋铋声。阔头尖喙，有二骨眼。其头目丑黑，如狐如鬼。喙头有尖角如爪，长一二分。有六足，如蟹足。二足在喙下，大而一爪。四足在腹下，小而歧爪。或时双屈前足，抱拱其喙，正如横弩上矢之状。冬则蛰于谷间，所居之处，大雪不积，气起如蒸，掘下一尺可得。

如果蜮真的不存在，那么具有科学态度和求实精神的李时珍对蜮的形体绝不会凭空作如上的详尽描述。

古人对蜮的记述也确有想象之辞。如汉刘向说：

> 蜮生南越，越地多妇人，男女同川，淫女为主，乱气所生，故圣人名之曰蜮。蜮，犹惑也。（转引自《尔雅翼·释鱼·蜮》）

这个说法连他的儿子刘歆也认为荒唐，他说：

> 蜮，盛暑所生，非自越来。（同上）

蜮虽然可怕，但也有对付的方法。《周礼·秋官·壶涿氏》："壶涿氏掌除水虫，以炮土之鼓驱之，以焚石投之。"意思是，壶涿氏掌管除掉水中毒虫狐蜮之类，敲起瓦鼓来驱赶它们，将火烧的石头投入水中，利用水面发出的声音吓走它们。《尔雅翼》说，当时（指宋代）南方人在下水之前，先用瓦石投水，将水搞浑。这可能是为了扰乱蜮的视线，这与《周礼》的"以焚石投之"基本相同。《抱朴子》还介绍了药物避蜮的方法：行经有蜮之地时，身上携带八物麝香丸、度世丸、护命丸、玉壶丸、犀角丸、七星丸、荠苨，则蜮不敢袭人。如果没有这些药，用生麝香与雄黄、大蒜合在一起捣碎，搓成丸，效果也好。万一被蜮所伤，用它涂在被咬处，可以治愈。另外，蜮也可避蜮，将捕得的蜮，阴干后带在身上，则蜮不敢侵袭。

由于蜮常暗中袭人，不及时治疗则送命。所以古人常以蜮比喻阴险害人的人。如唐白居易诗：

　　　含沙射人影，虽病人不知。巧言构人罪，至死人不疑。
　　（《读史五首》其四）

"含沙射人影"指蜮；"虽病人不知"指被害人的病不马上发作，以此来比喻谗巧之人的阴险与可恨。白居易的《寄元九（自此后在渭村作）》诗："山无杀草霜，水有含沙蜮。""含沙蜮"也用以比喻小人。宋范成大诗："阿瞒虓虎盖刘孙，千古还将鬼蜮论。"（《讲武城》）"鬼蜮"，喻曹操的阴险。《宋史·吴材传》："鹰犬外搏，鬼蜮内狙，宜小人得志而空朝廷也。""鬼蜮"，喻奸邪小人。明王世贞《鸣凤记》第四出："更兼奴颜婢膝，用几许为鬼为蜮的权谋。"以上各句"鬼"与"蜮"并列，意思是"蜮"与鬼差不多。蜮的这种比喻意义至今还很流行，成语"含沙射影"便是人人所熟悉的。

与"含沙射人影"的"蜮"同名异物的有两种。一是虾蟆。《周礼·秋官·序官》中"蝈氏"郑玄注："郑司农（郑众）云：

'蝈读为蜮。蜮，虾蟆也。'……（郑）玄谓：蝈，今御所食蛙也。"疏："蛙蝈为一物。"一是食禾苗的害虫。如《吕氏春秋·任地》："大草不生，又无螟蜮。"高诱注："蜮，或作螣。食心曰螟，食叶曰蜮。"

守　宫

守宫，古代贵族用以鉴定女子是否淫乱，民间用以求雨。《淮南万毕术》载：

七月七日采守宫，阴干之，合以井华水，和涂女人，身有文章，则以丹涂之，不去者不淫，去者有奸。

其他各书的记载大同小异。张华《博物志》载：将捉到的守宫"以器养之，食以朱砂，体尽赤。所食满七斤，治捣万杵，点女人支体，终身不灭，唯房室事则灭，故号守宫"。意思是说，用守宫的红色点在女人身上，总也掉不了，只有与男子同宿才消失。据说秦始皇用守宫系在宫女臂上，如果守宫吐血，则血污宫女之臂，这就意味着这位宫女有淫心，秦始皇就将她杀掉。据说汉武帝也曾用守宫检验宫女的贞操。"守宫"因此而得名。明汤胤勣的《守宫》诗生动地描绘了受守宫检验与监视的宫女的复杂内心世界：

谁解秦宫一粒丹？记时容易守时难。鸳鸯梦冷肠堪断，蜥蜴魂销血未干。榴子色分金钏彩，茜花光映玉鞲寒。何时试卷香罗袖，笑语东君仔细看。

古人对《淮南万毕术》等书的记载早有怀疑。《本草纲目》引苏恭语云：

> 蝘蜓又名蝎虎，以其常在屋壁，故名守宫，亦名壁宫。饲朱点妇人，谬说也。

李时珍持谨慎态度，他说："守宫善捕蝎、蝇，故得虎名。……'点臂'之说，《淮南万毕术》、张华《博物志》、彭乘《墨客挥犀》皆有其法，大抵不真。恐别有术，今不传矣。"

《淮南万毕术》还说守宫可使妇人不生孩子。方法是：将一只守宫放在瓮中，将蛇衣用新布包好，悬于阴暗处，一百天以后，将守宫、蛇衣用唾沫和好，放在妇人肚脐上来回摩擦，直至发热。这个方法是否真的能达到避孕的目的，有待医学界研究。

用守宫求雨，古代相当盛行。《宋史·礼志》载："（熙宁）十年四月，以夏旱，内出蜥蜴祈雨法：捕蜥蜴数十，纳瓮中，渍之以杂木叶，择童男十三岁下、十岁上者二十八人，分两番，衣青衣，以青饰面及手足，人持柳枝，沾水散洒，昼夜环绕，诵咒曰：'蜥蜴蜥蜴，兴云吐雾，雨令滂沱，令汝归去。'"这种以守宫求雨之法，在唐段成式的《酉阳杂俎》中就有记载。其方法与《宋史》大同小异：在两个能装十石水的大瓮中各放两个守宫，然后用木盖盖好，泥封。瓮前后烧香，再让十几个十岁以下的小孩手持小青竹昼夜击瓮。据说用这个方法求雨甚灵。

用守宫之所以能求到雨，据说是因为守宫是龙的亲家。人不敢捉龙，也无法捉到。捉到它的亲家，祈求与要挟兼施，守宫只有向亲家求助了。还有一种说法："刘居中见山中大蜥蜴百枚，长三四尺，光腻如脂，吐雹如弹丸，俄顷风雷作而雨雹也。"(《本草纲目》引《夷坚志》)有人说："今人用之祈雨，盖取此义。"这两种说法，在宋苏轼《蝎虎》诗都有反映。诗云：

> 黄鸡啄蝎如啄黍，窗间守宫称蝎虎。暗中缴尾伺飞虫，巧捷功夫在腰膂。跂跂脉脉善缘壁，陋质从来谁比数。今年岁旱号蜥蜴，狂走儿童闹歌舞。能衔渠水作冰雹，便向蛟龙觅云雨。守宫努力搏苍蝇，明年岁旱当求汝。

说明在宋代，民间普遍用守宫求雨。

《尔雅·释鱼》："蝾螈，蜥蜴；蜥蜴，蝘蜓；蝘蜓，守宫也。"后世对这段话的理解不一，有人认为是一物而四名，四名不过是"转相解"罢了。有人认为是同类的四物。陶隐居认为：

> 其类有四种。形大纯黄色者，名蛇医；其次似蛇医，是小形长尾，见人不动者，名龙子；小而五色尾，青碧可爱者，名蜥蜴；形小而黑，喜缘墙壁者，名蝘蜓。

《说文·易部》云："易，蜥易，蝘蜓，守宫也。"该书《虫部》中"蝘"下曰："在壁曰蝘蜓，在草曰蜥易，从虫匽声。"《方言》云："守宫，秦晋西夏谓之守宫，或谓之卢蠦，或谓之蝘易，其在泽中者谓之易蜴。南楚谓之蛇医，或谓之蝾螈，东齐海岱谓之蠑蚖，北燕谓之祝蜓。"《一切经音义》七云："守宫，江南名蝘蜓，山东谓之蝾蚖，陕西名壁宫。"

守宫的异名很多是可以肯定的。有的异名是一声之转，有的是传写之误。清郝懿行云："《尔雅》蜥易亦误为'蜴'，不知'蜴'即'蜥'之异文，经典转写多误。"又说："蜥易，蛇医声之转耳。"守宫与蜥蜴、蛇医非一物，也可以基本肯定。明李时珍的辨析大致可信，他说："生山石间者曰石龙，即蜥蜴，俗呼猪婆蛇。似蛇，有四足，头扁，尾长，形细，长七八寸，大者一二尺，有细鳞，金碧色。其五色全者为雄，入药尤胜。生草泽间者曰蛇医，又名蛇师、蛇舅母、水蜥蜴、蝾螈，俗亦呼猪婆蛇。蛇有伤，则衔草以敷之，又能入水与鱼合，故得诸名，状同石龙而头大尾短、形粗，其色青黄，亦有白斑者，不入药用。生屋壁间者曰蝘蜓，即守宫也，似蛇医而短小，灰褐色，并不螫人。"

尺蠖

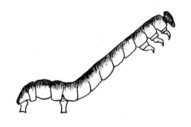

古人将尺蠖作为"以屈求伸"的处世哲学的象征。

《易·系辞下》："尺蠖之屈，以求信（伸）也。"后人以尺蠖比喻人不遇时，屈身退隐，以待时机。这种处世哲学为什么要以尺蠖为喻？原来这与尺蠖的特征有关。《尔雅翼·释虫·尺蠖》说："尺蠖，屈申虫也。状如蚕而绝小，行则促其腰，使首尾相就，乃能进步。屈中有伸，故曰屈申。"古人从尺蠖的"屈中有伸"中受到了处世"以屈求伸"的启示。南朝宋鲍照《尺蠖赋》对此做了充分的发挥。兹抄录如下：

> 智哉尺蠖，观机而作。伸非向厚，屈非向薄。当静泉淳，遇躁风惊。起轩躯以旷跨，伏累气而并形。冰炭弗触，

锋刃靡迮。逢险蹙踏，值夷舒步。忌好退之见猜，哀必进而为蠹。每骧首以瞰途，常仁景而翻露。故身不豫托，地无前期。动静必观于物，消息各随乎时。从方而应，何虑何思。是以军算慕其权，国容拟其变。高贤图之以隐沦，智士以之而藏见。笑灵蛇之久蛰，羞龙德之方战。理害道而为尤，事伤生而感贱。苟见义而守勇，岂专取于弦箭。

指挥作战、治理国家都要效法尺蠖的权变，高贤、智士的"隐沦""藏见"也要以尺蠖为楷模。一条小小的虫子，竟然能揭示如此奥妙的哲理，它不仅可以"修身、齐家"，简直可以"治国、平天下"了。

将尺蠖抬得这么高的绝不止鲍照一人。晋支遁《咏利城山居》：

迹从尺蠖屈，道与腾龙伸。

白居易《代书诗一百韵寄微之》：

伸屈须看蠖，穷通莫问龟。

《警世通言·钝秀才一朝交泰》：

秋风衰草定逢春，尺蠖泥中也会伸。

都是说处世要效法尺蠖的善于屈伸。

尺蠖能做茧，尺蠖的茧古人还用以比喻帝王的宫室。《甘泉赋》云：

天子穆然，珍台闲馆，璇题玉英，蜵蜎蠖濩之中。

《尔雅翼·释虫·尺蠖》引了上面一段话之后说：

蠖亦吐丝作茧，有所布濩（散布）。以此况帝居者，盖白藏于密，精义入神之至也。

尺蠖之"尺"，今本《尔雅》作"蚇"，不对；《类聚》引古本《尔雅》作"尺"，是正确的。因为尺蠖一屈一伸，就像人用手指量物一样，故以"尺"为名。《尔雅翼·释虫·尺蠖》说："如人以手度物，移后指就前指之状。古所谓布指知尺者，故谓之尺蠖。《汉书·律历志》曰：'寸者忖也，尺者蒦也。'则'蒦'亦自有'尺'之义矣。"

尺蠖，《方言》作"蟒蚬"，郭璞注《尔雅·释虫》"尺蠖"作"蜘蝍"，都是一音之转。《一切经音义》引舍人曰："一名步屈，宋地曰寻桑，吴人名桑阖。""步屈"，是因其前进的动态命名，"寻桑""桑阖"是以桑树中生活的步屈命名。现在南方人称为"造桥虫"，其命名的依据与"步屈"一样。

古人早就注意到尺蠖善于利用保护色保护自己。《晏子春秋·外篇》云："尺蠖食黄则黄，食苍则苍。"清人郝懿行说："其在它树上者，亦随所染。"

尺蠖是农业害虫，对果树、茶树、桑树、棉花和林木都有危害。在我国常见的尺蠖有枣尺蠖、茶尺蠖、桑尺蠖等。

虱

古代许多名士以当着贵客扪虱、咬虱为放达、简傲。民间还流行以虱卜人之生死的习俗。

在达官贵人面前扪虱、咬虱的记载甚多。《晋书·王猛传》载：

（王猛）隐于华阴山，怀佐世之志，希龙颜之主，敛翼待时，候风云而后动。桓温入关，猛被褐而诣之，一面谈当世之事，扪虱而言，旁若无人。温察而异之。

《北齐书·邢邵传》载：邢邵天性质朴，"士无贤愚，皆能顾接，对客或解衣觅虱，且与剧谈"。宋石曼卿在自己的官署后面修建了一座小庵，常常醉卧其间，命名为"扪虱庵"，还有人以"扪虱"名书。可见在封建社会，有些人以在别人面前解衣捉虱为与众不同的名士风度。

捉到了虱子放到嘴里咬死，现在有的人还有这个习惯，如阿Q因为自己咬虱子没有王胡那咬得"毕毕剥剥的响"而愤愤不平。（见《阿Q正传》）不过咬虱子的习惯起于何时，这个问题似乎没有人探究过。宋庄季裕《鸡肋编》记述他目击的事：

尝泊舟严州城下茶肆，妇人少艾，鲜衣靓妆，银钗簪花，其门户金漆雅洁，乃取寝衣铺几上，捕虱投口中，几不辍手。旁与人笑语，不为羞，而视者亦不怪之。

元周密《齐东野语》载：

余负日茅檐，分渔樵半席。时见山翁野媪，扪身得虱，则致之口中，若将甘心焉。

可见咬虱的习俗在宋元时代就有了。再查查有关资料，这种习俗还可上溯到秦汉时期，应侯谓秦王曰："王得宛，临陈阳夏，断河内，临东阳、邯郸，犹口中虱也。"王莽校尉韩威曰："以新室之威而吞胡虏，无异口中蚤虱。"曹植著论亦曰："得蚤者莫不摩之齿牙，为害身也。"（《尔雅翼·释虫·虱》）秦汉时期不仅咬虱，而且咬蚤，咬是出于对它们"害身"的憎恨。

虱约有五百余种，其中的人虱在不洁的衣裤中滋生。唐李商隐《虱赋》说："回臭而多，跖香而绝。"意思是说，颜回虽是大贤人，可由于贫穷，衣被不洁，虱子特别多；盗跖虽是大盗，可由于富有，衣被芳香，虱子一个也没有。李商隐是在为虱子不辨贤愚而愤慨，其实，这倒是正表现了虱的公平。只要衣被不洁，达官贵人与平民百姓它一样对待，绝无厚薄。北宋宰相王安石不讲卫生，常"蓬首垢面而谈诗书"，于是虱子经常光顾他。宋彭乘《墨客挥犀》载：

> 荆公、禹玉熙宁中同在相府。一日，同侍朝，忽有虱自荆公襦领而上，直缘其须。上顾之笑，公不自知也。朝退，禹玉指以告公，公命从者去之。禹玉曰："未可轻去，辄献一言以颂虱之功。"公曰："如何？"禹玉笑而应曰："屡游相须，曾经御览。"荆公亦为之解颐。

宋徽宗被金人俘虏北上，俘虏的生活当然没有当皇帝那么讲究。行至五谷城时，发现身上有许多虱子，由于虱子形体像琵琶，他称之为"琵琶虫"，可见虱子对待皇帝、宰相同对待阿 Q 一样的不客气。

虱困扰了人们几千年，人们在与虱的长期斗争中也积累了许多经验。《本草纲目》载：

> 古人多于席下置麝香、雄黄或菖蒲末……或烧木瓜烟、

黄檗烟、牛角烟、马蹄烟以辟之也。

还有一种类似符咒的奇妙避虱的方法。宋邵博《邵氏闻见后录》载：

> 吕公晋伯云：除虱法，吸北方之气喷笔端，书"钦深渊默漆"五字，置于床帐之间，即尽除。公资正直，非妄言者。

《本草纲目》介绍的方法有科学根据，《邵氏闻见后录》说的"五字"法恐怕是十足的"妄言"。当然最简便的方法是煮，连戒杀生的和尚也采用过这个方法。宋庄季裕说，他在剑川亲眼看到和尚们将衣服，包括禅衣放在大锅里煮，煮死的虱子都浮在水上，这个方法现在还常被采用。

古代民间还流行一种以虱卜人生死的习俗。唐段成式《酉阳杂俎》载：

> 相传人将死，虱离身。或云，取病者虱于床前，可以卜病。将差，虱行向病者，背则死。

据说这种风习在岭南更盛。

苏轼还有一段虱的趣闻。苏东坡与秦少游夜宴时，忽然发现衣服上有虱子爬，用手一按，活捉了。东坡说虱是"垢腻所生"，少游说："不然，绵絮成耳。"两人争论不休。于是打赌，约定：第二天去问佛印，谁输了就摆一席酒。少游当夜去叩佛印的门，讲了事情经过后说："明日若问，可答'生自绵絮'，容胜后当作馎饦（饼类食品）会。"少游去后不一会儿，东坡也来了，对佛印说："明天您说虱生于垢腻，我就请您吃冷淘（过水面一类食品）。"第二天，东坡、少游一同到佛印处，各人说了各人的看法，请佛印裁定是非。佛印笑着说："此易晓耳。乃垢腻为身，絮毛为脚。先吃冷淘，后吃馎饦。"三人一起大笑。

蚯 蚓

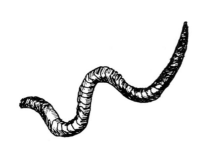

蚯蚓食土饮泉，古人或用以喻为学的专一，或用以喻只知小节而不知大义。古人认为蚯蚓能鸣而声小，故常用以喻微弱。

《荀子·劝学》："蚓无爪牙之利，筋骨之强，上食埃土，下饮黄泉，用心一也。"后世常以蚯蚓喻为学的专一，《尔雅翼·释虫·蚓》引了《荀子》上面一段话之后说："劝学者取之，以为其用心之一。"

《孟子·滕文公下》："仲子恶能廉？充仲子之操，则蚓而后可者也。"注云："充满其操行，似蚓而可行者也。蚓食土饮泉，极廉矣，然无心无识。仲子不知仁义，苟守一介，亦犹蚓也。"意思是，像蚯蚓那样食土饮泉，只不过是守小节而不知大义的小廉，不足取。"幽士慕鳞潜，通人笑蚓廉。"（宋刘克庄《题尹刚中潜斋》）意思是隐士钦慕的是潜于深渊的龙，通达之士看不起那些像蚯蚓那样的小廉者。

蚯蚓不能鸣，可古人普遍认为蚯蚓善鸣。《抱朴子·博喻》："鳖无耳而善闻，蚓无口而扬声。"晋崔豹《古今注》中《鱼虫》云："（蚯蚓）善长吟于地中，江东谓之歌女，或曰吟砌。"唐段成式《酉阳杂俎》续集卷二《支诺皋》载：浑城宅戟门内，有一棵小槐树，树上有钱那么大的洞，每在月明之夜，就有几百条蚯蚓从穴中爬出，有时鸣叫，叫声还往往合乎音律。宋欧阳修还专门写了一篇《杂说》，文章简短而别致，录于下：

> 夏六月，暑雨既止，欧阳子坐于树间，仰视天与月星行度，见星有殒者。夜既久，露下。闻草间蚯蚓之声益急，其感于耳目者，有动乎其中，作《杂说》。蚓食土而饮泉，其为生也，简而易足。然仰其穴而鸣，若号若呼，若啸若歌，其亦有所求耶？抑其求易足而自鸣其乐耶？苦其生之陋而自悲其不幸耶？将自喜其声而鸣其类耶？岂其时至气作，不自知其所以然而不能自止者耶？何其聒然而不止也？吾于是乎有感。

说蚯蚓能鸣的记载竟如此之多，如何解释这种文化现象？有的书笼统地用"传说"来解释，这很缺乏说服力。段成式、欧阳修都说是亲耳所闻，欧阳修还对鸣叫声音做了细致的描绘，这怎么能说是传说？明俞琰《席上腐谈》对这个问题做了有益的探讨："按《月令》：'蝼蝈鸣，蚯蚓出。'盖与蝼蝈同处，鸣者蝼蝈，非蚯蚓也。吴人呼蝼蝈为蝼蛄，故谚云：'蝼蝈叫得肠断，曲蟮（蚯蚓）乃得歌名。'"俞琰的意思是，人们误将蝼蝈的叫声当成是蚯蚓的叫声。这个解释合乎情理。只是《月令》之"蝼蝈"当指蛙，吴谚之"蝼蝈"当指土狗，将两者弄混了。

由于长期误认为蚯蚓能鸣，所以文学作品中常以"蚓窍"作为自己创作才能的谦称，因为蚯蚓发出的声音是微弱不足道的。如唐《石鼎联句》诗："时于蚯蚓窍，微作苍蝇鸣（轩辕弥明）。"宋刘克庄诗："公诗妙巧过般输，蚓窍何堪和大儒。"（《和徐常丞洪秘监倡和四首》之四）

如果说"能鸣"是误加给蚯蚓的美名，那么与阜螽淫则是硬加给蚯蚓的恶名。晋郭璞《蚯蚓赞》云：

> 蚯蚓土精，无心之虫。交不以分，淫于阜螽。触而感物，无乃常雄。

《尔雅翼·释虫·蚓》也说：

> 《周南》诗曰："喓喓草虫，趯趯阜螽。"说草虫固多端。按张衡云："土蟺（蚯蚓）鸣则阜螽跳。"考，是以蚓为草虫也。赞宁《物类相感志》亦云："阜螽如蝗，江东人呼名蚱蜢，与蚯蚓异类而为雌雄。"盖合诗人之说。

此说如能成立，则与阜螽淫的恶名，蚯蚓远在春秋时期就已经背上了。到了近代，动物科学研究的发展，才给蚯蚓彻底平反昭雪。原来蚯蚓是雌雄同体，异体受精，"淫于阜螽"纯属无稽之谈。

蚯蚓虽是区区小虫，可在上古人心目中，它与国家大事密切相关。《汲冢周书·时训解》："立夏……又五日，蚯蚓出；……蚯蚓不出，嬖夺后。……冬至之日，蚯蚓结；……蚯蚓不结，君政不行。"宋罗愿解释说："结，犹屈也。其始穴则首下向，至是阳动，则穴而上首，故其身结屈也。"意思是，冬至一阳生，此时蚯蚓应屈身向上。蚯蚓当出时而不出，则帝王的宠姬要夺皇后的位置；蚯蚓当结时而不结，则帝王的政令不能贯彻施行。蚯蚓竟成为国家政治的晴雨表，这种观念产生的基础是什么？需要进一步研究，可能与蚯蚓属"五德"中的土德有关。《竹书纪年》载：黄帝时，有"大蚓如虹，帝以土气胜，遂以土德王"。晋郭璞也说："蚯蚓土精。"

蚯蚓有较高的药用价值。明李时珍说，可以治伤寒、疟疾、大人小儿小便不通等十多种病，如："小便不通，蚯蚓捣烂浸水，滤取浓汁半碗服，立通。""老人尿闭，白颈蚯蚓、茴香等分杵汁，饮之即愈。""阳毒结胸，按之极痛，或通而复结，喘促，大躁狂乱，取生地龙（指蚯蚓）四条，洗净，研如泥，入生姜汁少许，蜜一匙，薄荷汁少许，新汲水调服。若热炽者，加片脑少许，即与揉心下，片时，自然汗出而解。不应，再服一次，神效。"（俱见《本草纲目》）

　　蚯蚓的得名，据明李时珍说："蚓之行也，引而后申。其塿（指蚁冢）如丘，故名蚯蚓……蜿蟺、曲蟺，象其状也。"蚯蚓的别名甚多、如蚓、蟺、地龙、胊朏等等。清郝懿行注《尔雅·释虫》"螼蚓竖蚕"条说："蚯蚓即螼蚓，声相转也。"胊朏"又转为蠢蝡……蜷蟺与竖蚕亦语声之转矣"。

蚁

　　上古时期，人们用蚁卵做酱。以为蚁群有君臣之义，还具"五常"之性。

　　用蚁卵作酱始于周朝。《周礼·天官·鳖人》载：祭祀时以蚔为酱，蚔就是蚁卵。《尔雅·释虫》："蚍蜉，大蚁……蠪，飞蚁，其子蚔。"有人作注云："蠪，即飞蚁也。其子在卵者名蚔，可以作醢。""蚁有翅者，盖柱中白蚁之所化也。"据此，《周礼》说用以做酱的不是蚂蚁卵，而是白蚁卵。古人将白蚁与蚂蚁视为同类（其实白蚁是等翅目昆虫的统称，蚂

蚁是膜翅目蚁科昆虫的通称）。蚁卵如果是分散的，靠一粒粒地去拾，当然没法做酱。《本草纲目》载："其卵名蚳，音迟，山人掘之，有至斗石者，古人食之。"一次可得这么多的蚁卵，做酱的条件就具备了。不过自周以后，沿袭以蚁卵制酱传统的似乎只有部分南方人，中原地区渐渐绝迹。宋陆游《老学庵笔记》引《北户录》云：

> 广人于山间掘取大蚁卵为酱，名蚁子酱，按此即《礼》所谓"蚳醢"也。三代以前固以为食矣。

明李时珍也说："今惟南夷食之。"可见到宋代、明代南方还有制蚁酱的。其实，南方人也不是人人都有吃蚁酱的福分。唐刘询《岭表录异》云：

> 交广溪洞间，酋长多收蚁卵，淘泽令净，卤以为酱。或云其味酷似肉酱，非官客亲友不可得也。

周代用于祭祀，南方只有"官客亲友"才有吃的资格，可见蚁酱是较为难得的珍肴。

蛀虫畏蚁，柑子树如无蚁，则常为蛀虫所蛀，如有蚁则结实多。所以云南种柑树之家常常买蚁窠，置于柑树下。集市上也有专门做蚁窠生意的。（见唐刘恂《岭表录异》）可见在唐代以蚁防蛀广泛被采用。

蚁能预知下雨。《埤雅·释虫》引《易占》："蚁封其穴，大雨将至。"意思是，如果蚁在洞口垒起很高的土就意味着要下雨。蚁对地下水的位置也很敏感。《韩非子·说林》上载：

> 管仲、隰朋从于桓公而伐孤竹。春往冬反，迷惑失道。

管仲曰:"老马之智可用也。"乃放老马而随之,遂得道。行山中,无水。隰朋曰:"蚁冬居山之阳,夏居山之阴。蚁壤(指蚁穴)一寸而仞有水。"乃掘地,遂得水。

蚁喜群居,有明显的多型现象,包括雌蚁雄蚁与工蚁三种不同的型。有些蚁群还有兵蚁。有时还有由工蚁变型的兵蚁。一般雌蚁与雄蚁有翅,工蚁与兵蚁无翅。"蚁社会"与"蜂社会"相似,内部组织井井有序。据此,古人认为蚁有君臣之义。《埤雅》云:"《庄子》曰:'道在蝼蚁。'蚁有君臣之义,故其字从岂,亦或从义。善斗,力举等身铁。斗辄酣战不解,有行列队伍。《化书》曰:'蝼蚁之有君也,一拳之宫,与众处之;一粒之食,与众蓄之;一罪无疑,与众戮之。'"有人还认为,蚁不仅有君臣之义,连"五常"也具有。宋人周密说:

> 尔形至微,性具五常。其居亲亲,无闺门同气之斗,近于仁;其行济济,有君子逊畔之风,近于礼;有事则同心协力,不约而竞集,号令信也;未雨则含沙负土,先事而绸缪,智识灵也;其徒羽化,则空穴饯之于外,有同室之义也。

古代许多传奇之所以喜欢以蚁为题材,就是基于"蚁社会"与"人间社会"相似的认识,著名的作品有《蚍蜉传》等。其中影响最大的要算唐李公佐的《南柯太守传》和明汤显祖据《南柯太守传》创作的《南柯梦》。其主要情节是:淳于棼在古槐树下饮酒,醉后梦入古槐穴中,见到城楼上写着"大槐安国"几个大字。淳于棼被槐安国招为驸马,任南柯郡太守三十年,享尽富贵荣华。醒后见古槐下有一大蚁穴,南枝又有一小穴。那大蚁穴就是梦中的"槐安国",小蚁穴就是梦中的"南柯郡"。后来人们以"蚁梦"

比喻荣华富贵的虚幻，如"群峰暮耸峭，蚁梦犹一场"（宋蒲寿宬《心泉学诗稿·梅阳寄委顺赵君》）。蚁群之间经常发生"战争"，它们之间的战和、列阵、冲锋、拼杀、撤退与人间的两军激战简直没有区别。《清稗类钞·动物类·薛叔耘见蚁斗》记述了一次激烈而精彩的蚁斗：

> 薛叔耘所居阶前，有两蚁穴，东西相望。天将雨，蚁辄背穴而斗。西蚁数赢什五，东蚁败，乘势麾之，将傅垒矣，东蚁纷奔告急，遂出穴如潮涌，济师可三倍，逆诸础下。相龁者，相禽者，胜相哝者，败相救者，相持僵毙不动者，沓然眩目，西蚁伏尸满阶，且战且却。又有蚁自穴中出，向东蚁若偶语者，盖求和也。东蚁稍稍引退，西蚁亦分道收尸。明日视之，则西蚁徙穴益西，无敢东首者矣。

由于蚁群好交战，古人常以此附会人间的战争，甚至认为凭蚁战可预知人间战争的胜负。《魏书·灵征志》载："显祖天安元年六月，兖州有黑蚁与赤蚁交斗，长六十步，广四寸，赤蚁断头而死。"因为黑色主北，赤色主南，这就预示将要发生北胜南败的战争。十一月，果然北方的军队大败雄踞南方的周凯等人的军队。《广古今五行记》载：

> 东魏孝静帝武定四年，邺下有黄蚁与黑蚁斗。黄，东魏戎衣色；黑，西魏戎衣色。是时黄蚁尽死，时高欢围玉壁，五旬不拔。欢疾，班师而薨。

蚁还知恩图报。《搜神记》说：董昭之乘船行于钱塘江上，看到江中浮一苇，苇上一蚂蚁一会儿爬到苇的这头，一会儿爬到另一头，董昭之看到蚂蚁那副惶恐的样子，想把蚂蚁弄上船，船上的人说，蚂蚁咬人，应该把它踩死。董昭之用绳子系在苇上，让它附在船边，船靠岸后，将蚂蚁放了。这一夜董昭之做了个梦，一乌衣人自称是蚁王，带百来人向董谢救命之恩，并说："您以后如遇危险就告诉我。"十余年后，董昭之因事系狱，董忽想起蚁王的话，于是寻两三个蚂蚁放在掌上，向它们说自己的处境。当夜董梦见乌衣人来对董说："急投余杭山中，天下既乱，赦令不久也。"醒来时，蚂蚁已将手脚上的刑具都咬断了，于是逃出狱投余杭山中。不久，赦令下达了，董昭之平安无事。

古人喜欢用蚁打比方，如"蚁附"，意为如蚁之群集趋附；"蚁观"，比喻轻视，意为当作蚂蚁看待。以蚁在磨上，磨与蚁的运动关系比喻天地日月的运行，这个比方最为别致。《晋书·天文上》：

> 天旁转如推磨而左行，日月右行，随天左转。故日月实东行，而天牵之以西没。譬之于蚁行磨石之上，磨左旋而蚁右去，磨疾而蚁迟，故不得不随磨以左回焉。

后来人们又进一步以"蚁行"比喻做官稳步提升。《埤雅·释虫·蚁》："故曰得时则蚁行，失时则鹊起。蚁行逶迤有序，需而不速，故君子之得时，其廉于进如此。""蚁旋磨"则用来比喻沉迷世事，毕生劳碌，如"身世蚁旋磨，日月驹过隙"（释文珦《感兴》）。

虾蟆

虾蟆，古人心目中的小灵物，它知恩图报，也善报仇雪恨；

用以求雨，也相当灵验。

虾蟆，现在是蛙的通称，古代特指一种蛙。唐陈藏器将虾蟆与蟾蜍做了详细的比较："虾蟆在陂泽中，背有黑点，身小，能跳接百虫，解作'呷呷'声，举动极急。蟾蜍在人家湿处，身大，青黑，无点，多痱磊，不能跳，不解作声，行动迟缓。"虾蟆与蟾蜍相混是从陶弘景开始的，他注《本草》时，以虾蟆注蟾蜍，后来有关名物著作多本陶说。

虾蟆有灵性。据《闲窗括异志》载：有人向陈宏泰借钱一万，陈急着催他还。那人以为陈担心自己还不起，说："我有一万头虾蟆，卖了足够还你。"陈顿生恻隐之心，除借给一万钱外，另用一万钱将虾蟆全部买下，放入江中。过了一个月，陈宏泰骑马夜归，忽然马不走了，一看，前面有一个金虾蟆。原来是放生的虾蟆特以此来报恩的。对仇人，虾蟆也毫不宽容。《高唐州志》载：嘉靖辛丑（1541）六月二十一日，雨，在城内某处发现地上露出一个坛子，坛中有个脊上有白线的虾蟆，地方官马秦将它献给州官，州官下令埋掉，不出三天，上级何某来视察，州官出迎，在路上突然得急病死了。大家知道这是埋虾蟆的报应，于是烧香祭祀，将虾蟆移到原来的地方。不久，某官修官道，又把虾蟆掘出，不出一月，这个官员因事免职。

虾蟆还很仗义，为蒙冤者报仇。《瑞安县志》载：有一天，一个虾蟆跳到县官彭庭坚断狱的厅堂，在彭面前一会儿跳，一会儿低头伏地。彭知道一定是有冤狱。焚香祝祷后，派官差跟在虾蟆之后，虾蟆跳到一处，不再向前了，在原地一会儿跳，一会儿低头伏地。官差掘地数尺，发现一具男尸，审讯死者的妻子，原来死者是他妻子谋杀的。凶手受到了严惩。

古人相信用虾蟆可以求雨。《春秋繁露》载：春旱求雨，捉五个虾蟆放在方八尺深一尺的池中，用以求雨。据说以虾蟆求雨甚灵。《易林》说："虾蟆群聚，从天请雨。云雷疾聚，应时辄下，得其所愿。"《河南通志》载："虾蟆泉在州西门外，水自石眼流出，内有蝌蚪，祷雨即应。"虾蟆也可以为水灾，《旧唐书·五行志》载：中宗神龙年间，渭河边有一个虾蟆，有石鼎那么大，当地人都围着看稀奇，不几天虾蟆不见了。这一年水灾特大，漂溺京城数百家，商州水入城门，襄阳水至树梢。

虾蟆还可以变为人。陆游《老学庵笔记》载：

> 中贵杨戬，于堂后作一大池，环以廊庑，扃镝周密。每浴时，设浴具及澡豆之属于池上，乃尽屏人，跃入池中游泳，率移时而出，人莫得窥。然但谓其性喜浴于池耳。一日，戬独寝堂中，有盗入其室，忽见床上乃一虾蟆，大可一床，两目如金，光彩射人，盗为之惊仆。而虾蟆已复变为人，乃戬也。起坐握剑，问曰："汝为何人？"盗以实对。戬掷一银香球与之，曰："念汝迫贫，以此赐汝，勿为人言所见也。"盗不敢受，拜而出，后以他事系开封狱，自道如此。

虾蟆经过训练，可以按人的意思表演。明陶宗仪《南村辍耕录》载："余在杭州日，尝见一弄百禽者。……蓄虾蟆九枚，先置一小墩于席中，其最大者乃踞坐之，余八小者左右对列。大者作一声，众亦作一声；大者作数声，众亦作数声。既而小者一一至大者前，点首作声，如作礼状而退，谓之虾蟆说法。"

虾蟆可以入药，功用与蟾蜍近似。李时珍说："古方多用虾蟆，近方多用蟾蜍，盖古人通称蟾为虾蟆耳。今考二物，功用亦不甚远。"五月端阳捕得的虾蟆药性最好。《长安客话》载："太医院例于端阳日，差官至南海子捕虾蟆，挤酥以合药，制紫金锭。某张大其事，备鼓吹旗幡，喧阗以往，有嘲以诗曰：'抖擞威风出凤城，喧喧鼓吹拥霓旌。入林披莽如虓虎，捉得虾蟆剜眼睛。'"连太医也要年年组织人力大规模捕捉，从这一个侧面却可以看出虾蟆在药材中的重要位置。

青 蛙

蛙，自古是席上的珍肴，又是武士的象征。它的鸣声是文人常吟咏的题材。

青蛙与虾蟆相似而有区别。《埤雅》说："今其一种似虾蟆而长踦，瞋目如怒，谓之蛙。"

现在，青蛙是南方人喜欢吃的美味，这种嗜好也渐渐扩展到了北方。唐韩愈《答柳柳州食虾蟆》诗云：

> 尝惧染蛮夷，平生性不乐

意思是，我向来不吃蛙，怕染上蛮夷的习气。可见在唐代喜欢吃蛙的是南方人。但韩愈前面曾说：

> 余初不下喉，近亦能稍稍。

意思是，以前勉强尝尝蛙味，可怎么也吞不下，近来却渐渐喜欢吃一点了。至于柳宗元，则"甘食比豢豹"。韩愈是今河南人，柳宗元是今山西人，他们一个喜欢吃蛙，一个开始不喜欢吃，后来也吃一点，可见在唐代，北方人也不是绝对不吃蛙的。

蛙是何时开始上席的？有人认为始于唐以后，因为白居易写的《虾蟆（和张十六）》诗说：

> 嘉鱼荐宗庙，灵龟贡邦家。应龙能致雨，润我百谷芽。
> 蠢蠢水族中，无用者虾蟆。

"虾蟆"指蛙，既然"无用"，当然不能吃。此说显然不能成立，前面说过，韩愈、柳宗元就吃蛙。就我们见到的史料看，我们祖先食蛙，最晚不晚于汉朝。东方朔对武帝想扩建上林苑提过这样的意见："土宜姜芋，水多蛙鱼，贫者得以人给家足，无饥寒之忧。"意思是，您想占用的那块地方，陆地产姜和芋，水里产蛙和鱼，老百姓靠这些解决温饱。可见当时百姓吃蛙。蛙，不仅百姓用来充饥，还是帝王御筵上的珍肴。《周礼·秋官》："蝈氏，下士一人，徒二人。"郑众注："蝈，今御所食蛙也。"郑众，东汉人，可见东汉时蛙的烹调技术已经相当高了。不然怎么能上皇帝的餐桌？蛙还用于祭祀，《汉书·霍光传》载：霍光曾取消祭祀宗庙的一些祭品，其中有蛙。蛙曾列入祭品，这也说明它是珍味。

历史上有些官员曾禁止食蛙。有趣的是，据说禁令越严，蛙反而越少。宋彭乘《墨客挥犀》载：浙江人喜欢吃蛙，蛙甚多。在钱塘做官的沈文通严令禁止，蛙的数量剧灭。沈文通去职后，钱塘又食蛙，蛙又多起来了。

蛙叫的时候，肚子鼓得大大的，像是怒不可遏，因而有人将它作为武士的象征。《吴越春秋》记勾践伐吴时的故事：

> （勾践）自谓未能得士之死力。道见蛙张腹而怒，将有
> 战争之气，即为之轼。其士卒有问于王曰："君何为敬蛙虫而
> 为之轼？"勾践曰："吾思士卒之怒久矣，而未有称吾意者。
> 今蛙虫无知之物，见敌而有怒气，故为之轼。"于是军士闻
> 之，莫不怀心乐死，人致其命。

虾蟆仗义为人申冤，青蛙也有类似的传说。据说元顺帝至正
年间，一个姓卢的官员到荆山赴任，不几天，就有一个大青蛙来
到厅堂，两眼瞪着像要诉说什么。卢觉得奇怪，派人跟在蛙的后
面，蛙跳入废井不再出来。卢派人将井水汲干，发现里面有一具
死尸。原来，两天前，有两人结伴为商，一人为谋财将另一人杀
了。卢将凶手正法。死者的家属说，死者生前不吃蛙，还常从卖
蛙者手中买蛙放生。这个故事反映了人们对蛙的好感，同"勇士
的象征"也可能有某种关系。

夏夜，蛙鸣的"阁阁"之声，热闹非凡，在田野，在皇帝的
宫苑，处处可闻。白痴皇帝晋惠帝在华林园听到蛙鸣，觉得很
有趣，问左右道："此鸣者为官乎？私乎？"左右听了哭笑不得。
侍臣贾引应付道："在官地为官，在私地为私。"（《晋书·惠帝
纪》）惠帝的傻话后来成为文人乐道的佳话。宋张芸叟见到宾客
们不顾事实，只知各为其主而争论不休，写了首诗讽刺道：

> 一夜蛙声不暂停，近如相和远如争。信知不为官私事，
> 应恨疏萤彻夜明。

明刘基《八声甘州·咏蛙》：

问青蛙有底不平鸣，真个为公私？向污泥曳足，蹄浒接腋，缺鳌持颐。断续仪同歌吹，羹沸绿萍池。

夏夜乘凉，四周蛙鼓起伏，许多人引为乐事。宋杨简《蛙乐赋》说：

至矣乎，至矣乎！音声之妙，有如此不可以言道，不可以意传者乎？静夜兮寂然，发机兮捷然。有唱辄酬兮，翕然骤然。千簧竞奏，万珠纷联。此断兮彼续，甲洪兮乙纤，各出其奇，互发其妙。离离然，粲粲然，若星辰之缀悬，泠泠然，激激然，若岩隙之溜，涧下之泉。

在作者看来，蛙声比天上的仙乐还要动听。

不过，喜欢蛙声的人少，讨厌蛙声的人多，因为蛙声音量大而嘈杂，鸣叫的时间又是夜晚，搅得人不能入睡。因而谴责蛙声的诗文比赞美蛙声的诗文多得多。如明刘基《咏蛙》词道：

曾记江湖烟雨，被枕边欢噪，刺耳如锥。拥轻衾孤坐，愁到晓鸡时。道巴猿声声是泪，细看来，不似此声悲。

说蛙声如锥，比三峡的猿声还叫人肠断，该是多么憎恨。有人还通过蛙声与其他动物之声对比来诅咒蛙声：

鸡鸣司晨，犬吠司夜，蟋蟀促织于三秋，布谷催耕于首夏。灵鹊先知而报喜，鹦鹉能言而可诧。彼皆有益于世间，非若尔之取闹而好鸣。（明杨廉《梦蛙赋》）

为制止蛙的喧嚣，古人想过很多办法。《周礼·秋官·蝈氏》载："蝈氏，掌去蛙黾，焚牡菊，以灰洒之，则死。以其烟被之，则凡水虫无声。"意思是，蝈氏掌管清除青蛙、虾蟆等物。将牡菊（菊之无子者）烧成灰撒在水上，青蛙、虾蟆就被杀死，将烧牡菊的烟顺风散于水面，青蛙一类发声的水虫就不再叫了。不过《周礼》说的这个方法后人有的信，有的不信。《物类相感志》说："令蛙不鸣，三五日以野菊花为末，顺风撒之。"撒菊末与烧菊烟都是用菊，是沿用《周礼》的方法。但《委巷丛谈》却说："周时，蝈氏焚牡菊以杀蛙黾，其法无验。"用符咒制止蛙鸣的记载很多。如《南史·沈僧昭传》载：沈攸的弟弟的孙子僧昭，少年时向天师道士学道。有一次武陵王在池边举行宴会，僧昭也在座。大家边饮酒，边听音乐，非常高兴。可是蛙鸣聒耳。王曰："殊废丝竹之听！"僧昭咒厌十许口，便息。及日晚，王又曰："欲其复鸣。"僧昭曰："王欢已阑，今恣汝鸣。"

蟾蜍

蟾蜍俗称癞蛤蟆，古代是月亮的象征，又是避兵器的神物，长寿的妙药。

古人，尤其是文人称月时，往往称蟾蜍、蟾魄、蟾窟、蟾柱、蟾轮等，如："几回鸿雁来又去，肠断蟾蜍亏复圆。"（唐刘商《胡笳十八拍》第十一拍）"蟾魄几应临蕙帐，渔竿犹尚枕枫汀。"（唐陆龟蒙《寄怀华阳道士》）"鹫峰子落惊前夜，蟾窟枝空记昔年。"（苏轼《八月十七日天竺山送桂花分赠元素》）"蟾窟枝空"，指元素考中甲科之时）"出门聊一望，蟾桂向人斜。"（唐罗隐《旅梦》）"戏应过蚌浦，飞合入蟾轮。"（唐吴融《和韩致光侍郎无题三首十四韵》之二）月亮的光则称为"蟾光"，科举应试得中则称为"蟾宫折桂"，如《红楼梦》第一回贾雨村诗"自顾风前影，谁堪月下俦？蟾光如有意，先上玉人楼"。第九回："彼时黛玉在窗下对镜理妆，听宝玉说上学去，因笑道：'好！这一去，可是要蟾宫折桂了！'"

蟾蜍与月为什么如此难解难分？原来与嫦娥奔月的传说有关。罗愿《尔雅翼·释鱼》"蟾蜍"条说："张衡《灵宪》云：'羿请不死之药于西王母，常娥窃之以奔月，遂托身于月，是为蟾蜍。'然则詹诸（蟾蜍）盖常娥之别名。"南朝梁刘昭注《后汉书·天文志》也说嫦娥奔月成为蟾蜍。形状丑陋的蟾蜍与仙女嫦娥合而为一，嫦娥又与月合而为一，于是蟾蜍成为月魄之精，人们忘了它的丑陋，将对月的那种诗一般的感情也移之于蟾蜍了，甚至人间的治乱也与蟾蜍相关，《尔雅翼》引《河图》曰："蟾蜍去月，天下大乱。"蟾蜍竟成为太平的象征。

蟾蜍与月合一，这种文化现象影响深远，还辐射到其他方面。《本草纲目》引《抱朴子》云：

> 蟾蜍千岁，头上有角，腹下丹书，名曰"肉芝"，能食山精。人得食之可仙。

《陕西通志》载：

> 蟾井，在白鹿观中，有一金色虾蟆，三足。贺兰先生见之，曰："此肉芝也。"烹而食之，白日飞升。

据说王乔成仙也是因为吃了称为"肉芝"的白虾蟆。这些传说大概是由蟾蜍升入月中成仙而推演出来的。《抱朴子·仙药篇》载：
称为"肉芝"的万岁蟾蜍"阴干末（研成粉末）服之，令人寿
四万岁"。这一传说也可能是从月中蟾蜍长生不死推演出来的。同
篇还说，万岁蟾蜍佩在身上可以避各种兵器，如果敌人乱箭射来，
支支箭都向敌人的方向返回。这种文化现象也与月中蟾蜍成仙有
血缘关系。

　　还有一种传说与"奔月"的传说相反，蟾蜍不仅不是月魄之
精，反而是食月的怪物。《淮南子》说："月照天下，蚀于詹诸。"
许慎也说："詹诸，月中虾蟆，食月。"不过也有人站在儒家立场
上批判这种传说，因为经书上只说"日食""月食"，并没有说是
什么食日、食月。蟾蜍食月的说法不符合圣人"于其所不知，盖
阙如也"的谨慎态度。

　　蟾蜍常作为丑恶形象的象征，在三千年前就有了。《诗经·邶
风·新台》："燕婉之求，得此戚施。"《韩诗内传》："戚施，蟾蜍，
喻丑恶。"两句意思是，本来想找个美少年，没想到得到的却是一
个癞蛤蟆般的汉子。现在还有"癞蛤蟆想吃天鹅肉"的谚语，可
见蟾蜍作为丑恶的象征已经延续了三千年。

　　蟾蜍是重要的中药药材。李时珍说，可治"一切五疳八痢、
肿毒、破伤风病、脱肛"。据《本草纲目》载：小儿患疳积，即
使出现大肚子、皮肤发黄、骨瘦如柴等严重症状，只要用立秋后
的大蟾蜍，去掉头、足、内脏，涂以清油，用瓦炙热后服下，则
"积秽自下。连服五六枚，一月之后，形容改变，妙不可言"。

篇之四　鱼

鲤

鲤，上古时期就是席上佳肴，春秋时期已大规模养殖。唐代，鲤形的鱼符是权力和地位的象征，汉唐时期是书信的象征。民间，有的地方视鲤为神物，有的地方为多子多孙的象征。在文学作品中，鲤一直是文学家的宠物。

鲤鱼在鱼类中可谓领袖群伦。《尔雅》将它列于鱼类之首。《本草纲目》也将它列于三十一种鱼之冠。我们的祖先在这个普通的鱼种身上涂上了一层又一层的神秘色彩。《尔雅翼》说："鲤者，鱼之主。形既可爱，又能神变，乃至飞越江湖。"仙人遨游，除乘龙外，还骑鲤。传说它从巩穴出来后，直游至龙门下，别的鱼跳不过，而鲤鱼则可以一跃而过，并且成为龙。鲤与龙，不过只是一龙门之隔，鲤的未来就是龙。

鲤如此神异，历史上的一些典章制度当然就要向它求助了。

唐建国后，制定了鱼符的制度。唐以前，兵符为虎形，称虎符。唐为避太祖（高祖祖父）讳，改虎符为鱼符，用铜铸，模拟鲤鱼的形状。鱼符分为两片，侧面刻有字（每片各有字的一半），两半合起来才是一条鲤鱼，鱼侧的字才完整了。鱼符为什么不取象于别的鱼，而要取象于鲤呢？除"鲤"与皇帝的姓（李）同音外，就是取鲤是"鱼之主""能神变"，能跃龙门而成龙。用它来象征皇权当然就再也合适不过了。唐代不仅调兵遣将用鱼符，更换行政官员的信物也用鱼符。新官员拿着朝廷保存的一半鱼符到驻所，与旧官员拿着的另一半鱼符相合，这就表示新官取代旧官是朝廷的命令。鱼符还可以作为官员"明贵贱，应召命"之用的随身佩带之物。《新唐书·车服志》载，五品以上的官员"随身鱼符者，以明贵贱，应召命，左二右一，左者进内，右者随身"。这种鱼符分为金、银、铜三等，用特制的袋子装着，称为鱼袋，三品以上的官员鱼袋上饰以金，五品以上的饰以银。

被神化了的鲤鱼，一旦同这些典章制度相结合，它的功能就不再是空泛的，而是实实在在成为权力和地位的象征，成为官员们竞相追逐的对象，鲤的文化功能也就由神话性的发展为政治性的。

用金、银、铜铸的鲤鱼如此神圣，那么对真鲤鱼当然要另眼相看了。唐律称鲤鱼为"赤鲜公"，鱼而称"公"，这堂皇的雅号不仅说明它是鱼中之王，而且简直要跻身于贵人之列了。唐律还规定：禁止吃鲤鱼，如捕到鲤鱼，要放掉。如果有谁卖鲤鱼，要打六十大板。唐段成式在《酉阳杂俎》中解释这条规定说："言鲤为李也。"其实这只是原因之一，果树"李"不仅音同，而且字也相同，却没有享受到像"鲤"这样的殊荣。到了武则天称帝，改国号为周，鲤鱼形的鱼符废掉了，改用另一种神异的动物——龟，龟符代替了鱼符。

后代起契约作用的"合同"是由唐代的鱼符发展而来的。因为唐代的鱼符每半边的阴面各铸有"同"字，每半边的侧面各有"合同"二字的一半，两个半边合在一起时，鲤鱼就完整了。"合同"二字也就完整了。"合同"的意思是将两个"同"字合在一起。由于鱼符是双方各执一半，以备合符的凭信，所以后代将双方各执一份的契约称为"合同"。

鲤鱼同古代的书信也结了缘，信封制成鲤鱼形，称为"鲤""鱼""双鱼""鲤素""鲤封""鲤书"等等。汉乐府《饮马长城窟行》：

> 客从远方来，遗我双鲤鱼。呼儿烹鲤鱼，中有尺素书。

"双鲤鱼"是什么？闻一多《乐府诗笺》云："藏书之函也。其物以两木板为之，一底一盖，刻线三道，凿方孔一：线所以通绳，孔所以受封泥……一孔以当鱼目，一底一盖，分之则为二鱼，故曰'双鲤鱼'也。"信就夹在一底一盖的木板之间。这种木制鲤鱼当然不能"烹"，所谓"烹鲤鱼"，闻一多说"解绳开函也"。到了唐代，信函不用木而用厚茧纸，但仍做成鲤鱼形，信封两面画鳞甲，称为"鲤鱼函"。"鲤鱼函"不像鱼符那样等级森严，而是传递人们思想感情的象征。如李商隐诗："嵩云秦树久离居，双鲤迢迢一纸书。"（《寄令狐郎中》）秋瑾诗："年年常是感离居，两地相思托鲤鱼。"

为什么信函要仿鲤鱼形制？大概同传说中鲤鱼游速极快、能"飞越江湖"有关。崔豹《古今注》云：

> 兖州人谓赤鲤为赤骥，青鲤为青马，黑鲤为黑驹，白鲤
> 为白骐，黄鲤为黄雉。

为什么各种颜色的鲤鱼都以骏马为命名呢？《尔雅翼》认为："以
其灵仙所乘，能飞越江湖故也。"寄信的人谁不希望信快些到亲
友手里？鲤鱼形的信函就寄托着人们的这一愿望。山河阻隔是人
们通讯的巨大障碍。对此，古代文人发出过多少慨叹。寄信给远
方的亲友，越高山，寄希望于鸿雁；渡深水，寄希望于鲤鱼，所
以有鱼雁传书之说。三国时吴国人葛玄，传说他修成仙后，与河
神——河伯的书信往来全是由鲤鱼充当信使的。

我国不少地方有禁食鲤鱼的风习，这与唐代人们慑于朝廷的
禁令而不敢吃不同。自觉不食鲤，并形成风习，不限于某一个朝
代，有的还可以上溯到图腾时期。福建省周宁县浦源村有条"鲤
鱼溪"，溪中鲤鱼极多，村民至今都自觉不捕，更不食。老死的鱼
还要焚化埋葬，举行隆重仪式。仪式的主持者须德高望重才能承
担，还要焚香烛，供祭品，敲锣打鼓。安葬后，每年清明要到鱼
冢上祭祀。在这些村民的心目中，鲤鱼被神化、图腾化了，因而
自然地成为村民们精神上强大的凝聚力。浦源村的习俗无疑是图
腾时期的遗迹。

类似这种对鲤鱼的信仰，其来源复杂。或与传说中鲤鱼是
仙人所骑、鲤跃过龙门则成龙有关，或与《礼记·月令》《淮南
子·时则训》说的"獭祭鱼"有关，或与鲤鱼的鳞与众不同有
关，《酉阳杂俎》说："鲤，脊中鳞一道，每鳞有小黑点，大小皆
三十六鳞。"这种特征，在迷信的人看来，是神异的标志。

有趣的是，在古代，有的人把鲤当作美味佳肴，所谓"金盘
脍鲤鱼"，有的人却看作是神圣不可侵犯的灵物。从这矛盾的现象

中，却可以看出鲤鱼在具有不同观念的人群心中都居于非凡的位置，只不过一被神化，一未被神化罢了。神化了的观念植根于未被神化的观念之中。

当然，有些地方不食鲤鱼，与对鲤鱼的神化无关，因为据某些中医理论，雄鸡和鲤鱼可以诱发某些疾病。

按古代的结婚仪式，新郎把新娘接到家时要撒钱，撒钱有一定的规矩，要模拟鲤鱼散子。因为鲤鱼繁殖力极强，成活率高，被称为"健鱼"。这种"鲤鱼散子"的仪式反映了古人将儿女成亲的主要任务看作是繁衍子孙的观念。"不孝有三，无后为大。"因而也寄托着儿子对父母尽大孝、父母盼儿子尽大孝的愿望。此风俗延续至今，有的地方婚仪中还有"撒帐"的仪式。

重要节日，民间喜欢贴上鲤鱼跳龙门的画或图案，因为《艺文类聚》引辛氏《三秦记》载：

> 大鱼集龙门下数千不得上，上者为龙，不上者鱼。

而能跃过龙门的只有鲤鱼。因而鲤跃龙门的图画，蕴涵着主人对科举成名、官运亨通、家庭兴旺的遐想。

给亲戚朋友送礼物，常送鲤，它的意义远不止是送上美味。"獭祭鱼"用鲤，有的地方民间祭神祭祖用鲤，龙门下之鲤转瞬间可成龙，因而以鲤为礼物送给亲友，其意义当然就非常深远了。另外，"鲤"与"利"同音，以示吉利，有的地方至今在春节有食鲤之俗，就是为了图来年的吉利。

我们的祖先什么时候把鲤鱼作为食物，不得而知，但从西安半坡出土的精致的骨质鱼钩和两百多件石质网坠看，我们的祖先至少在新石器时代已经把鱼当作食物资源，其中想必也包括鲤鱼。

古人对鲤鱼繁殖力强、生长快早有认识，并利用这一特征开凿池塘养鲤，不仅供家庭食用，还可以发财致富。春秋时代，以善于经商闻名的富翁陶朱公因养鲤鱼而财源滚滚来。据说，他在六亩的池中养了三尺长的怀子鲤鱼二十尾，三尺长的壮鲤鱼四尾，平时保持池水平静无声，到第二年打捞，得一尺长的鲤鱼一万五千尾，三尺长的四万五千尾，二尺长的一万尾。以上数字可能有夸张，但鲤鱼繁殖力极强已得到现代科学证实：一尾鲤鱼怀卵二十万粒左右，放养三至四寸的春片鱼种，当年可长到半斤到一斤，有的可达一点五斤以上。古书关于陶朱公养鲤的记载，说明古人已不再只靠捕野生鱼为食，而是已经懂得凿塘饲养，而且养殖技术相当高，养殖规模相当大了。

古人对各种鱼的味道早有比较、研究，鲤鱼早就列为美味佳肴。"岂其食鱼，必河之鲤？岂其取妻，必宋之子？"（《诗经·陈风·衡门》）郭沫若说："这首诗也是一位饿饭的破落贵族作的。他食鱼本来有吃河鲂、河鲤的资格，但是贫穷了，吃不起了；他娶妻本来有妻齐姜、宋子的条件，但是贫穷了，娶不起了。娶不起，吃不起，偏偏要说几句漂亮话。"（《中国古代社会研究》）可见黄河鲤鱼在春秋时代就是达官贵人席上之珍。《清稗类钞》说："黄河之鲤甚佳，以开封为最多。仿南中烹鲥鱼法，味更鲜美。"在众多的鲤鱼中，古人早就鉴别出黄河鲤鱼的珍贵，直到现在，它一直保持着它在筵席上的特殊地位。袁世凯称帝时，每天要开封县令贡鲜黄河鲤鱼，为了保鲜，将活鱼埋入熟猪油中运往北京。

现在，黄河鲤鱼是我国四大名鱼之一，味鲜美，还有利水消肿、下气温补、安胎通乳的药用价值。这种鱼的外形特征是红尾，与《尔雅》郭璞注"赤鲤"正相符。黄河鲤鱼在黄河入海处产卵，幼鱼顶着黄河的急流逆水而上，到开封、郑州一带，地势平、流速缓，黄河鲤鱼游到这里得到从上游沉淀在这里的多种丰富食物，因而这里的鲤鱼名贵，与《清稗类钞》的记载完全相符。现在，开封、郑州、洛阳建立起大型的黄河鲤鱼养殖场，这里出的鲤鱼远销全国各地，享有盛誉。如果没有古人对鲤鱼长期而精审的研究，黄河鲤鱼养殖事业的发展也许不能达到现在这样的水平。

鲤在文学作品中的形象一直是美好的，它总是同神异、友谊、爱情等等联系在一起。

在先秦文学作品中鲤的形象尚迷离不定。在《诗经·小雅·六月》中表示美味："饮御诸友，炰鳖脍鲤。""脍鲤"上了周王奖赏功臣的宴席，当然是上等佳肴。在《诗经·小雅·鱼丽》中与其他几种鱼在一起表示"万物盛多"。"鱼丽于罶，鲿鲨；君子有酒，旨且多。鱼丽于罶，鲂鳢；君子有酒，多且旨。鱼丽于罶，鰋鲤；君子有酒，旨且有。物其多矣，维其嘉矣。"陆佃《埤雅》说："盖鲿鱼黄，鲂鱼青，鳢鱼玄，鰋鱼白，鲤鱼赤，则五色之鱼俱备，故序以为万物盛多也。"在《楚辞·天问》中的鲤则充满神话色彩。"鲮鱼何所？鬿堆焉处？"王逸注："鲮鱼，鲤也。"《广雅》也说："鲮，鲤也。"但这鲤鱼的形状却非常古怪，"人面，人手，鱼身，见则风涛起"（洪兴祖《楚辞补注》）。还有人说：它有四只脚。屈原发出"鲮鱼何所"之问，可见神话化了的鲤鱼在楚国民间流传甚广。

《诗经》中鲤鱼的形象在后代文学中虽偶尔沿用，但没有什么发展。而《楚辞》中鲤鱼形象的生命力却强得多，它启发了六朝的小说、唐宋的传奇，演变为各种各样的动人的"美人鱼"，成为文学作品中的重要角色。如宋人聂田《徂异志》中美人鱼的故事是这样的：查道奉命出使高丽时，看到沙中有个人鱼，女性，穿着红裤子（按，鲤鱼红尾），上身袒露，披头散发，肘后有红色的鱼鳍。因失水，显得痛苦不堪。查道命随从用篙将她拨入水中，人鱼得水，顿时痛苦完全消失，她立在水中向查道再三拜谢，恋恋不舍。人鱼通人性，平时，常上陆地与她喜欢的男人共寝。此后美人鱼的形象愈来愈丰满，故事情节愈来愈曲折。在文学史上，"美人鱼"的形象不知扣动过多少读者的心弦。

汉代以后，鲤鱼在文学作品中的形象相对稳定。它是友谊、爱情的象征，与"相思"结下了不解之缘，成为文人笔下的宠儿。它在文学作品中出现频率之高是惊人的，最早的是前面说过的汉乐府"客从远方来，遗我双鲤鱼"。此后直至清代，出现频率越来越高。随便举几例：

> 别浦鲤鱼何日到？锦书封恨重重。（辛弃疾《临江仙》）
> 凭尺鲤，把别后相思，细写加餐字。（戴芝山《摸鱼儿》）
> 花笺制叶寄郎边，江上寻鱼为妾传。郎处斜阳三五树，路中莫近钓翁船。（《琅嬛记》）

它还常同鸿雁平起平坐，如张炎词：

> 秋水涓涓，人正远，鱼雁待拂吟笺。（《瑶台聚八仙》）

鲤在文学作品中的地位之所以长盛不衰，这与鲤鱼形信函的制度文化有密切关系。

鲤鱼在文学批评中倒多少带点贬义。古人将文学作品罗列典故、堆砌成文叫"獭祭鱼"。如宋吴炯《五总志》："唐李商隐为文，多检阅书史，鳞次堆积左右，时谓为獭祭鱼。"清王士禛诗："獭祭曾惊博奥殚，一篇《锦瑟》解人难。"（《戏仿元遗山论诗绝句》）"獭祭鱼"出自《礼记·月令》：每年正月，獭捕得许多鲤鱼，但它并不吃，全陈列在水边，用以祭神。鲤鱼成为獭的祭品，是鲤鱼的不幸，因而它在文学批评中带有贬义，主要责任就在獭不在鲤了。

鲂

鲂，以"厚味"受到古人的喜爱。它是"劳苦"的象征，又是"义"的象征。

我们的祖先很早就对鲂有较深刻的认识，在最早的诗歌总集《诗经》中鲂出现达九次之多。

鲂，古人又称为"鯿"，见于《尔雅·释鱼》，又称为"鳊"（同鯿），见于《山海经·海内北经》。它的形状特殊，陆佃《埤雅·释鱼·鲂》云：

> 其广方，其厚褊，故一曰鲂鱼，一曰鯿鱼。鲂，方也；鯿，褊也。

李时珍《本草纲目》也说：

> 鲂，方也。鯿，扁也。其状方，其身扁也。

都是说鲂的形状方而扁，所以称为鲂鱼、鯿鱼。用"方""扁"二字既粗线条地勾勒出其外形特征，又揭示出得名之由，简洁易记。不过其缺点是简而不够明，因为鯿鱼也是方而扁。鲂与鯿极相似，区别只是鲂的背部比鳊更为隆起；鳊的腹面全都有肉棱，而鲂则只腹鳍后部有肉棱。这种细小差别实在难以分辨，因而鳊鱼混入鲂鱼之中，欺骗了我们的祖先达两千余年。著名的名物学者，如晋代的郭璞、宋代的陆佃和罗愿、明代的李时珍、清代的段玉裁都受了它的欺骗。即使现在，人们还将鲂称为"平胸鳊""三角鳊"。团头鲂（即武昌鱼，产于湖北樊口）是鲂不是鳊，可产地附近的人都称它为鳊鱼，外地人称它为"樊口鳊鱼"，可见积习之深。不过古人也有眼明善辨的。清郝懿行就看出了两者的区别，并指出了鳊、鲂不同之处。

鲂的颜色为银灰，但东汉的许慎在他的《说文解字》中说："鲂，赤尾鱼。"这位"五经无双许叔重"虽精于五经，却有时疏于格物，因而不免千虑一失。他见到《诗经·周南·汝坟》有鲂鱼赪（浅红色）尾，于是就以偏概全，做了错误的解说。给《说文》作注的段玉裁、给《尔雅》作注的郝懿行等早已指出了许慎的疏忽。

鲂，以美味受到古人的青睐。《诗经·陈风·衡门》：

> 岂其食鱼，必河之鲂？岂其娶妻，必齐之姜？

齐姜，贵族美女，将河鲂与齐姜并列，可见黄河鲂鱼是难得的美味。陆玑《毛诗草木鸟兽虫鱼疏》说："（鲂）肥恬而少力，细鳞，鱼之美者。"古人对不同产地的鲂还做了比较研究："辽东梁水鲂特肥而厚，尤美于中国鲂。故其乡语云：'居就粮，梁水鲂。'"（《毛诗草木鸟兽虫鱼疏》）为什么产地不同，鲂的肉质就出现差异，古人还做了进一步探讨，《埤雅·释鱼·鲂》云：

> 盖鲂鱼虽等美，而缘水之异，则有优劣，故里语曰："洛

鲤伊鲂，贵于牛羊。"言洛以浑深宜鲤，伊以清浅宜鲂也。

意思是说，洛水深而浑，适宜于鲤鱼的生长；伊水清而浅，适宜于鲂鱼的生长。所以洛水的鲤鱼、伊水的鲂鱼价格比牛羊还贵。

鲂既是美味，当然就成为馈赠的佳品，南北朝时，有一个做刺史的官，给齐高帝献的礼物就是一千八百尾鲂鱼。

鲂鱼的肉质特征是"厚味"（《尔雅翼·释鱼·鲂》），为了在餐桌上充分发挥其"厚味"的特色，古人在烹饪技术上不断探索、提高。明李渔谈烹鲂之法云：鲂"以肥胜"，"肥宜厚烹作脍"。烹煮之法，全在火候得宜。先期而食者肉生，生则不松；过期而食者肉死，死则无味"。还说，"煮鱼之水忌多，仅足伴鱼而止"。还介绍了蒸鱼之法要用"紧火"，佐料要用陈酒、酱油、瓜姜、蕈笋等，这样"鲜味尽在鱼中"。

团头鲂，即前面说的武昌鱼，肉质细嫩，含脂肪丰富，营养价值高。外地人到了湖北武汉如没吃到武昌鱼就会觉得是大憾事，所谓"南游莫忘武昌鱼"。为什么樊口的团头鲂如此有名？因为此鱼喜欢在多淤泥的静水中生活，喜欢吃苦草、轮叶黑藻，这些条件，与樊口相通的梁子湖都具备，特别是苦草、轮叶黑藻极为丰富。在团头鲂繁殖的五、六月，正值江水上涨，湖水不外泄，水静止，适宜于团头鲂的繁殖和生长，经春、夏两季，团头鲂已经很肥了。到秋后，长江水落，湖水泄入江中，团头鲂也随之入江，在樊口河槽深处过冬，因而在这里捞起的团头鲂驰名遐迩。由于团头鲂具有抗病力强、成活率高、生长快等优点，所以武昌鱼已由武昌播迁到全国二十余个省、市、自治区，并在那里安家落户了。

鲂还用于医药，它的药用价值古人早就注意到，《本草纲目》说：鲂鱼"调胃气，利五脏。"如果加上芥子、酱等佐料，有"助肺气"、助消化之功；如果用"脍"法制作，可以"助脾气"，增加食欲。现在，人们在品尝武昌鱼的美味之余，也注意到它辅助治疗低血糖和贫血的药用价值。

鲂还用于军事，古人在弓上要用鲂胶。《列女传》说：黄河鲂鱼胶最黏，用来糊弓最好。鲂的食用和药用价值随着物质文明的发展而有新的发展。只有糊弓，随着弓的消失而消失了。

鲂与文学的关系相当密切。先秦文学中的比兴常用鲂，鲂成为劳苦的象征。

《诗经·周南·汝坟》：

> 鲂鱼赪尾，王室如毁。虽则如毁，父母孔迩。

意思是说，鲂鱼过于劳累以致尾巴变红了，王室多事，暴政如火。虽然暴政如火，为了使父母免于饥寒，还得出去做官，为王事奔走。《毛传》说："鱼劳则尾赤。"这里以鲂鱼尾赤比喻不得不为王室奔走的"君子"的辛劳。清人陈奂说："意以鲂鱼之劳，喻君子之劳。"段玉裁也说："以鲂劳，赤尾兴如煋。"

《左传·哀公十七年》：

> 卫侯贞卜，其繇曰："如鱼窥（赪）尾，衡流而方羊。"

郑众解释说："鱼肥尾赤。"鲂鱼尾变成浅红，到底是因为"劳"还是因为"肥"？颇使后人困惑。但有人巧妙地把两者统一起来了。宋罗愿说："二说虽不同，然鱼肥则不耐劳，不耐劳则尾易赤。以鲂言之，其体博大而肥，不能运其尾，加之以衡流，则其劳甚矣，宜其尾之赪也。盖《诗》之赪尾，以喻宗周臣下之劳；《左氏》之赪尾，则有志大心劳之象，故以衡流窥尾为言也。"（《尔雅翼·释鱼·鲂》）意思是说，鲂鱼又宽又肥，加上横着流水游，运尾困难，所以尾巴变红。因而用赤尾鲂比喻人的身苦和心劳。

受《诗经》《左传》影响的后代文学作品或以鲂来比喻人民困于暴政，如唐韦庄诗：

> 黑头期命爵，赪尾尚忧鲂。（《和郑拾遗秋日感事一百韵》）

后一句意思是朝廷政令苛暴，因而老百姓辛辛苦苦，忧心如焚；或以鲂比喻为供养父母而违心地出仕的孝子的行为。《后汉书·周磐传》说，周磐"好礼有行"，但穷得很，养不起母亲。一天，他读《诗经·汝坟》中"鲂鱼赪尾"几句后，感慨良久，为了使母亲免于饥寒，就改变初衷出来做官了。

鲂，还是"义"的象征。

鲂同"义"本不挨边，古人认为，讲"义"就绝不能圆滑，为了保全"义"，付出多大的代价也在所不惜，所谓"舍生取义"，"大义灭亲"。古人想把这抽象的"义"形象化，于是找到了与圆滑相对的"方"，现在还用"方正"一词形容正直的品德。"方"虽比"义"具体，但它还不是凭视觉可以直接感知的具体事物，于是又进而找到方形的鱼——鲂。《诗经·豳风·九罭》：

> 九罭（捕小鱼的网）之鱼，鳟鲂。我觏（遇见）之子，袞衣绣裳。

诗序说这首诗是赞美周公的，以鳟和鲂象征周公的美德。《毛诗陆疏广要》说："盖鳟鱼圆，鲂鱼方，君子道以圆内，义以方外，而周公之德具焉。"

鲂既与义联系在一起，所以许多人喜欢用"鲂"作为名字。三国时期吴国将领周鲂字子鱼，后汉有冯鲂。古人名与字的意

义有关联，"鲂"与"子鱼"相配合，以"义"自勉的用意十分
清楚。

鳢

古人喜欢吃鳢鱼，但也有禁食鳢鱼的风习。认为"首载七
星"，礼仰北斗，是"礼"的象征。

鳢鱼，鱼纲，鳢科，亦称黑鱼、乌鱼。身体呈现圆筒形，青
褐色，有三纵行黑色斑块，眼后至鳃孔有两条黑色横带。头扁、
口大、齿尖，背鳍和臀鳍延长，并与尾相连。鳢的生命力极强，
古书上说"至难死"，将鳢鱼的头砍下来放到水中，仍然游动。某
地一条河干涸了，河床上人可以穿布鞋步行，可是于泥中竟挖出
了一条活着的鳢鱼。

鳢引起历代训诂学家的注意，是由于《诗经·小雅·鱼丽》
中有"鱼丽于罶，鲂鳢"。但鳢到底是什么样的鱼，看法颇有分
歧，许慎认为鳢与鳣、鮧、鲵是一种鱼的不同名称；《尔雅》舍人
注、《毛传》正义及疏认为鳢就是鲩。《神农本草经》、郭璞、《毛
传》认为鳢就是鲖。《尔雅》释鳢为鲖，又说大鳢叫鲖，小的叫
鲩，争论了一千多年也没有一致的结论。运用现代鱼类学知识，
这个问题很容易解决：鲩是草鱼，鲖才是鳢的别名。食之味美，

多产于四川。不过在养鱼人眼里，鳢就是最可恶的东西。明人屠本畯《闽中海错疏》卷上说："凡鳢一尾，入人家池塘，食小鱼殆尽，人每恶而逐之。"

《韩诗外传》载，南假子到程本家做客，程本为了招待客人，让家人烹了一尾大鳢鱼端到桌上，不料南假子很不高兴，说道："我听说君子是不吃鳢鱼的，您为什么用鳢鱼来招待我？"清朝王念孙解释南假子不吃鳢鱼的原因说："岂其有蛇性而恶之与？"意思是说，鳢鱼蛇性，所以南假子不愿吃。鳢与蛇有什么关系？《埤雅·释鱼·鳢》说"鳢与蛇通气"，陶注《本草》说："旧言是公蛎蛇所变。"蛇是令人恐惧的，人们讨厌蛇，当然要连累到鳢。但鳢为什么与蛇通气，怎见得是公蛎蛇所变？古书未明说，看来是因为鳢的外形与蛇相似，喜欢在水底泥沙中栖息的习性也与蛇相近。我们的祖先习惯于直观思维，这种思维方式的推理运动是以生活的亲身感受、实践的直接体验而展开的，这种推理的结果常常是概括事物的外部联系，由鳢的外形、习性自然联想到蛇，由蛇的不应该吃又联想到鳢的不应该吃。

不过王念孙只说对了问题的一面，还有重要的一面忽略了。《埤雅·释鱼·鳢》说："其首戴星，夜则北向。"《尔雅翼·释鱼·鳢》说："鳢鱼圆长而斑点，有七点作北斗之象，夜则仰首向北而拱焉。有自然之礼，故从礼（鳢）。"

意思是说，鳢鱼头上有北斗之象，夜晚又昂头向西致敬。天生好礼，因而得"鳢"之名。君子是"非礼勿视，非礼勿言，非礼勿动"的，鳢鱼既然这么重礼，君子当然不能吃它。

鳢鱼"夜则北向而拱"，其荒谬自不待言，"有自然之礼，故从礼"这种字形分析也是荒谬的，是受王安石《字说》的影响。名"鳢"的真正原因不是"鳢"从"礼"，而是因为字音。王念孙说得对："鲤一作鲡……鳞细而黑，故名鲡鱼，鲡之言骊也，《说文》云：骊，马深黑色。"

道家也禁食鲡鱼，其原因与儒家似同而实异。《尔雅翼》说："今道家忌之，以其首戴斗也。"儒家无明确的戒律，食鲡与否凭个人意趣，道教则不然，每个道教信徒都不能食鲡。从对食鲡态度的差异，也可看出儒道两家的差别。

鲔

鲔，是周代人在黄河发现的一种重达数百斤的大鱼。在古人心目中，它是灵异之鱼，它自江湖穿穴而入黄河，跃龙门而成龙。周代人用它作为供奉寝庙的祭品。

鲔，在《诗经》的"风、雅、颂"中都曾出现，在其他秦汉典籍如《左传》《周礼》《礼记》《山海经》以及汉赋中也经常出现，可见鲔在古人物质文化、精神文化中所占的地位。

古人心目中的鲔指什么样的鱼，说法颇有歧异。《尔雅》未独立列"鲔"，只说"鮥鮛鲔"，意思是小的鲔鱼叫"鮛"。东汉许慎对鲔的界说也不甚清楚，他说："鲔，鮥也，《周礼》，春献王鲔。""鮥，叔鲔也。""鲖，鲖鮵，鲔也。周雒谓之鲔、蜀谓之鲖鮵。"许慎的意思是大鲔称王鲔，小鲔称鮛。至于周雒和蜀，一称"鲔"，一称"鲖鮵"，指的是王鲔还是鮛，他没有明说。三国吴陆玑说："鲔鱼形似鳣而色青黑，头小而尖，似铁兜鍪，口在颌下，其甲可以磨姜，大者不过七八尺，益州人谓之鳣鲔。大者为王鲔，小者为叔鲔，一名鮥。肉色白，味不如鳣也。"陆机对鲔的外形特征描述较前人细致得多，具体得多。晋郭璞注《尔雅》说："鲔，鳣属也，大者名王鲔，小者名叔鲔。"又说："有一鱼，状似鳣而小，建平人呼鮥子，即此鱼也。"他注《山海经·东山经》说："鲔，即鳣也。"按"鳣"字就是后来的"鲟"字（见段玉裁《说文解字注》"鳣"字注）。看来郭璞心目中的"鲔"就是鲟鱼。

鲔与鳣，古代名物学者时混时分。清人段玉裁说："古人言鳣鲔多有不别者，如《山海经》亦云'鲔即鳣也'，当是以为一类而浑言之。"（《说文解字注》鱼部"鮪"注）如果将鳣混入鲔中，则现在的鳇也属鲔了。但古人的心目中两鱼还是分开的，有时不分则是"一类而浑言之"。现在有的辞书说鲔是鲟、鳇的古称，不恰当。

运用现代鱼类学知识分析，古籍上的"鲔"，应该指现在的鲟、白鲟、中华鲟，它们都是长达数丈、重达千斤，列入国家保护动物的名录。

关于鲔产地，古书最早的记载是黄河，这当然与黄河流域是中华民族文化的发祥地有关。春秋时代黄河的鲔就很有名。《诗经·卫风·硕人》：

河水洋洋，北流活活。施罛濊濊，鳣鲔发发。

意思是，黄河水势浩茫，在这里刚捞起的鳣鱼、鲔鱼的尾巴有力地拍击着河水。但古人又认为黄河本不产鲔，黄河的鲔来自江湖。其来路很奇特，据说河南巩县东北有座山，山腹有穴，穴与江湖相通，鲔从此穴入黄河，然后溯流而上（据说此穴附近有一小洲，

名鲔渚）。高诱注《淮南子》、郦道元注《水经》、陆玑《毛诗草木
鸟兽虫鱼疏》都有此说。透过这个传说，我们可以推知，古代黄
河长江都产鲔，而以长江为多。宋人罗愿说，在宋代，因被水湮
没，已看不到这个穴了，显然是把传说误为事实。

周代捕王鲔（大鲔）的技术达到相当高的水平。一条王鲔重
达两百多斤，力气大，有"健鱼"之称，是水中的狮虎，捕获的
难度可想而知。可周王朝每年春天捕王鲔祭祖，没有较高的捕鱼
技术是不可想象的。用什么方法捕，史无明载，但从《诗经·周
颂·潜》可知其大略。"猗与漆沮，潜有多鱼，有鳣有鲔。""潜"
是捕鱼的装置，这装置的形制各家说法不一。晋郭璞说："聚积柴
木于水中，鱼得寒入其里藏隐，因以薄围捕取之。"

鲔鱼在上古的祭祀典礼中处于非常重要的位置。《周礼·獻
人》："春献王鲔。"《诗经·周颂·潜》："春献鲔。"《礼记·月
令》：季春之月"荐鲔于寝庙"。这三部书都说，春天要在寝庙陈
设王鲔祭祀祖先。寝庙在庙的后面，庙和寝庙都是祭祖先之处。
君王生前的住处是前为朝廷，后为寝宫。所以在死后安息地前面
建庙，以象朝廷，后建寝庙象寝宫。庙里设"主"，即牌位，列昭
穆，寝庙里陈设衣冠几杖。古人把祭祀看作是大事，所谓"礼不
备不敢以祭"。祭庙和祭寝庙有区别，《礼记·月令》："凡新物先
荐寝庙。"就是说稻麦等作物刚收割或渔猎新有所获，首先要送到
寝庙让祖先尝新。

为什么一定要用王鲔祭祀，又为什么一定要在春天？《大戴礼
记·夏小正》说："（二月）祭鲔。……鲔之至有时，美物也。鲔
者，鱼之先至者也。"意思是说，鲔鱼不是随时可得，它的活动有
一定的季节规律，《埤雅·释鱼·鲔》说，鲔"岫居，至春始出"。
《尔雅翼·释鱼·鲔》说："鲔鱼三月溯河而上。"它既是春天来

得最早的鱼，又是"美物"，当然最符合"凡新物先荐寝庙"的标准。《毛诗正义》还说：冬天什么鱼都可用来祭祖，唯有春天只能用鲔鱼作为祭品。可见鲔鱼在鱼类的祭品中处于多么重要的位置。

荐鲔鱼于寝庙并不是将鲔鱼用五味烹调后再送给祖先享用，而是将新鲜的未经烹煮的鱼奉献于祖宗的灵前。古人认为这样的祭祀才是最隆重的。《荀子·礼论》说："大飨，尚玄尊，俎生（《礼记·乐记》作'腥'）鱼，先大羹，贵食饮之本也。"意思是说在太庙合祭历代祖先时，敬献的祭品为：用酒杯盛着清水，用盛祭品的器皿盛生鱼和未经调味的肉汁，这样做是为了表示重视饮食之本。《荀子·礼论》还说："贵本之谓文"，"凡礼，始乎棁（意为疏略），成乎文"。鲔鱼有大小，一定要捕王鲔作祭品。可见，这是一种隆重的祭礼，是"成乎文"的需要。

周人很重视"孝"，所谓"惟忠惟孝"（《周书·蔡仲之命》），"孝子不匮，永锡尔类"（《诗经·大雅·既醉》）。春季要荐鲔于寝庙，也是从一个侧面反映了这种观念。不过周人懂得光凭"孝"还不足以巩固政权，殷人也重视祭祖，可终于覆灭。必须修"德"，提出"皇天无亲，惟德是辅"（《左传·僖公五年》引《周书》）的新观念。德与孝互相配合，以德为经，以孝为纬，所谓"有冯有翼，有孝有德，以引以翼；岂弟君子，四方为则"（《大雅·卷阿》）。"德"的内涵甚广，"贵饮食之本"是一方面。因此从荐鲔要荐生鲔，我们可以破译出周人德、孝相配的观念。

有趣的是荐鲔于寝庙之制在少数民族中也有反映。《金史·礼四》载：

> 天德二年，命有司议荐新礼。依典礼合用时物，令太常卿行礼。正月，鲔，明昌间用牛鱼，无则鲤代。

近两千年后的女真族竟然仍用西周的春季荐鲔的制度，这是很耐人寻味的。《正字通》载：

> 按《通雅》曰："牛鱼，北方之鲔类也。契丹主达鲁河钓牛鱼，以其得否为岁占。"

以是否能够钓到像鲔鱼的牛鱼来占卜来年的收成。鲔鱼由用为祭祀到用于占卜，足见鲔鱼在制度文化中所占的不同平常的地位。还有一点值得一提，古人喜欢以鲔命名，如东汉初年有朱鲔，这是鲔在制度文化中的重要位置对人们心理的影响。

鲔，还是一种有灵异的鱼。鲔鱼也可以成龙。《汉书》李奇注说：鲔鱼从江湖穿巩穴入黄河后就溯流而上，直到龙门，跃过了龙门就成为龙，跳不过去的点额而还，头碰破了，血把水染成红色，在龙门下暴鳃。成语"暴鳃龙门"，比喻受到挫折和处于困顿之境，就是源于鲔的传说。如唐高适诗："一夕潏洛空，生灵悲曝鳃。"（《酬裴员外以诗代书》）"点额"比喻官场失意或科场落第，如白居易诗《醉别程秀才》：

> 五度龙门点额回，却缘多艺复多才。

跃龙门为龙，这本是鲤鱼的传说，为什么鲔鱼也挤入其中？这大概是古人将鲔与鳣相混，而鳣又与鲤相混。《说文》："鳣，鲤也。"晋崔豹《古今注》说："鲤之大者为鳣。"清陈奂说："三十六鳞之鲤为鲤，其大者则为鳣。"所以鲔也就获得了鲤跃龙门的荣耀。

传说鲔鱼是仲明所化，仲明作乐浪尉，在海中溺死化为鲔鱼，所以辽东人又称鲔鱼为尉鱼，还有的地方称之为尉王鱼。这个传说是怎么来的？罗愿说："尉盖鲔声之讹，仲明之说又相沿而生。"因为"尉"与"鲔"音近，所以造出了乐浪尉化鱼。此说颇有见地，不过他又说："然万物变化，亦不可知也。"又推翻了自己的正确结论。清郝懿行的看法就明确得多，他说："呼尉王鱼，盖王鲔之语倒……'鲔''尉'声近，陆疏言乐浪尉化鱼，亦非。"

鲔鱼还是个知音者。不少古人说：伯牙鼓琴，鳣鱼出听。鳣鱼就是鲔鱼，鲔代表了钟子期一类的人物。

鳣

鳣，上古时期用来做肉酱，也用来祭祀。文学作品中常用来比喻大志和大才。

鳣，鱼纲、鲟科。形体与鲟相似，但左右鳃膜相连，体长可达五米，体重可达两千斤。背灰绿色、腹黄色。

脊骨和鼻骨软脆，这软骨，是未完成进化的标志，说明它是一亿五千年前古鱼类的孑遗。"鳣身形似龙，锐头，口在颔下，背腹下皆有甲，……大者千余斤。"关于鳣的产地，陆机说："鳣出江海。"三月中从黄河入海口逆流而上。《本草纲目·鳞部·鳣鱼》："鳣出江淮、黄海、辽海深水处。"与现在鳣在我国的分布大体吻合。

周朝，鳣是重要祭品。《诗经·周颂·潜》："有鳣有鲔，鲦鲿鰋鲤。以享以祀，以介景福。"用来祈求大福的祭品当然是非同一般的。

用来作祭品的，不是美味就是稀有的食物，可以推知，在

《周颂·潜》之前，人们就已经以鳣为食物。《吕氏春秋·本味篇》说："和之美者……鳣鲔之醢。"用鳣做成的肉酱味道很美，说明战国时期食鳣已相当普遍。三国吴陆玑说："可蒸可臛（指肉羹），又可为鲊（指加工制成便于贮藏的鱼食品）。"《岳阳风土记》说：岳州人很喜欢吃鳣鱼的子，将鳣鱼子先用水浸泡，然后用盐腌，味道甘美。不过，以鳣子为酱，陆玑早就提到。历代帝王还将鳣列入贡品，如《新唐书·地理志》载：河北道孟州"土贡黄鱼鲝"。

鳣的鳞为金色，夜晚发光。初次吃鳣的人因此闹过杯弓蛇影的笑话。《太平广记》载：有几个北方人到南海做生意，听说鳣好吃，买回十几斤大家吃了个够，将鱼头倒在筐中。半夜，发现筐中有光，走近看，光更亮，点蜡烛看，又没见到光，只见到鱼头，他们更为恐惧。再看没吃完的肉，也有光，大家以为是不祥之兆。第二天去问当地人才知是一场虚惊。

一两千斤的大鱼，捕获之难可想而知，古人既列入祭品和贡品，自然有捕取之法。三国吴陆玑说："今于盟津东石碛上钓取之，大者千余斤。"如何钓，可惜没有说。《清稗类钞》详述了捕获之法："（鳣）出黑龙、混同等江，非钓所能得，捕之以网，围之岸边，伺鱼首向岸，挽强射之。鱼负痛，一跃而上。既至陆地，即易掩取。或凿冰以捕，则必系长绳于箭以掣取之。"

由于鳣是罕见的大鱼，所以文学作品常用来比喻大志和大才。汉贾谊《吊屈原赋》："横江湖之鳣鲟兮，固将制于蝼蚁。""鳣"用以比喻屈原，歌颂屈原的盖世奇才。《淮南子·氾论训》："夫牛蹄之涔（牛蹄印中的雨水），不能生鳣鲔，而蜂房不容鹄卵，小形不足以包大体也。""鳣"用以比喻大德大功。

古籍中，有的将鳣与鲔混而为一，如晋崔豹《古今注》说："鳣之大者曰鲔。"不过多数名物学者能将两鱼分开。陆玑指出了两鱼的区别，宋罗愿也说："鳣盖鲔之类，但鳣肉黄，鲔肉白，以此为别。"鳣与鲤，古人也有相混的，毛传注《诗经·卫风·硕人》："鳣，鲤也。"许慎也说："鳣，鲤也。"毛亨、许慎常以同大类而不同小类之物，互相训释，在他们心中也许知道两鱼并非一物，只是"浑言"罢了。但将一属鲤科、一属鲟科的两种鱼看作是一类，也是错误的。至于汉郑玄说：鳣是"大鲤"，这倒不像"浑言"，而是将两鱼相混了。古人将鳣与鲔与鲤相混也有其原因。《水经注》说："有鳣鱼奋鳍溯流，望涛直上，至此则暴鳃失济。"这是说跃过龙门的鳣已成了龙，没跃的只好暴鳃。鲤和鲔也一样，跃龙门则成龙，跃不过的则暴鳃，这三种鱼都有共同的灵异。重事物的外部联系，这是我们祖先的思维特征。于是，他们就把这三种鱼视为一种鱼了。

鳣又名鳇鱼、鲟鳇、秦皇，因其肉黄，民间又称为黄鱼。一物多名，将古代有些名物学者弄糊涂了。其实，"鳇鱼"就是"黄鱼"，音同字异。"鲟"与"鳣"声相转（郝懿行说），因而"鲟鳇"就是"鳣鳇"。至于，"秦皇"则是由"鲟鳇"音转而来的。

鲫

鲫，古人常用以象征"小"，也用于祭祀，文人有时用以比喻难进易退。

鲫，又写作"鰿"，又名"鲋"，鱼纲、鲤科，各地都有。黑龙江的鲫鱼有些特别，这里因缺少雄鲫，雌鲫用雌核发育生殖方式繁衍后代，其后代都为雌鲫，这种鲫同任一种雄鱼杂交，其后代也全为雌性，因而它是进行人工远缘杂交的理想品种。

　　鲫，生长慢，成鲫一般为二十余厘米，确实是小鱼。《尔雅翼·释鱼·鲋》说"大者止二三斤"，较少见。被誉为"鲫中之王"的重达八斤的黑龙江银鲫更为少见。鲫鱼的"鲫"就是"小"的意思。王念孙《广雅疏证》说："鲗之言策也。《方言》云：策，小也。"他还引《尔雅》为证："贝大者魧，小者鲗……小贝谓之鲗，犹小鱼谓之鲗也。"就因为鲫是古人心目中的小鱼，所以古代常用作"小"的象征。《周易·井》："井谷射鲋。"汉郑玄注："夫感动天地，此鱼（指鲸）之至大。射鲋井谷，此鱼之至小，故以相况。"《周易》的意思是用箭射井中的鲫鱼。郑玄的意思是用鲸鱼比喻最大的，用鲫鱼比喻最小的。《说苑·复恩》：

　　　　楚魏会于晋阳，将以伐齐。齐王患之，使人召淳于髡曰："楚魏谋，欲伐齐，愿先生与寡人共忧之。"……淳于髡对曰："臣不敢以王国为戏也，臣笑臣邻之祠田也，以奁饭与一鲋鱼，其祝曰：下田洿邪，得谷百车，蟹堁者宜禾。臣笑其所以祠者少，而所求者多。"王曰："善。"

祭品用一鲋鱼，用以比喻祭品极少。

　　淳于髡说的邻人祭祀是打比方，并非真的以鲫鱼为祭品，但春秋战国时鲫鱼确实列为祭品。《仪礼·少牢馈食礼》说："鱼用鲋十有五而俎，缩载。"为什么要规定十五尾呢？因为古人认为，鱼是水物，属阴，月也属阴，这样，鱼同月就发生联系了。《淮南子》说："月虚而鱼脑减。"每月十五日，月才盈，为了使用于祭祀的鲫鱼脑"盈"，所以用十五尾，以象征月圆之日。

文人往往以鲫鱼对鱼饵的警觉喻人的进退。宋苏轼说：自己从前读苏舜钦诗"沿桥待金鲫，竟日独迟留"，不怎么理解诗意，等到后来游六和寺，这才知道寺后池中确有鲫鱼如金色，投以饼饵，过了很久才出来试探地尝了一点，很快又进石穴不再出来了，"自子美作诗，至今四十余年，已有'迟留'之语，则此鱼自珍贵盖久矣。苟非难进易退而不妄食，安能如此寿也"（《东坡志林》）。东坡从金鲫的难进易退受到启发，悟出人处于世，不能只知道进而不知退，否则要碰钉子，遭灾祸。

《清稗类钞》记述了一种奇异的鲫鱼。清乾隆皇帝第六次南巡，路过杭州凤凰山宋故宫遗址建行宫。施工时，发现一被掩埋的池子，池底有十余尾一尺多长的鲫鱼，因为埋的时间太久，都没有眼睛。建筑工人烹吃了几尾，都暴死。大家害怕了，将剩下的几尾鱼丢到江里，鲫鱼游到中流时，突然风浪大作，几十尾大鱼护着无目鲫鱼远去了。宋何薳《春渚纪闻》记载了一尾更为奇异的鲫鱼，赵子立在相国寺以百钱买了一块异石做纸镇，有一个玉工提用两万钱买这块石头，赵不卖。玉工一再叹息道：这块石头只有我能辨认它的价值，别的人以为一钱不值，不会买的。过了几年，赵子立也看不出此石有什么特别之处，赵的儿子想看看里面到底有什么，于是用斧头将石击破，里面有一泓水，水中一鲫鱼跳出，赵的儿子去抓鲫鱼时，鲫鱼不见了。

《尧山堂外记》记载的两尾鲫鱼的故事更为动人。

　　谢康乐守永嘉，游石门洞，入沐鹤溪，泊舟溪旁，见二女浣纱，颜貌娟秀，非尘俗态，以诗嘲之曰："我是谢康乐，一箭射双鹤。试问浣纱娘，箭从何处落？"二女邈然不顾。又嘲之曰："浣纱谁氏女，香汗湿新雨。对人默无言，何事甘良苦！"俄而二女微吟曰："我是潭中鲫，暂出溪头食。食罢自还潭，云踪何处觅。"吟罢不见。

鲫鱼竟变成了美丽能诗的少女，它的诗才竟然胜过谢康乐。

以上这些传说，反映了人们对鲫鱼的感情。人们之所以这么爱鲫鱼，大概由于鲫的形态美和味道美。不是鲫鱼往来翕忽的神态美吸引了杜甫，他不会沿桥"竟日独迟留"的。关于鲫鱼的味美，古籍早有记载。《楚辞·大招》说：给招回来的鬼魂享以美味，其中有"煎鰿臇雀"。（油煎的鲫鱼熏制的雀子）《吕氏春秋》云："鱼之美者有洞庭之鲋。"可见在先秦，鲫鱼就是鱼中的上品。后代随着烹调技术的提高，鲫鱼的佳肴地位也随着提高。《尔雅翼·释鱼·鲋》说："其味最美。吴人以菰首为羹，以鲤鲫为鲙，谓之金羹玉鲙。"河南的淇河双脊鲫、黑龙江的红肚囊大鲫鱼味道更有特色，曾列为皇帝的祭品。

鲫鱼的食疗作用在鱼类中也具特色。朱震亨说："诸鱼属火，独鲫属土，有调胃实肠之功。"（《本草纲目》，下同）治水肿和消渴病很有效。水肿，"用鲫鱼三尾，去肠留鳞，以商陆、赤小豆等分，填满扎定，水三升，煮糜去鱼，食豆饮汁。二日一作，不过三次，小便利，愈"。消渴，"用鲫鱼一枚，去肠留鳞，以茶叶填满，纸包煨熟食之，不过数枚即愈"。现在民间还用鲜鲫鱼汤做产妇催奶之用。

鲛

鲛的皮是制铠甲、箭袋的好材料，以鲛皮为装饰之物是威武、权势的象征。鲛的眼泪是相思与悲哀的象征。

鲛，即鲨鱼，从裂口鲨到现在，已有四亿年的历史。它游速极快，性凶猛，是富于侵略性的食肉鱼类。它还袭击人，袭击的方式也很残忍，冲上来一口将人的躯体咬为两段，即《尔雅翼·释鱼·鲛》所谓"此鱼所击，无不中断者"。我国的鲛有七十余种，产于黄海、东海。鲛一身是宝，肝可制鱼肝油，鳍可制成鱼翅，唇制成鱼唇，吻侧软骨制成明骨，都是名贵的食品。

古人对鲛的食用价值早有研究。《尔雅翼·释鱼·鲛》说：一种名"胡沙"的鲛，肉味很美。一种名"白沙"的鲛，肉虽有小毒，但用盐腌后可以吃。白沙的皮如果将沙刮去，切碎烹调，是"食味之珍者"。

不过，古人把鲛的皮看得比肉更为珍贵，就连鲛的异名"鲨"也是由皮而得名。《六书故》说："以其皮如沙得名。"鲛鱼还名"鲑鱼"，也是因为"其皮可磨错"。远在战国时，就有人用鲛皮制铠甲。《荀子·议兵》："楚人鲛革、犀兕以为甲，鞈坚如金石。"意思是说鲛皮甲像金石一样，箭射不进。楚国的这种先进的鲛皮甲后来流传甚广，晋左思《吴都赋》中"扈带鲛函"，唐陆龟蒙《感事》诗：

将军被鲛函，只畏金矢镞。

"鲛函"就是鲛鱼铠甲，就连北方的少数民族也采用。《续资治通鉴·宋高宗绍兴五年》："是冬，金主以鲛鱼皮为甲，可捍流矢。"当时南下的金兵锐不可当，鲛鱼皮甲也起了很大的作用。用鲛皮做盛箭的袋子可能比做铠甲还早。《诗经·小雅·采薇》写将士装束说：

> 四牡翼翼，象弭鱼服。

战马整整齐齐，将士身上挎着用象牙装饰的弓，用鲛鱼皮制的箭袋。清人陈奂说，鲛鱼皮制的箭袋，不管皮晒得怎么干，也不管这箭袋用了多少年，只要有海潮或将下雨时，皮上的毛很快"皆起水"，潮退或天晴，箭袋又恢复了常态。因此，凭箭袋可以推知千里之外海潮的起落。

在战国，鲛皮还用作威武的象征。《荀子·礼论》：

> 寝兕、持虎、蛟韅、丝末、弥龙，所以养威也。

帝王睡兕皮做的席子，手扶用虎皮为饰的较和轼，骑着以鲛皮为腹带的马，这是为了"养威"。可见鲛皮和虎兕之皮一样，可以显示威武。

鲛皮作为华贵、权势的象征在春秋时代就有了。《左传·闵公二年》："（齐侯）归（赠送）夫人鱼轩。"服虔注："鱼，兽名，则鱼皮又可以饰车也。""鱼轩"，就是用鲛鱼皮作装饰的车子，用以显示华贵。汉代，鲛皮用以饰佩刀的刀鞘，作为等级的标志。皇帝、侯王、公卿百官佩刀的鞘，以鲛皮的有无、多少、位置表示贵贱。黄门虎贲地位虽不及侯王、公卿、百官，但他们接近君王，因而他们的刀鞘上也可饰以鲛鱼皮，以示地位的特殊。唐李贺诗"蛟胎皮老蒺藜刺"（《春坊正字剑子歌》），意即以鲛皮饰剑鞘，可见到唐代还保持着这种制度。

鲛皮如此名贵，所以历代统治者规定产鲛的地区贡鲛皮。如《唐书·地理志》载：江南道漳州漳浦郡、岭南道循州海丰郡、潮州潮阳郡、封州临封郡及安南都有"贡鲛革"的任务。

鲛皮与地位、权势联系在一起，因为鲛是水中之霸，由水中之霸自然联想到人中之雄。此外，还因为鲛皮上有珠。古人很珍视珠，并且将产珠之物神化。《埤雅》云：

> 盖龙珠在颌，鲛珠在皮，蛇珠在口，鳖珠在足，鱼珠在眼，蚌珠在腹也。

龙，本来就是灵异之物，不待说，蛇、鳖、鱼、蚌，也只有其中灵异者才能产珠。比如鱼："鱼之怀珠，至五十年则无复鼓鳃，脑上有汗，其鳍鳞口眼皆异，鳍当紫色，眼当红色，口当赤色。"（《埤雅》）鲛皮上既然有珠，对阴晴、对潮涨潮落，又具有灵敏的反应，那么它当然不是等闲之物。用这种灵物表示华贵、权势，在封建统治者看来，当然是最好不过了。

由鲛的灵异又演化为许多动人的传说。一种传说为：南海中有鲛人，像鱼似的住在水中，它非常勤劳，成天纺线织布，它流的眼泪都是一颗颗的珠子（见晋张华《博物志》）。另一种传说为：鲛人从水中偷偷出来，寄居在一家人家，天天卖绡，等到绡卖完了，告别主人时，心里很难过，向主人要了个器皿，眼泪不禁夺眶而出，落在盘子里都是一粒粒的珠子。它将这珠子赠给了主人。（见《太平御览·珍宝部二·珠下》）还有一个传说为：南海出一种鲛绡纱，是鲛人在水中织成的，又名为龙纱，价值百万余金，穿上鲛绡纱制成的衣服，水不能沾湿。（见任昉《述异记》）

这些传说之所以都同鱼类的鲛挂上了钩，大概是因为鲛鱼的皮上有珠，由皮上的珠演化为眼泪成珠。古诗文中的"鲛人""蛟（鲛）室""鲛绡"的典故都源于这些传说。于是，鲛在文学作品中又同"美好""多情""眼泪""缠绵""相思"联系在一起。如三国魏曹植《七启》：

> 然后采菱华，擢水蘋，弄珠蚌，戏鲛人。

唐温庭筠《张静婉采莲曲》：

> 掌中无力舞衣轻，剪断鲛绡破春碧。

宋陆游《钗头凤》：

> 春如旧，人空瘦，泪痕红浥鲛绡透。

《红楼梦》第三十四回林黛玉诗：

> 眼空蓄泪泪空垂，暗洒闲抛却为谁？尺幅鲛绡劳解赠，叫人焉得不伤悲！

不过鲛也有不好的名声。鲛性猛，因而它又是一种可怕的形象。《史记·秦始皇本纪》载：方士徐福等入海为秦始皇求不死之药，几年花了很多钱，药当然没有弄到，徐福等怕秦始皇降罪，编造谎言说："蓬莱药可得，然常为大鲛鱼所苦，故不得至。"正由于鲛在当时人们心目中是可怕的动物，所以能骗过秦始皇。王度《古镜记》载：隋大业十年（614），灵湫有一井，当地人每年八节都要隆重祭祀，如一次不祭，井里就冒出黑云，天降大雹子击坏禾稼，降大雨冲坏堤坝。后来有一人用降妖宝镜照井，随着雷震之声从井中跃出一个大鱼，不一会儿死了，原来是一只鲛。这鲛同《始皇本纪》中的鲛一样，都是害人的怪物。

泥　鳅

　　宋代，我国就有泥鳅化石的记载，宋以后逐渐发现泥鳅有多种食疗作用。

　　泥鳅分布很广，它的特征是：

> 锐头无鳞，身青黄色，以涎自润，滑不可握，出水能鸣，性至难死，大者能攻堤岸。（清郝懿行《尔雅义疏》）

描绘大体准确，只是泥鳅有鳞，不过很细罢了。关于泥鳅的习性，三国魏孙炎《尔雅正义》说：泥鳅"寻习其泥，厌其清水"。是说泥鳅喜欢潜伏在泥中，不喜欢在清水中活动。宋沈括《梦溪笔谈》也说：宋王安石常常放生，别的鱼放入江中，都悠然而逝，"惟鳅入江水辄死，乃知鳅但可居止水"。现代生物学知识告诉我们，潜在泥中的泥鳅并不是不需要氧气，只是它的肠子特殊。肠壁上丰富的微血管能起呼吸作用，水中的氧气就足够在泥中生存了。只有在天气闷热时，水中氧大大减少，泥鳅才翻出水面吸氧。民间根据这一现象预知将有雷雨。《尔雅翼》载：

> 陇西有地名鱼龙，出石鱼，掘地取石，破而得之。多鳅泪鲋，如以漆描画，鳞鬐逼真，烧之尚作鱼腥。鱼龙，古之陂泽也，岂鱼生其中，遇岸颓塞，久而土凝为石，故中有鱼形耶？今衡州有石鱼，无异陇西者。

这是说在陇西鱼龙发现了鱼化石，这些化石多是泥鳅和鲫鱼。作者由此推想，此处为湖泽，后来变为陆地，鱼就变成了石鱼。这大概是我国最早的鱼化石详细记载和科学说明。古人碰到罕见的不能解释的自然现象往往用神来解释，甚至编一段离奇的神话。宋罗愿却摒弃了传统的思维习惯，以实事求是的科学态度做分析研究，这是十分可贵的，他的这段论述也是珍贵的生物考古资料。

泥鳅的味道不算美，但有些地方的人很喜欢吃。明李时珍说：两广、福建一带的人去掉泥鳅的脊骨做鱼汤，味道很美。《物类相感志》说"灯心煮鳅甚妙"，不过"不可合白犬血食"。（《本草纲目》引陶弘景语）

泥鳅有食疗作用。明李时珍说，泥鳅有"温中、益气、解消渴"的功效。治消渴（即糖尿病）《本草纲目》附有一方：

> 用泥鳅鱼（十头，阴干，去头尾，烧灰）、干荷叶等分为末。每服二钱，新汲水调下，日三。

古称鳅为"鳛"，《尔雅》《说文》："鳛，鳅也。""鳛"就是鳅。又称"鳛"，《玉篇》："鳛，小鳅也。"又称"鳣""鲰"，《广雅》："鳣、鲰、鳛，鳅也。"名称虽多，其实都是一声之转。清人郝懿行说："鳛"与"鳅"是双声，"鳣"是"鳛"和"鳅"的合音，"鳛"是由"鲰"声转而来的。感谢古人的翔实考证，使我们知道这七个字是异名同物，不至误认为是七种鱼。但是有一个与"鳅"同名异物的海鳅，容易把我们弄糊涂。《尔雅翼》说：

> 海中鳛乃有大者。《水经》曰："海中鳛长数千里，穴居海底。入穴则海溢为潮，出穴则潮退，出入有节，故潮水有期。"

将鲸类的动物海鳅与鳅科的泥鳅视为同类，显然是不对的。《山海经》中也有一种名"鳎"的鱼，那也不是鳜。清段玉裁就指出："《山海经》之鳎鱼，别是一物。"

鳜

鳜，古人视为美味，又作为"补虚劳"的药物。

鳜，鱼纲，鮨科。体呈鲜艳的青黄色，有不规则的黑色斑纹。雌雄颜色有别，

"其斑文尤鲜明者，雄也；稍晦昧者，雌也。"（《尔雅翼·释鱼·鳜》）大口细鳞，背鳍长，并有锋利的硬刺，性凶猛，食鱼虾。

鳜，又名鳟鱼、鳟花鱼、桂鱼、水豚。鳟鱼、鳟花鱼的得名，据李时珍说，因它身上的斑纹像罽（《本草纲目·鳞·鳜鱼》），罽是古代珍贵的有花纹的毛织品。"鳜""水豚"的得名，李时珍说："鳜，蹶也，其体不能屈曲如僵蹶也。""其味如豚，故名水豚。"（《本草纲目·鳞·鳜鱼》）

鳜鱼，肉细嫩，是古人喜爱的佳肴。《尔雅翼·释鱼·鳜》说："昔仙人刘凭常食石桂鱼。""石桂鱼"即鳜鱼。仙人吃的当然是美味，正反映了人们对鳜肉的感情。不过，据李时珍说："小者味佳，至三五斤者不美。"（《本草纲目·鳞·鳜鱼》）

鳜鱼"夫妻"感情深厚。雌鳜总喜欢追随雄鳜，古人却利用它们的感情布下罗网。将一只雄鳜用绳索穿着放在湖中或河中，一群雌鳜就赶来用嘴拽雄鳜，不肯离去，这时用捕鱼工具一次可捕十几条。

　　文人喜欢食鳜，不止是为了味美，更主要是借此寄托闲逸之情。如清王士祯《题松南柳矶图》："杨柳依依四水围，垂竿不为鳜鱼肥。""不为鳜鱼肥"的言外之意是为了寄托闲逸的情致。这种寄托，源于唐张志和的"西塞山前白鹭飞，桃花流水鳜鱼肥。青箬笠，绿蓑衣，斜风细雨不须归"。此后，钓鳜同闲逸就联系在一起了。

　　《本草纲目》记载，鳜鱼肉有"补虚劳，益脾胃"和"治肠风泻血"之功。有一个十八岁的女子患肺病，治疗总不见效，她喜欢吃鳜鱼羹，家里人每天给她吃，吃了几年，肺病好了。张果的《医说》以此病例作为鳜有"补劳益肾、杀虫"之功的印证。鳜鱼胆可治疗刺入咽喉的骨鲠。《本草纲目》说：骨鲠竹木刺入咽喉，时间长了，骨鲠竹木可能进入脏腑，患者常觉疼痛而且黄瘦，不管患者是大人还是小孩，也不管病程多长，只要服鳜胆，骨鲠竹木等异物都可以吐出。其方法是：腊月取鳜鱼的胆悬在朝北的屋檐下，自然风干。用时取一皂荚的胆煎酒，然后趁温时慢慢喝下，如果呕吐鲠就随涎吐出，如果没有吐，就再服，直到吐为止，鲠没有不出来的。

鲀

　　鲀，古人视为美味，又视为毒物。在上古，还用以比喻老人。

　　鲀，又名鯸鲐、河豚，鱼纲、鲀科，生活在海洋中，也有时进入淡水，身体圆筒形，无鳞，或者有刺鳞。有一个背鳍，但无腹鳍。种类很多。

　　鲀的最早记载是《诗经·大雅·行苇》："黄耇台背，以引以

翼。"清郝懿行解释"台背"说：

> 《释名》云："九十曰鲐背，背有鲐文也。"《诗》正义引
> 舍人曰："老人气衰，皮肤消瘠，背若鲐鱼也。"……以今验
> 之，鲐鱼背有黑文，老人背亦发斑似此鱼。

意思是说，九十岁的老人由于血气衰，背上生出像鲐鱼似的斑纹。
"台"就"鲐"，也就是嫩。自《诗经》以后，"鲐""鲐背"成为
老人的代称。如"驱鲐稚于淮曲，暴鳏孤于泗滢。"（《宋书·谢
灵运传》）意思是迫使老人、小孩、鳏夫、孤儿到淮水、泗水边
作战。"鲐"，指老人。"善养命者，鲐背鹤发成童儿。"（唐柳宗元
《愈膏肓疾赋》）"鲐背"指老人。

说鯸是有毒的鱼，最早的记载大概要数汉王充《论衡·言
毒》："毒螫渥者，在虫则为蝮蛇、蜂虿，在草则为巴豆、冶葛，
在鱼则为鲑（鯸）与鲅鲵，故人食鲑肝而死。"意思说，毒性大
的，在虫类是蝮蛇、蜂虿，在草类是巴豆、冶葛，在鱼类是鲑
（鯸）与鲅鲵，吃鲑肝则立即死亡。其实有毒的不只是肝，《本草
拾遗》说："鯸鱼，肝及子有大毒。"《尔雅翼·释鱼·鯸》说：
"旧言心肝及头毒于野葛，又云，肝及子入口烂舌，入腹烂肠……
大抵海中者大毒，江中者次之。"

说鯸是美味的也不少。《明道杂志》载："在仲春间，吴人此
时会客，无此鱼则非盛会。其美尤宜再温，吴人多晨烹之，羹成，

候客至，率再温以进。"《石林诗话》载："今浙人食河豚，始于上元前。常州、江阴最先得。方出时，一尾至直千钱，然不多得，非富人大家预以金啖渔人未易致。二月后，日益多，一尾才百钱耳。"不是美味，不会成为酒宴上的压席菜，不会价"值千钱"。

鮹到底是美味还是毒物，古人颇有争论。《本草》说：河豚"甘，温，无毒，补虚，去湿气，理腰脚"。《补笔谈》则认为"因《本草》有此说，人遂信以为无毒，食之不疑，此甚误也"，并且说"吴人嗜河豚鱼，有遇毒者，往往杀人，可为深戒"。

从有些古书的记载可以看出，对鮹研究较深的人，认为鮹既是美味，又是毒物，关键是如何处置，如何烹调。宋邵博《邵氏闻见后录》载："经筵官会食资善堂，东坡盛称河豚之美。吕元明问其味，曰：直那一死。"说为尝河豚的美味死也值得，与"舍命吃河豚"的民谚的含义一样，说明东坡是深知河豚既味美又有剧毒。宋梅尧臣《范饶州坐中客语食河豚鱼》：

> 春洲生荻芽，春岸飞杨花。河豚当是时，贵不数鱼虾。其状已可怪，其毒亦莫加。忿腹若封豕，怒目犹吴蛙。庖煎苟失所，入喉为镆铘。若此丧躯体，何须资齿牙。持问南方人，党护复矜夸。皆言美无度，谁谓死如麻。吾语不能屈，自思空呕嗟。

这首诗很有名，誉为"笔力雄赡"。值得我们注意的是既说鮹"美无度"，又说"其毒亦莫加"，说明，宋代已有不少人了解鮹的两重性。

鮹的"两重性"，在宋代以前，就有人已经知道。《史记·货殖列传》记载通都大邑的财富说"鮐、鮆紫（刀鱼）千斤"，如果西汉人不知道鮐（鮹）不只有毒，而且是美味，市场上陈列千斤有什么意义？只可惜《史记》没有说明如何排除鲀中毒物的方法。

如何排除鲀的毒性，古籍也有零星记载。刘逵注《文选》说：鲀"有毒……蒸煮饫之，肥美，豫章人珍之。"虽提到蒸煮之法，可惜语焉不详。唐段成式《酉阳杂俎》说："食此鱼必食艾，艾能已其毒。江淮人食此鱼，必和艾。"

如果误食中毒，解毒之法，古人在实践中也摸索出了许多。《本草纲目》说："世传中其毒者，以至宝丹或橄榄及龙脑浸水皆可解。复得一方，惟以槐花微炒，与干胭脂等分同捣粉，水调灌之，大妙。"还有人说芦根和橄榄可以解毒。

现代科学证实，鲀的肝、生殖腺和血液都含有毒素。吃河鲀，得经恰当处理，去掉这有毒的东西。这有毒的器官经处理可做药用，卵巢可制成河豚毒，精巢可制成鱼精蛋白，肝可提炼成河豚肝油。

鲀，除有上述的台、鲐、鲑、河鲀等异名外，还名鲄、鹕夷、鯸鮧、嗔鱼等。这些名字反映了古人对鲀的认识和古代的音转关系。鲀有气囊，如意外碰到什么东西，腹部立即鼓起如球状，像生气似的，借此抵御敌害，所以称"嗔鱼"，也称"鲑""鲀""鲄"。清王念孙《广雅疏证》云："'鲀'即'鲑'之俗体……河豚善怒，故谓之'鲑'，又谓之'鲄'，鲑之言恚，鲄之言诃。《释诂》云：恚、诃，怒也。"台、鲐、鯸鮧、鹕夷是同源的，段玉裁说，"台"为"鲐"之假借字，"鮧""夷"与"台"音近。王念孙说："鹕夷即鯸鮧之转声。"段玉裁还认为"鯸鮧"之"鮧"是"侯"之误，因为左思《吴都赋》有"王鲔鲐"，"当本做'侯鲐'，故与'王鲔'相俪"。至于河豚之"豚"本来指小猪，李时珍解释"河豚"说"豚，言其味美也"，基本可信，说"鲀，谓其体圆也"，拘于字形，不可信。

石首鱼

石首鱼，是一种善"歌唱"、有洄游习性的鱼，古人利用这一特征大量捕食。传说，它还帮过吴王阖闾战胜了东夷。

石首鱼又名鯮、鳓、黄花鱼、黄鱼，鱼纲，石首科。大的可达二米，小的仅十余厘米，栖于近海中下层，我国沿海均产。石首鱼头骨的耳内有个耳石，很坚硬，像白色的小石头。古人根据这一特点，称它为石首鱼。这"小石头"是石首鱼的感觉器官，它极灵敏，能传递外界声波，是石首鱼的"顺风耳"。它还是石首鱼的平衡器，靠它，无论在怎样的复杂水域里总能保持平衡。古人对这"小石头"颇有兴趣，晋王羲之的《鄞茶帖》说："此鱼脑中有石如棋子。"唐刘恂《岭表录异》载："石首鱼状如鳙鱼，随其大小，脑中有二石子如荞麦，莹白如玉。有好奇者，多市鱼之小者，贮于竹器，任其坏烂，即淘之，取其鱼脑石子，以植酒筹，颇为脱俗。"

从古至今，石首鱼一直是名贵食品。《直省志书·定海县》载："盐腌之，曝干曰白鲞，通商贩于外。"《清稗类钞》云："吴俗最尚此鱼，每尝新时，不惜重价，故有'典帐买黄鱼'之谚。"

晋郭璞《江赋》说："介鲸乘涛以出入，鳏鲨顺时而往还。"后一句说鳏（石首鱼）什么时候游来、什么时候游去有一定的季节规律。唐李善说得更具体："常以三月八月出，故曰顺时。"（《江赋》注）这说明在晋朝，我们的祖先已经知道石首鱼的洄游规律。古代渔人常利用这一规律下网。《清稗类钞》记载捕石首鱼的情况甚详："石首鱼每于楝花开时，结队趁潮而至，一网可得数百头。渔者多放船，候于山礁间，截竹为簖，每至，则海风吹腥，江潮喷雪。网得者，盛于淡水，沃以厚冰，可支数日。四五月间，渔艘市冰以往，满载进黄浦，小船插三角粉红旗，鸣锣集市，曰贩冰鲜。"

鱼类没有肺，没有气管、咽喉，当然不能发声，可是极少数的鱼却能发声，而石首鱼则是它们之中最杰出的歌手。它能演唱各种"歌曲"，时而发出蜜蜂的嗡嗡声，时而发出猫儿的喵喵之声，时而像吹口哨，时而像机器在运转，能强能弱，能高能低。这一点，古籍早有记载，《开宝本草》说："石首鱼初出水能鸣，夜视有光。"这位歌唱家的嗓子是它的鳔，鳔内的空气喷出的快慢强弱，就发出不同的声音。如果将鳔取出，它就不发声了。现代科学研究表明，鱼类发声，或为求偶，或为猎取食物，或为发出警报，或表示惊恐、悲哀的感情。石首鱼的歌唱，当然也是这样。

古人也利用石首鱼喜欢"唱歌"的特点捕获它。《本草纲目》载：石首鱼"每岁四月，来自海洋，绵亘数里，其声如雷。海人以竹筒探水底，闻其声乃下网，截流取之，泼以淡水，皆圉圉无力。初水来者甚佳，二水、三水来者，鱼渐小而味渐减矣"。

传说，石首鱼可变成野鸭。晋王羲之《鹑荼帖》说：世传野鸭子是石首鱼变的。南朝梁任昉《述异记》载："吴郡鱼城，城下水中有石首鱼，至秋化为凫（野鸭），凫项中尚有石。"这传说显然是因为石首鱼和野鸭项中都有石而产生的联想。

传说，石首鱼还帮过吴王阖闾的忙。有一年，阖闾率军征入侵的东夷，东夷军逃到海岛上，阖闾也驻军于沙洲，相持月余。由于海上风涛大作，阖闾的军粮无法运到，阖闾很担忧，焚香祷告，忽然海上有金色的东西逼近沙洲，一捞，是无数的石首鱼，三军吃着美味的鱼欢呼雀跃。可东夷人一条鱼也得不到，于是投了降。阖闾将咸水腌的石首鱼肠赐给东夷军队，并称之为"逐夷"。阖闾回到国都后，群臣请求吃带回的已晒干的石首鱼，大家边吃边称赞味道美极了。于是阖闾写个"鲞"字，"美"字下再写个"鱼"字，即"鲞"字。但此鱼叫什么名字，大家都不知道。看到鱼脑中有白石头，于是称为石首鱼，据说名称是从这里来的。

鲚

鲚，古人常用来做鲚鱼酱或者用油炙法烹饪，文人笔下的鲚常和江南春色联系在一起。

鲚，又名鲚、棱鳀，鱼纲，鳀科，产于热带和温带近海，我国沿海均产。体延长，侧扁，大鲚可达十余厘米，口大，上颌骨延长，腹部有棱鳞。

鲚是我国南方近海地区的小型食用鱼类，味鲜美。宋刘宰称赞鲚的美味说：

> 芼以姜桂椒，未熟香浮鼻。河鲀愧有毒，江鲈惭寡味。
> （《走笔谢王去非遗馈江鲚》）

意思是加了佐料后的鲚，香味诱人，河豚、江鲈这些美味同它比起来也自惭寡味。凡吃过鲚鱼的，将永远也不会忘掉其美味。明魏浣初的一首词正反映了人们的这种感情：

> 江南忆，佳味忆江鲜。刀鲚霜鳞娄水断，河豚雪乳福山船。齐到试灯前。

作者说江南最值得忆念的是刀鲚（鲞）与河豚，想着那娄水的鲞鱼，那如霜之鳞就清晰地呈现在灯前了。从这些诗句中，我们似乎也看到诗人的三尺垂涎。

在实践中，古人摸索出多种烹调方法。其一是"煎炙"法，明李时珍提倡用这种方法，说："烹煮不如。"《遵生八笺》介绍"炙法"为：

> 鲞鱼新出水者，治净，炭上十分炙干，收藏。一法，以鲞鱼去头尾，切作段，用油炙熟，每段用箬间盛瓦罐内，泥封。

其一是"干鲚鱼酱法"，《齐民要术》说：六月七日，将干鲚鱼放在盆中，用水浸，一天换水三次，三日后洗净去鳞。一斗鱼，用曲末四升，黄蒸末一升，白盐二升半，在盆中和匀，洒在鱼上。然后将鱼置于瓮中，用泥封口，不使漏气。二十七日鱼酱便制成了。"味香美，与生者无殊异。"

文人对鲞的喜爱似乎更深一些，而且不只是爱其味美。苏轼《和文与可洋川园池·寒芦港》诗云：

> 还有江南风物否？桃花流水鲞鱼肥。

将鲞鱼同江南美丽的春色联系在一起。春天为鲞的鱼汛期，是捕鱼的季节，所以诗人总喜欢把它摄入春天的画图中。宋梅尧臣诗：

> 鲞鱼何时来？杨花吹茫茫。（《云中发江宁浦至采》）

诗人以对鲦鱼的盼望，表达对春天的渴望。元贡师泰诗：

> 荻笋洲青鸥鸟狎，杨花浪白鲦鱼鲜。(《送东流叶县尹》)

清潘高诗：

> 黄鸦谷谷雨疏疏，燕麦风轻上鲦鱼。(《寒食》)

鲦鱼同荻笋、鸥鸟、杨花、白浪、黄鸦、燕麦一起组成明媚的春色，它已不再是入口之物，而是一种景物，是一种美好的象征。

　　古人认为，鲦是一种鸟变成的，根据是鲦的腹中还有两枚鸟肾，肉中的细骨像鸟毛。据说它的习性也与众不同，《说文》说它"饮而不食"，清段玉裁还说："饮而不食，故其形纤削而味清隽。"这些荒诞的说法反映了古人观察过于粗疏和解剖知识的贫乏。

　　对名称的考证是古代名物学者的长处，然而有关鲦的名称问题也弄得相当混乱。如《尔雅·释鱼》："鮤，鱴刀。"鮤，到底是不是鲦鱼？晋·郭璞说："今之鲦鱼也，亦呼为鮊鱼。"清段玉裁则说："郭说盖非。"两人又都只有结论，没有对结论的申述，连各说各的"理"都没有，读者当然弄不清谁是谁非。不仅如此，《尔雅》"鮤鱴刀"中是"鮤鱴"连读还是"鱴刀"连读也纠缠不清。《周礼正义》说："孙注《尔雅》，刀鱼与鱴别，然则孙'鮤鱴'为逗，'刀'为句，郭盖同。"这是说孙炎、郭璞主张"鮤鱴"连读，"刀"字是一句。"刀"是刀鱼，即鲦，是用以解释"鮤鱴"的。可是郑玄却认为应"鱴刀"连读，"鱴刀"即鲦，是用来解释"鮤"的。另外，郑玄注《周礼·鳖人》说："玄谓貍物亦谓鱴刀、含浆之属。"意思是在水底泥沙中生活的动物是指鱴刀、蚌之类。有人认为这里的"鱴刀"就是鲦，段玉裁却认为"鱴刀、含浆必皆蚌蛤之类，故谓之蓣物，不得因一刀字附会也"。他认为

"鱲刀"是蚌类。现在，这些问题要得出一个令人信服的结论，很难。这是因为《尔雅》《说文》的作者只重视释名，忽视对实物的特征说明，即使偶有说明也过于简略，某一名指什么实物，只有两书的作者心里清楚。如果不是常见之物，则只好猜谜了。

古代名物学在研究鲝的成果也不能忽视，如对鲝别名的由来的研究就颇有贡献。戴侗《六书故》说刀鱼之名是因为"侧薄类刀"，罗愿说：

> 长头而狭薄，其腹背如刀刃，故以为名。

鲝亦名望鱼，郝懿行说："鱲，望声转，'望'古读如'芒'也。"鲝的产地，晋郭璞说："太湖中今饶之。"清段玉裁说："今太湖中尚时有之。"据说现在太湖中仍有，不过不"饶"。由晋代的"饶"到清代的"尚时有"，这种变化给今人研究鱼类的生态环境提供了宝贵资料。

鳝

鳝，古代是卿、大夫官服的服像，传说食大鳝使人返老还童。

我国除西部高原外，各地均产鳝。鳝可以变性。小黄鳝全是雌的，产了一次卵以后，卵巢收缩，而精巢逐渐发达，雌鳝变为雄鳝了。雄鳝同尚未变成雄鳝的雌鳝交配，繁殖后代，就永远只当爸爸不当妈妈了。

鳝的颜色是黄地黑文，卿士大夫的服色取以为象。《后汉书·杨震传》：

震少好学……不答州郡礼命数十年……后有冠雀衔三鳝（鳝）鱼，飞集讲堂前，都讲（学舍主讲）取鱼进曰："蛇鳝者，卿大夫服之象也。数三者，法三台（三公，高官）也。先生自此升矣。"年五十，乃始仕州郡。

都讲预知杨震要当官，所依据的就是鳝鱼的颜色同官服颜色之间的联系。这种联系不可能是都讲的个人创造，一定是民间早已流传此说。由于冠（鹳）雀把鳝鱼衔到讲堂，所以，后来讲堂称为"鳝（鳝）堂"或"鳝庭"，学校称为"鳝序"，如："读雁塔之题，久钦闻望；典鳝堂之教，获与交承。"（宋楼钥《通交代徐教授启》）；"共悬龟印衔新绶，同忆鳝庭访旧居。"（唐李德裕《奉送相公十八丈镇扬州》）；"池架祥鳝序，山吹鸣凤曲。"（唐郑愔《侍宴长宁公主东庄应制》）。

鳝肉鲜美，营养丰富，是古今人都喜爱的淡水鱼。其烹调方法很有讲究，据说淮安一带有特色的"长鱼席"上由百种珍肴组成，而每一道菜都是用不同方法烹调的鳝鱼。我们的祖先对鳝的烹调方法早有研究，《颜氏家训·归心》："江陵刘氏以卖鳝羹为业。"说明晋代就出现了经营鳝的专业餐馆。宋陶谷《清异录》载，有个叫杨承禄的人，所做的脱骨鳝味道极好。皇宫也有时命令他献技，他将献给皇帝的脱骨鳝称为"软钉雪笼"。岭南多鳝，人人喜欢吃鳝。妇女都有一套修治、烹调鳝鱼的本领。如果不具备这个本领，就是大缺陷，连出嫁都困难。据《群居解颐》载：

俚民争婚娉者，相与语曰："我女裁袍补袄，即灼然不会，若修治水蛇黄鳝，即一条胜似一条矣。"

传说吃大鳝有返老还童的功效。唐段成式《酉阳杂俎》载：

> 郫县侯生者，于沤麻池侧得鳝鱼，大可尺围，烹而食之，发白复黑，齿落复生，自此轻健。

《天台县志》载：鲍铁脚少年时在鲍湖边养鸭，常常觉得有什么东西拽着自己。后来湖干了，发现了一条大鳝鱼，他弄来煮着吃了。自此，变得力气很大，死后还经常显灵，本地人祭祀他，称他为鲍大王。

鳝是由死人头发变来的传说由来已久。南朝宋刘敬叔《异苑》载：晋义熙五年（409），江西因瘟疫死了很多人，这些人的头发多变为鳝。有一个姓张的官员在某地发现一棺材，棺材头有鳝，叫人拨开上面的鳝，下面既有鳝，也有头发，还有尚未完成变化的半鳝半发。刘敬叔把传说说得活灵活现，连后代名物家也信以为真，宋罗愿引了鳝为"人发所化"之后说："然其腹中自有子，不必皆物化也。"（《尔雅翼·释鱼》）虽然发现了腹中的子，还是不敢否定传说。"发化"之说，可能是由于颜色、形体相似而引起的联想。

鳝，又写作"䱇""鲩""鱓"。因其色黄，又称"黄鳝"，因其像蛇，又称"蛇鳝"。《荀子·劝学》："蟹六跪而二螯，非蛇鳝之穴无所寄托者，用心躁也。"一般注家误将"蛇鳝"注为蛇和鳝鱼。《尔雅翼·释鱼·鳝》说："状既似蛇，又夏月于浅水中做窟如蛇，冬蛰而夏出，故亦名蛇鳝。"古籍中"蛇鳝"（或"蛇鱓""蛇䱇"）指鳝的并不少见。如前面说过的《后汉书·杨震传》"蛇鱓者，卿大夫服之象也"就是。

比目鱼

比目鱼，上古人认为君王有大德才能招致东海的比目鱼。文人常用以比喻形影不离的深情。

唐段成式说："德及幽隐，则比目鱼至。"段成式说的实际上是先秦人的观念。《管子·封禅篇》载：齐桓公想到泰山封禅。管仲谏桓公说，古代有德之君封禅之前，出现了许多吉祥之兆，如比目鱼从东海而来，比翼鸟从西海而来。现在比目鱼、比翼鸟都没有来，说明德还不够，封禅为时太早。桓公因此打消了封禅的念头。由此可以看出，在春秋时代，比目鱼在人们心目中的位置有些像凤凰和麒麟了。

以比目鱼喻形影不离的深情，是因为古人认为比目鱼的双眼生在一侧，两个比目鱼并在一起才能游动。如《尔雅·释地》：

东方有比目鱼焉，不比不行，其名谓之鲽。

晋郭璞注《尔雅》说：

状似牛脾，鳞细，紫黑色，一眼，两片相合乃得行。

明杨慎《异鱼图赞》也说：

东海比目，不比不行，两片得立，合体相生，状如鞋履，鲽实其名。

这"不比不行"的特征自然使人联想到人间形影不离的深情。如

《鬼谷子·反应篇》："其相知也，若比目之鱼。"三国魏徐干《室思》诗："故如比目鱼，今隔如参辰。"

不过，古人深信不疑的"不比不行"，并不符合比目鱼的生活习性。比目鱼在幼小时期同普通鱼一样，眼睛长在两侧，而且很对称，长到二十天以后，身体倾斜，逐渐沉到水底，侧着身子躺着，体形也逐渐变扁，向水底一侧的眼睛不能起视物作用，就慢慢移到向水面的一侧，变成双目同在一侧了。它们独自活动，不是雌雄并排着，也不是同性并排着。后代也有的名物学者发现了古人的错误，如《清稗类钞·动物类·比目鱼》说：

> 其幼鱼两侧各有一眼，游泳如常鱼。渐长，伏于泥沙，眼之位置亦渐移易。故其生育中，必几经变态。

未提"不比不行"。

比目鱼还是变色能力很强的鱼种。《清稗类钞》以前，似乎人们没有发现这个秘密。《清稗类钞》说：

> 上面灰褐色或黑色，下面白色，常以白色之面附着于海底有泥沙处……游行时，以有色一面向上。

现代科学知识告诉我们，比目鱼真皮中有无数色素细胞。有黄色、红色、黑色等多种原色素，这些原色可配成各种颜色。当色素细胞扩大时，其中的色素扩散，鱼体颜色变浓；色素细胞如缩小时，鱼体的颜色就变淡。所以当它游到水草丛中时，就变成水草的颜色，当它游到白色的卵石处时，身上就出现了许多白色的斑点。因此，比目鱼虽不怎么会游泳，但它的变色能力却可以迷惑敌人，转危为安，也可以迷惑猎物，使之进入圈套而不自知。

比目鱼有不少异名，这些异名也反映了古人对比目鱼的认识。

《北户录》称为"鲽",意思是"兼",即两鱼相并;左思《吴都赋》称为"魪",意思是相介,"介"有凭依义;司马相如《上林赋》称为"鲽",意思是相肍,也是两片相依之义;《临海志》称为"婢屣鱼";《临海水土记》称为"奴屣鱼",俗名"鞋底鱼",都是以比目鱼像女人的鞋子而命名;《南方异物志》称为"箬叶鱼",因为鱼形像箬叶。

脍残鱼

脍残鱼,古人认为是吃剩的半边鱼变来的,又说是比目鱼的一半。

脍残鱼,又称银鱼,俗称"面条鱼""面丈鱼",鱼纲、银鱼科,体细长,光滑透明,头扁平、口大,有锐牙。

《博物志》载:吴王孙权在船上吃厨师送上的脍鱼,吃完了向上的一面就不想再吃了,将剩下的一半扔往江中,这一半就变成了鱼,形状只有整鱼的一半,所以称为脍残鱼。因为是吴王所弃,又称为"王余"。还有一种说法,弃一半鱼于江中的不是孙权而是越王,其他情节则相似。《高僧传》说:

> 宝志对梁武帝食鲙,帝怪之,志乃吐出小鱼,鳞尾依然。

这是说脍残鱼是从高僧宝志肚子中吐出来的。这些传说当然是由脍残鱼的形状生出的种种联想，给这个普通的鱼涂上了神秘的色彩。左太冲《吴都赋》：

> 双则比目，片则王余。

刘渊林作注说：两个脍残鱼在一起就是比目鱼，比目鱼的一半就是脍残鱼。郭璞注《尔雅·释地》中"东方有比目鱼"也说：

> 两片相合乃得行，今水中所在有之，江东又呼为王余鱼。

两人虽然脱去了脍残鱼的神秘的外衣，但还不能视为科学的结论。

其实比目鱼与脍残鱼是两种鱼，比目鱼是鲽形目鱼类的总称，而脍残鱼则属银鱼科。宋罗愿看出了两鱼的区别：

> 予按二物，今浙中皆有之，绝不相类。比目乃只一目，生近海处，土人谓之鞋底鱼。

又说：

> 王余，长五六寸，身圆如筋，絜白而无鳞，若已鲙之鱼，但两目点黑耳……自是一种，非比目之半也。（《尔雅翼·释鱼·王余》）

罗愿做了实物考察，所以他既能摆脱传说的影响，又纠正了前人错误的结论。

脍残鱼，产于近海及大湖泊中，唐皮日休《松江早春》诗：

> 稳凭船舷无一事，分明数得脍残鱼。

可见内陆江河中此鱼甚多。此鱼既可鲜食，也可制腌鱼。明李时珍说：

鲙残出苏、淞、浙江，大者长四五寸，……彼人尤重小者，曝干以货四方。清明前有子，食之甚美。清明后子出而瘦，但可做鲊腊耳。

唐杜甫咏脍残鱼诗：

> 细微沾水族，风俗当园蔬。

将脍残鱼当蔬菜，说明古人喜欢吃此鱼，也说明此鱼随处可得。

脍残鱼白而小，所以又名"白小"。由于它小，文人喜欢将它同大鱼鲸对照，说明大小是相对的哲理，宋唐庚《白小》诗在"谓当饱长鲸，糊口但白小"后发感慨：

> 短长本相形，南北无定表。泰山不为多，毫末夫岂少？词雄两月读，理足三语妙。人生一沤发，谁作千岁调。安能蹲会稽，坐待期年钓！

乌 贼

古人认为乌贼（亦作乌鲗）怀墨而知礼，是"礼"的象征，又认为它是欲盖而彰、思存而亡的象征。

乌贼体呈袋形，体内有囊状物，分泌墨汁。《南越志》载：江东有些骗子常在契约的字句上搞鬼，骗取不识字的人的财物，而写契约的墨则用乌贼的墨汁，过了一年，骗子想据

契约骗取财物时，契约上的字全消失了，骗子的诡计破产，所以人们称"乌贼怀墨而知礼"。其实，乌贼的黑色分泌物根本不能当墨用，若果真有把它当墨用的骗子，那也是低能的骗子。称颂乌贼"怀墨而知礼"反映了人们对那些包揽诉讼认钱不认理的光棍的憎恨，讽刺他们虽怀墨而不知礼。还有一种说法，《癸辛杂识》载：

> 世号墨鱼为乌贼，何为独得"贼"名？盖其腹中之墨，可写伪契券，宛然如新，过半年则淡然如无字，故狡者专以为骗诈之谋，故谥曰"贼"云。

与上面一说不同的是，骗子有意利用乌贼的墨汁骗人，于是乌贼由"知礼"变为"贼"了。《炙毂子》说：

> 此鱼每遇渔舟，即吐墨染水令黑，以混其身。渔人见水黑则知是，网之大获。《传》曰："欲盖而彰，思存而亡。"此之谓也。（转引自《埤雅·释鱼·乌鲗》）

乌贼吐墨，是用以御防水族侵害的有效烟幕弹，但在万物之灵的人面前则成为此地无银三百两了，落得个欲盖弥彰之讥。如清人邱回《乌贼行》讽刺说：

> 乌鲗吐沫如玄云，妄冀屏蔽藏其身。

乌贼得名之由，据《礼记·月令》说：九月有寒乌入水，化为乌贼，故其名为"乌"。汉沈氏《南越记》的说法正相反。乌贼常浮在水面上不动，乌鸦以为它死了，可作为自己的美餐，当乌鸦的嘴啄下时，乌贼趁势将它卷入水中，所以称为乌贼，意思是杀害乌鸦。南朝陶弘景的说法又不同，他说乌贼是鷁（一种水鸟）

所化，鸒，是一种像鸦的水鸟。有的书还说得活灵活现：

> 今其口足并目尚存，犹相似，且以背上之骨验之也。

（《尔雅翼·释鱼·乌鲗》）

说鸒虽化为乌贼，但他的口、脚、眼睛、背骨还保留着鸒的特征，就像孙悟空的七十二变，但还总留着个尾巴一样。乌贼又名墨鱼、黑斗鱼，那当然是取其吐墨的特征。

不管说乌贼是乌鸦所化，还是鸒鸟所化，虽有几分物化的灵气，但到底还是鸟或是鱼。而《临海记》的说法，则将乌贼的地位大大提高了。

乌贼以其怀板含墨，故号小吏鱼也。乌贼的骨如板，而板是古代官府文件记录等用以书写的工具，就像现代的纸。乌贼体内又有墨。板与墨是官府小吏常用之物，所以乌贼是水神海若的小吏，名为小吏鱼。

鲸

鲸，总是同"杰出""巨大"联系在一起。

战国时宋玉为了说明自己是"瑰意琦行，超然独处"的圣人，不能被"世俗之民"理解，将自己比作"鲸"：

鲲（指鲸）鱼朝发昆仑之墟，暴鳍于碣石，暮宿于孟
诸；夫尺泽之鲵（指小鱼），岂能与之量江海之大哉。(《楚
辞·宋玉对楚王问》)

鲸与鲵的大小悬殊，用以表现圣人与世俗之民才智的悬殊。

"横江湖之鱣鲸兮，固将制于蝼蚁。"（贾谊《吊屈原赋》）这
里的"鲸"，也是用以比喻才能杰出的人。鲸，还可以比喻其他巨
大的事物，如："烟开鳌背千寻碧，日落鲸波万顷金。"（刘禹锡
《刘梦得文集·送源中丞充新罗册立使》）"鲸波"，指江海的巨浪。
"鲸海无风白日闲，天门当面险难攀。"（王安石《临川集·寄石鼓
寺陈伯庸》）"鲸海"指无边的大海。"吾杯仅容龠（比合还小的量
器），安得看鲸吸。"（陆游《剑南诗稿·送陈希周赴安福令》）"鲸
吸"指豪饮。影响极大的坏人坏事也可用"鲸"来表示。"扫除凶
逆，剪灭鲸鲵。"（曹冏《六代论》）"鲸鲵"，就是鲸，指罪大恶极
者。《左传·宣公十二年》载：圣明君主讨凶逆，将元凶杀死后，
筑高坟以示众，这元凶称为"鲸鲵"，这高坟则称为"京观"（鲸
亦作京）。仗势兼并弱小称"鲸吞"，如"小则鼠窃狗偷，大则鲸
吞虎据"（《旧唐书·萧铣等传论》）。

鲸与"杰出""巨大"结缘，是因为它在鱼中为最大。《说
文》："鱣（即鲸），海大鱼也。"大鲸长达三十余米，可谓人中的
巨无霸，兽中巨象，可在古人心目中它躯体还要大得多，高诱说：
大鲸"长数里"（《淮南子·览冥训》注）。崔豹说：鲸"大者长千
里"（《古今注》）。传说海潮的起落全是由于它的出入引起的，出
穴则潮起，入穴则潮落，也有的说出穴则潮落，入穴则潮起。它
出入有时，潮的起落也有时，所以称海潮为"鲸潮"。由此可以想
象它躯体该有多大。经由古人推理习惯的联想，从鲸躯体大辐射

到其他大的事物上，这是很自然的。

我们的祖先喜欢对大的东西神化，鲸也被披上了神奇的面纱。彗星如果出现，连皇帝也恐惧，赶紧除弊政，赦天下，或者禅位给太子。可是"鲸鱼死而彗星出"（《淮南子·览冥训》），左太冲的《吴都赋》也有类似的记载。《异物志》还说：鲸"死于沙上，得之者皆无目，俗言其目化为明月珠"。可见鲸的死是怎样惊天动地的事。

鲸还可使不响的钟声震遐迩。据说晋武帝时，吴郡某河岸崩塌，一石鼓从土中出，但敲不响，张华建议用蜀地桐树做成鲸鱼形的杵，以这样的杵撞石鼓，果然发出的洪亮声音，十里之外都听得到。鲸形的杵为什么这么神妙？从薛综给《西京赋》作的注可看出缘由。

> 海中有大鱼名鲸，又有兽名蒲牢。蒲牢素畏鲸鱼，鲸鱼击蒲牢，蒲牢辄大鸣呼。凡钟欲令其声大者，故作蒲牢于上，撞钟者名为鲸鱼。

所以班固的《东都赋》说："于是发鲸鱼，铿华钟。"意思是，用鲸鱼形的杵击钟，则钟铿然有声。古代天子出行时击钟所用的杵，都是刻成鲸鱼的杵。至今大寺庙击钟的杵，仍保存鲸的形制，而钟上往往铸蒲牢之形。

鲥

古人认为鲥是鱼族中掌"印"者，大鱼将死，要经过它"印封"。鲥，鱼纲，鲥科，体长80余厘米，黑褐色。有两条白色纵纹。

口大，下颌突出，鳞细。此鱼最奇特的是自己不花一点力气就可以在海中遨游千里。它的秘诀是用身上一个特殊的器官，可紧紧地附在大鲨鱼、大海龟身上或大船底。这特殊器官就是头顶上由二十二至二十四对软骨和周围的弹性皮膜组成的吸盘，当它找到了附着对象时，软骨和皮膜就很快竖起，将吸盘中的水挤出，成为真空，利用水压、气压可以牢牢地附在他物上不会脱落。有人测量，60厘米长的䲟鱼，其吸盘的吸引力为10千克。它自己虽也有时捕食小鱼和无脊椎动物，但主要是吃大鱼剩下的残渣，是典型的鱼类寄生虫。

我们的祖先早就注意到䲟鱼，虽然我国内陆江河不产，只产于沿海。《玉篇·鱼部》："䲟，鱼如印也。"《文选·左思·吴都赋》："王鲔鯸鮐，䲟龟鳝鳢。"李善注引刘逵曰："䲟鱼长三尺，无鳞，身中正，四方如印。"明黄衷《海语》说，䲟头上"有黑文俨如篆籀"。

由于䲟鱼头上有纹如印，而印在人类社会又是权力的象征，于是古人由此联想到，在鱼族，䲟鱼也是掌权者。唐段成式《酉阳杂俎》云："印鱼长一尺三寸，额上四方如印，有字。诸大鱼应死者，先以印封之。"䲟鱼的权力有些像传说中的阎王了。有见识的人当然不信此说，《正字通·释䲟》云："按鱼族至众，死无定期，岂必䲟鱼一一印之？此诞说也。"还有人由于对䲟鱼头上之印感到神秘，便认为䲟鱼与鬼神有关。《述异记》云："城阳县南六里，尧母庆都墓。庙前一池，鱼头间有印文，谓之印颏鱼，非告祠者，捕不可得。"

我们的祖先也注意到鲫鱼的吸盘，明黄衷说：鲫"脑后有垂皮，方径三寸许"。可惜只是注意其外形，没有考察其功用，更没有进一步想到如何利用鲫鱼吸盘的原理仿制器物。荷兰科学家却利用鲫吸盘的原理发明了"吸锚"，他用钢筒代替软骨和皮膜，用抽气机抽水代替吸盘的竖起。一艘航空母舰只要十几个吸锚就可以稳稳地锚在大海上。我们的祖先研究名物重在解经，不重视发展科技，因而仿生学落后。从对鲫的研究早于西方却落后于西方，也可以看出古人研究名物的局限性。

金 鱼

金鱼，是古代上自帝王下至平民都喜爱的观赏鱼。宋代开始蓄养。在长期蓄养实践中，金鱼杂交技术迅速发展，品种日益繁多，色彩日益绚丽。

金鱼的体型短小，尾鳍四叶，多呈金红色。它是由鲫鱼演化而来的。一般可分为三类：文种，每一个鳍都发达，体型像"文"字；龙种，双眼突出如"龙睛"；蛋种，无背鳍，如"蛋球""水泡眼"等。

野生金鱼何时才被发现，尚难肯定。晋葛洪《抱朴子》云：

丹水出京兆上洛县西北冢岭山，入于均水。中出丹鱼。

明李时珍认为这"丹鱼"可能是金鱼，不过他很谨慎，说，"又有丹鱼，不审即此类（指金鱼）否。"旧题南朝梁任昉撰《述异记》载："晋桓冲游庐山，见湖中有赤鳞鱼。"如果此说可靠，这当是野生金鱼的最早记载了。

金鱼的家庭饲养何时才开始？据有关史料，最晚当不晚于北宋。宋太祖开宝年间，秀州刺史丁延赞就曾在任所养金鱼。宋高宗赵构在德寿宫中凿了个金鱼池，池中的金鱼是从远离京城的浙江昌化运去的。大概是所谓"上有好者，下必甚焉"，宋代民间养金鱼的风气很盛，甚至成为商品。据宋吴自牧《梦粱录·虫鱼之品》载：

> 金鱼，有银白、玳瑁色者……今钱塘门外多蓄养之，入城货卖，名"鱼儿活"。

随着人们的喜好时尚，金鱼的形态颜色也不断翻新。据《考槃馀事》载：

> 惟人好尚，与时变迁。初尚纯红、纯白，继尚金盔、金鞍、锦被及印红头、裹头红、连鳃红、首尾红、鹤头红……继尚墨眼、雪眼、朱眼、紫眼、玛瑙眼、琥珀眼，四红至十二红、二六红，甚有所谓十二白及"堆金砌玉""落花流水""隔断红尘""莲台八瓣"，种种不一。

金鱼品种的形体颜色能随人心所欲，是由于杂交技术的进步。据《直省志书·仁和县》载：

> 红白二色雌雄相感而生花斑之鱼，以溪花鱼与白鱼相感而生翠色之鱼，又取虾与鱼感则鱼尾酷类虾，至有三尾、五尾者，皆近时好事者所为也。

在文人雅士心目中，金鱼又另是一番情趣。宋苏轼诗："我爱南屏金鲫鱼，重来拊槛散斋余。"在散斋（祭祀前七日的斋戒）之时，还念念不忘金鱼，可见对金鱼感情之深。《清稗类钞·动物类·金鱼》载章岂绩的一首咏金鱼诗云：

> 生趣无过是养鱼，小盆摆列近庭除。如金如玉十分似，不短不长二寸余。略动纱兜攒影出（原注：兜以纱为之，乃施鱼食者），惯衔蕰草弄晴初。也知未必成龙去，濠濮居然在息庐。

后面两句的意思是，知道自己成不了龙（鲫鱼似鲤而小，鲤可跃龙门而成龙），但在普通的房屋里却找到了高人雅士的寄身之所。说的金鱼，其实说的是作者自己。由此也可以看出，人们喜爱金鱼不全在观赏它的形态美，还用以寄托人们的某种思想、某种情怀。

金鱼由中国传往欧洲是在清康熙年间。现在金鱼已遍及世界，都是直接间接从我国传去的。

龟

龟，古人奉为灵物，与麟、凤、龙并列为"四灵"之一，是占卜吉凶祸福的重要工具，又是长寿的象征。

龟在中国历史上雄踞了灵物的位置达一千余年，殷商时期，它就是沟通人与神的桥梁。已出土的十五万片甲骨，除部分兽骨外，全是用以卜卦的龟壳。周朝也一样，专设了各种龟卜官，有大卜、卜师、龟人、菙氏、占人。邦国大事都要借助龟壳向神求教。《周礼·春官·大卜》说：

> 以邦事作龟之八命：一曰征，二曰象，三曰与，四曰谋，五曰果，六曰至，七曰雨，八曰瘳。

意思是说，国家的八件大事要问龟卜：一是发兵征伐的吉凶，二是天的垂象是何意，三是与人共事的可否，四是制定的方案计划是否可行？五是办事能否成功，六是某人是否会到来，七是会不会下雨，八是疾病能否治好。就是家事、私人的事也要以龟来卜个吉凶。"尔卜尔筮，体无咎言。"（《诗经·卫风·氓》）就是写一对青年相爱，只有卜卦的卦象无不吉利的话才可订婚。龟卜之风至秦汉还相当盛行。

龟为什么能通神？古人认为龟身上体现了天地和四方。《周礼·春官·龟人》说：卜卦用的龟有六种。龟甲前方向下俯，边缘是玄色的，这是天俯视万物和天色（天为玄色）的象征，叫天龟；龟甲前方向上仰，甲边缘是黄色的，这是地仰视上苍和地色（地为黄色）的象征，叫地龟；龟甲前面长，边缘是青色的，这是东方的象征，叫东龟；龟甲左斜长，边缘是白色的，这是西方的象征，叫西龟；龟甲后面长，边缘是赤色的，这是南方的象征，叫南龟；甲右斜长，边缘是黑色的，这是北方的象征，叫北龟。龟囊括了宇宙的一切，如何不神？特别是"天龟"更为灵异，称为"灵属"。《尔雅翼》说：

> 灵龟文五色，似玉似金。背阴向阳，上隆象天，下平法地，槃衍象山。四趾转运应四时，文着象二十八宿。蛇头龙

> 翅，左精象日，右精象月。千岁之化，下气上通，能知存亡吉凶之变。

灵龟简直就是天地万物的化身，难怪上至帝王，下至平民，事无大小都要虔诚地向龟求教了。

龟能通神，还因为它长寿，所谓"龟千岁而灵"（汉刘向语）。还有的书说："龟千岁能言。"关于龟长寿的记载，在古籍中几乎俯拾即是。《白虎通》说："蓍龟者，盖天地之寿考也。"就连"龟"这个名字也因长寿而得，《说文》："龟，旧也。""龟""旧"古音相近，而"旧"就是"久"，就是长寿的意思。龟的寿命有多长？《史记·龟策列传》说："龟千岁乃满尺二寸。"寿高之龟形体可变大，可变小。同书说："千岁龟乃游于莲叶（有的书作'苓'，苓，甘草。）之上。"逸《礼》："龟三千岁，上游于卷耳（即苍耳子）之上。"这说明龟的寿命可达千岁、三千岁。龟的实际寿命到底多长，现在还没有完全弄清楚，有关辞书说是一百多岁。可是，1737 年，伦敦动物园在印度洋的埃格孟塔岛捕获的一只象龟（爬行纲，龟科），经科学家鉴定，当时有一百岁左右，到 20 世纪 20年代还活着，已有三百余岁了，据说现在可能还活着。

龟在我国古代文化领域应用很广。陆游晚年自号"龟堂"，他说是取龟的"贵""寿""闲"三义。这三者正是龟文化应用的领域。

龟确实"贵"，古代统治者把它视为国之重器，在它身上寄托着国家的命运。唐颜师古说："龟鼎（指元龟九鼎），国之守器，以谕帝位也。"（《后汉书·宦者列传》序注）颜师古的话在其他著作中可得到印证。《论语·季氏》："龟玉毁于椟中，是谁之过与？"南朝梁任昉《为武帝追封丞相长沙王诏》："故能拯龟玉于已毁。"

其中的"龟"都是指国家的重器和命运。不仅龟是国之重器，就是以龟为饰的器物也极贵重。周代的礼器郁尊饰以黄目，黄目据说就是龟目。汉代的列侯、丞相、大将军的印纽刻为龟形，唐武则天规定五品以上的官员佩龟袋，在这些器物上饰以龟，就更突出了它的神圣、权力和尊贵。

龟的"寿"向来引人羡慕和追求。晋郭璞《游仙》诗："借问蜉蝣辈，宁知龟鹤年？"以"龟鹤年"表达对长寿的向往。南朝鲍照《松柏篇》"龟龄安可护"，以"龟龄"喻松柏的高寿。《史记·龟策列传》载：长江两岸的人喜养龟，因为"有益于助衰养老"，相书说，脊骨如龟形的人一定会有后代延续，这是变相的长寿。据说商汤就是"修肱而龟背"（《孔丛子·嘉言》）。

龟常潜伏少动，所以是"闲"的象征，唐陆龟蒙《幽居赋》："龟床鹿帻，讶将隐兮何迟？""龟床"指归隐山林，做隐士当然闲逸。

然而龟所应用的文化领域远不止"贵""寿""闲"。

龟还是为官廉洁的象征，古代祭祀、宴享的礼器簠和簋上饰以龟形，这种制度是为了让官员们宴享祭祀之时，提醒自己努力做个清官，因为古人认为龟"善潜而不志于养"，只吸气而不食一物，当然是最廉洁的。那些不廉洁的官员则称为"簠簋不饰"。

龟在经传中是正面形象，可在民间、在俗文学中作为詈人之词，其影响不在正面形象的影响之下。如果有人听到有骂自己是"乌龟""王八""龟孙子"，他准要拼命。这是因为古人认为龟全是雌性的（或虽有雄，但无性功能），要与蛇交才能产子。这个观念始于何时，已无可稽考。有人做过考证，说是始于鲧和他的妻子修己的结合。因为鲧氏族的图腾是鳖，修己氏族的图腾是蛇（修，长；己，古字形为蛇的形状）。如果此说不误，则此观念的形成比用于卜卦的龟甲还要早。但至少在汉代这种观念非常流行。出土的汉砖上常有龟身上缠着长蛇的画面。严肃的学术著作《说文解字》解释道："龟"字从"它"（蛇），"龟鳖之类，以它（蛇）为雄"。作注的段玉裁也说：

> 龟……以它（蛇）为雄，则其子皆它（蛇）子也，故字从"它"（蛇）。

就这样，神圣的"龟"褪尽灵光，变为最可耻的东西。清王士禛说：

> 汉、唐、宋已来，取龟字命名者，不可胜纪。至明遂以为讳，殊不可解。（《池北偶谈》）

其实，这并不可怪。宋以前重龟的灵异这面，故喜以"龟"为名；明以后恶其与蛇交的一面，故"以为讳"。当然，与蛇交之说是荒诞的，龟本有雌雄，以金龟为例，背部呈黑色的为雄，背部呈橙色的为雌。

以龟喻遇事畏怯退缩、毫无刚勇之气，似乎不限于民间和俗文学，如元陶宗仪《辍耕录》廿八卷《废家子孙诗》："宅眷皆为撑目兔，舍人总作缩头龟。""缩头龟"是骂人的，不过这也可能源于佛经对龟善藏的赞美。《阿含经》说：

> 有龟被野干所包，藏六（指头、尾、四足）而不出，野干怒而舍去。佛告诸比丘（和尚），当如龟藏六，自藏六根，魔不得便。

蟹

在古人心目中蟹是"用心躁"的象征，又是"礼""智""正"的象征。

"用心躁"的罪名，推原祸始是荀子的名篇《劝学》："蟹六跪而二螯，非蛇鳝之穴无可寄托者，用心躁也。"荀子的根据是什么？可能是《周易·说卦》："离……为蟹。"蟹外有壳内有肉，外刚内柔，与离卦形似，而离卦又"为火、为日、为电"，由此引申出"躁"来。

"礼""智""正"的美名来自"输芒"的传说，孟诜等人说：在稻熟时，群蟹出穴，各夹一稻穗向它们在海中的首领朝拜，由塘堰湖泊到江河，然后入海。陶隐居还言之凿凿："今开蟹腹中，犹有海水，乃是其证。"段成式也说："蟹八月腹中有芒。芒，真稻芒也，长寸许，向东输与海神。"所以《蟹谱》的作者称赞说：

> 蟹虽微类，至于腹芒以朝其魁，其得自然之礼欤？嗜欲已足，舍陂港而之江海，其得自然之智欤？虽外刚躁而内无他肠，其得自然之正欤？

意思是说，朝拜首领是"礼"，抛弃小水域追求大海是"智"，外刚而无坏心肠是"正"。

不过荀况加给蟹霸占蛇鳝之穴的罪名是个冤案，冤了一两千年，积非成是。甚至推演出："蟹非蛇鳝之穴无所寄。故食鳝中毒者，食蟹即解，性相畏也。"（《本草纲目·介·蟹》引慎微语）

"食蟹解鳝鱼毒"李时珍也说过，即使真的如此，但是与蟹占蛇鳝之穴联系在一起，无论如何是荒唐可笑的。

至于"朝魁"之说，具有科学态度的李时珍早有驳斥："所谓入海输芒者，亦谬谈也。"

蟹的种类很多，异名也很多。李时珍说："以其横行，则曰螃蟹；以其行声，则曰郭索；以其外骨，则曰介士；以其内空，则曰无肠。"蟹还名拥剑，是因为它有两个钳夹，像剑似的；又名桀步，是因为它横行，像暴君夏桀似的；又名千人捏，是因为蟹壳很硬，很多人轮流用手捏都捏不死；又名招潮，是因为潮水来时，蟹都出洞举螯迎接。

古人对蟹早有研究。《周易》《周礼》（"梓人"）就有蟹的记载。宋代还出现了研究蟹的专著：傅肱的《蟹谱》、高似孙的《蟹略》。《蟹略》共四卷十二门，对蟹的产地、品种、捕法、食法及对蟹的吟咏等等记载相当详备。

蟹是古人餐桌上的佳肴，周朝就以蟹为酱作为祭品，五代时，出现蟹的专业户。积千百年的经验，烹蟹的方法越来越多，越来越讲究，诸如煮蟹、醉蟹等等，不下数十种。历史上嗜蟹的名人不少，苏轼诗："半壳含黄宜点酒，两螯斫雪劝加餐。……堪笑吴兴馋太守，一诗换得两尖团。"（《丁公默送蝤蛑》）明李渔更是嗜蟹成癖，他说：

> 独于蟹螯一物，心能嗜之，口能甘之，无论终身一日，皆不能忘之，至其可嗜可甘与不可忘之故，则绝口不能形容之。

他指斥不会烹蟹的人是对这"至美"之物的忌妒和蹂躏，他认为合理的吃法是"只合全其故体，蒸而熟之……则气与味纤毫不

漏"，而且"旋剥旋食则有味，人剥而我食之，不特味同嚼蜡，且似不成其为蟹"。（《闲情偶寄·饮馔部》）

"旋剥旋食"，固然有味美的优点，但要有鲜蟹能储存的前提。可蟹久放则味劣，为解决这个矛盾古人发明了储蟹的妙法。明方以智说："醉（蟹）见灯沙（因过熟烂而变得松散叫沙），宜置皂角，或醋或蒜，或用茱萸一粒，置蟹厣（蟹脐，蟹腹下的薄壳）中，经年不沙。"《蟹谱》等书也有类似的记载。

不过，不是什么蟹都可食，有的还有毒。陶隐居说：未下霜时的蟹有毒。苏颂说：六只脚的蜷、四只脚的蝑都有大毒。李时珍说：蟹不能与柿、荆芥同食，同食则"发霍乱动风"。有一种有毛的蟹叫蟛蜞（《埤雅》作彭蜞），有毒，晋人蔡道明初到江南，当作一般的野蟹吃了，几乎送命，他感叹说："读《尔雅》不熟，几为《劝学》所误！"

古人对蟹药用价值的研究成果令人惊叹，孟诜《食疗本草》说：蟹有消食、解胃气、理经络的作用。陈藏器说：将去壳的蟹捣碎，经微炒后放于患处能使已断的筋骨连接起来，还可以治疽疮、湿癣、小儿痞气，还能使孕妇堕生胎、下死胎等等。

据《淮南子》载：将蟹置于涂漆的器物上，则漆不干。因此，据说有人用蟹治油漆蒙目之病，洪迈《夷坚志》说："襄阳一盗，被生漆涂两目，发配不能睹物。有村叟令寻石蟹，捣碎滤汁点之，则漆随汁出而疮愈也。用之，果明如初。漆之畏蟹，莫究其义。"

蟹也是文人的爱物，以蟹为题材的佳作名篇不少。唐陆龟蒙作《蟹志》，鼓励读书人要像蟹那样讲"义"（朝魁），那样进取（赴海），通六籍、做圣人；"但将冷眼观螃蟹，看你横行到几时"，则是以蟹横行痛骂飞扬跋扈的妇孺皆知的名句；"眼前道路无经纬，皮里春秋空黑黄"（第一句刺世人"横行"，第二句刺世人心黑意险），是《红楼梦》螃蟹诗会上薛宝钗的诗，被她的诗友们誉为"讽刺世人太毒"的"食螃蟹绝唱"。

蟹是庄稼人的大敌，稻收熟时，群蟹毫不客气地将大片稻田扫荡了。元高德记载了这样一事："大德丁未，吴中蟹厄如蝗，平田皆满，稻谷荡尽，吴谚有'虾荒蟹乱'之说，正谓此也。"（《平江记事》）

鳖

在古人心目中，鳖与龟一样，是"介族中之灵物"。

据说它是水神河伯左右的一名小官。水生动物无数，能有资格侍奉河伯的只有乌贼（白事小吏）、龟（黑衣督邮）和鳖，它的"官名"为河伯从事。（见晋崔豹《古今注》）

既在河神面前供职，当然就具有水族中其他成员所不具有的灵异。古籍中关于这方面的记载甚多。

《养鱼经》说，如果池中鲤鱼有三百六十尾，那么蛟龙就率领着鲤鱼全飞走了。陶朱公养鲤秘诀是：二月将雌雄鲤鱼放入塘中，到四月放一只鳖入塘，到六月放两只，到八月放三只，于是塘里的鲤鱼在这里就安家落户，再也不飞走了。也因为鳖有守住鲤鱼的特殊本领，所以它又名"守神"。

鳖常遭捕杀，为了生存，它常显灵。据《儆戒录》载：某地官员李延福在厅堂打瞌睡，梦见三十个戴乌纱帽的人跪在面前求饶命，被惊醒后，正觉奇怪，仆人前来报告说：有一村民献来鳖三十个。李延福大悟，将鳖全部放入河中。《仁和县志》载：明朝某官设宴招待四方名士，正饮酒时，厨工惊叫，一问缘由，原来剖鳖时，发现鳖中有一观音像。于是大家相约，今后再不杀鳖。

对那些不听警告、肆意杀鳖的，鳖则采取报复行动。据《括异志》载：嘉兴有个叫卢十五的，以捕鳖为业，凡捕获鳖，就与妻子一起将其活煮，然后出售，天天如此。嘉泰二年（1202）四月十七日，忽然天昏地暗，雷雨大作，他人无恙，只有卢十五与妻女三人被雷击而死。《旧五代史》载：张泽嗜鳖成性，一天得暴病死了，过几天又活了，他说自己入阴间后，太山府君大怒，要严惩食鳖之罪，命令群鬼将自己投入沸水中肢解烹饪，就如同自己煮鳖一样，其痛苦不堪名状。复生以后，从此不再食鳖了。

对那些有恩于己的，鳖也知恩图报。《灵应录》载：黄某烹鳖，用箸笠覆在锅上，揭开箸笠时，见鳖仰着咬住箸笠，鳖的背已经煮烂了，但还未死，头脚还能伸缩。黄某动了怜悯之心，将鳖放河中，后来黄某得了重病。夏天，在河边小屋中疗养，夜里，觉得有个什么东西爬上身来，凉凉的。天亮了，发现胸前尽是泥，鳖正在胸上盘旋。待鳖离去，黄某的病全好了。

明张如兰在《团鱼说》中将鳖的显灵归结为三"异"。

> 专以目听，其禀异也；所伏之处必有浮沫，藏形于渊，伏卵于陵，纯雌无雄，以思想生，其性异也；江南渔人得鳖于渚，系于檐前，明日视之，则一巨蛇也。其化异也。

意思是说：鳖无耳，用眼睛"听"，这是禀性异；它所在之处有气泡浮出，身居水中，孵卵却在陆地，以蛇为丈夫，这是性异；鳖可变为蛇，这是化异。鳖既来历非凡，当然就能显灵示异了。

以上这些神话当然是荒诞的，但人们为什么喜欢在鳖身上发挥想象，却叫人迷惑不解，《山海经》最早将鳖神话化，可能起了重要作用。

周秦时期，鳖还没有神话化，它只是美味而已。《周礼·天官》："鳖人，掌取互物。"鳖人（鳖人的职务是捕龟鳖一类的动物）每年春天要向王宫献鳖蜃。郑锷说：鳖、龟、蜃之类都有甲，此官职为什么要以"鳖"命名呢？因"有甲之美，而食者之众，无如鳖……献尊者物，宜取其美，则其名官宜矣。"《诗经·小雅·六月》：

> 饮御诸友，炰鳖脍鲤。（招待僚友，席上有清蒸鳖和脍鲤鱼。）

可见，鳖在那时只是名肴，后来，鳖一方面越来越"灵"，另一方面捕鳖、食鳖的方法越来越"巧"。这两者长期平行发展。

不过吃鳖如果不小心会出问题。孙思邈说：鳖肉同猪、兔、鸭肉一起吃，对人有害；同芥子一起吃则生恶疮；孕妇吃了，生的孩子颈子短。陶弘景说，鳖肉不能跟鸡蛋、跟苋菜一起吃。这些说法是否可信，有待科学验证。对鳖药用价值的研究，历代名医多有发现。鳖的不同器官药用价值也不同。苏恭说，鳖头烧成灰可"疗小儿诸疾"。甄权说，鳖头血可治脱肛。李时珍说，鳖卵可治小儿下痢。还有人说鳖爪"收藏衣领中，令人不忘"。至于鳖甲的药用价值，古人研究得更深，因此在唐朝，鳖甲就列为贡品，至今，鳖甲仍是名贵药材。

古人还认为鳖与几种动物有特殊关系。鳖全是雌的，以蛇为夫，因而蛇可以变为鳖，鳖也可变成蛇。为了证明它们确系夫妻，罗愿还做了一番"考察"：

> 深沙穴中，往往多有蛇与鳖同处者。鳖暮出取食，迹在沙上，蛇辄出为泯灭之。人伺知之，往往反以是得之。

鼍和蛟则是鳖的仇敌，《本草纲目》说："鼍一鸣而鳖伏，性相制也。又畏蚊，生鳖遇蚊叮则死，死鳖得蚊煮则烂，而熏蚊者复用鳖甲。物相报复如此，异哉！"《搜神记》还说鳖遇白马尿就化为水。以蛇为夫，自是无稽之谈。罗愿的"考察"不过是道听途说，至于是否畏鼍、畏蚊，则有待于有这方面兴趣的人去试验了。

鳌

　　鳌是传说中的大龟或大鳖，是能背山、背地球的神力士。

　　据《列子·汤问》载：渤海之东，有无底的大壑，壑中有岱舆、员峤、方壶、瀛洲、蓬莱五山，山高三万里，方圆也三万里，山顶平处九千里，山与山的距离七万里，山上亭台楼阁都是金玉砌成，无数仙人住在这里。可是，这五座山是浮在水中的，因而总是随潮水而起伏。天帝命令禺强派十五只鳌昂着头将五座山顶住，于是山就不再浮动了。唐杨涛《巨鳌冠灵山赋》形容鳌戴山的神力说：

> 冠蓬莱、方丈之尊，轻如首饰。然则神岳之高分莫知，
> 大鳌之壮分若兹。视鲲鹏如纤芥，比嵩华于毫厘。

意思是说，鳌头顶蓬莱，方丈就像戴首饰似的，大鸟鲲鹏，大山嵩山、华山同鳌比起来都渺小得很。后来，鳌的神力越说越神，据《史记》司马贞补《三皇纪》载：女娲氏末年，诸侯有共工氏，与祝融战，不胜而怒，乃头触不周山，崩，天柱（顶天的柱子）折，地维（维系大地的绳子）绝，女娲乃炼五色石以补天，断鳌之足，以立四极。地球能够不沉下去就靠鳌的脚在四边撑着。

古人对前代的神话传说往往深信不疑，只有屈原提出了疑问，他在《天问》中说：

> 鳌戴山抃，何以安之？

意思说，鳌性好抃乐，如果它头戴山时击掌抃乐，摇摇晃晃的，那么山上的神仙如何安身呢？不过，他到底不敢断然否定鳌头戴山的存在。

由于鳌头上戴山，所以感恩戴德后来也称为"鳌戴"，北周，庾信谢赵王给他的赐物时说："鳌戴三山，深知其重。"（《谢赵王赉犀带等启》）意思说赵王的恩德像鳌头顶上的三座山那样重。

也由于鳌能戴山，所以也用为自负之语。《唐摭言》载，唐文宗开成年间，江西发送进京考进士的人员中，卢肇列为末名，他很气，给排名次的官员写了个谢启："巨鳌赑屃（猛壮有力的样子），首冠蓬山。"那官员不知何意，卢肇说："顽石处上，巨鳌戴之，岂非首冠耶？"意思说，自己是有才能的"巨鳌"，名字排在自己上面的人不过是"顽石"罢了。

鳌虽有戴山戴地的神力，可神人却能钓取它。《列子·汤问》

载：伯龙国有个神人，一连钓取了六个鳌，并将这六个鳌和它们所背的岱舆、员峤两座山一起带到了伯龙国，当他灼鳌骨计数时，两座山沉入了海底。于是东方海中的仙山只剩下三座了，这就是后代诗文中说的"三山""三壶"。

由于神人能钓鳌，所以"钓鳌"常用以象征豪气。据《四川总志》载，李白拜谒宰相，名帖上自称"海上钓鳌客李白"，看到李白这么大的口气，宰相想试一试他的才气，问：你既临沧海钓巨鳌，那么以什么为钩以什么为线？李白答：以霓虹为线，以明月为钩。又问：以什么为饵？李白答：以天下不讲义气的男人为饵。于是李白以"钓鳌客"而闻名。

唐宋时称入翰林院为"上鳌头"，那是因为皇帝宫殿陛石刻有巨鳌，翰林学士朝见皇帝时，立于巨鳌陛石的正中。称状元为"独占鳌头"也与刻巨鳌的陛石有关。清洪亮吉《北江诗话》说：

> 殿试唱名完毕，赞礼官引东班状元、西班榜眼二人，前越至殿陛下，迎殿试榜。抵陛，则状元稍前，进立中阶石上，石正中镌升龙及巨鳌……俗语（按，即"独占鳌头"）所本以此。

鼍

鼍皮是古人用以蒙鼓的名贵材料。

鼍，即扬子鳄，亦称鼍龙，猪婆龙，爬行纲，鼍科，形状像蜥蜴而大，长二米余，为我国特产。甲骨文中的鼍字就是描画出鼍的全身形象，可见殷商时期，我们的祖先就认识鼍了。但引起

我们祖先重视的，则是从它的皮开始的，因为鼍皮可以蒙鼓，而鼓又是举行重大仪式的重要乐器。《诗经·大雅·灵台》："鼍鼓逢逢。"（逢逢，鼓声）《灵台》是歌颂文王的诗，可见以鼍皮蒙鼓之制，在西周初年就已经有了。《诗经》以后的典籍中"鼍鼓"经见。《礼记·月令》："季夏之月……命渔师伐蛟，取鼍……。"郑玄注："鼍皮又可以蒙鼓。"《战国策·秦策》李斯《谏逐客书》列举秦王使用宝物中有"树灵鼍之鼓"，《吕氏春秋》《淮南子》也有类似的记载，这说明周秦时期王公贵族使用鼍鼓相当普遍。

很多兽皮可以蒙鼓，为什么古人特别重视鼍皮？晋陆机《草木鸟兽虫鱼疏》说："其皮坚厚，可以冒鼓。"陆机只看到了一半，我们的祖先选用什么材料，除注意到实用价值外，往往更注意其象征意义。古人认为鼍的鸣声就是鼓声的象征，《博物志》说，鼍"其声如鼓"。晋安《海物记》说：

> 鼍宵鸣如桴鼓，今江淮间谓鼍鸣为鼍鼓。（转引自《埤雅》）

李商隐诗：

> 遥望露盘疑是月，远闻鼍鼓欲惊雷。（《隋宫守岁》）

都是说鼍的鸣声很像鼓声，并索性将鼍鸣称为"鼍鼓"。还有的书说："鼍闻鼓声则鸣。"（赵辟《杂说》）不只是声音相似，简直是同声相应，同气相求，心有灵犀一点通了。鼍在古人心目中也确实是灵异之物，所以李斯《谏逐客书》说："树灵鼍之鼓。"在

"鼍"前加一"灵"字。鼍皮蒙在鼓上，鼍虽死，灵气犹在，在古人的想象中，敲击发出的声音中，有活鼍的鸣叫声，鼓声与鼍鸣相应，一定能传播到很远的地方。

鼍鸣和鼓声的结合，越到后来越紧密，宋代，有人说鼍"夜鸣应更"，即什么时候鸣叫同更鼓一样准确。"初更辄一鸣而止，二即再鸣也。"每夜鼍替人报更，十分忠于职守，所以将鼍鸣称为"鼍更"，如陆游诗："六尺筇枝膝上横，中庭岸帻听鼍更。"(《剑南诗稿》六十七《夏夜》)

从对鼍皮、鼍鸣声的神秘化又扩大到其他方面。《埤雅》说它"能吐雾致雨"，而且说得有根有据：

> 今独（同豚，小猪）将风则踊，鼍欲雨则鸣，故里俗以独谶风，以鼍谶雨。

意思是说，将要起风，小猪就蹦蹦跳跳，将要下雨鼍就叫，所以民间根据小猪的动静预测风，根据鼍的动静预测雨。"能吐雾致雨"是荒诞的，"以鼍谶雨"倒有一定的科学根据。现代动物学知识告诉我们，鼍造窝常选择在河滩、湖泊、沼泽地，窝的构造巧妙，有好几个洞口，其中一个洞口与水潭相通，以便到水中活动。当山洪暴发、水位猛涨，水通过与水潭相通的洞口漫入"卧室"，鼍就要出洞，就鸣叫。据此我们的祖先都误以为雨是它呼唤来的。

鼍肉古人看得很珍贵。明毛晋说"肉味至美"，"肉至补益"(《毛诗草木鸟兽虫鱼疏广要》)。李时珍也说："南人珍其肉。"不过，鼍肉虽好吃，可不是什么人都能吃的。宋罗愿说："梁周兴嗣常食其肉，后为鼍所喷，便为恶疮。"吃灵异之物而遭报应，符合古人的推理习惯。不过据说姓陈、姓柯的人吃了没事，因为鼍一名猪婆龙，猪与明朝皇帝的姓"朱"同音，而陈、柯二姓都是朱

元璋的对头陈友谅的后裔，陈友谅既敢于与朱元璋为敌，当然不
会害怕朱元璋，那么陈友谅的后裔当然也不会怕"猪"了。（见
《聊斋志异》）这种联想荒诞而离奇，虽是小说家言，却也反映了
古人习惯的推理特征。

鼋

鼋形似鳖而大。鳖是"介族中之灵物"，因而鼋也成为"灵物"。

古人将鼋与鳖看作是两种动物，其实鼋是大鳖，应视为一类。古人也有的注意到这一点，如王逸注《楚辞·九歌·河伯》说："大鳖为鼋。"《说文》："鼋，大鳖也。"段玉裁更进一步做了实物比较，他说："今目验鼋与鳖同形，而但分大小之别。"稍有不同的是，鼋头上有疙瘩，所以俗称癞头鼋。我们的祖先喜欢将巨大的东西神化，而鼋的显著特征就是"大"。《宋史·五行志》载：在洞庭湖发现的鼋"身广长皆丈余"，把一只大船压沉了。大概因为鼋形似鳖又特大，所以加在鳖身上的种种灵异也大都移在鼋的身上。

古人认为大腰的纯雌性，细腰的纯雄性。（《列子》）鼋与鳖都属大腰，都是雌性。鳖以蛇为"丈夫"，鼋也做蛇的"妻子"。不过又有人认为鼋是鳖的"丈夫"，所以《易林》说："鼋鸣岐山，鳖应山渊。"《淮南子》说："烧鼋脂以致鳖。"（烧鼋的脂可引来

鳖）由于是夫妻，所以才这样同声相应，同气相求。若据此说，则鼋与鳖性别应该不同。不管它们性别相同还是不同，古人还是有办法用"夫妻"关系将它们联系在一起。

鳖能化为蛇，鼋则能化为人。《搜神记》说：汉灵帝时，江夏黄某之母洗澡时，变成了鼋，这鼋到了深渊以后还时时露面，头上还插着入浴时的银钗，从此黄家几代人不吃鼋肉。同书还说：三国时，丹阳有个八十岁的太婆洗澡也变成了鼋。变鼋的都是女性，这是因为鼋全为雌性。

鳖爱憎分明，有恩报恩，有仇报仇，鼋也是如此。《法苑珠林》载：南朝陈太建初年，刚满二十岁的陈严恭携五万钱乘船到扬州做生意，距扬州十里处，见另一船上载有许多鼋，船主准备到扬州卖掉。陈严恭心生怜悯，于是将五万钱全拿出将鼋买下放入江中。不多久，那载鼋的船翻了，船主淹死。有一天，有五十个穿乌衣服的人到陈严恭的父母处，送上五万钱，说是受陈严恭的委托捎回的。过了一个多月，陈严恭回家，这才知道，陈严恭根本未捎钱回。那五十个穿乌衣服的人正是陈严恭放入江中的五十个鼋前来还钱报恩的。

鳖能为人守鲤鱼，鼋也能为人架桥。《竹书纪年》载：周穆王三十七年，率师伐越，行至九江，不能渡过，鼋和鼍为他架桥，他的八骏顺利通过了。

鳖可入药，鼋也可入药。苏颂、陶弘景等人说：可治湿气、邪气、恶疮、妇人血热等病，甲的药用价值也与鳖甲相同。不过鼋也有与鳖不同的地方。鼋比鳖大，人们在"大"字上加以想象，于是鼋成为一种有神力、有胆量的动物。《宣室志》载：天宝七（748）年，宣州江中的鼋上岸与虎斗，虎虽伤了鼋，但虎也被鼋咬死。龙是水中之王，鼋也敢同它斗。《畿辅通志》载：元至正年间，邯郸北二十里处，曾发生一场鼋与龙的恶战。

鼋与鳖的生命力强。《博物志》载：将鼋的脚剁了，肉剖析了，只剩肠子和头相连，一整天它不仅活着，它的嘴还能咬东西，鸟来啄它的肉，它把鸟儿咬住，吃了。有人还利用这一特点，杀鼋以捕鸟。据《续博物志》载：鼋的脂燃烧后，温度极高，可以融化铁，这也是鳖所不具备的。

至于鼋的得名据说也源于它庞大的躯体。李时珍说：

> 甲虫惟鼋最大，故字从"元"。"元"者，大也。

蚌

蚌是外陋而内美的象征。

蚌的介壳黑褐色，其貌不扬，这是外陋；有的里面怀有珍珠，即所谓"老蚌含珠"，这是内美。《抱朴子·博喻篇》说：

> 贵珠出乎贱蚌，美玉出乎丑璞。是以不可以父母限重华，不可以祖祢量卫霍也。

以珠出于蚌，玉出于璞，说明舜父的愚暗不影响舜成为圣人。卫青、霍去病出身微贱，不影响他们成为一代名将这个生活的哲理。苏轼的寓言《螺蚌相语》写蚌与螺对话。蚌对螺说："你的模样像山峦、像云似的盘旋，真漂亮。"螺说："我确实漂亮，可老

天爷不公平，偏把珠子给了你而不给我。"蚌笑着答道："天授于
内，不授于外。启予口，见予心，汝虽外美，其如内何？摩顶放
踵（从头到脚），委曲（曲折盘旋，含有屈身折节义）而已。"说
明外朴陋而内怀才德的人与金玉其外败絮其中的人根本不能相比。

　　蚌中的珠是怎样形成的？蚌外套膜的分泌物可形成外壳，如
果遇上刺激原（珠核）便逐渐成为珍珠。古人不懂这一点，看到
宝珠灿烂如明月，于是从月亮那里找到了宝珠为什么产于不起眼
的蚌中的答案。《后山谈丛》说：

> 中秋无月则兔不孕，蚌不胎……蚌望月而胎。

　　蚌怀珠就像哺乳动物怀胎似的，它无雌雄，须受胎于月，换
句话说，蚌珠是明月所赐。月到中秋分外明，是蚌怀胎的好时候，
所谓"月圆知蚌胎"。（唐高适诗）但是，月亮又为什么能使蚌怀
胎呢？《吕氏春秋·精通》说：

> 月也者，群阴之本也。月望则蚌蛤实，群阴盈；月晦则
> 蚌蛤虚，群阴亏。

古人喜欢用阴阳解释一切自然现象，太阳是群阳之本，月亮是群阴
之本，蚌属阴类，是月亮所率领的"群阴"中的一阴，所以月的圆
缺，直接影响蚌的盈虚，当然可以使蚌怀胎也可以使蚌不怀胎。所
谓"月死而螺蚌膲（膲，肉不满）"（《淮南子·天文训》）就是说没
有月亮的时候蚌就不怀胎。正因为蚌受胎于月，所以它对月含情脉
脉，在月下的蚌珠，其光彩特别灿烂。据《洞天清录·蚌徽》载：

> 古人所以不用金玉而贵蚌徽者，盖蚌有光采，得月光相
> 射则愈焕发，了然分明……设若金玉则否。

人们爱珠，视为珍宝，于是便出现了关于蚌的种种动人传说。

《文昌杂录》载：

> 孙莘老，庄在高邮新开湖边，尝一夕阴晦，庄客报湖中
> 珠见，与数同人行小草径中，至水际，见微有光彩，俄而光
> 明如月阴，雾中人面相睹。忽见蚌蛤如芦席大，一壳浮水上，
> 一壳如张帆状，其疾如风。舟子飞小艇竞逐之，终不可及，
> 既远乃没。

蚌珠的光芒像明月，能照见人；蚌大如芦席，水上飞行的速度连
小艇也追不上，真可谓奇观。又《艺苑雌黄》载：

> 大观中，吴郡邵宗益剖蚌将食，中有珠现罗汉像，偏袒
> 右肩，矫首左顾，衣纹毕具。僧俗创见，遂奉以归慈感寺。
> 寺临溪流，建炎中宪使（指上级官员）杨应诚与客传玩之次，
> 不觉越槛跃入水中，巫祷佛求之，于烟波渺茫之中一索而获。

蚌中有罗汉，已经够奇了，而罗汉又忽跃入水中，不知在何方，
可一求佛，又很容易找回来了，这就更奇了。

不过在周朝，蚌还没有这样的神话色彩，它不过是一种食物
或祭品。《周礼·天官·鳖人》："祭祀，共蠯……以授醢人。"意
思是，秋天以蚌供应制肉酱的人作为祭祀之用。蠯，就是蚌。（见
《尔雅义疏·释鱼》）后代，人们渐渐注意蚌的药用价值。李时珍
说，蚌可以"解热燥湿，化痰消积"。据说以蚌粉配方治顽咳有奇
效。《千金方》载：宋徽宗的宠妃整夜咳嗽不止，脸肿得像个盘
子。徽宗命太医李防御三天内治好，否则处死。李急得想自尽，
忽听得门外有卖咳嗽药的，他买了三服献给徽宗，果然当天就将
那妃子的病治好了。此秘方的主药就是蚌粉。这个故事颇有传奇

色彩，未必可信，但蚌粉可治"痰饮"（咳嗽痰喘之病），在陈藏器、李时珍等人的论著中说得很具体。

据说，大蚌含胎结珠尚未成的液称蚌泪，沥取蚌泪，和上颜料用以作画，夜晚看上去，画面晶莹，银光闪闪。不过，这是日本人发明的（见《蓼花洲闲录》），元人吴莱见过这种画，还写了"银泥蚌泪移杳冥"的诗句来赞美。

古籍中，蚌有许多别名。一名"马刀"，因为长形的蚌像刀，还名"蛪""蠯"，那是"蚌"的一音之转。

珂

珂，古代多作为马笼头的饰物。

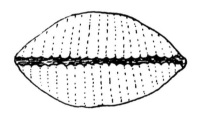

《风俗通》："凡勒饰曰珂。""勒"就是马笼头。因为珂常用以饰勒，所以有饰之勒也称"珂"。晋张华诗："文轩树羽盖，乘马鸣玉珂。"（《轻薄篇》）后句意思是马笼头上的玉珂叮当响着。唐李贺诗："汗血到王家，随鸾撼玉珂。"后句意思是马的玉珂之声同鸾（铃）声和谐地响着，这说明有钱人家的马都以珂为饰。

为什么要选珂作为饰物？这是因为珂颜色洁白，有光泽，很美。珂属贝类，"皮黄黑而骨白"。（苏恭语）《本草纲目·别录》云："珂生南海，采无时，白如蚌。"（见《本草纲目·介部·珂》）还有一个重要原因是珂的来历非凡，据说珂是雕变成的，《通典》

云："老雕入海为珧……谓之珂。"刘逵也说："老雕化西海为珧，已裁割若马勒者谓之珂。珧者，珂之本璞也。"（《文选·左思·吴都赋》注）珂既具有这种神秘色彩，用它作为马饰，马当然也因之增色了。据《西京杂记》载：汉武帝爱马，"或一马之饰直百金，皆以南海白蜃为珂"，如果不是因珂美丽而又有几分神秘，武帝是不会花那么大的代价的。

由于珂常为马饰，所以常用为马的代称，如南朝梁简文帝《采桑》诗："连珂往淇上，接幨（车前的帷幔）至丛台。"意思是两人并马到淇水边又到丛台。"连珂"就是马挨着马。明李攀龙诗"御苑东风吹客过，共看芳草有离珂。"（《送陆从事赴辽阳》）后句的意思是，在芳草地上朋友的马离去了。由于爱屋及乌，称他人之马时，还常特地在"马"前加一"珂"字。如明黎民表诗"珂马东风出汉关"（《送岑司理允穆之池州》），意思是，朋友的那匹可爱的马在春风中步出了汉关。因为人们珍视珂，所以无论以"珂"代马，还是"马"前加"珂"，都含有对马的喜爱和赞美。

珂还可以入药，《本草纲目》载：可以治目翳，可以断血生肌。李时珍说，可以美容，使黑脸变白，《本草纲目》上有这样一个处方：

> 马珂、白附子、珊瑚、鹰矢白等分，为末。每夜人乳调傅，且以浆水洗之。

蜃

蜃是大蛤蜊。周王室常用以作为装饰器物，刷墙和垫棺用。

周王朝专设有"掌蜃"的官。掌蜃官的职务是："掌敛互物

蜃物，以共闉圹之蜃。祭祀，共蜃器之蜃，共白盛之蜃。"（《周礼·地官·掌蜃》）

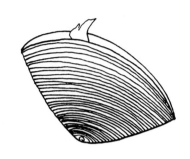

所谓"共白盛之蜃"，汉郑众注："谓饰墙使白之蜃也。"意思是说，将蜃烧成白色的灰，用以刷宫室的墙，就像后代墙上刷石灰似的。所谓"以共闉圹之蜃"，汉郑玄注："将井椁，先塞下以蜃，御湿也。"意思是说：在棺材放入深坑之前，先在坑中洒上蜃灰，用以防湿，使棺材不致迅速腐烂，也像后代以石灰垫棺材一样。不过只有周天子死了才配以蜃灰垫棺。宋文公死后，下葬时用蜃灰，因为他是诸侯，被人讥评为"僭"。（见《左传·成公二年》）

所谓"祭祀，共蜃器之蜃"，意思是以蜃饰祭器。但到底如何"饰"，古人的理解差别很大。郑众说："蜃可以白器，令色白。"这是说将蜃烧成灰，涂在祭器上，使它成为白色。郑玄不赞成此说，他认为："蜃，漆尊也……蜃，画为蜃形。"这是说在涂漆的祭器上画蜃的形状为饰。宋罗愿则认为：蜃吐气可为亭台楼阁（即海市蜃楼），奇幻而壮观，"器所为画者，当兼取此气以为饰，如其余尊罍画云雷之比"（《尔雅翼》）。意思是说祭器上只画蜃，不能真正起到"饰"的作用，同时画上蜃气所成的亭台楼阁，这才是"饰"。这实际上是对郑玄之说的补充。

祭器上为什么要饰以蜃，先儒多认为是为了美观，这恐怕是把复杂的问题简单化了。古人把祭祀看得很神圣，什么时候祭，用什么祭品，用怎样的祭器，很注意其象征意义。《周礼·春官·鬯人》载：祭祀不同的神用不同的祭器，如祭祀社稷用大罍，

"凡山川四方，用蜃"，祭祀东、西、南、北四方山川之神才用饰以蜃的祭器。饰以蜃的祭器的象征意义在哪里？郑锷的说法有参考价值：

> 四方山川，为国捍蔽，通气乎天地之间。蜃之为物，外坚，有阻固捍蔽之义，而能一阖一辟，其通亦有时焉，故四方山川之裸尊，则画以为饰。

意思是说，四方的山川是国家的屏障，并与天地通气。蜃外有硬壳，也像是屏障，蜃壳一合一开，也有通气之义，所以祭四方山川要用以蜃为饰的祭器。换句话说，用这样的祭器，就是祈求四方山川之神保佑：皇图永固。

上古时期，蜃在民间则是用作劳动工具。罗愿说："上古之世剡耜而耕，摩蜃而耨，磨其壳使利，以去苗秽。"将蜃磨锋利用来除草，其功效当然是木制的耜不能相比的。

周代前期，似乎只重蜃的实用价值，并未神化，大约在周的后期，开始对蜃逐渐神化。

蜃为雉所化之说很流行。《礼记·月令》："孟冬之月，……雉入大水为蜃。"《国语·晋语》："雀入于海为蛤，雉入于淮为蜃。"《大戴礼记·夏小正》："十月玄雉入于淮为蜃。"三书的记载虽有"雉"与"玄雉"（浅黑色的雉）之别，有"大水"（指海）与"淮"之别，但说蜃是雉所化则是一致的。还有的书将雉是否化为蜃，同人间的道德联系在一起。《汲冢周书·时训解》说：

> （立冬后十日）雉入大水为蜃……雉不入大水，国多淫妇。

这大约是因为雉是女性的象征，雉的活动反常，那么女性就变得淫荡了。

还有一种说法：不是雉入水化为蜃，而是蛇与雉交则生蜃，所谓"蛇之求于龟则为龟，求于雉则为蜃，故三物常异而同感也"（见《埤雅》）。

海上或沙漠中，由于折光所形成的城郭楼宇等幻象，古人认为是蜃所吐的气形成的。《史记·天官书》：

> 海旁蜃气象楼台，广野气成宫阙然。

不过能吐气而成为海市蜃楼的蜃指的是什么，又有两种说法。一是指本文前面说的大蛤蜊的蜃，一是指蛟一类的蜃。如《埤雅》说："蜃形如蛇而大，腰以下鳞尽逆。一曰状似螭龙，有耳有角，背鬣作红色。嘘气成楼台，望之丹碧，隐然如在烟雾。"不过，持这一说的又分为两种主张，一种认为海市蜃楼是如蛟之蜃"嘘气"而成的，另一种则认为是由如蛟之蜃的脂化烟而成的，如《埤雅》说："世云雉与蛇交而生蜃，盖得其脂，和蜡为烛，香闻百步，烟出其上，皆成楼阁之状矣。"

海市蜃楼奇幻莫测，引起了文人的浓厚兴趣，吟咏的诗文很多。林景熙的《蜃说》影响较大，文章结尾说：

> 噫嘻！秦之阿房，楚之章华，魏之铜雀，陈之临春、结绮，突兀凌云者何限！运去代迁，荡为焦土，化为浮埃，是亦一蜃也，何暇蜃之异哉！

以历代名楼都如海市蜃楼般瞬间消逝，抒发了世事如烟、人生如梦的慨叹。

不过，在对蜃神化的同时，对蜃实用价值的利用也不断发展。如蜃肉的烹饪方法越来越讲究，嗜蜃肉的人越来越多。宋欧阳修《初食车螯（即蜃）》诗：

含浆不肯吐，得火遽已呀（煮后蜃壳才张开）。共食惟
恐后，争先屡成诤。但喜美无厌，岂思来甚邈。

王安石《车螯》诗：

置之先生盘，啖客为一空。

两诗都描写席上争先恐后地争食蜃的情景。如果蜃肉不是上等的
美味，绝不会如此受欢迎。

贝

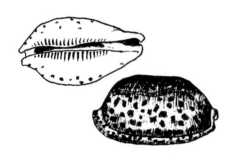

古人对贝非常珍视，
用为货币和佩饰。

贝作为流通的货币是
在上古时期。《说文》云：
"古者货贝而宝龟。"就
是说以贝壳为货币。《诗
经·小雅·菁菁者莪》：
"既见君子，锡我百朋。"《郑笺》："古者货贝，五贝为朋。"依此
说，君子所赐的"百朋"就是五百个贝壳，就像后来的赏赐金钱。
据许慎说，到了秦始皇才废止以贝为货币，而代之以钱。但到了
汉代，好古的王莽又以贝作为货币，《汉书·食货志》载："王莽
贝货五品：大壮幺小，皆二枚为一朋。"加上"不成贝"（不能为
朋）共五种，还规定了贝与钱（王莽新铸的货币）对换的比值，
如大贝四寸八分以上值二百一十六钱，壮贝三寸六分以上值五十

钱等等（不满六分的不能充当货币）。王莽以后，贝在中原虽不再作为货币，但在某些边远地区还作为货币流通。李时珍说："今独云南用之（指贝），呼为海𧴪（贝的音转）。以一为庄，四庄为手，四手为苗，五苗为索。"明巩珍《西洋番国志·暹罗国》："交易以海𧴪当钱使。"

以贝为佩饰，上古就有。中原地区多用以饰军容。《诗经·鲁颂·閟宫》："公徒三万，贝胄朱绶。"鲁公的三万步兵，头上都戴着以红线缀贝的头盔。《淮南子·主术训》说："赵武灵王贝带鵔鸃而朝，赵国化之。"这是说赵武灵王着胡服，以贝饰带。南朝宋的军服还保持着以贝为饰的传统。到赵宋时，这一传统完全废止，只是剃头的匠人还用来装饰镜子的带子。中原地区的人，除军人外，还没有将贝直接佩在身上的习俗。

少数民族身上佩贝却很普遍，且由来已久。《周书·异域传》：胡人中的妇女喜欢将贝穿起来戴在颈上，或者以贝做耳环。苏颂说：北方人喜欢以贝饰毡帽和衣服。

贝为什么如此受古人的青睐？这是因为"其文彩之异，大小之殊甚众"（明毛晋《毛诗陆疏广要》）。的确，贝的形状多种多样，颜色、花纹绚丽奇幻，自然物没有什么能与之相比，被视为宝物是当然的。特别是紫贝，更视为宝中之宝。据说周文王被暴君纣王囚于羑里，本来活不成，由于散宜生以千金买得大贝百朋献给纣王，文王才获释。（见《淮南子·道应训》）纣王拥有的珍宝当然极多，却如此爱贝，想必是贝的形状和色彩打动了他的贪心。古人对贝的类别分得很细，《尔雅》分为八类，而分类的依据则是形状和颜色，如黄底色而有白色纹点的叫余貾，白底色而色纹点的叫余泉，中间宽两头尖的叫蚆，小而狭长的叫蟦，等等。《尔雅》以后的书分类更细，但分类的标准仍是形状和颜色。这种分类标准吐露出贝之所以招古人喜爱，主要是由于它的形状和颜色。有人说："非特取其容，兼取其声也。"（《尔雅翼》）取其声是次要的，而且是后来的事。

对贝的珍爱，逐渐发展为对贝的神秘化。《相贝经》说贝是"黄帝、唐尧、夏禹三代之贞瑞，灵奇之秘宝"。不同的贝可以治不同的病，如珠贝可以"明目"，绶贝可以"清气鄩"，霞贝可以"伏蛆虫"。不同的贝对人又有不同的危害，如黑白各半的浮贝使男子失去性功能，"无以近妇人"；"黄唇点齿有赤驳"的濯贝，使人疯疯癫癫，"无以亲童子"；"黑鼻无皮"的虽贝使人染疟疾；"赤带通脊"的瞷贝能使胎儿消失，不能给孕妇看。还有些贝或使人健忘，或使人意志坚强，或使男孩变愚蠢，或使女人淫荡等等。《相贝经》的内容大多神奇而诡异，《相贝经》的来历也神秘而荒诞。据说著此经的是"乘鱼浮于江海，水产必究"的仙人琴高。琴高授予弟子朱仲，朱仲赠送给会稽太守严助，这才在世上流传。透过《相贝经》的内容和来历，可以看出古人爱贝、崇贝，乃至忌贝、畏贝的复杂心理。

对贝能做科学研究并使之直接造福民众的是历代医学工作者。陶弘景说，将贝烧烤后研末用来点目，可以"去瞖"；甄权说：贝可以治伤寒狂热；李时珍说：贝可"治鼻渊出脓血、下痢、男子阴疮"等疾病。不过据苏颂说："后世以多见贱，而药中亦稀使之。"

蛤

蛤虽是很平常的软体动物，但它却与中国佛教结下了缘分。

唐代长安大兴善寺供有一尊佛像叫蛤像，这蛤像来历非凡。

据唐段成式《酉阳杂俎·寺塔记》载："隋帝嗜蛤，所食必兼蛤味，数逾数千万矣。忽有一蛤，椎击如旧，帝异之，置诸几上，一夜有光，及明，肉自脱，中有一佛二菩萨像。帝悲悔，誓不食蛤。"据说这蛤像就供在大兴善寺内。

段成式还为此写了诗："相好全如梵，端倪只为隋。宁同蚌顽恶，但与鹬相持？"意思是说，蛤像与佛像完全一样，它来源于隋帝。这蛤与只知同鹬相争的蚌是无法比拟的。张希复也有吟咏："纵有天中匠，神工讵可成。"意思说，那蛤像是天生的，任何巧匠都制不出。

隋帝发现蛤中有佛和菩萨像，这当然是传说，但蛤像供之于寺，吟咏者不绝，这说明人们对这个传说信奉的虔诚。大概出于这种虔诚的信奉，于是又陆续出现了类似的传说。据《杜阳杂编》载：唐文宗喜欢吃蛤，一天，盘中的一蛤掰不开，文宗心知有异，焚香祝祷，不一会儿，蛤介壳自己开了，一看，里面有两个"形眉端秀""足履菡萏（莲花）"的菩萨。文宗就将菩萨置于金栗檀香盒中，供于兴善寺。这个故事与隋帝食蛤的故事大同小异，后者显然是从前者演化来的。《梦溪笔谈》载：鄞州有个渔人在汉水网得一个圆形的长尺余的"石头"，仔细一看，原来不是石头，而是周围密密层层附着的蛤，弄开"石头"的一端，里面是经卷，打开经卷，原来是天宝年间抄写的《金刚经》，字体奇古，一点也没沾湿。卷末有"医博士摄比阳县令朱均施"几字。李孝源得此经后，乃收经卷藏于蛤筒，养在水中，并施财，另抄佛经传布。在这个故事中，承担护经神圣使命的是群蛤，而它们又确实堪承此任。经卷千百年不腐烂、不沾湿，足见蛤与佛有缘。

蛤为什么能与佛结缘？佛教传入中国之前，在古人心目中，蛤本来就是灵异之物。许多古籍都说：蛤是雀所化。《礼记·月令》："鸿雁来宾，爵（雀）入大水为蛤。"《汲冢周书·时训解》《易纬通卦验》都有类似的记载。《说文》："蛤有三，皆生于海。蛤蛎，千岁鸟所化也；海蛤，百岁燕所化也；魁蛤，一名复老，服翼（蝙蝠）所化。"蛤既具有如此灵异，而许多嗜蛤的人却一筐一筐地吃掉，这当然会引起佛教信奉者的反感和慈悲之心，于是就编出了类似隋帝食蛤见佛像的故事，以警告那些杀生者。

但是，佛教传入中国之前，古人又为什么加给蛤由鸟所化的光荣经历？以外部形相似为依据发挥联想，是古人的推理习惯。蛤与鸟的外形，粗看似乎无共同之处，但大大张开口的蛤，那两扇介壳，不就像鸟张的两只翅膀吗？鸟翅能展能收，蛤壳也能开能合。古人抓住这一相似点，再经由他们的推理习惯重新离析和组合，于是雀入水就变为蛤了。《酉阳杂俎》："蛤蜊候风雨，能以壳为翅飞。"明张如兰也说："蛤蜊壳薄而小，候风雨以壳为翅而飞也。"这说明，在古人看来，蛤的两壳不仅像鸟的两翅，而且还有同鸟翅一样有善飞的功能呢。

不过在上古，蛤只是充当先民的天然食物而已。《韩非子·五蠹》："上古之世……民食果蓏蚌蛤，腥臊恶臭而伤害腹胃。"并没有后代崇佛者那么多禁忌。随着文明的进步，食蛤的烹调之技术也逐渐提高。《物类相感志》载："腌蛤蜊，以炉灰入盐咸之，味好，且不开口。要即熟，则在日中晒。"蛤还可以做酱，据说这是一位姓钱的官员发明的，蛤酱别有风味，很快普及。蛤还常列为贡品，据《唐书·地理志》载：登州东牟郡、莱州东莱郡贡文蛤，密州高密郡、福州长东郡贡海蛤，可见当时食蛤风气之盛了。

蛤，又名蛤蜊，李时珍说："蛤类之利于人者，故名。"蛤对人有利（食用、医用等），后来"利"加"虫"旁为"蜊"，又写作"蛎"。李时珍还说："海蛤"，是蛤类的通称，因为它多产于海边。至于"文蛤""花蛤"是因为壳上有纹、有花而得名。

蛏

蛏是古代闽粤人的重要食物。

蛏，俗称蛏子，软体动物，有介壳两扇，形狭而长，外面蛋黄色，里面白色，生活在沿海泥沙中，肉味鲜美。明张如兰在《蛏赞》中这样赞美："其形如淡菜，而其坚也阁阁。其肉如虾蛤，而其味也泊泊。即不谓之腥鲭（腥鲭，指合鱼肉烹煮成的食品），亦可谓之肉臛（肉臛，肉羹）。固不尊之为大嚼，亦可谓之为细鳄。悠悠独酌，三嗅而作。"说蛏肉味淡而美。当自斟自酌之时，闻到蛏肉的香味，情不自禁地拿起筷子品尝起来。

为了随时可吃到蛏，古人还发明腌蛏的方法。《中馈录》载："蛏一斤，盐一两，腌一伏时，再洗净控干，布包石压。加熟油五钱，姜橘丝五钱，盐一钱，葱丝五分，酒一大盏，饭糁一合，磨米拌匀入瓶，泥封十日可供。"佐料这么多，用量这么精确，这一定是在长期腌制实践中筛选出的最佳的一种。这说明蛏在古代沿海居民的食谱中所占的重要位置。

蛏有野生的，有蓄养的。野生的以福建一带产的质量最好。蓄养蛏，名为"种蛏"。种的方法是：像耘田似的将田中的海泥弄匀弄平，田中灌以咸水和淡水，小蛏就可在里发育生长，长到一定的时候，再将蛏苗移于他处。这种特殊的种植，中原人不曾见过，所以有个在福建做官的外地人很惊讶，并做了这样的记载："有讼邻人拔其蛏苗者，予初意蛏安得苗？及讯之，出一纸裹小蛏累累，细如虮虱。盖闽人培水田种蛏，盗者泄水，则蛏苗随之溢。讼者辄曰：拔我苗矣。"（清周亮工《闽小记·蛏苗》）有种蛏的，有拔蛏苗的，说明蛏在古代沿海人民的物质生活中就如同中原地区的五谷和蔬菜一样重要。

蛏也有好几种。据《闽书》载，有竹蛏和石蛏。"竹蛏似蛏而圆，类小竹节，其壳有文。""石蛏生海底石孔中。长类蛏，圆尖，上小下大，壳似竹蛏而更红紫。石孔原小，及蛏生渐大，孔亦随大。"石蛏竟可将石孔撑大，颇为罕见。捕这种蛏的方式也特别，不用渔具，而要用石匠的工具："海人用小铁錾凿石取之。"这更是具有神话色彩。还有一种蛏叫玉筋蛏，比一般的蛏小，麦熟时这种蛏最多。

蛏的药用价值，古人早就做过研究。据中医典籍载：蛏可以补虚，可以去胸中邪热，可治产妇产后的虚损，不过传染病患者不能吃。

砗 磲

车渠（砗磲），古代用来雕成工艺品或装饰器物。

车渠，海生动物，属蚌类，壳略呈三角形，表面的纹理就像古代车轮的渠（车轮的外圈），所以叫车渠。大车渠壳长二三尺，宽一尺左右，很厚。壳内色白，像玉似的。古人早就注意到它是制作工艺品的好材料。《桂海虞衡志·虫鱼》说："车渠似大蚌，海人磨治其壳为诸玩物。"最早以车渠"为诸玩物"的，可能是印度

人，李时珍说："番人以饰器物。"这"番人"当指印度人。佛经里常用"七宝"一词，这里"七宝"指金、银、琉璃、玛瑙、珍珠、玫瑰和车渠。车渠与金、银等并列，可见印度人视砗磲为宝物。自佛教传入我国后，珍视车渠的价值观也随之传入。杨慎《丹铅录》说："车渠作杯，注酒满过一分不溢，尝试之信然。"这从侧面反映了人们对车渠的珍视。

三国时期，"西国"人向魏文帝曹丕献一车渠，上"多织理缛文"，曹丕命巧匠雕成碗，名"车渠碗"，曹丕极为珍爱，还特地写了一篇《车渠碗赋》，他描述车渠碗的纹理说："或若朝云浮高山，忽似飞鸟厉苍天。"纹理有的盘旋着像高山上缭绕的云，有的向上，像是鸟儿直上青霄。曹植、王粲、应场也各自窝了一篇《车渠碗赋》，都极力赞美车渠碗的妍丽神奇。王粲赋的结尾说："杂玄黄以为质，似乾坤之未分，兼五德之上美，超众宝而绝伦。"意思说，车渠碗的颜色似乾坤、拟五德，是宝中之宝。后代也有以车渠为器的记载，南朝齐谢朓《金谷聚》诗："渠碗送佳人，玉杯邀上客。""渠碗"就是车渠碗，用以送佳人之物，当然是很珍贵的。

还有一个问题值得一提，《尚书大传·西伯戡黎》说：文主

被纣王囚于羑里，"散宜生……之江淮之浦，取大贝，如车渠"，献给纣王赎文王。有人说"大贝如车渠"就是指车渠。如此说成立，如散宜生赎文王是史实而非传说，则我国在殷代就懂得采集车渠，并懂得珍视它，那么以车渠制造工艺品就很可能不是从印度传来？而是我们祖先的发明创造。不过也有人（如郑玄等）认为这里的"车渠"是指车轮的外圈，用以形容贝之大。"大贝"后有"如"字，大贝又是采于"江淮之浦"，不是采于海边，因此后一说似乎更稳妥一些。

蚬

　　蚬，古医家用以入药，也常做食用。它属软体动物，蚬科。介壳圆形或心脏形，表面有轮状纹，产于淡水软泥中。《广韵·铣韵》："蚬，小蛤。"李时珍说：

　　溪湖中多有之。其类亦多，大小厚薄不一。

关于"蚬"的得名，李时珍说：

　　蚬，晛（日光）也。壳内光耀，如初出日采也。

　　蚬肉，有人说"无毒"，有人说"微毒"。不过《本草纲目》载："鱼家多食之。"也有少数人偏好食蚬，《北史·刘臻传》：

性好啖蚬，以音同父讳，呼为扁螺。

古人重避讳，唐李贺父名晋肃，李贺考进士时，虽然"晋肃""进士"只一字同音，可就有不少人讥笑他犯父讳。此事，使得韩愈不得不写《讳辩》为他辩解。刘臻父名"显"，与"蚬"同音，倒是真正犯了避讳的"律文"。身为朝廷命官的刘臻，照说不吃蚬，或者偷偷摸摸地吃，可他宁可改称"扁螺"，也要公开地大嚼大咽，可见他简直是嗜蚬如命了。

蚬是重要药材。蚬肉有"明目、利小便、下热气"等功效。李时珍说：用浸生蚬的水洗痘痂，便不留瘢痕。不过蚬肉不能多吃，据说多吃就会发咳、消肾。蚬壳的药用价值比肉更大一些，据《本草纲目》载：可以治痢疾、痰喘、反胃、遗精等病。

蚶

蚶，是古人珍爱的食品。

蚶生活在浅海泥沙中，软体动物，有厚而坚硬的介壳，壳因有瓦楞状纵线，所以又名"瓦楞子""瓦屋"。因为外形像个小山包，与蛤相似，所以

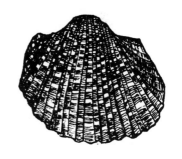

又名"魁蛤"（"魁"是阜，山包），还名"魁陆"。（《尔雅》）清郝懿行说："取高阜以为名也。"至于"蚶"的得名，李时珍说"味甘，故从'甘'"。由此也可知古人对它的喜爱。

《临海异物志》说蚶"肉味极佳"。《岭表录异》说："壳中有肉，紫色而满腹。广人尤重之，多烧以荐酒，俗呼为天脔炙。""天脔炙"是天赐的肉块，说明沿海人如何嗜蚶。

内地人也喜欢食蚶，不过不容易得到。皇帝就不同了。唐代，规定要明州贡蚶，"自海抵京师，道路役凡四十三万人"（《新唐书·孔戣传》）。如果不是蚶味美味异，皇帝即使视民如草芥，也不会如此兴师动众。有人曾写诗赞美蚶道："蚶乎，蚶乎，其赞食指之甘，而扶糟丘之醑者乎？"（明张如兰《蚶子颂》）意思说蚶是佐食的佳肴，而且是下酒的好菜。与《岭表录异》说的广人"多烧以荐酒"，可相印证。

不过吃得不得法或吃过量也有损健康。萧炳说："凡食讫，以饭压之，否则令人口干。"刘恂说："炙食益人，过多即壅气。"意思是，将蚶放在铁锅上烤着吃，对人有补益，吃多了则会胀气。

蚶可以在近海养殖，《嘉庆一统志·福建兴化府》："大蚶山……有蚶田百顷。"蚶养殖场规模这么大，可见蚶在人们物质生活中处于多么重要的位置。

蚶可入药，有补血之功。《后山谈丛》说："牡蛎固气，蚶子益血，盖蛤属惟蚶有血。"据《本草纲目》载，蚶"润五脏，止消渴，利关节"，"温中消食起阳"，可治"泄痢便脓血"。味美而兼药用，难怪古人喜欢吃，今人也喜欢吃，现在上海很多人还嗜蚶。不过据陶弘景说蚶"是老蝠所化，方用至少"。意思是说，蚶是老蝙蝠变的（《说文》："魁蛤一名复累，老服翼所化。"），因而医家很少用它。医家听信传说而不敢用药，这不能不说是我国古老医学的局限性。

玳 瑁

玳瑁是古人用以显示豪华的装饰品。

古人对玳瑁赞美的诗文不胜枚举。《淮南子·泰族训》：“翡翠玳瑁，文彩明朗，润泽若濡。”还说它的美是义生的，是“鲁班不能造”的“大巧”。晋潘尼《玳瑁碗赋》赞美道：“文不烦于错镂，采不假乎藻缋。岂翡翠之足俪，胡犀象之能逮！”意思说，玳瑁有天然生就的美丽花纹，不需要人工雕刻描绘。翡翠、犀象根本无法与之比拟。

它既美丽又稀有，所以成为人们显示豪华的装饰品。《后汉书·舆服志》：“簪以瑇瑁为擿（簪身）。”贵妇人戴上玳瑁簪，就更显得尊贵。《孔雀东南飞》中的兰芝虽非贵妇，但她在被“遣归”时，“足下蹑丝履，头上玳瑁光”，特地戴上闪闪发光的玳瑁簪，以华贵的妆扮表示对焦母的反抗。《史记·春申君传》载：赵国使者到楚国，为了显示赵国的豪华，拿出来炫耀的两件宝物中就有玳瑁簪。

特别大的玳瑁还可以做盆子。据说唐敬宗得“可容十斛”的大玳瑁，夏天，装满水放在殿内，让嫔妃们互相洒水玩，可水“终不竭”（《杜阳杂编》）。这个记载大致可信，因为大玳瑁长可达一点六米。

由于玳瑁是豪华的象征，所以玳瑁后来成为华贵的代用语：“温柔纤小，才陪玳瑁之筵。”（清孔尚任《桃花扇·传歌》）“绮

殿文雅逌，玳筵欢趣密。"（南朝陈江总《今日乐相乐》）"玳瑁
筵""玳筵"，并非如有的人所说席间真的有玳瑁，不过用以表
示有山珍海味的盛宴。"卢家少妇郁金堂，海燕双栖玳瑁梁。"
（唐沈佺期《古意呈补阙乔知之》）"玳梁翻贺燕，金坿倚晴虹。"
（唐宋之问《宴安乐公主宅得空字》）"玳瑁梁""玳梁"也不是
真的梁上饰有玳瑁，而是表示殿堂的华美。

　　玳瑁，也作"瑇瑁""瑇蝐"（《玉篇·玉部》："玳，俗以瑇
瑁作'玳'。"），是一种爬行动物，外形像龟，甲壳光滑，黄褐色，
有黑斑。关于玳瑁的产地，古书只有零星的记载，《后汉书·桓帝
纪》载：大秦国献玳瑁。同书《贾琮传》说：交趾产玳瑁。《三国
志·吴志》载：魏国想用马向孙权换玳瑁，孙权说："此皆孤所不
用，而可得马，何苦而不听其交易？"《新唐书·地理志》说：岭
南道崖州珠崖郡贡玳瑁。唐韩愈说"外国之货日至"时，其中列
举的就有玳瑁。这些都说明在古代，玳瑁多来自异国，少数来自
我国的东南沿海。现在，我国黄海、东海、南海仍产玳瑁，列为
二级保护动物。

龟　足

　　龟足，一名石蚨、龟甲、龟脚、龟脚菜、紫蛣、石蛣，是古
人心目中能开花的奇怪动物。

　　梁江淹《石蛣赋序》序说："海人有食石蛣……蚌蛤类也。
春而发华。"明杨慎《石蛣赋序》序也说："此虫也而类草，每春
则生华。"以上两则引文虽都出自文学作品，但都是序言中的叙
事之笔，并非夸张比喻。一些记事记物的著作也这么说，如《南

越志》载：

> 石蜐，形如龟脚，得春雨则
> 生花，花似草华。

可以看出，古人是确信龟足既是动物
又是植物的。

其实，龟足是百分之百的动物，
属甲壳纲，铠茗荷儿科，常附着在海
潮线附近的岩缝中。形体像龟脚，有
甲壳，它的蔓足从壳口中伸出，时时振动着，借以获取食物。这
伸出的蔓足，看上去就像花儿似的。龟足凭它这种以假乱真的本
领蒙骗了许多古人。不过，蒙骗能达一千年之久，晋代的郭璞恐
怕也有一定的责任。他在《江赋》中最先提出：

> 石蜐应节而扬葩。

他又是一位著名的名物学者，他的《尔雅注》是公认的权威著作，
因而后人很容易接受龟足"应节扬葩"，并理解为龟足春天开花。
龟足又是生活于海中岩缝，一般人不容易接近它，增加了实地考
察的困难，这也是一个原因。

不过，平心而论，郭璞到底是不是把龟足看错了，还很难做
出肯定或否定的判断。因为《江赋》是文学作品，其中所写的动
物达几十种之多，有不少是属于比喻、夸张和虚拟。不能与学术
著作《尔雅注》等量齐观。"石蜐"句的上句是"琼蚌晞曜以莹
珠"，蚌虽有珠，但说它迎着阳光有意"莹"一番，显然是文学描
写。因而下句的"扬葩"，如果理解为比喻，亦无不可。

牡 蛎

牡蛎自古以来就是传统医学中的重要药材。

牡蛎，又名蚝，种类很多，瓣鳃纲，牡蛎科。下壳大而凹，附着他物，上壳小而平，掩覆如盖。古人对它的壳与肉的药用价值都做了深入研究。壳要经处理后才可做药用，古代医学家提出了不少处理的方法，寇宗奭提出："凡用，须泥固烧为粉。"随着历代医家研究的不断深入，牡蛎壳的药用价值应用的范围越来越广。神农《本草》说："久服强骨节、杀邪鬼，延年。"陈藏器说可"止大人小儿盗汗"，李珣说可治"男子虚劳，补肾安神，去烦热，小儿惊痛"等。牡蛎肉味"甘温无毒"。陈藏器说："煮食，治虚损，调中，解丹毒、妇人血气；以姜、醋生食，治丹毒，酒后烦热，止渴。"除治病外，还有美容作用。苏颂说："炙食甚美，令人细肌肤，美颜色。"如果辅以其他药材，则可治更多的病。《本草纲目》载："小便数多，牡蛎五两烧灰，小便三升，煎二升，分三服，神效。""瘰疬（淋巴腺结核）不拘已破未破，用牡蛎四两，甘草一两为末，每食后用腊茶汤调服一钱，其效如神。"

人们逐渐认识了牡蛎的价值，因而注意探索人工饲养的方法。宋代就有"插竹养蚝"的。现在，广东、福建、台湾等省养殖较多。

牡蛎到底有没有雌雄，古人有过一场争论。很多人认为牡蛎有雄无雌，连李时珍也持此说："蛤蚌之属，皆有胎生、卵生。独此化生，纯雄无雌，故得牡名。"也有人反对，如唐段成式说：

"牡蛎言'牡',非谓雄也,且如牡丹,岂有'牝丹'乎?"段成式是有见地的。

古人还将牡蛎烧成灰当石灰用,用来涂墙,效果很好。《南泉杂志》说:"泉无石灰,烧蛎为之,坚白细腻,经久不脱。"《泊宅编》载:蔡襄做泉州太守时修了一座长石桥,桥墩八十来座,桥面宽一丈多,经十八年才完工,这座大桥就是用牡蛎灰代替石灰的,效果比石灰还好,"岁久延蔓相粘,基益胶固矣"。

鲍 鱼

鲍鱼自古以来就被视为海味的珍品。

历史上嗜鲍鱼的名人不少。《南史·褚彦回传》载,褚彦回虽然做了大官,
但"贫薄过甚",一天有人送他三十个鲍鱼,左右向褚献策:这里鲍鱼极难得,卖出去能得十万钱,可缓解经济上的困顿。但是褚坚决不卖,几天就吃光了。曹操嗜鲍鱼,不在褚彦回之下。曹植《请祭先王表》:

> 先王喜鳆(鲍鱼),臣前已表得徐州臧霸二鳆百枚,足自供事。

曹操死后,他的儿子还千方百计弄鲍鱼来祭祀他,则曹操生前如何嗜鲍鱼,不言而喻。不过,嗜鲍鱼的名声最大的还要数篡汉建立短命新朝的王莽。《汉书·王莽传》载:

> 莽军师外破，大臣内畔，左右亡所信。……莽忧懑不能
> 食，亶（但，只）饮酒，啖鳆鱼。

在内外交困、吃不下饭的时候，还忘不了吃鲍鱼，简直是视鲍鱼
如命了。鲍鱼也由此得了一个雅号叫"新餐氏"，意思是新朝王莽
所吃的。宋毛胜还写了篇短文嘲讽：

> 令新餐氏！尔疗饥无术，清醉有材。莽新妖乱，临盘肆
> 餐。物以人污，百代宁洗！尔之得氏，累有由矣。

意思说，你鲍鱼的名声被王莽玷污了，难以洗刷，不过这也是由
于你自己是不能充饥、只会解酒的歪材造成的。

鲍鱼的吃法也有很多讲究，要鲜吃才味美。《癸辛杂志》载：
"余尝于张称深座间，有以活鳆鱼为献，其美盖百倍于槁干者。"
鲍鱼，又名鳆，又名石决明，腹足纲，鲍科，温带和热带海区较
多。贝壳呈耳状，左侧边缘有一列开口，为呼吸孔，向内的一面
有珍珠光。壳是镶嵌螺钿的好材料，还可做药材。《本草纲目》
说，可以"明目磨障""久服，益精轻身"。

捕鲍鱼不大容易，因为它常紧紧地附着于石上。有的书上说：

> （鲍鱼）生南海崖石上。海人泅水取之，乘其不知，用
> 力一捞，则得。苟其觉知，虽用斧凿亦不脱矣。

鰝

古人喜用鰝须、鰝壳做器具，以示珍异。《尔雅》："鰝，大
虾。"郭璞注："虾大者出海中，长二三丈，须长数尺，今青州呼

虾鱼为鳙。"

古籍中，关于巨虾的记载
很多。《水经注》引《广州记》：

> 滕修为刺史，或语修：
> "虾须长一丈。"修责以为
> 虚，其人乃至东海，取虾须
> 长丈四尺示修，修始服谢也。

滕修看到了一丈四尺的虾须这才知道乡人没有说谎。《南海杂志》载：

> 商舶见波中双樯遥漾，高可十余丈，意其为舟，长年
> 曰："非舟，此海虾乘霁曝双须也。"

还有人将亲眼所见到的巨虾做了详细描述，《岭表录异》载：

> 余尝登海舸，忽见窗版悬二巨虾壳，头尾钳足俱全，各
> 七八尺，首占其一份，嘴尖如锋刃，嘴上有须如红筋，各长
> 二三尺，前双脚有钳，云以此捉食，钳粗如人大指，长三尺
> 余，上有芒刺如蔷薇枝，赤而铦硬，手不可触。

古人用以做器具的正是这种巨虾。陈藏器说，有人用虾须
做簪子，表示饰物的珍奇。据《洞冥记》载：还有人将虾须做手
杖，红红的，像涂过油漆似的。用虾脑壳做杯子则较普遍，《北
户录》载：

> 红虾出潮州、潘州南巴县，大者长二尺，土人多理为杯。

据说梁简文帝用虾杯出现过怪事。据《南越志》载：

> 南海以虾头为杯，须长数尺，金银镂之。晋康州刺史常以杯献，简文以盛酒，未及饮，无故酒跃于外。时庐江太守曲安远颇解术数，即令筮之。安远曰：即三旬，后庭将有告变者。果有生子人面犬身。

从此简文帝再也不敢用虾杯了，还有人将虾壳做灯笼。《泉南杂志》说："人家掏空其壳，如船灯挂佛前。"酒从简文帝的虾杯中自己跃出，当然荒诞；虾灯挂佛前，大概真有其事，却很荒唐，佛教有禁杀生之戒，在佛教看来，杀死虾，掏出肉，以壳点灯，这是"造恶业"。

鲎

鲎，古代是夫妇和睦、白头偕老的象征。李时珍说鲎雌雄形影不离：

> 其行也，雌常负雄，失其雌则雄即不动。……雄小雌大，置之水中，雄浮雌沉，故闽人婚礼用之。

鲎雌雄形影不离的特征，在李时珍之前就早有记载。刘逵说："鲎……雌常负雄。渔者取之，必得其双，故曰乘鲎。"（《文选·吴都赋》李善注"乘鲎鼋鼍"引）有的书还说："其相负，则雌常负雄，虽风涛终不解。"（《尔雅翼·释鱼·鲎》）"雌常负雄，触笱而逝，或得其雄，雌亦就毙。"（《蟹谱》）大风大浪不分离，一个被人捕获，另一个也不独生，真可谓伉俪情深，婚礼上用鲎，的确是再恰当也不过了。

鲎，不只是在婚礼上做做摆设，走走过场，它确实对不和睦的夫妇起过教育作用。《对类》中记载有这样一件事：

> 昔有渔者与妇不和。一日获此（鲎），既而悔曰："是物也，人或不如，可乎？"归召妇与居，礼之终身。

因为鲎有壳，像铠甲，有人说它是战争的象征。据说明嘉靖年间，徐某在松江府看到有人卖鲎，徐问：此地从来无鲎，你是从哪里弄来的？卖鲎的人说是从黄浦江捕到的。徐叹口气说："介胄之物忽至，兵兆可忧也。"第二年果然有"倭乱"。卖鲎与"倭乱"两事当然是偶合，但古人运用他们的独特推理习惯将它们联系在一起了。

鲎还有些古怪的习性，据《埤雅》载："性畏蚊，蚊小螫之辄毙，未知其故也。又暴之日中，往往无恙，隙光射之，即死。"明张如兰还说："鲎尾烧之，可避蚊。"

鲎，又名"东方鲎""中国鲎"，属节肢动物肢口纲，体呈半月形，像头盔。尾很长，像剑。我国浙江以南的浅海中较常见。

螺

古人喜欢用螺做酒杯。

晋郭璞说："螺大者如斗，出日南涨海中，可以为酒杯。"古人看中螺，是因为形状和色彩很美。螺壳左旋，像云似的，的确很美。壳的颜色，因种类不同而异，绚丽多彩。《桂海虞衡志》载："青螺，状如田螺，其大两拳，揩磨去粗皮，如翡翠色，加雕琢

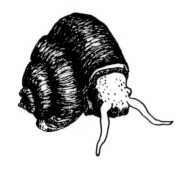

为酒杯。"《岭表录异》记载:

> 鹦鹉螺,旋尖处屈而朱,如鹦鹉嘴,故以此名。壳上青绿斑纹,大者可受二升。壳内光莹如云母,装为酒杯,奇而可玩。又红螺大小亦类鹦鹉螺,壳薄而红,亦堪为酒器。

更讲究的,则在螺杯上饰以装饰物。"鹦鹉杯即海螺……好事者用金厢饰,凡头胫足翅俱备,置之几案,亦异常耳。"由此可以看出,螺杯与其说是酒器,莫如说是工艺品。

古人也以螺为食物,据说小海螺味道最好。苏颂说:

> 其螺大如小拳,青黄色,长四五寸。诸螺之中,此肉味最厚,南人食之。

不过据说清明以后的螺肉不宜吃。李时珍说:清明前的螺"置锅中蒸之,其肉自出,酒烹糟煮食之。清明后,其中有虫,不堪用矣"。有的书说,渔人清明后也捞取螺,不过不吃,用来喂鱼。

螺有药用价值,肉味甘寒无毒,可以"醒酒,解热,利大小便,消黄疸水肿,治反胃、痢疾、脱肛、痔漏"(《本草纲目》)。《养疴漫笔》载:象山县有个村民患水肿,病势天天加重,以为是鬼作祟,向卜者问吉凶。"卜者授之方,用田螺、大蒜、车前和草研为膏,做大饼覆脐上,水从便出,数日遂愈。"《本草纲目》载:

> 黄疸吐血,病后身面俱黄,吐血成盆,诸药不效。用螺十个,水漂去泥,捣烂露一夜,五更取清服。二三次,血止

即愈。一人病此，用之经验。

古人认为螺可以变化，如果米饭化为螺，则是灵异的象征。古籍关于这一方面的记载不少。据说晋武帝时，裴楷家用甑蒸黍，结果黍变成了螺，这一年裴楷死了。《鸡肋编》载："石崇家稻米饭在地，经宿皆化为螺，人以为灭族之应。"《世说》载："晋太康中，卫瓘家人炊饭堕地，尽化为螺，出足而行，瓘见诛。"石崇遭灭族之祸，卫瓘被杀，事先都有米饭变为螺的预兆。如果螺变为女子则多是善良贤惠、主人有福。《搜神记》载，晋安帝时，有个叫谢端的，老实勤劳，孤苦伶仃，有一天得一大螺，放在瓮中，此后每天劳动回家，就有人把饭菜弄好了，开始以为是邻人帮的忙，可邻人绝口否认。有一天谢端终于发现，做饭菜的是一少女。这少女原来就是那大螺变的。《原化记》载，义兴人吴堪做县吏，在河中得一大螺，弄到家后变为女子，称"螺妇"。县令要吴堪将螺妇交给他，吴不答应，县令就要吴交纳虾毛和鬼臂两物，否则治罪。螺妇为吴弄到了，县令又要更珍奇的东西，结果螺妇作法将县令的房子烧了，县令被烧死。

粟可变螺，螺可变人，这对螺加以神话化的观念，可能同螺与月相应的传说有关。古人认为螺属阴类，月是阴类之首，月的圆缺与螺的盈虚相应。如《淮南子·说山训》："月盛衰于上，则蠃蜁（螺）应于下，同气相动，不可以为远。"《论衡》也说："月毁于天，螺消于渊。"将螺的这种变化能力扩大，自然就可以变人了。因为它属阴，所以变人也只能变为女子。

螺旋都是向左，如果有右旋的那就是神螺，可以镇风浪。据说有个叫"大利益吉祥宝螺"的就是右旋螺，是清乾隆年间西藏活佛献的。凡大臣渡海到台湾都用此螺。

后　记

　　源远流长的中华灿烂文化，通过各种不同的载体才得以流传至今，草木虫鱼就是其中的重要载体。它就像一个三棱镜，可以从中看到我们民族在不同历史时期的物质文化、制度文化、心理文化的特征，可以一览中华文化的风采，甚至还可以看出史前文化的积淀。可以说，不研究草木虫鱼文化，就无法深入研究中华文化。

　　草木虫鱼与当代人的精神生活关系密切。现在许多家庭养兰、养梅、养水仙，公园里的菊展、金鱼展也吸引许多游人。人们喜爱它们，并不只是为了观赏其外部形态，主要是由于它们身上携带的许许多多的文化信息可供人以精神享受。当代画家和历史上的画家一样，将草木虫鱼视为永不过时的题材，其原因也相同。如果我们要研究当代人的宗教心理、民族心理等，那就更离不开草木虫鱼的研究。如现在佛教寺院多种莲花，供佛也多供莲花，这些当代四众弟子的心理与历史上佛教在莲花上注入的宗教文化信息密不可分。

　　草木虫鱼的研究与当代的科技、经济发展也有一定关系。如中药研究的发展离不开历代对《本草》的研究成果，我国黄河鲤鱼养殖场所养的鲤鱼享有盛誉，如果没有古人对黄河鲤鱼的研究成果，那么这种鲤鱼养殖业的发展，也许不能达到现在这样的水平。

但是，对草木虫鱼文化研究的重要意义，历来认识不足。韩愈曾说："《尔雅》注虫鱼，定非磊落人。"他从经世济邦的政治理想出发，鄙薄"虫鱼"研究。那些研究"虫鱼"的学者，又以注六经为研究的出发点和归宿。因此，我国历史上的名物著作虽多，可以说没有一部真正算得上是系统研究草木虫鱼文化的。

草木虫鱼文化研究是横跨众多学科的大型研究课题。它要求研究者除具有深厚的"雅学"基础外，还需要具有多方面的广博知识。笔者自知学力不足，难肩此任，但十余年来，随着资料的不断积累，研究的兴趣也不断增长，因而下定了为此项研究作铺路石的决心。开始，从断代研究着手，写过宋代名物著作《埤雅》《尔雅翼》的专题研究论文。断代研究的心得加强了我写本书的信心。于是广泛搜集资料，且尽量求全，将每一草木虫鱼在历史上携带过的重要文化信息制成卡片。在此基础上再进行比较、分析、筛选和考辨，力图既突出它们在历史上的主要文化功能，又反映出这些文化功能发展演变的脉络。但由于水平和见闻所限，疏漏与谬误一定不少。希望方家和读者指正。

武汉大学历史系教授、博士生导师冯天瑜先生为本书赐序，原武汉市图书馆副研究馆员王皓先生为我提供许多难得的资料，在此一并致谢。许多学生为我抄稿，贤内李秀民除全面支持我完成本书外，还认真校对了全稿，顺志于此，以铭感念。

作者于莲栎斋

出版后记

　　丰饶辽阔的中华大地孕育草木虫鱼，智慧的中国先民在对其培植、采食、利用的同时，将情感寄寓于其中。闻其名，观其形，思其意，便可一窥不同历史时期的物质、制度和心理变迁。多彩的中华草木虫鱼文化是包罗万象的中华名物百科全书。

　　本书初版于 1997 年。作者童勉之先生长期从事训诂及名物文化研究，广收古今资料，分析考辨，研究总结草木虫鱼文化功能，研究其发展演变的脉络。全书分草、木、虫、鱼四大类目，配有手绘插图，向读者介绍名称演变、文化背景及相关的历史典故，行文通俗易懂，配图细致生动，兼具知识性与可读性。读后既能增进读者对我国草木虫鱼的了解，丰富学识；又能普及中华历史文化，意义深远。

　　这次再版，作者对全书内容进行了精心修订。我们在编校中，参考书中引用的《本草纲目》《尔雅翼》《埤雅》《毛诗草木鸟兽虫鱼疏》等相关权威古籍对文稿内容进行了校核，根据现行语言规范对个别繁体字、异形词和标点符号做了调整，以期提升读者的阅读体验。

　　希望《中华草木虫鱼文化》一书能够引领读者跨越古今的桥

梁，欣赏中华草木虫鱼之美，领略中华名物文化博大精深的无限魅力。

服务热线：133-6631-2326　188-1142-1266

读者信箱：reader@hinabook.com

后浪出版公司

2022 年 12 月